Osttimor und das Recht auf Selbstbestimmung

AF874512

SCHRIFTEN
zum internationalen und zum öffentlichen
RECHT

Herausgegeben von Gilbert Gornig

Band 59

PETER LANG
Frankfurt am Main · Berlin · Bern · Bruxelles · New York · Oxford · Wien

Oliver Franz

Osttimor und das Recht auf Selbstbestimmung

Eine Untersuchung zur Anwendung des Selbstbestimmungsrechts der Völker am Beispiel Osttimors

PETER LANG
Europäischer Verlag der Wissenschaften

Bibliografische Information Der Deutschen Bibliothek
Die Deutsche Bibliothek verzeichnet diese Publikation in der Deutschen Nationalbibliografie; detaillierte bibliografische Daten sind im Internet über <http://dnb.ddb.de> abrufbar.

Zugl.: Marburg, Univ., Diss., 2004

Gedruckt mit Unterstützung
des Auswärtigen Amtes
und der Johanna und Fritz Buch Gedächtnis-Stiftung.

D4
ISSN 0943-173X
ISBN 3-631-53178-8

© Peter Lang GmbH
Europäischer Verlag der Wissenschaften
Frankfurt am Main 2005
Alle Rechte vorbehalten.

Das Werk einschließlich aller seiner Teile ist urheberrechtlich geschützt. Jede Verwertung außerhalb der engen Grenzen des Urheberrechtsgesetzes ist ohne Zustimmung des Verlages unzulässig und strafbar. Das gilt insbesondere für Vervielfältigungen, Übersetzungen, Mikroverfilmungen und die Einspeicherung und Verarbeitung in elektronischen Systemen.

www.peterlang.de

Vorwort

Die vorliegende Arbeit wurde im Sommersemester 2004 vom Fachbereich Rechtswissenschaften der Philipps-Universität Marburg als Dissertation angenommen. Sie berücksichtigt Literatur und Rechtsprechung bis zum März 2004.

Die Arbeit beruht auf einer Anregung von Herrn Universitäts-Professor Dr. Dr. hc. Gilbert H. Gornig. Mein Interesse an der völkerrechtlichen Situation Osttimors geht auf einen Seminarvortrag im Sommersemester 1996 zurück. Die Erlangung der Unabhängigkeit des kleinen Landes im Mai 2002 hat mich zur baldigen Fertigstellung der Arbeit nach mehrjähriger, berufsbedingter Unterbrechung motiviert. Das Selbstbestimmungsrecht der Völker fand mein Interesse, weil von diesem Rechtsinstitut in der zweiten Hälfte des 20. Jahrhunderts große Gestaltungskraft ausging und auch künftig zu erwarten ist, solange für die Menschen die Zugehörigkeit zu einer ethnischen Gruppe von großer Bedeutung bleibt.

Vor allem meinen Eltern, die mir meine akademische Ausbildung ermöglicht und mich auch bei meinem Promotionsvorhaben nachhaltig unterstützt haben, schulde ich aufrichtigen Dank. Zu danken habe ich auch meiner Verlobten, Dipl.-Kffr. Kerstin Schidleja, die Phasen schlechter Stimmung großmütig ertragen hat.

Dank gebührt ferner meinem Doktorvater, Herrn Professor Gornig, der während meiner Berufstätigkeit wiederholt die Fertigstellung angemahnt und viel Geduld bewiesen hat. Für die zügige Erstellung des Zweitgutachtens danke ich Herrn Professor Dr. Steffen Detterbeck, an dessen Lehrstuhl ich als studentische und wissenschaftliche Hilfskraft viele Impulse für mein rechtswissenschaftliches Studium erhielt.

Herrn Staatsanwalt Dr. Guido H. Friedrich und Frau Oberstudienrätin Ute Strecha gebührt Dank für die Durchsicht des Manuskriptes. Schließlich schulde ich der Graduiertenförderung der Konrad-Adenauer-Stiftung für die finanzielle und ideelle Unterstützung während des Promotionsstudiums sowie dem Auswärtigen Amt und der Johanna-und-Fritz-Buch-Gedächtnis-Stiftung für die Übernahme der Druckkosten Dank.

Wiesbaden, im Oktober 2004 Oliver Franz

Inhaltsverzeichnis

Abkürzungsverzeichnis

a. A.	andere/r Ansicht
a. a. O.	am angegebenen Ort
Abs.	Absatz
Abschn.	Abschnitt
AdG	Archiv der Gegenwart
a. E.	am Ende
AFDI	Annuaire Française de Droit International
AFP	Agence France-Press
AITI	Associacao Integracao de Timor-Indonesia (Vereinigung zur Integration von Timor in Indonesien)
AJIA	Australian Journal of International Affairs
AJIL	American Journal of International Law
AJPIL	Austrian Journal of Public International Law
ALJ	Australian Law Journal
APMT	Associacao Popular Monarquica Timorense (Monarchistische Volksassoziation Timors)
APODETI	Associacao Popular Democrática Timorense (Demokratische Volksassoziation von Timor)
AQ	Australian Quarterly
ArchVR	Archiv des Völkerrechts
ARIEL	Austrian Review of International and European Law
ARSP	Archiv für Rechts- und Sozialphilosophie
Art.	Artikel
AS	Asian Survey
ASDT	Associacao Social Democrática Timorense (Sozialdemokratische Volksvereinigung)
ASEAN	Association of South East Asian Nations
ATS	Asian Thought & Society
Aufl.	Auflage
AUILR	American University International Law Review
AYIL	Australian Yearbook of International Law
BCAS	Bulletin of Concerned Asian Scholars
Bd.	Band
BDGVR	Berichte der Deutschen Gesellschaft für Völkerrecht
Bearb.	Bearbeiter
BGBl.	Bundesgesetzblatt

BldIntPol	Blätter für deutsche und internationale Politik
BT-Drs.	Bundestags-Drucksache
BVerfG	Bundesverfassungsgericht
BVerfGE	Entscheidungssammlung des Bundesverfassungsgerichts
BYIL	British Yearbook of International Law
ca.	circa
CCPR	International Convenant on Civil and Political Rights
CNRM	Conselho Nacionalista Resistência Maubere (Nationaler Widerstandsrat der Maubere)
CYIL	Canadian Yearbook of International Law
ders./dies.	derselbe/dieselbe
DGeoBl	Deutsche Geographische Blätter
Doc.	Document
EA	Europa Archiv
EG	Europäische Gemeinschaft(en)
EJIL	European Journal of International Law
epd	Evangelischer Pressedienst
EPIL	Encyclopedia of Public International Law
EuGRZ	Europäische Grundrechte-Zeitschrift
f.	folgende
ff.	fortfolgende
FALINTIL	Forcas Armadas de Libertacao Nacional de Timor Leste (Militärischer Arm der FRETILIN)
FAZ	Frankfurter Allgemeine Zeitung
Fn.	Fußnote
FR	Frankfurter Rundschau
FRELIMO	Frente de Libertacao de Mocambique (Befreiungsfront für Mosambik)
FRETILIN	Frente Revolucionaria de Timor Leste Independente (Revolutionäre Front für die Unabhängigkeit von Osttimor)
GAOR	General Assembly Official Records
GeoRS	Geographische Rundschau
GUS	Gemeinschaft Unabhängiger Staaten
GV	Generalversammlung der Vereinten Nationen
GYIL	German Yearbook of International Law
h. M.	herrschende Meinung
HICLR	Hastings International and Comparative Law Review
HILJ	Harvard International Law Journal
HRR	Human Rights Review

Hrsg.	Herausgeber
HuV	Humanitäres Völkerrecht – Informationsschriften
IAF	Internationales Asien Forum
ICJ	International Court of Justice
ICJ-Pleadings	International Court of Justice – Pleadings, Oral Arguments, Documents
ICJ-Rep.	International Court of Justice – Reports of Judgements, Advisory Opinions and Orders
ICLQ	International and Comparative Law Quarterly
IFLA	Informationsdienst für Lastenausgleich
IGH	Internationaler Gerichtshof
IJCL	International Journal of Constitutional Law
ILC	International Law Commission
ILM	International Legal Materials
insbes.	insbesondere
INTERFET	International Forces in East Timor
IntPol	Internationale Politik
IQ	The Indonesian Quarterly
JBIR	Jahrbuch für Internationales Recht
Kap.	Kapitel
KJ	Kritische Justiz
KOMNAS HAM	Komitee Nasional Hak Asari Manusia (Nationales Menschenrechtskomitee Indonesiens)
KOTA	Klibur Oan Timor Aswain (Vereinigte Gesellschaft der Helden von Timor)
KPN	Komisi Pluyelidik Nasional (Nationale Untersuchungskommission Indonesiens)
KSZE	Konferenz über Sicherheit und Zusammenarbeit in Europa
Lit./lit.	Buchstabe
LJIL	Leiden Journal of International Law
LNTS	League of Nations Treaty Series
m. w. N.	mit weiteren Nachweisen
MAC	Movimento Anti-Communista (Antikommunistische Bewegung)
MJIL	Melbourne Journal of International Law
Mr.	Mister
NAM	Non-Aligned Movement (Blockfreie Staaten)
NILR	Netherlands International Law Review
Nr./No.	Nummer

NRG	Nouveau Recueil Général
NYIL	Netherlands Yearbook of International Law
NYUJILP	New York University Journal of International Law and Politics
ÖBGBl.	Bundesgesetzblatt für die Republik Österreich
ONULR	Ohio Northern University Law Review
OYB	Ocean Yearbook
para./-s.	Paragraph/-en
PCIJ	Permanent Court of International Justice
PCIJ-Series A	Publications of the Permanent Court of International Justice: Collection of Judgments
PCIJ-Series B	Publications of the Permanent Court of International Justice: Collection of Advisory Opinions
PolStud	Politische Studien – Zweimonatsschrift für Politik und Zeitgeschehen
PYBIL	Pace Yearbook of International Law
Res.	Resolution
RGBl.	Reichsgesetzblatt
RGDIP	Revue Générale de Droit International Public
RIAA	Reports of International Arbitral Awards
Rn.	Randnummer
ROW	Recht in Ost und West
S.	Seite
SARET	Special Autonomous Region of East Timor
SbCSFR	Sammlung der Gesetze der TSFR
SCOR	Security Council Official Records
SFRJ	Sozialistische Föderative Republik Jugoslawien
SH	Sonderheft
SLR	Sydney Law Review
SOAA	Südostasien Aktuell
SOAI	Südostasien Informationen
SR	Sicherheitsrat der Vereinten Nationen
StIGH	Statut des Internationalen Gerichtshofes
Suppl.	Supplement
SZIER	Schweizerische Zeitschrift für internationales und europäisches Recht
TICLJ	Temple International and Comparative Law Journal
TSFR	Tschechische und Slowakische Föderative Republik
u. a.	unter anderem
UdSSR	Union der Sozialistischen Sowjetrepubliken
UDT	Uniao Democrática Timorense (Demokratische Union von Timor)

UN	United Nations
UNAMET	United Nations Mission in East Timor
UNCIO	United Nations Conference on International Organization
UNMISET	United Nations Mission of Support in East Timor
UNSWLJ	University of New South Wales Law Journal
UNTAET	United Nations Transitional Administration in East Timor
UNTS	United Nations Treaty Series
US	United States
VAR	Vereinigte Arabische Republik
Ved. SSSR	Vedomosti SSSR (Gesetzblatt der UdSSR)
Vgl./vgl.	Vergleiche
VJIL	Virginia Journal of International Law
VN	Vereinte Nationen – Zeitschrift für die Vereinten Nationen und ihre Sonderorganisationen
Vol.	Volume
VRÜ	Verfassung in Recht und Übersee
WVK	Wiener Übereinkommen über das Recht der Verträge
WVR	Wörterbuch des Völkerrechts
YBICJ	Yearbook of the International Court of Justice
YBILC	Yearbook of the International Law Commission
YBUN	Yearbook of the United Nations
YJWPO	The Yale Journal of World Public Order
YLJ	The Yale Law Journal
z. B.	zum Beispiel
zahlr.	zahlreich
ZaöRV	Zeitschrift für ausländisches öffentliches Recht und Völkerrecht
Ziff.	Ziffer
ZÖR	Zeitschrift für öffentliches Recht

Einleitung

Als eines der ärmsten Länder Europas vermochte es Portugal, Überreste seines einst weltumspannenden Imperiums durch die Periode des Wettlaufs der europäischen Großmächte um Kolonien, über zwei Weltkriege und schließlich über die Epoche der Dekolonisierung in Afrika und Asien zu erhalten. Mit der Eroberung von Ceuta in Marokko 1415 leitete Portugal als erste Seefahrernation das Zeitalter der europäischen Expansion in Übersee ein. Im 15. und 16. Jahrhundert wurde es neben Spanien zur führenden See- und Handelsmacht Europas mit Besitzungen in Asien, Afrika und Südamerika. In wirtschaftlicher und politischer Anlehnung an Großbritannien konnte das im 18. und 19. Jahrhundert zum unbedeutenden Kleinstaat herabgesunkene Portugal einen Rest seiner Besitzungen in Übersee gegen die konkurrierenden Mächte absichern. Osttimor verblieb bei Portugal bis zum Ende der portugiesischen Kolonialgeschichte. Eine Befreiungsbewegung, die Portugal seine Ansprüche streitig gemacht hätte, gab es in diesem ärmsten und unterentwickeltsten Teil Asiens nicht. Nach mehr als 450 Jahren portugiesischer Herrschaft kam die durch den Umsturz in Portugal ermöglichte Entlassung in die Unabhängigkeit für Osttimor zu einem ungünstigen Zeitpunkt: 20 Jahre zu spät oder 20 Jahre zu früh. Nach dem Rückzug der Vereinigten Staaten von Amerika aus Indochina war der Westen um eine Stärkung des antikommunistischen Machthabers in Jakarta, General Suharto, bemüht. Während die Vereinigten Staaten noch wenige Jahre zuvor Separationstendenzen im indonesischen Inselreich finanziell und militärisch unterstützt hatten, verfolgten sie seit der Machtergreifung General Suhartos eine Politik der Stärkung der Zentralregierung. Die westlich orientierten Staaten Südostasiens waren ebenso an einer Stabilisierung der Region und einer Eindämmung des Sozialismus interessiert. Keine guten geopolitischen Rahmenbedingungen für eine „Demokratische Republik Osttimor“. Dem Selbstbestimmungsrecht des Volkes von Osttimor und den Menschenrechten Vorrang vor geostrategischen Aspekten zu geben, war der Westen erst nach dem Untergang des Ostblocks bereit. Mit dem Wegfall des Ost-West-Gegensatzes war die bis dahin im Grunde nur theoretisch bestehende Chance auf Unabhängigkeit tatsächlich greifbar. Nach der Annexion Osttimors im Jahre 1975 stand Indonesien wegen des Vorwurfs massiver Menschenrechtsverletzungen wiederholt auf der Agenda der Weltöffentlichkeit. Nach langjährigen Verhandlungen zwischen Portugal, Indonesien und den Vereinten Nationen fand 1999 in Osttimor eine Volksabstimmung statt, in der sich die überwiegende Mehrzahl der Stimmberechtigten für die staatliche

Unabhängigkeit aussprach. Nach fast dreijähriger Übergangsverwaltung durch die Vereinten Nationen erlangte Osttimor im Jahr 2002 seine staatliche Unabhängigkeit. Dies wurde von der Staatengemeinschaft als Akt der Verwirklichung des Selbstbestimmungsrechts des osttimoresischen Volkes verstanden.

Gegenstand der vorliegenden Untersuchung ist die Anwendung des Selbstbestimmungsrechts in Osttimor. Im ersten Teil wird der für die Untersuchung relevante Sachverhalt erarbeitet. Im zweiten Teil werden allgemeine völkerrechtliche Grundlagen herausgearbeitet, deren Kenntnis für die rechtliche Beurteilung des Osttimor-Falles nötig erscheint. Im dritten Teil schließt sich die Begutachtung des Osttimorfalles unter dem Gesichtspunkt des Selbstbestimmungsrechts an. Die im ersten Teil beschriebenen Ereignisse werden quasi unter die im zweiten Teil erarbeiteten Grundlagen subsumiert. Zunächst wird ermittelt, auf welche Erscheinungsform des Selbstbestimmungsrechts die Osttimoresen ihr Verlangen nach staatlicher Unabhängigkeit gründen konnten. Zu den umstrittensten Fragen des Selbstbestimmungsrechts gehört heute, ob dieses Recht auch von innerstaatlichen ethnischen Minderheiten mit der Folge der Sezession in Anspruch genommen werden kann. Ein Schwerpunkt liegt deshalb bei der Frage, ob ein solches Recht völkergewohnheitsrechtlich anerkannt ist und ob die Bevölkerung Osttimors ein solches Sezessionsrecht in Anspruch nehmen konnte. Dies ist insbesondere für Staaten relevant, die die Inkorporation Osttimors in Indonesien als völkerrechtsgemäß anerkannt haben. Nach der Ermittlung der selbstbestimmungsrechtlichen Anspruchsgrundlage werden die Modalitäten der von den Vereinten Nationen 1999 veranstalteten Volksabstimmung untersucht. Am Ende des dritten Teils findet sich eine Bewertung der gefundenen Ergebnisse. Im Völkerrecht ist die normative Kraft des Faktischen Rechtsprinzips. Das Verhalten der Staaten wird am geltenden Völkerrecht gemessen, zugleich erfährt dieses durch die Staatenpraxis eine stetige Fortentwicklung. Die Auswirkungen des Verhaltens der Staaten im Zusammenhang mit Osttimor bleiben daher nicht auf diesen Einzelfall beschränkt. Es ist daher zu fragen, ob und welche Schlussfolgerungen für das Selbstbestimmungsrecht möglich sind. Die Zusammenfassung am Ende der Arbeit enthält die thesenförmige Zusammenstellung von Fakten und gewonnener Erkenntnisse. Die angeschlossene Zeittafel soll dem Leser dabei helfen, während der Lektüre die Übersicht über die zeitlichen Zusammenhänge zu bewahren.

Bezüglich der Angabe von Fundstellen sei noch auf Folgendes hingewiesen: Osttimor betreffende Dokumente sind, sofern darin enthalten, nach der von *Hei-*

ke Krieger herausgegebenen Dokumentensammlung zitiert. Bei Resolutionen zum Selbstbestimmungsrecht wurde auf die Sammlung von *Joachim Schulz* und *Klaus Mann* zurückgegriffen, in der die Resolutionen in englischer, französischer und russischer Fassung sowie einer deutschen Übersetzung enthalten sind.

1. TEIL:
Historische Gesichtspunkte und Eckdaten

A. Insel Timor

I. Geographische Angaben

Die Insel Timor ist mit 33.600 Quadratkilometern die größte der Kleinen Sundainseln und liegt am östlichen Ende dieser Inselkette im malaiischen Archipel, nur 740 km vor der Nordküste Australiens. Sie ist etwa 500 Kilometer lang und maximal 100 Kilometer breit. Das Landesinnere ist von mehreren Gebirgsketten durchzogen, die höchste Erhebung misst 2.963 Meter. Das tropische Klima unterteilt das Jahr in eine Regen- und eine lange Trockenperiode.[1] Die intensive Regenzeit beginnt im November/Dezember und dauert zunächst drei Monate. Dann lässt der Regen etwas nach, um im Mai/Juni noch einmal heftiger zu werden. Danach folgt die Trockenzeit, die etwa die zweite Jahreshälfte andauert. Die Temperaturen schwanken nur wenig; die täglichen Höchstwerte liegen im Tiefland während des ganzen Jahres über 30 Grad Celsius, die tiefsten Werte fallen selten unter 20 Grad Celsius.[2] Die Insel zählt trotz der intensiven Regenzeit zu den trockensten Gebieten des Inselarchipels. Dürrezeiten und Missernten treten relativ häufig auf. Die natürliche Waldvegetation ist bis auf wenige Monsunwälder durch Raubbau weitgehend vernichtet.[3]

II. Besiedelung

Gesicherte Spuren belegen, dass Timor bereits in der Jungsteinzeit im 6. Jahrtausend vor Christus von Menschen besiedelt war. Timor war wegen seiner Lage als Bindeglied zwischen südostasiatischem und pazifischem Raum immer neuen Einwanderungswellen von Menschen unterschiedlicher Kulturen ausgesetzt. Erste Siedler waren vermutlich melanesischer Herkunft. Ganz sicher wanderten bald auch negrito- und alt-(proto-)malaiische Völker vom asiatischen Festland

---

1 Brockhaus, Band 22 THEM-VALK, S. 113.

2 Vgl. Rowland, Timor, in: Neville (Hrsg.), World Biographical Series, Vol. 142, S. XVII ff., mit detaillierter Beschreibung von Geologie, Klima, Fauna und Flora.

3 Metzner, GeoRS 27 (1975), S. 244.

sowie aus Ostasien über Celebes ein.[4] Die melanesischen Siedler gehörten zu einer Kultur, die in weit zurückliegender Zeit die Inselwelt des westlichen Pazifik besiedelt hat und dort noch heute die Bevölkerungsmehrheit stellt. Die Negritos, kleine, sehr dunkelhäutige Menschen, sind die Ureinwohner Südostasiens. Sie wurden im Laufe der Jahrhunderte immer weiter zurückgedrängt und bewohnen heute nur noch kleine Territorien. Die Proto-Malaien, die dritte Gruppe, die einen frühen Beitrag zur Besiedelung Timors geleistet hat, sind die Vorgänger der malaiischen Mehrheitsbevölkerung in Südostasien. Daneben finden sich auf Timor auch papua-dominierte Völkergruppen und Einschläge australischer Aborigines.[5]

Mit Beginn der Kolonisierung wanderte eine Bevölkerung auf Timor ein, die in den portugiesischen Überseeprovinzen Makkassar auf Celebes und Larantuka auf Flores durch Vermischung von portugiesischen Kolonisten und Einheimischen entstanden war.[6] Zudem fassten auch Schwarze auf der Insel Fuß, die die portugiesischen Kolonialherren aus Mosambik mitbrachten.[7] Daneben ließen sich auch chinesische Händler auf der Insel nieder. Im Laufe der Jahrhunderte vermischten sich die verschiedenen Rassen, nur die Chinesen blieben ethnisch weitgehend homogen.[8]

Seit 1976 war die Insel einer erneuten Einwanderungswelle ausgesetzt. Im Rahmen der Umsiedlungsbemühungen der indonesischen Regierung wanderten bis zu 180.000 Indonesier aus Java ein. Die Umsiedlung von Javanern auf die so genannten Außeninseln ist neben der Geburtenkontrolle ein wichtiges Instrument der indonesischen Regierungspolitik zur Assimilation der einheimischen Bevölkerung und war nicht spezifisch für Osttimor.[9] Hinzuweisen ist in diesem Zusammenhang darauf, dass es, wie sich aus den vorstehenden Ausführungen ergibt, ethnisch betrachtet weder „Timoresen" noch „Indonesier" in dem Sinne gibt, wie in Europa Deutsche, Franzosen oder Italiener. Beide gehören der

---

4 Ludwig, Das Land des schlafenden Krokodils, in: Ludwig (Hrsg.), Osttimor – Der zwanzigjährige Krieg, S. 69 f.; ders., Das Schweigen brechen, S. 11 f.

5 Schlicher, Portugal in Ost-Timor, S. 85.

6 Schlicher, Portugal in Ost-Timor, S. 17 f., 81 ff.

7 Ludwig, Das Land des schlafenden Krokodils, in: Ludwig (Hrsg.), Osttimor – Der zwanzigjährige Krieg, S. 69; ders., Das Schweigen brechen, S. 12.

8 Schlicher, Portugal in Ost-Timor, S. 101.

9 Schlicher, SOAI 9 (1993), 4, S. 59; dies., SOAI 11 (1995), 3, S. 59 f.; vgl. allgemein zur Transmigration Assmann, Asien, Afrika, Lateinamerika, 18 (1990), 6, S. 998 ff.

austronesischen Mischbevölkerung an.[10] Der Begriff „Austronesier" ist ein Sammelbegriff, unter dem alle indonesischen, malaio-polynesischen, polynesischen und melanesischen Volks- und Sprachgruppen zusammengefasst werden.[11] Auf Timor hat sich keine der verschiedenen Einwanderungswellen allein durchgesetzt. Bis heute bereitet die Abgrenzung und Zuordnung deshalb Schwierigkeiten. Angesichts der Vielzahl der Ethnien wurde die Insel vielleicht zu Recht als „racial meeting-point"[12] bezeichnet.

III. Sprache

Der ethnischen Vielfalt entspricht die Vielzahl der auf Timor gesprochenen Sprachen. Die Abgrenzung der Sprachgruppen begegnet ähnlichen Schwierigkeiten wie die ethnische Zuordnung. So wird teilweise von 18 Sprachen auf ganz Timor ausgegangen[13], teilweise wurden mehr als 30 ethno-linguistische Gruppen allein in Osttimor gezählt.[14] Da die Bevölkerung überwiegend in kleinen Siedlungen im Landesinneren lebte, war sie dem kolonialen Einfluss für lange Zeit weitgehend entzogen. Die ursprünglichen Strukturen und die überlieferte Sprache konnten sich so lange erhalten. Die am meisten gesprochenen Sprachen sind Tetum, die Sprache des im östlichen Timor beheimateten Volksstammes der Belu, und Davan, die Sprache des Stammes der Atoni im Westen.[15] Beide Sprachen sind, wie die Mehrzahl der auf Timor anzutreffenden Sprachen und Idiome, der austronesischen Sprachfamilie zuzurechnen. Daneben sind auch einige nicht-austronesische Papuasprachen vertreten.[16] Die Sprache der portugiesischen Eroberer konnte sich im Verlauf der Jahrhunderte nur langsam und nicht vollständig durchsetzen. Es wird geschätzt, dass am Ende der Kolonialzeit nur etwa fünf bis 20 Prozent der Osttimoresen die portugiesische Sprache beherrschten.[17] Portugiesisch war Amtssprache und wurde vornehmlich von den besser gebildeten Einheimischen gesprochen. Als Amtssprache wurde Portugie-

---

10 Münch-Heubner, Osttimor, S. 22.

11 Nothofer, Die Sprachen Südostasiens, in: Dahm/Ptak (Hrsg.), Südostasien-Handbuch, S. 67 f.

12 Jolliffe, East Timor, S. 17.

13 Hiorth, Timor, Past and Present, S. 10 ff.

14 Dunn, Timor. A People betrayed, S. 3.

15 Ptak, Osttimor, in: Dahm/Ptak (Hrsg.), Südostasien-Handbuch, S. 285; Schlicher, Portugal in Ost-Timor, S. 87.

16 Münch-Heubner, Osttimor, S. 22.

17 Traube, Cosmology and Social Life, S. 14 f.

sisch nach der Integration Osttimors in Indonesien durch Bahasa Indonesia abgelöst. Alltagssprache der Menschen zumindest mittlerer und älterer Generationen im östlichen Timor blieb jedoch Tetum.[18]

IV. Gesellschaft

Die traditionelle timoresische Gesellschaft war patriarchalisch organisiert und bestand aus fünf Klassen: Zur herrschenden Klasse gehörten die Stammesfürsten, die in ihren Reichen absolute Herrschaft ausübten. Darunter gab es eine Adelsklasse, die in Teilen der Reiche der Stammensfürsten regierte. Eine weitere Klasse bestand aus nichtadeligen, freien Bauern. Die untersten Stufen bildete die abhängige, dienstbare Schicht. Sie unterteilte sich in zwei Kategorien, Viehhirten und Diener sowie Sklaven.[19] Das Land war in eine Vielzahl von Reichen aufgeteilt, die sich in Distrikte mit bis zu 20 kleineren Ansiedlungen untergliederten. Die Reiche trugen im Grunde ständig kriegerische Auseinandersetzungen miteinander aus.[20] Da alle sozialen Fragen innerhalb der dörflichen Gemeinschaft oder dem Distrikt geregelt wurden, konnte keine starke Zentralgewalt entstehen.[21]

V. Religion

Die traditionelle Religion der Timoresen war der Animismus. Alle Aktivitäten im Leben der Timoresen wurden begleitet von rituellen Handlungen und der Verehrung der Geister. Zur Abwendung von Unglück wurden Opfergaben gebracht, vor jeder Entscheidung die Geister befragt und die Landwirtschaft von religiösen Zeremonien begleitet.[22] Jede Familie hatte ihren eigenen Reliquienschrein, Ahnen in Gestalt kleiner, heiliger Figuren bewachten die Eingänge zu den Dörfern und begleiteten die Timoresen auf allen ihren Wegen.[23] In jedem Dorf gab es ein heiliges Haus, das reichlich verziert und geschmückt war. Im

---

18 Rowland, Timor, in: Neville (Hrsg.), World Biographical Series, Vol. 142, S. XXII.

19 Schlicher, Portugal in Ost-Timor, S. 85, 87; Siebeck, IAF 9 (1978), S. 165.

20 Studer, DGeoBl 2 (1878), S. 239f., bezeichnet den Krieg als Hauptbeschäftigung der Timoresen. Besondere rituelle Bedeutung hatte dabei die Kopfjagd.

21 Ludwig, Das Schweigen brechen, S. 22 f.

22 Studer, DGeoBl 2 (1878), S. 240 f., mit einer Schilderung der animistischen Mythologie und ihrer Gottheiten.

23 Schlicher, Portugal in Ost-Timor, S. 92.

Innern der Gebäude, die Ungläubige nicht betreten durften, bewahrte der Priester die heiligen Gegenstände auf und führte die religiösen Zeremonien durch.[24]

Mit der Besitznahme durch die Kolonialherren fasste auch die katholische Kirche auf der Insel Fuß. Über Jahrhunderte war sie Grundpfeiler der portugiesischen Gesellschaft und übernahm in den Kolonien des Landes die Aufgabe der Zivilisierung und Bildung der einheimischen Bevölkerung. In Osttimor waren es Dominikaner, die bis in das 18. Jahrhundert hinein die portugiesische Krone repräsentierten.[25] Einheimische, die zur Schule gingen, wurden nicht nur portugiesisch, sondern auch katholisch geprägt. Die portugiesisch-stämmige Mischbevölkerung, die sich als Portugiesen fühlte, bewahrte den katholischen Glauben und trug so zu seiner Verbreitung bei. Hinzu kam, dass regionale Stammesoberhäupter sich zum katholischen Glauben bekannten.[26] Die animistisch gebliebene Bevölkerung im Landesinneren baute die Ankunft und Herrschaft der Portugiesen in ihre Mythen und Riten ein. Die Portugiesen galten als nach langer Zeit zurückgekehrte jüngere Brüder der alt gewordenen Timoresen, die deshalb die Regierung übernahmen. Die portugiesische Fahne wurde Kultobjekt des animistischen Ritus.[27]

Dass dem Christentum schon während der Kolonialzeit beträchtliche Bedeutung zukam, dokumentiert die in Artikel 10 des portugiesisch-holländischen Teilungsvertrages von 1859 der Bevölkerung der auszutauschenden Gebiete garantierte Religionsfreiheit.[28] Es versteht sich von selbst, dass die Vertragsparteien dabei nur an die christlichen Konfessionen dachten. Unterschiedliche Angaben finden sich zum Bevölkerungsanteil, der am Ende der Kolonialzeit der katholischen Glaubenslehre folgte: Überwiegend wird von bis zu einem Drittel ausgegangen,[29] gelegentlich wird aber auch von mehr als der Hälfte gesprochen.[30]

Starken Zulauf erfuhr die katholische Kirche in der Zeit indonesischer Herrschaft. Als Grund hierfür wird zumeist das konsequente Eintreten der katholi-

---

24 Forbes, Wanderungen eines Naturforschers, Bd. 2., S. 149.

25 Ludwig/Horta, Osttimor, S. 22.

26 Schlicher, Portugal in Ost-Timor, S. 301.

27 Ludwig/Horta, Osttimor, S. 24f.; Schlicher, Portugal in Ost-Timor, S. 91 f.

28 Traité du Lisbonne du 20 avril 1859, in: Krieger, Basic Documents, Doc. No. 1, S. 1-2; deutsche Übersetzung bei Schlicher, Portugal in Ost-Timor, Anhang III, S. 321 f.

29 Dunn, Timor. A People betrayed, S. 49; Ludwig/Horta, Osttimor, S. 98; Metzner, GeoRS 27 (1975), S. 245.

30 Ludwig, BldIntPol 30 (1985), S. 1419; Machetzki, SOAA 11 (1992), S. 289.

schen Kirche für die Menschenrechte der Osttimoresen genannt.[31] Die Kirche bot den Menschen Rückhalt und Unterstützung an. Die apostolischen Administratoren in Osttimor, Monsignore Martinho da Costa Lopes bis 1983 und Bischof Carlos Felipe Ximenes Belo seither, und viele Ortsgeistliche prangerten Menschenrechtsverstöße des indonesischen Militärs offen an und verschafften dem Schicksal der Menschen in Osttimor international Gehör.[32] Daneben mag auch die Bekämpfung der Naturreligionen durch Indonesien für Viele ein Grund für das Bekenntnis zum Katholizismus, der frei ausgeübt werden durfte, gewesen sein. Die Ablehnung der indonesischen Herrschaft und von allem, was die Osttimoresen mit den indonesischen Besatzern in Verbindung brachten, führte dazu, dass der Islam, dem der weit überwiegende Teil der Indonesier angehört, keine Chance auf Verbreitung hatte. So wurde der christlich-katholische Glauben neben der portugiesischen Sprache wesentlicher identitätsstiftender Faktor der Osttimoresen. Durch Sprache und Religion unterschieden sie sich von den indonesischen Landesherren.[33] Vor diesem Hintergrund wurde die politische Rolle der katholische Kirche im Widerstand gegen die indonesische Besatzung sogar als prägender Faktor für das nationale Bewusstsein der Osttimoresen bezeichnet.[34] In diesem Zusammenhang ist darauf hinzuweisen, dass der Westteil der Insel ebenfalls nicht islamisch geprägt ist. Auch Westtimor wird von einer mehrheitlich christlichen, dort protestantischen Bevölkerung bewohnt. Als Folge des in den portugiesisch-niederländischen Teilungsvertrag von 1859 festgeschriebenen Grundsatzes der Glaubensfreiheit und der dadurch niederländischen Jesuiten ermöglichten Rekatholisierung gibt es im Westen Timors sogar regional katholische Bevölkerungsmehrheiten.[35]

---

31 Vgl. epd-Dokumentation, S. 46 ff., insbes. S. 54 ff.; Ludwig, Das Schweigen brechen, S. 66; Ludwig/Horta, Osttimor, S. 99.

32 Wegen seines couragierten Einsatzes für eine friedliche Lösung des Osttimorkonfliktes wurde Bischof Belo gemeinsam mit dem osttimoresischen Exilpolitiker José Ramos-Horta 1996 der Friedensnobelpreis verliehen; vgl. Ludwig, Zwei ungleiche Weggefährten, in: Ludwig (Hrsg.), Osttimor – Der zwanzigjährige Krieg, S. 17 ff., mit einem Porträt der beiden Nobelpreisträger.

33 Schlicher, Portugal in Ost-Timor, S. 16.

34 So Münch-Heubner, Osttimor, S. 23.

35 Münch-Heubner, Osttimor, S. 26; Schlicher, Portugal in Ost-Timor, S. 123.

B. Portugiesische Kolonialgeschichte

I. Koloniale Landnahme

Um 1520 entdeckten Portugiesen Timor und richteten 1586 eine portugiesische Verwaltung ein. Ab 1613 ließen sich auch Holländer auf der Insel nieder.[36] Zur Zeit der portugiesischen Entdeckung hatten sich die Timor dominierenden Volksgruppen der Belu und der Atoni zu einem Herrschaftsverband zusammengeschlossen, der den Handel mit Sandelholz kontrollierte.[37] Dieses Reich zerfiel jedoch, als sich tributpflichtige, küstennahe Regionalreiche abspalteten, die in Folge der Handelskontakte mit den Europäern zunehmend stärker geworden waren. Mit Unterstützung dieser Küstenfürstentümer konnten die Portugiesen 1642 bis ins Landesinnere vorstoßen und das timoresische Reich beseitigen.[38] Allerdings war die portugiesische Kolonialverwaltung auch danach weit davon entfernt, eine direkte Kontrolle des Landes auszuüben. Unmittelbar portugiesisch kontrolliert waren auch nach dem Jahr 1642 im Wesentlichen der schmale Küstenstreifen und die Hauptstadt Dili. Die portugiesischen Kolonialherren praktizierten, mehr der Not als der Tugend gehorchend, die Methode indirekter Herrschaft, indem sie sich der einheimischen Oberschicht bedienten und rivalisierende Interessen gegeneinander ausspielten.[39] So machten sie die lokalen Stammesfürsten zu Steuereintreibern, die hierfür 25 Prozent Provision erhielten.[40] Erst im Jahr 1912 konnten die Portugiesen das Land endgültig unter ihre direkte Kontrolle bringen, nachdem sie eine Erhebung von Einheimischen niedergeschlagen hatten.[41]

II. Koloniale Grenzziehung

Am Ende des 18. Jahrhunderts beanspruchten die Niederlande im Wesentlichen den westlichen Teil Timors und Portugal erhob Anspruch auf die östliche Inselhälfte. Allerdings hatten beide Mächte die Insel zu diesem Zeitpunkt nur nomi-

---

36 Brockhaus, Band 22 THEM-VALK, S.113; vgl. die kompakte Darstellung der portugiesischen Kolonialgeschichte bei Dunn, Timor. A People betrayed, S. 15 ff.

37 Jolliffe, East Timor, S. 17 ff.

38 Schlicher, Portugal in Ost-Timor, S. 97 f.

39 Ludwig/Horta, Osttimor, S. 24.

40 Leisch, GeoRS 52 (2000), S. 32; Metzner, GeoRS 27 (1975), S. 249.

41 Jolliffe, East Timor, S. 35 ff.; Nicol, Timor. The Stillborn Nation, S. 10 ff., 55 ff., 69 ff., 77 ff.; Schlicher, Portugal in Ost-Timor, S. 18, 284, 292.

nal in Besitz, insbesondere im Landesinneren beschränkte sich ihre Macht auf ein „Protektorat über die einheimischen Stämme".[42] Seit Mitte des 19. Jahrhunderts befanden sich beide Staaten in Verhandlungen über eine Aufteilung der Insel. 1851 kam es zu einem Vertragsschluss mit dem portugiesischen Gouverneur, der von der portugiesischen Regierung aber nicht anerkannt und nicht ratifiziert wurde.[43] Ein portugiesischer, weitgehend inhaltsgleicher Vertragsentwurf fand 1854 nicht die Billigung der Niederlande, die die Glaubensfreiheit protestantischer Gläubiger in den an Portugal abzutretenden Gebieten nicht gewährleistet sahen. Erst am 20. April 1859 kam es auf der Grundlage der 1851 von den Portugiesen noch zurückgewiesenen Vereinbarung zu einer vertraglichen Grenzziehung und Aufteilung der Insel.[44] Timor wurde durch eine Linie in nordsüdlicher Richtung geteilt, die sich an den angrenzenden, im Vertragstext namentlich genannten, regionalen timoresischen Reichen orientierte. Beide Vertragsparteien behielten aber noch Enklaven im Gebiet der anderen. Die Niederlande erkannten die Souveränität Portugals über die Insel Atauro an und zahlten insgesamt 200.000 Florins. Portugal verzichtete zugunsten der Niederlande auf alle nördlich gelegenen Inseln. Der Vertrag wurde am 18. Juni 1860 ratifiziert.[45] Mit Vertrag vom 10. Juni 1893 wurde die Grenzziehung präzisiert und Enklaven ausgetauscht.[46] Auf Drängen der Niederlande kam es am 1. Oktober 1904 erneut zu einer Grenzvereinbarung. Neben dem weiteren Austausch von Enklaven vereinbarten die Vertragsparteien die Einräumung eines Vorkaufsrechts der Niederlande für Osttimor.[47] Damit wollten die Niederlande der Übertragung der portugiesischen Kolonie an eine andere europäische Großmacht vorbeugen.[48] In den 90er Jahren des 19. Jahrhunderts kursierten Meldungen, das finanziell stark angeschlagene Portugal wolle einen Teil seiner Kolonien verkaufen oder verpachten, Gerüchten zufolge hatten Deutschland, Frankreich und England Interesse

---

42 Studer, DGeoBl 2 (1878), S. 239.

43 Schlicher, Portugal in Ost-Timor, S. 114 ff., mit einer ausführlichen Schilderung des Verlaufs der Vertragsverhandlungen und der Gründe für die Nichtratifizierung.

44 Traité de Lisbonne du 20 avril 1859, in: Krieger, Basic Documents, Doc. No. 1, S. 1 f.; deutsche Übersetzung bei Schlicher, Portugal in Ost-Timor, Anhang III, S. 321 f.

45 Kaiser, Timor-Fall, WVR, Bd. III, S. 444 f.

46 Convention de Lisbonne du 10 Juin 1893, in: Krieger, Basic Documents, Doc. No. 2, S. 2 f.

47 Convention de La Haye du 1er Octobre 1904, in: Krieger, Basic Documents, Doc. No. 4, S. 3 ff.; kartographische Darstellung der Grenzziehung bei Deeley, The International Boundaries of East Timor, in: Furness/Schofield, Boundary and Territory Briefing, S. 8.

48 Weatherbee, AS 6 (1966), S. 685.

bekundet.[49] Schwierigkeiten bei der genauen Grenzziehung der portugiesischen Besitzung auf niederländischem Gebiet dauerten bis 1914 an. Sie konnten erst nach Abschluss des Schiedsvertrages vom 3. April 1913 durch den Schiedsspruch des Ständigen Schiedshofes in Den Haag vom 25. Juni 1914 zugunsten der Niederlande behoben werden.[50] Der Souveränität Portugals unterstanden demnach der Ostteil der Insel mit der Hauptstadt Dili an der Nordküste, die Enklave Oecussi[51] im Westteil Timors und die Inseln Atauro und Jaco mit einer Fläche von insgesamt 18.889 Quadratkilometern.[52]

III. Timor im Zweiten Weltkrieg

Gegen den Willen der portugiesischen Regierung stationierten die Alliierten am 17. Dezember 1941 australische und niederländisch-indische Truppen in Osttimor. Die portugiesische Regierung protestierte heftig und berief sich auf die Neutralität des Landes. Am 20. Februar 1942 landeten auch japanische Truppen auf Timor.[53] Die militärische Bedeutung der Insel lag in ihrer strategisch günstigen Lage: Sie war Sprungbrett nach Australien. Der japanischen Übermacht konnten die Alliierten nicht lange Stand halten. Sie mussten sich in das Landesinnere zurückziehen, von wo aus sie mit Unterstützung der Einheimischen bis Januar 1943 einen Guerillakrieg gegen die japanischen Einheiten betrieben.[54] Durch Kampfhandlungen und japanische Vergeltungsmaßnahmen kamen während dieser Zeit über 40.000 Timoresen zu Tode. Die portugiesische Kontrolle beschränkte sich auf wenige Bereiche, unter anderem die Residenz des Gouver-

---

49 Tatsächlich war Portugiesisch-Timor nach dem am 30.08.1898 abgeschlossenen „Deutsch-englischen Abkommen über die portugiesischen Kolonien“ für das Deutsche Reich und nach dem deutsch-englischen Kolonialvertrag von 1914 für das Vereinigte Königreich vorgemerkt worden; vgl. Reichelt, Ostasiatische Rundschau 17 (1936), S.287; Schlicher, Portugal in Ost-Timor, S. 15, 124 f.

50 Schiedsvertrag und Schiedsspruch sind abgedruckt in Krieger, Basic Documents, Doc. No. 5a, S. 5 f., Doc. No. 5b, S. 6 ff.

51 Verschiedene Schreibweisen sind gebräuchlich: Oecussi, Oikussi, Oe-Cussi, Okussi. Es handelt sich um das Gebiet um Lifau. Vgl. die kartographische Darstellung bei Deeley, a. a. O., S. 11.

52 Kaiser, Timor Island Arbitration, EPIL Vol. II, S. 275; ders., Timor-Fall, WVR, Bd. III, S. 445; vgl. zur Entwicklung der Grenzen Osttimors Deeley, a. a. O., S. 5 ff.

53 Vgl. zur japanischen Besatzungszeit Dunn, Timor. A People betrayed, S. 21 ff.; Ptak, Osttimor, in: Dahm/Ptak (Hrsg.), Südostasien-Handbuch, S. 286; Rowland, Timor, in: Neville (Hrsg.), World Biographical Series, Vol. 142, S. XXVII.

54 Ludwig/Horta, Osttimor, S. 23.

neurs.[55] Mit der Kapitulation Japans und dem Ende des Zweiten Weltkrieges ging auch die japanische Besetzung Osttimors zu Ende.

IV. Wiederherstellung portugiesischer Souveränität

Am 27. September 1945 landeten drei portugiesische Kriegsschiffe vor Dili und stellten die portugiesische Souveränität über Osttimor wieder her. Auf Widerstand trafen die Portugiesen nicht. Anders als in weiten Teilen Asiens gab es in Osttimor keine nennenswerte antikoloniale Bewegung.[56] Nur in der Region von Viqueque im Südosten Osttimors kam es 1952 zu einer Rebellion gegen die Kolonialverwaltung, die blutig niedergeschlagen wurde.[57] Die Niederlande, die bei ihrer Rückkehr die von Ahmed Sukarno gegründete Freie Republik Indonesien vorfanden, konnten die vollständige Kontrolle des Landes trotz zweier so genannter Polizeiaktionen nicht zurückgewinnen. 1949 verzichteten sie auf ihre Souveränität über Indonesien mit Ausnahme der Westhälfte von Neuguinea.[58] In das Staatsgebiet des unabhängigen Indonesien fiel auch der Westteil Timors.[59] Eine nennenswerte Bewegung in Westtimor, die die Zugehörigkeit zu Indonesien in Frage stellte, gab es nicht. Ansprüche auf Osttimor erhob Indonesien seinerzeit nicht.[60]

V. Portugiesische Kolonialpolitik und Vereinte Nationen

Die portugiesische Kolonialpolitik war von der Auffassung gekennzeichnet, dass es sich bei den überseeischen Besitzungen nicht um Kolonien, sondern um originäre Bestandteile des Heimatlandes handelte. Die portugiesische Verfas-

---

55 Schlicher, Portugal in Ost-Timor, S. 294 f.; dies., SOAI 11 (1995), 2, S. 54 ff.

56 Weatherbee, AS 6 (1966), S. 687.

57 Vgl. hierzu: Ludwig, Ein planmäßiger Völkermord, in: Ludwig (Hrsg.), Osttimor – Der zwanzigjährige Krieg, S. 34; Ludwig/Horta, Osttimor, S. 25; Schlicher, Portugal in Ost-Timor, S. 296.

58 Vgl. zur Entstehung Indonesiens Bünger, ZaöRV 13 (1950/51), S. 431 ff.

59 Gemäß der uti-possidetis-Doktrin haben die postkolonialen Staaten die von den Kolonialmächten gezogenen Grenzen zu akzeptieren; zugleich bedeutet diese allgemeine völkerrechtliche Regel eine Beschränkung des Selbstbestimmungsrechtes innerhalb eines postkolonialen Staates; vgl. Wooldridge, Uti Possidetis Doctrine, EPIL Vol. IV, S. 1259 ff.

60 Vgl. GAOR, Twelfth Session, First Committee, 912th Meeting (A/C.1/SR.912), 26.11. 1957, in: Krieger, Basic Documents, Doc. No. 7, S. 27; zur Haltung der indonesischen Außenpolitik gegenüber Osttimor siehe auch Clark, TICLJ 14 (2000), S. 76 f. und Weatherbee, AS 6 (1966), S. 690.

sung von 1933 bezeichnete die Kolonien denn auch als „überseeische Provinzen".[61] Schon die Verfassungen von 1822 und 1826 hatten Portugal und seine Kolonien als territoriale und politische Einheit verstanden.[62] Mit einer Verfassungsänderung im Jahre 1951 sollte die Qualifizierung der Kolonien als Teil des Mutterlandes noch klarer herausgestellt werden, um den portugiesischen Kolonialbesitz der Entkolonisierung zu entziehen.[63]

Forum und Motor der nach dem Zweiten Weltkrieg einsetzenden Dekolonisierung waren die Vereinten Nationen. Gemäß Artikel 73 der Charta der Vereinten Nationen hatten die Mitgliedsstaaten über Gebiete ohne Selbstregierung regelmäßig zu berichten. Wegen der Vorbehalte gegen das autoritäre Regime Salazar war Portugal nicht schon Gründungsmitglied der Vereinten Nationen geworden. Erst 1955 wurde der NATO-Staat durch einen Kompromiss zwischen West- und Ostblock in die Staatengemeinschaft aufgenommen.[64] Dem Verlangen der Vereinten Nationen, seiner Berichtspflicht nach Artikel 73 nachzukommen, widersetzte sich Portugal mit dem Hinweis, dass es sich bei seinen überseeischen Besitzungen um Bestandteile des Mutterlandes handele. Die Auseinandersetzungen mit Portugal zogen sich zunächst ohne fassbares Ergebnis hin, weil es an einer Definition der „Hoheitsgebiete ohne Selbstregierung" fehlte. Mit Resolution 1541 (XV) vom 15. Dezember 1960[65] formulierte die Generalversammlung entsprechende Kriterien: Gebiete ohne Selbstregierung, für die die Berichtspflicht gelten sollte, waren gekennzeichnet durch territoriale Trennung, ethnische und kulturelle Unterschiede sowie untergeordneten Status in Verwaltung, Recht, Politik und Wirtschaft. Selbstregierung konnte erreicht werden durch die Errichtung eines selbstständigen Staates, durch den freiwilligen Anschluss an einen anderen Staat oder durch Integration in einen anderen Staat. Da Portugal trotz offenkundig erfüllter Kriterien weiter auf dem Standpunkt beharrte, dass Artikel 73 für sein Staatsgebiet keine Anwendung finden könne, folgte auf die Definition der abhängigen Gebiete noch am gleichen Tage die Entschließung 1542

---

61 Hilpold, Osttimor-Fall, S. 12.

62 Schlicher, Portugal in Ost-Timor, S. 110-112.

63 Vgl. Teles/de Castro, ArchVR 34 (1996), S. 11 ff. mit einer ausführlichen Darstellung der portugiesischen Sichtweise sowie der Reaktion der Vereinten Nationen.

64 Vgl. hierzu Laß, Aus Politik und Zeitgeschehen, 1975, 40, S. 3, 5.

65 GV-Res. 1541 (XV), Principles which should guide Members in Determining whether or not an Obligation exists to Transmit the Information called for under Article 73e of the Charter, in: Krieger, Basic Documents, Doc. No. 8, S. 28-29.

(XV),[66] die sich als erste ausschließlich mit der portugiesischen Kolonialfrage befasste. Sie forderte Portugal zur Zusammenarbeit mit dem Ausschuss für Informationen über nicht selbstregierte Gebiete auf. Osttimor wurde gemeinsam mit den Kapverden, Guinea, Sao Tomé und Principe, Sao Joao, Batista de Ajudá, Angola, Mosambik, Goa und Macao auf die Liste der abhängigen Gebiete gesetzt. Es war für die portugiesische Regierung wie für die Mehrheit in den Vereinten Nationen offenkundig, dass es nur vordergründig um die Anerkennung einer Verpflichtung zur Berichterstattung an die Vereinten Nationen ging. Tatsächlich ging es um die aus der Mitgliedschaft in den Vereinten Nationen abgeleitete Verpflichtung Portugals, die genannten Gebiete ohne Selbstregierung zu voller Selbstverwaltung zu führen. In der Folgezeit kam es zur gewaltsamen Eskalation zwischen den Befreiungsbewegungen in den Afrikakolonien und den portugiesischen Kolonialstreitkräften. Die kriegerischen Auseinandersetzungen boten in den folgenden Jahren vielfach Anlass zur Behandlung in der Generalversammlung und im Sicherheitsrat der Vereinten Nationen, ohne dass Portugal seine Politik zu ändern bereit war.[67]

VI. Umsturz in Portugal

Die sich durch die Verschärfung der Auseinandersetzung in den Vereinten Nationen und die schwindende Unterstützung durch bisherige Bundesgenossen abzeichnende außenpolitische Krise sowie die blutigen Befreiungskriege in den afrikanischen Besitzungen gaben den Anstoß zu einer überraschend schnellen Wende in der portugiesischen Kolonialpolitik. Am 25. April 1974 setzte eine Bewegung der Streitkräfte die autoritäre Regierung Caetano ab. Der Revolutionsrat, der die Regierung nach dem Putsch übernahm, machte den Rückzug aus den Kolonien zum prioritären Ziel der Regierungspolitik. Mit Verfassungsgesetz Nr. 7/74 vom 27. Juli 1974[68] wurde das Selbstbestimmungsrecht der Völker einschließlich des Rechts der Kolonialvölker auf staatliche Unabhängigkeit anerkannt. Alle mit anderen Staaten abzuschließenden Abkommen sollten dieses Recht berücksichtigen. In einem dem Generalsekretär der Vereinten Nationen

---

66 GV-Res. 1542 (XV), Transmission of Information under Article 73e of the Charter, in: Krieger, Basic Documents, Doc. No. 9, S. 29-30 und Schulz/Mann, Resolutionen zum Selbstbestimmungsrecht, S. 294 ff.

67 Vgl. zur Behandlung der portugiesischen Kolonialpolitik in der Generalversammlung und dem Sicherheitsrat der Vereinten Nationen Laß, Aus Politik und Zeitgeschehen, 1975, 40, S. 6 ff.

68 Wiedergegeben in Krieger, Basic Documents, Doc. No. 13, S. 34.

am 3. August 1974 übermittelten Memorandum erklärte Portugal seine umfassende Kooperationsbereitschaft auf der Grundlage der Deklaration über die Gewährung der Unabhängigkeit an koloniale Länder und Völker vom 14. Dezember 1960.[69]

VII. Bildung politischer Parteien in Osttimor

Der Umsturz in Portugal traf Osttimor völlig unerwartet. Eine Befreiungsbewegung nach afrikanischem Vorbild hatte es bis dahin auf Timor nicht gegeben. Für Osttimors Zukunft ergaben sich drei Optionen, aus deren Anhängerschaft sich auf Betreiben der Kolonialverwaltung politische Parteien formierten:[70]

Am 20. Mai 1974 gründete sich die Associacao Social Democrática Timorense (ASDT), die sich im September in Frente Revolucionaria de Timor Leste Independente (FRETILIN) umbenannte. Nicht zufällig erinnert der neue Name an die marxistische FRELIMO in dem sich damals ebenfalls von Portugal lösenden Mosambik.[71] Die Partei hatte starke marxistische Tendenzen und strebte die sofortige Unabhängigkeit Osttimors an.[72]

Die am 12. Mai 1974 gegründete Uniao Democrática Timorense (UDT) war westlich orientiert und gemäßigt. Sie war ein Zusammenschluss konservativer, pro-portugiesischer und katholischer Kräfte. Die Partei favorisierte eine Föderation mit Portugal mit innenpolitisch weitgehender Selbstverwaltung und Vertretung durch Portugal nach außen. Später plädierte die Partei für den Anschluss an Indonesien. Sie fand ihre größte Anhängerschaft in den portugiesisch geprägten Küstenorten.[73]

Die Associacao Popular Democràtica Timorense (APODETI) wurde am 27. Mai 1974 gegründet und strebte angesichts der politischen und wirtschaftlichen Rückständigkeit Osttimors den Anschluss an Indonesien bei Gewährung eines

---

69 Vgl. YBUN, Vol. 28 (1974), S. 812 ff.

70 Einen Überblick über die damalige Parteienlandschaft und deren Führungspersonal bietet Dunn, Timor. A People betrayed, S. 60 ff.; vgl. auch Ramos-Horta, Funu, S. 29 ff.; die Parteiprogramme von APODETI, FRETILIN und UDT sind in englischer Übersetzung wiedergegeben bei Jolliffe, East Timor, S. 325 ff.

71 So Hiorth, Timor, Past and Present, S. 29.

72 AdG vom 24.06.1976, S. 20305; Rabl, Das Selbstbestimmungsrecht der Völker in neuester Praxis, in: Blumenwitz/Meissner (Hrsg.), Selbstbestimmungsrecht und deutsche Frage, S. 132 f.

73 De Quadros, Decolonisation: Portuguese Territories, EPIL Vol. I, S. 992.

Autonomiestatus an. Sie ging aus der Associacao Integracao de Timor-Indonesia (AITI) hervor.[74]

Daneben existierten noch zwei kleinere politische Gruppierungen: Die Klibur Oan Timor Aswain (KOTA), die aus der am 8. November 1974 gegründeten Associacao Popular Monarquica Timorense (APMT) hervorging, strebte eine konstitutionelle Monarchie nach malaiischem Vorbild an. Sie wurde von der Kolonialverwaltung nicht anerkannt, weil sie die Zahl ihrer Mitglieder nicht angeben konnte. Daneben gab es noch die Partido Trabalhista, die der organisierten Arbeiterbewegung entsprang.[75]

VIII. Versuch der Dekolonisierung

Portugal nahm 1975 mit den drei größeren Parteien Verhandlungen auf, um zu entscheiden, ob Unabhängigkeit, Integration in Indonesien oder ein Bund mit Portugal für die Zukunft des Gebietes wünschenswert wäre.[76] Portugal strebte eine stufenweise Entwicklung an, wobei der friedliche wirtschaftliche Fortschritt im Vordergrund stand. Vorerst sollten jedoch die verfassungsrechtlichen Voraussetzungen für die Durchführung einer Volksabstimmung geschaffen werden. Indonesien teilte zu diesem Zeitpunkt der Weltöffentlichkeit mit, es hege keinen Wunsch, Osttimor in sein Staatsgebiet zu inkorporieren. Es werde die Wünsche der Bevölkerung von Osttimor respektieren, gleichgültig, ob diese in einer Föderation mit Portugal, dem Anschluss an Indonesien oder der Unabhängigkeit bestünden, wenngleich zu befürchten sei, dass ein unabhängiges Osttimor nicht überlebensfähig und ein Ort der Instabilität für die gesamte Region sei.[77]

Eine am 20. Januar 1975 zwischen UDT und FRETILIN geschlossene und von Portugal akzeptierte Koalition mit Ziel der Erreichung der Unabhängigkeit bis zum Jahre 1982 wurde von der UDT bereits am 27. Mai 1975 wieder aufgekündigt.[78] Portugal lud daraufhin die Parteien UDT, APODETI und FRETILIN zu

---

74 Kristiadi, IQ 14 (1986), S. 549 f.; Rabl, a. a. O., S. 132.

75 Kristiadi, IQ 14 (1986), S. 567 f.; Siebeck, IAF 9 (1978), S. 168.

76 Detailliert zu den Ereignissen zwischen Februar 1975 und Juli 1976 Lawless, AS 16 (1976), S. 948 ff.; van der Kroef, ATS 7 (1982), S. 245 ff.

77 Elliott, ICLQ 27 (1978), S. 239; Kristiadi, IQ 14 (1986), S. 551 ff.

78 Die Hintergründe hierfür sind bis heute nicht ganz klar. Vermutlich war die UDT - Führung besorgt, weil sich das Stärkeverhältnis der beiden Parteien zu ihren Ungunsten veränderte. Die Meinungsverschiedenheiten waren zudem größer geworden, seit sich die FRETILIN zunehmend radikalisierte; vgl. Siebeck, IAF 9 (1978), S. 169; Lawless, AS 16 (1976), S. 951.

Gesprächen über die Zukunft des Landes vom 26. bis 28. Juni 1975 nach Macao. Vorgesehen wurde die Bildung einer Übergangsregierung und die Wahl einer Volksvertretung zur Ausarbeitung einer Verfassung zum Zwecke des friedlichen Übergangs zur Unabhängigkeit bis zum Oktober 1978.[79] Die FRETILIN verweigerte die Teilnahme, weil sie die APODETI nicht als gleichberechtigten Verhandlungspartner anerkennen wollte. Sie hielt die Partei für eine willfährige Marionette der indonesischen Regierung.[80] Im Juli 1975 organisierte die Kolonialverwaltung Wahlen auf Dorfebene, aus der die FRETILIN mit 55 Prozent Zustimmung als Siegerin hervorging. Die UDT erreichte 40 Prozent, die APODETI kam auf rund fünf Prozent.[81]

IX. Bürgerkrieg

Am 11. August 1975 besetzte die UDT alle wichtigen Gebäude in der Hauptstadt Dili, brachte die Waffen der Polizeikräfte an sich und verlangte von der portugiesischen Regierung die sofortige Unabhängigkeit, die Entfernung aller politisch links orientierten portugiesischen Offiziere, die man in Verdacht hatte, die FRETILIN zu unterstützen, und die Festnahme der FRETILIN-Führung.[82] Ab dem 13. August 1975 brachen gewaltsame Auseinandersetzungen zwischen den Anhängern der FRETILIN und der UDT aus, die sich zu einem Bürgerkrieg ausweiteten. Nach nur einer Woche hatte die FRETILIN die Oberhand gewonnen. Zwar gehörten der UDT viele einflussreiche Angehörige der Kolonialverwaltung an, entscheidend war aber, dass der größte Teil der rund 3000 einheimischen Angehörigen der portugiesischen Streitkräfte zur FRETILIN überliefen.[83] Die portugiesische Kolonialverwaltung verlor die Kontrolle über die Situation im Lande. Ende August kontrollierten die portugiesischen Truppen lediglich einige militärische Anlagen und den Hafenbezirk in Dili. Am 27. August 1975 verlegte die Kolonialverwaltung ihren Amtssitz und die verbliebenen etwa 1.500 portugiesisch-stämmigen Militärangehörigen auf die Dili 25 Kilometer vorgelagerte Insel Atauro. Mit den Behörden verließen auch die verbliebenen rund

---

79 Summary of Outcome of Macao Talks between Portugal, APODETI and UDT, 26-28 June 1975, in: Krieger, Basic Documents, Doc. No. 17, S. 37.

80 Kristiadi, IQ 14 (1986), S. 561; Ludwig, Das Schweigen brechen, S. 46.

81 Ufen, SOAA 21 (2002), S. 263.

82 Siebeck, IAF 9 (1978), S. 170; ausführlich zum Folgenden Jolliffe, East Timor, S. 120 ff.

83 Chomsky, AQ 5 (1979), S. 49; Kristiadi, IQ 14 (1986), S. 564; Ludwig, BldIntPol 30 (1985), S. 1418.

300 europäischen Zivilpersonen Timor. Die Führer der UDT und mit ihnen viele Geistliche flohen in den Westteil der Insel.[84] Ende September hatte die FRETILIN die Kontrolle über den größten Teil des Landes und die Hauptstadt Dili gewonnen. Die Auseinandersetzungen hatten bis dahin rund 2.000 bis 3.000 Tote gefordert.[85]

UDT und APODETI schlossen sich im Oktober 1975 mit KOTA und Trabalhista zur antikommunistischen Bewegung „Movimento Anti-Comunista" (MAC) zusammen, um die FRETILIN zu bekämpfen.[86] Mit indonesischer Unterstützung operierte MAC von West-Timor aus, zunächst jedoch ohne nennenswerte Erfolge, so dass die indonesische Regierung, die bereits ein beachtliches Militäraufgebot in West-Timor zusammen gezogen hatte, schließlich inoffiziell und unter zahlreichen Dementis mit eigenen Truppen nachhelfen musste.[87] Seit dem 14. September 1975 kam es zu Gefechten zwischen FRETILIN-Truppen und indonesischen Streitkräften im Grenzgebiet zwischen Ost- und Westtimor. Beide Seiten beschuldigten sich gegenseitig, in das jeweils ausländische Territorium eingedrungen zu sein.[88]

X. Proklamationen von Unabhängigkeit und Anschluss an Indonesien

Vom 1. bis 3. November 1975 kamen Delegationen Portugals und Indonesiens unter der Leitung der Außenminister beider Länder in Rom zusammen, um die Situation zu erörtern. Die Delegationen einigten sich darauf, dass Portugal weiter Inhaber der Souveränität in Osttimor bleibe, ein Waffenstillstand erforderlich sei und rund 56.000 Flüchtlinge auf indonesischem Territorium unverzüglich nach Osttimor zurückgeführt werden sollten. In einem Memorandum of Understanding vom 3. November 1975 wurde zum Ausdruck gebracht, dass Portugal keine militärische Hilfe Indonesiens zur Wiederherstellung von Sicherheit und Ordnung wünsche, aber anerkenne, dass Indonesien an der Lösung des Osttimorproblems ein besonderes Interesse habe.[89] Einer Aufforderung der FRETI-

---

84 Münch-Heubner, Osttimor, S. 28.

85 AdG vom 24.06.1976, S. 20305.

86 YBUN, Vol. 29 (1975), S. 857.

87 Siebeck, IAF 9 (1978), S. 171.

88 Chomsky, AQ 5 (1979), S. 50; Kristiadi, IQ 14 (1986), S. 567 f.

89 Joint Press Statement Concerning Talks between the Foreign Minister of Portugal and Indonesia, Held at Rome on 1 and 2 November 1975, 3.11.1975, in: Krieger, Basic Documents, Doc. No. 20, S. 39; vgl. zu vorbereitenden Geheimtreffen van der Kroef, ATS 8 (1983), S. 79.

LIN von Mitte November 1975, zurückzukehren und den Prozess der Dekolonisierung erfolgreich zu Ende zu führen, kam die portugiesische Kolonialverwaltung nicht nach. Portugal hatte in der Vergangenheit nach Kompromissen gestrebt, so dass es sich jetzt nicht einseitig von der FRETILIN vereinnahmen lassen wollte. So hielt sich Lissabon bedeckt und die neuen Machthaber mussten mit der Situation selbst zurechtkommen.[90] Schließlich entschloss sich die FRETILIN-Führung, die "Demokratische Republik Ost-Timor" auszurufen und Osttimor für unabhängig zu erklären.[91] Am 28. November 1975 wurde die portugiesische Fahne, die bis dahin noch über Dili geweht hatte, eingeholt. Albanien, Angola, Benin, Guinea, Guinea-Bissau, Kambodscha, Kap Verde, Laos, Mosambik, Nordkorea, Sao Tomé und Principe, Tansania, Vietnam, die Volksrepublik China und die Volksrepublik Kongo sprachen die Anerkennung aus.[92] Portugal verurteilte die Unabhängigkeitserklärung, weil sie nicht in Übereinstimmung mit dem portugiesischen Dekolonisierungsprozess stünde. Die Wünsche der Bevölkerung seien nicht berücksichtigt. Portugal sei bereit, weiter mit Vertretern der Parteien über das Selbstbestimmungsrecht der Bevölkerung von Osttimor zu verhandeln.[93] UDT, APODETI, KOTA und Trabalhista reagierten auf die Unabhängigkeitserklärung der FRETILIN am 30. November 1975 mit der Proklamation des Anschlusses an Indonesien. Zugleich forderten sie Jakarta offiziell zur Intervention in Osttimor auf.[94] Am 6. Dezember nahmen zwei Kriegsschiffe die auf Atauro verbliebenen Europäer auf, womit Portugal seinen seit 1520 andauernden Herrschaftsanspruch faktisch aufgab.[95]

XI. Timor am Ende der Kolonialzeit

Timor spielte in der portugiesischen Kolonialpolitik nur eine untergeordnete Rolle. Das lag einerseits an der entfernten Lage der Insel und andererseits an

---

90 Chomsky, AQ 5 (1979), S. 50; Ptak, Osttimor, in: Dahm/Ptak (Hrsg.), Südostasien-Handbuch, S. 288.

91 Wörtliche Wiedergabe der Unabhängigkeitserklärung bei Jolliffe, East Timor, S. 212.

92 So die unwidersprochen gebliebene Mitteilung des osttimoresischen Außenministers, José Ramos-Horta, in einem Interview; vgl. Clark, The 'Decolonisation' of East Timor, in: International Law and the Question of East Timor, S. 71 (Fn. 29 a. E.); ders., YJWPO 7 (1980), S. 8 (Fn. 29 a. E.).

93 Communiqué Issued by the Portuguese National Decolonisation Commission, 29.11. 1975, in: Krieger, Basic Documents, Doc. No. 22, S. 39 f.

94 Joint Proclamation by APODETI, UDT, KOTA and the Partido Trabilhista, Issued at Batugade, 30.11.1975, in: Krieger, Basic Documents, Doc. No. 23, S. 40.

95 Ludwig/Horta, Osttimor, S. 24

dem Engagement Portugals in Südamerika, Afrika und den asiatischen Besitzungen Goa und Macao. Eine Schiffsverbindung zwischen dem Mutterland und Osttimor bestand bis 1936 nicht. Wer von Lissabon aus nach Portugiesisch-Timor gelangen wollte, musste mit holländischen Schifffahrtsgesellschaften über Batavia, das heutige Jakarta, oder Surabaya fahren. Nur für den Küstenverkehr gab es einen kleinen portugiesischen Dampfer.[96] Schließlich beschränkte sich das wirtschaftliche Interesse Portugals auf das in Timor reichlich vorhandene wertvolle Sandelholz und die Produktion von Kaffee.[97] 1974 zählte Portugiesisch-Timor zu den ärmsten Gebieten der Welt mit einer Analphabetenquote unter Erwachsenen von rund 95 Prozent, einer Säuglingssterberate von 50 Prozent und einer weiten Verbreitung von Malaria, Tuberkulose und Lepra.[98] Die Lebenserwartung lag bei durchschnittlich 35 Jahren. Der Grad der Monetisierung war gering, die Wirtschaft auf den Export von Kaffee ausgerichtet und die Handelsbilanz stets defizitär.[99] Die Inselhälfte verfügte nur über 21 Kilometer geteerte Straßen, nur die Hauptstadt Dili war elektrifiziert.[100] Die letzte portugiesische Volkszählung aus dem Jahr 1970 ergab eine Bevölkerungszahl von 609.477 Menschen.[101] Portugals prägende Spuren beschränkten sich auf die portugiesische Sprache und die römisch-katholische Religionslehre. Beide sind jedoch so nachhaltig vorhanden, dass sie Osttimor auch heute noch kennzeichnen.

C. Provinz Indonesiens

I. Invasion und Anschluss an Indonesien

Am 7. Dezember 1975 marschierten die Streitkräfte Indonesiens in Osttimor ein. Die indonesische Regierung erklärte, es handele sich um eine Aktion Freiwilliger, die auf Verlangen der vier Parteien UDT, APODETI, KOTA und Trabalhista zur Wiederherstellung der Ordnung und zur Wahrnehmung des Selbstbestimmungsrechtes der Bevölkerung erfolgt sei. Sie, die Regierung, könne nicht

---

96 Reichelt, Ostasiatische Rundschau 17 (1936), S. 288.

97 Siebeck, IAF 9 (1978), S. 166.

98 Schlicher, Portugal in Ost-Timor, S. 10.

99 Metzner, GeoRS 27 (1975), S. 249; ausführlich zur wirtschaftlichen Lage Osttimors am Ende der Kolonialzeit Dunn, Timor. A People betrayed, S. 46 ff.

100 Machetzki, SOAA 11 (1992), S. 287.

101 Hiorth, Timor, Past and Present, S. 13.

verhindern, dass Freiwillige ihren Brüdern in Osttimor zu Hilfe kämen.[102] Aufgrund überlegener Waffengewalt der indonesischen Streitkräfte musste sich die FRETILIN in das gebirgige Landesinnere zurückziehen.[103] Mit ihr floh ein Großteil der Bevölkerung, aufgeschreckt durch die Brutalität der Invasoren. Bereits am 17. Dezember 1975 wurde eine provisorische Übergangsregierung gebildet und eine „repräsentative Volksversammlung" einberufen.[104] Der Rat der Volksvertreter mit 28 Delegierten beschloss am 31. Mai 1976 auf einem indonesischen Kriegsschiff in den Gewässern vor Dili nach zweistündigen Verhandlungen einstimmig den Anschluss Osttimors an Indonesien und stellte in Jakarta den entsprechenden Antrag. Nur fünf der Mitglieder der „Volksversammlung" waren frei gewählt, die übrigen Mitglieder waren von der Provisorischen Regierung ernannt worden.[105] Fünf Tage später traf der indonesische Präsident Suharto die Entscheidung, "die Integration Osttimors auf Grund der beim Anschluss von Osttimor zum Ausdruck gebrachten Wünsche des Volkes von Osttimor nach Maßgabe der indonesischen Verfassung durchzuführen". Am 17. Juli 1976 unterzeichnete er eine vom Parlament am 15. Juli verabschiedete Gesetzesvorlage, durch die Osttimor offiziell zur 27. Provinz Indonesiens wurde.[106] Die FRETILIN bestritt die demokratische Legitimation der Volksversammlung und betrachtete das Eingliederungsersuchen als nichtig.[107] Die Vereinten Nationen verzichteten demonstrativ auf die Entsendung von Beobachtern zu den Eingliederungsakten.[108] Die demokratische Legitimation der ausgewählten Volksvertreter ist schon angesichts der andauernden Kriegswirren und der Flucht eines Großteils der Bevölkerung in das Landesinnere fraglich. Zu diesem Zeitpunkt kontrollierten indonesische Streitkräfte nur den Küstenstreifen, die Kämpfe mit

---

102 Elliott, ICLQ 27 (1978), S. 241 mit Wiedergabe weiterer Argumente Indonesiens; vgl. auch Kristiadi, IQ 14 (1986), S. 570 f.; Lawless, AS, 16 (1976), S. 954 m. w. N.

103 Hinsichtlich weiterer Einzelheiten zum Verlauf der militärischen Auseinandersetzungen siehe Dunn, Timor. A People betrayed, S. 292 ff.; Roff, Timor's Anschluss, S. 65 ff.; Ramos-Horta, Funu, S. 69 ff.; Taylor, Indonesia's forgotten War, S. 68 ff.

104 Declaration on the Establishment of a Provisional Government of the Territory of East Timor, 17.12.1975, in: Krieger, Basic Documents, Doc. No. 26, S. 44.

105 Krieger, KJ 30 (1997), S. 300; vgl. Act No. 1/A.D. 1976 of the „Provisional Government of East Timor" vom 02.04.1976, in: Krieger, Basic Documents, Doc. No. 24, S. 51 f.

106 AdG vom 24.06.1976, S. 20305 f., S. 20307 f. und vom 04.08.1976, S. 20389.

107 Elliot, ICLQ 27 (1978), S. 240; Ludwig/Horta, Osttimor, S. 40

108 Die Abstimmung fand in Gegenwart von Diplomaten aus Indien, dem Iran, Malaysia, Neuseeland, Nigeria, Saudi-Arabien und Thailand statt, vgl. Clark, The 'Decolonisation' of East Timor, in: International Law and the Question of East Timor, S. 72 (Fn. 40); ders., YJWPO 7 (1980), S. 10 (Fn. 40).

FRETILIN-Einheiten zogen sich hin.[109] Im März 1977 schätzte ein Sprecher des Außenministeriums der Vereinigten Staaten, dass zu diesem Zeitpunkt nur rund 200.000 der insgesamt etwa 650.000 Osttimoresen in Gebieten lebten, die von Indonesien kontrolliert würden.[110]

II. Internationale Reaktionen

1. Vereinte Nationen

Bereits am 12. Dezember 1975 verurteilte die Generalversammlung der Vereinten Nationen mit Resolution 3485 (XXX) die Invasion und forderte Indonesien auf, seine Truppen abzuziehen *„in order to enable the people of the Territory freely to exercise their right to self-determination and independence"*.[111] 72 Staaten stimmten für die Resolution, zehn Staaten dagegen, 43 Staaten enthielten sich der Stimme. Am 22. Dezember 1975 verabschiedete der Sicherheitsrat einstimmig Resolution 384, mit der er alle Staaten aufrief, in Übereinstimmung mit der Resolution der Generalversammlung 1514 (XV)[112] das unveräußerliche Recht auf Selbstbestimmung der Bevölkerung und die territoriale Integrität Osttimors zu achten. Indonesien forderte er auf, seine Truppen abzuziehen. An Portugal richtete er die Forderung, in seiner Funktion als Verwaltungsmacht mit den Vereinten Nationen zusammenzuarbeiten, um dem Volk von Osttimor die freie Ausübung des Selbstbestimmungsrechtes zu ermöglichen. Darüber hinaus sollte der Generalsekretär einen Sonderbeauftragten in die Krisenregion entsenden und die Befolgung der Resolutionen sicherstellen.[113] Am 29. Dezember 1975 entsandte Generalsekretär Kurt Waldheim den Generaldirektor des Büros der Vereinten Nationen in Genf als Sonderbeauftragten nach Osttimor.[114] Dieser konnte seinem Auftrag jedoch nur eingeschränkt nachkommen. Aufgrund anhaltender militärischer Auseinandersetzungen konnte er nicht frei reisen, Gespräche mit FRETILIN-Führern kamen nicht zustande. Die überwiegende Mehrheit der von

---

[109] Vgl. Lawless, AS 16 (1976), S. 955 ff. mit einer kartographischen Darstellung der von indonesischen Truppen am 21.05.1976 kontrollierten Gebiete.

[110] Chomsky, AQ 5 (1979), S. 53 f.; Retboll, BCAS 19 (1987), S. 24.

[111] GV-Res. 3485 (XXX) vom 12.12.1975, in: Krieger, Basic Documents, Doc. No. 40, S. 123.

[112] Declaration on the Granting of Independence to Colonial Countries and Peoples, GV-Res. 1514(XV) vom 14.12.1960, in: Schulz/Mann, Resolutionen zum Selbstbestimmungsrecht, S. 44 ff.

[113] SR-Res. 384 vom 22.12.1975, in: Krieger, Basic Documents, Doc. No. 35, S. 53 f.

[114] YBUN, Vol. 29 (1975), S. 863.

ihm aufgesuchten Ortschaften war unter indonesischer Kontrolle. Der Sonderbeauftragte folgerte daraus, Osttimor bedürfe auch in Zukunft der Beratung und Betreuung durch die Organe der Vereinten Nationen.[115] Mit Resolution 389 des Sicherheitsrates vom 22. April 1976 folgte eine Bekräftigung der Forderungen der Resolution 384, allerdings wurde die Aufforderung zur Kooperation nicht mehr unmittelbar an Portugal, sondern an *„all States and other parties concerned"* gerichtet.[116] Für die Resolution stimmten zwölf Staaten, Japan und die Vereinigten Staaten enthielten sich der Stimme, eine Stimme wurde nicht abgegeben. Mit Resolution 31/53 vom 1. Dezember 1976 wiederholte die Generalversammlung der Vereinten Nationen ihre Forderungen. Beklagt wurde zudem die Weigerung Indonesiens, seine Truppen abzuziehen. Zurückgewiesen wurde die indonesische Behauptung, Osttimor habe sich Indonesien angegliedert, weil die Bevölkerung des Landes nicht aus freien Stücken von ihrem Recht auf Selbstbestimmung Gebrauch habe machen können.[117] Bis 1982 folgten noch sieben weitere Resolutionen der Generalversammlung.[118] Allerdings wurden die Mehrheiten für diese Resolutionen immer geringer. 1981 betrug das Stimmenverhältnis (Ja, Nein, Enthaltungen) noch 54 zu 12 zu 46. Für die letzte von der Generalversammlung verabschiedete Resolution 37/30 vom 9. Dezember 1982 stimmten 50 Staaten, 46 stimmten dagegen und 50 Staaten enthielten sich der Stimme. Seit 1977 enthielten die Resolutionen keine Forderung nach einem indonesischen Truppenabzug mehr. Mit Indonesien stimmten unter anderem die übrigen ASEAN-Staaten, die Vereinigten Staaten, Australien, Neuseeland, Japan und Kanada. Mit Portugal stimmten unter anderem die lusophonen Staaten Afrikas und die kommunistischen Staaten. Die EG-Staaten außer Griechenland und Irland, die mit Portugal stimmten, enthielten sich der Stimme, ebenso die skandinavischen Staaten, Österreich und Jugoslawien. In der Resolution 37/30 vom 9. Dezember 1982 wurde zwar das Selbstbestimmungsrecht aller Völker bekräftigt, doch fehlte ein bestätigender Vermerk, dass dieses Recht auch den Osttimoresen zustehe. Nach 1982 sind dann keine Resolutionen mehr zu Ostti-

---

115 Roff, Timor's Anschluss, S. 97f. mit einer Schilderung des Ablaufs der Reise und der von dem Sonderbeauftragten geführten Gespräche; van der Kroef, ATS 7 (1982), S. 254 f.

116 SR-Res. 389 vom 22.04.1976, in: Krieger, Basic Documents, Doc. No. 38, S. 93.

117 GV-Res. 31/53 vom 01.12.1976, in: Krieger, Basic Documents, Doc. No. 41, S. 123 f.

118 GV-Res. 32/34 vom 28.11.1977, 33/39 vom 12.12.1978, 34/40 vom 21.11.1979; 35/27 vom 11.11.1980, 36/50 vom 24.11.1981 und 37/30 vom 09.12.1982; alle in Krieger, Basic Documents, Doc. No. 42-47, S. 124-128; vgl. zum Stimmverhalten in der Generalversammlung die Zusammenstellung bei Krieger, a. a. O., Doc. No. 48, S. 129 ff.

mor beantragt worden, weil die Befürworter befürchteten, die erforderliche Mehrheit nicht mehr zustande zu bringen.[119] Osttimor blieb aber auf der Liste der Gebiete ohne Selbstregierung.[120] In den folgenden zwei Dekaden machte Osttimor vor allem wegen massiver Menschenrechtsverletzungen der indonesischen Besatzer Schlagzeilen.

2. *Portugal*

Portugal reagierte auf die Invasion unverzüglich. Bereits am 8. Dezember 1975 beantragte das Land eine dringliche Sitzung des Sicherheitsrates. Zudem brach es die diplomatischen Beziehungen mit Indonesien ab und rief seinen Botschafter zurück.[121] Die Grundzüge seiner Position änderte Portugal auch in der Folgezeit nicht.[122] Zwar verpflichtete sich Portugal in Verhandlungen mit der provisorischen Regierung vom 6. bis 10. Juli 1976 in Bangkok, seit August 1975 ausstehende Gehälter der Zivilangestellten der Kolonialverwaltung bis zum Juli 1976 nachzuzahlen, und weitere Verhandlungen führten am 25. Juli 1976 zur Freilassung von 23 portugiesischen Militärangehörigen, die noch in Osttimor festgehalten wurden.[123] Insbesondere seit dem Beitritt Portugals zur Europäischen Gemeinschaft im Jahre 1986 verstärkte das Land sein Engagement für Menschenrechte und die Lösung des Osttimor-Problems. 1986 konnte Portugal den Ministerrat der EG zu einer Verurteilung der Menschenrechtsverletzungen bewegen.[124] Auch die Parlamentarische Versammlung des Europarates befasste sich auf Initiative Portugals mit Osttimor. Sie erkannte dem Volk von Osttimor das Recht auf Selbstbestimmung zu und stellte fest: „*East Timor was annexed by Indonesia on 17 July 1976 in total disregard for the rules of international law and the rights and obligations of Portugal, ...*“.[125] Das Europaparlament hatte

---

119 Chinkin, EJIL 4 (1993), S. 212 (Fn. 29).

120 Vgl. Fastenrath, in: Simma (Hrsg.), Charter of the United Nations, 1. Aufl., Art. 73 Rn. 16.

121 AdG vom 24.06.1976, S. 20306.

122 Vgl. zur portugiesischen Position Teles/de Castro, ArchVR 34 (1996), S. 41 f.; zu Inhalt und Ergebnis der 1974 und 1975 stattgefundenen Geheimverhandlungen zwischen Indonesien und Portugal van der Kroef, ATS 8 (1983), S. 79.

123 Kristiadi, IQ 14 (1986), S. 573.

124 Hilpold, Osttimor-Fall, S. 17.

125 Parliamentary Assembly of the Council of Europe, Forty-Third Ordinary Session Resolution 966 (1991) on East Timor, 28 June 1991, in: Krieger, Basic Documents, Doc. No. 94, S. 303.

1980 und 1994 entsprechende Resolutionen verabschiedet.[126] 1991 musste sich auf eine Klage Portugals hin auch der Internationale Gerichtshof mit der ungelösten Osttimor-Problematik befassen.[127]

3. *Drittstaaten*

Das Verhalten der Staatengemeinschaft auf die Ereignisse in Portugiesisch-Timor war unterschiedlich. Einige Staaten haben die Souveränität Indonesiens de iure oder de facto anerkannt, die Mehrzahl der Staaten hat die Anerkennung jedoch verweigert.

a) De-iure-Anerkennungen

Eine Reihe von Staaten hat die Inkorporation Portugiesisch-Timors de iure anerkannt. Zu diesen Staaten gehörten unter anderem Bangladesh, Indien, Iran, Irak, Jordanien, Malaysia, Marokko, Oman, die Philippinen, Saudi Arabien, Singapur, Surinam und Thailand.[128] Australien hat zunächst den Standpunkt vertreten, die Eingliederung widerspreche dem Selbstbestimmungsrecht der Bevölkerung Portugiesisch-Timors. 1978 folgte dann ein klarer Positionswechsel der australischen Außenpolitik. Am 20. Januar 1978 erklärte der australische Außenminister, zwar habe sich Australien offen gegen die Invasion Indonesiens in Osttimor ausgesprochen, die indonesische Herrschaft in dem Gebiet sei aber Realität, die man akzeptieren müsse.[129] Nach einem Treffen mit seinem indonesischen Kollegen am 15. Dezember 1978 stellte der australische Außenminister klar, dass er die im Januar desselben Jahres abgegebene Erklärung explizit als De-iure-Anerkennung verstanden wissen wolle.[130] Dies änderte jedoch nichts daran, dass es sich angesichts des Inhalts der Erklärung um eine De-facto-Anerkennung

---

126 European Parliament, Resolutions on the Situation in East Timor of 23 May 1980, 5 December 1994, in: Krieger, Basic Documents, Doc. No. 98, 99, S. 307, 308.

127 Siehe hierzu 1. Teil C. V.

128 Hannikainen, Peremptory Norms (Jus Cogens) in International Law, S. 413; Krieger, KJ 30 (1997), S. 305.

129 Announcement made by the Minister for Foreign Affairs, Mr. A.S. Peacock, 20 January 1978, in: Krieger, Basic Documents, Doc. No. 110, S. 333.

130 Announcement by the Minister for Foreign Affairs, Mr. A.S. Peacock, 15 December 1978, in: Krieger, Basic Documents, Doc. No. 112d, S. 335.

handelte.[131] Am 14. Februar des folgenden Jahres nahmen dann beide Staaten Verhandlungen über die Abgrenzung des Festlandsockels zwischen Osttimor und Australien auf.[132] Damit erkannte Australien schließlich konkludent die Rechtmäßigkeit indonesischer Souveränitätsausübung an.

b) *De-facto-Anerkennungen*

Eine Reihe von Staaten vertrat die Auffassung, dass der Bevölkerung Osttimors das Selbstbestimmungsrecht nach wie vor zustehe, verurteilte die Art und Weise der Eingliederung, akzeptierte aber ausdrücklich oder stillschweigend die Ausübung indonesischer Souveränität als Tatsache. Zu diesen Staaten gehörten Japan, Kanada, Mauretanien, Neuseeland, Papua Neuguinea, Schweden und die Vereinigten Staaten.[133] In den Fällen Kanadas, Neuseelands und der Vereinigten Staaten ist teilweise auch von einer De-iure-Anerkennung gesprochen worden.[134] Die Vereinigten Staaten teilten die Interessenlage Indonesiens. Nur ein Tag vor der indonesischen Invasion trafen sich die Präsidenten und Außenminister der beiden Länder in Jakarta. Allgemein wird davon ausgegangen, dass die beabsichtigte Invasion Gegenstand der Erörterungen war, die US-amerikanischen Politiker aber keine Bedenken gegen die indonesischen Pläne erhoben.[135] Die Zustimmung der Vereinigten Staaten zur Invasion dürfte Ausdruck der nach dem Zusammenbruch in Vietnam betriebenen Politik der Schadensbegrenzung gewesen sein. Insoweit bestand ein Konsens mit den übrigen nicht-sozialisti-

---

131 Die Anerkennung de iure hat zur Folge, dass der anerkannte tatsächliche oder rechtliche Zustand alle völkerrechtlichen Rechtsfolgen entfalten kann. Die Anerkennung de-facto begründet ebenfalls ein Rechtsverhältnis, jedoch ohne dass die Rechtmäßigkeit der anzuerkennenden Rechtssituation anerkannt wird. Die vorläufige Anerkennung de facto ist im Gegensatz zur endgültigen Anerkennung de iure frei widerruflich; vgl. Dahm/Delbrück/Wolfrum, Völkerrecht, Bd.I/1 § 22 (S. 209 ff.); Doehring, Völkerrecht, Rn. 940 (S. 413); Frowein, Recognition, EPIL Vol. IV, S. 35; Gloria, in Ipsen, Völkerrecht, § 22 Rn. 13 ff. (S. 228 ff.).

132 Answer to a Question in Parliament by the Minister of Foreign Affairs, Mr. A.S. Peacock, 8 March 1979, in: Krieger, Basic Documents, Doc. No. 112e, S. 335.

133 Hannikainen, a. a. O., S. 413; Krieger, KJ 30 (1997), S. 305.

134 Vgl. Secretary of State for External Affairs, House of Commons Debates, 18.9.1991, abgedruckt in CYIL 30 (1992), S. 366 (Kanada); Assistant Secretary for East Asian and Pacific Affairs, Statement before the Subcommittee on Asian and Pacific Affairs, 14.9.1982, abgedruckt in Department of State Bulletin 82 (1982), Nov. 1982, S. 29 (Vereinigte Staaten); so interpretiert von Großbritannien: House of Lords Debates, 25.11.1991, abgedruckt in BYIL 62 (1991), S. 569.

135 Vgl. nur Chomsky, AQ 5 (1979), S. 47, 51; Franke, BCAS 15 (1983), S. 51 f.; van der Kroef, ATS 8 (1983), S. 72.

schen Ländern der Region, keine weitere Ausdehnung des Sozialismus zuzulassen, die von einer marxistischen Regierung in Dili gedroht hätte. Die Partnerschaft mit der Regionalmacht Indonesien stand im Zentrum der geopolitischen und geostrategischen Überlegungen der US-Außenpolitik. Osttimor war für sie nur von peripherer Bedeutung.[136] Nach der Invasion bemühte sich Washington um Beschwichtigung innerhalb der Vereinten Nationen. Bei der Abstimmung im Sicherheitsrat am 22. April 1976 enthielten sich die Vereinigten Staaten, in der Generalversammlung stimmten sie gegen die vorgelegten Resolutionen.

c) *Nicht-Anerkennungen*

Die Mehrzahl der Staaten erkannte die Integration Portugiesisch-Timors in Indonesien weder de iure noch de facto an. Zu diesen Staaten gehörten insbesondere die Mitgliedsstaaten der Europäischen Union.[137] Auch die Bundesrepublik Deutschland erkannte die Souveränität Indonesiens über Osttimor nicht an.[138] Allerdings vermied die Bundesregierung eine Bewertung der Vorgänge. Bei den Abstimmungen in der Generalversammlung der Vereinten Nationen enthielten sich die bundesdeutschen Vertreter. Die Position der Bundesregierung war gekennzeichnet durch das Bemühen, die guten politischen und wirtschaftlichen Beziehungen zu Indonesien nicht zu beeinträchtigen.[139] Eine Lösung des Problems erhoffte sich die Bundesregierung von den seit 1982 unter der Ägide des Generalsekretärs der Vereinten Nationen geführten Gesprächen zwischen Portugal und Indonesien.[140] Ähnlich verhielten sich die meisten europäischen Staaten. Ihr Interesse bestand darin, sich aus dem Streit herauszuhalten und ihre Handels- und Wirtschaftsbeziehungen mit Indonesien uneingeschränkt fortzusetzen und auszubauen.[141] Noch Jahre nach der Krise der 70er Jahre wurde die indonesische Politik dagegen insbesondere von den Nachfolgestaaten der früheren portugiesischen Afrikakolonien sanktioniert. Sie verhinderten lange Zeit, dass Indonesien den Vorsitz in der 108 Nationen umfassenden Blockfreienbewegung (NAM) übernehmen konnte, weil sie die Einverleibung Osttimors als Aggression verur-

---

136 Münch-Heubner, Osttimor, S. 67 f.

137 Vgl. Krieger, KJ 30 (1997), S. 306; BYIL 55 (1984), S. 431; BT-Drs.12/2202, 9.3.1992, S. 41 f.

138 BT-Drs.10/1246, 5.4.1984, S. 3.

139 Ludwig, BldIntPol 30 (1980), S. 1419.

140 BT-Drs 11/5506, 30.10.1989, S. 1, 3.

141 Münch-Heubner, Osttimor, S. 107; Retboll, BCAS 15 (1983), S. 61.

teilten.[142] Auch mit Staaten, die die Inkorporation offiziell nicht anerkannt haben, hat Indonesien seit 1976 eine Vielzahl von internationalen Verträgen geschlossen, in denen das Gebiet Indonesiens in Übereinstimmung mit seinen Gesetzen definiert wird.[143] Bis 1992 hat Indonesien insgesamt 31 Doppelbesteuerungsabkommen abgeschlossen und ist Vertragspartei von 41 multilateralen Verträgen geworden. Keiner dieser Verträge enthielt einen Vorbehalt bezüglich Osttimor. Auch Portugal protestierte hiergegen nicht.[144]

III. Guerillakrieg und neuer Widerstand

Bis 1979 gab es weitere heftige militärische Auseinandersetzungen zwischen der FRETILIN und indonesischen Truppen. Zunächst kontrollierten die indonesischen Streitkräfte nur die größeren Siedlungen und den Küstenstreifen. Ab 1977 drang die Armee auch in das Landesinnere vor.[145] Am Ende der 70er Jahre hatte das indonesische Militär das Land weitgehend unter seine Kontrolle gebracht. Der Guerillakrieg dauerte jedoch bis zum Ende der 1980er Jahre an.[146] Bis Anfang der Achtziger Jahre hatte die FRETILIN ihre Schlagkraft weitgehend eingebüßt. Sie konnte jedoch niemals ganz bezwungen werden, auch wenn sie in den letzten Jahren nur noch aus wenigen Hundert Mann bestanden haben dürfte.[147] 1988 schlossen sich FRETILIN, UDT und andere für die Unabhängigkeit eintretende Gruppen zum Conselho Nacionalista Resistência Maubere (CNRM) unter Führung des Widerstandskämpfers Xanana Gusmao zusammen.[148] Mit der Festnahme Gusmaos durch indonesische Sicherheitskräfte am 20. November 1992 war das Ende des militärischen Widerstandes eingeleitet.[149] Nach der Fest-

---

142 Machetzki, SOAA 12 (1993), S. 262; ders., SOAA 11 (1992), S. 284.

143 Vgl. die Aufzählung entsprechender Abkommen bei Krieger, Basic Documents, Doc. No. 86 f., S. 291 ff.

144 Krieger, KJ 30 (1997), S. 306.

145 Gault-Williams, BCAS 22 (1990), S. 23; Ludwig, Das Schweigen brechen, S. 58.

146 Vgl. zum Verlauf der militärischen Auseinandersetzungen Gault-Williams, BCAS 22 (1990), S. 24 ff.

147 Ufen, SOAA 21 (2002), S. 265.

148 Der Nationale Widerstandsrat der Maubere (Maubere ist die Eigenbezeichnung der Osttimoresen) war ein Dachverband der gegen die Annexion arbeitenden Gruppen, der von Ramos-Horta repräsentiert und von Gusmao angeführt wurde; vgl. Gault-Williams, BCAS 22 (1990), S. 25.

149 Gusmao wurde am 21.05.1993 von einem indonesischen Gericht wegen Rebellion und Waffenbesitz zu lebenslanger Haft verurteilt. Präsident Suharto wandelte die lebenslange Haftstrafe im August 2003 im Gnadenwege in eine zwanzigjährige Freiheitsstrafe um; vgl. Schlicher, SOAI 10 (1994), 4, S. 48.

nahme seines Nachfolgers im April 1993 spielte der militärische Widerstand endgültig keine nennenswerte Rolle mehr.[150]

Seit Ende der Achtziger Jahre stand der bewaffnete Widerstand nicht mehr im Zentrum des Kampfes gegen die Integration. Größere Bedeutung hatten seither international beachtete Vermittlungsversuche von Gusmao und Ramos-Horta sowie der katholischen Kirche. Gleichzeitig formierte sich eine gewaltlose Protestbewegung. Sie wurde getragen von Jugendlichen und Studenten, die trotz Demonstrationsverbots und massiver Einschüchterung bereit waren, Missstände anzuprangern und für ihre Rechte auf die Straße zu gehen.[151] So wurde der Besuch von Papst Johannes Paul II. im Oktober 1989 von Massenkundgebungen begleitet; mehrfach besetzten osttimoresische Studenten westliche Botschaften in Jakarta, um auf die Lage in Osttimor aufmerksam zu machen.[152]

IV. Menschenrechtsverletzungen

Seit Beginn der indonesischen Invasion wurden Indonesien massive Verletzungen grundlegender Menschenrechte vorgeworfen. Allein durch Kriegshandlungen und Folgewirkungen haben nach gesicherten Zahlen in den ersten fünf Jahren nach der Invasion rund 80.000 bis 100.000 Menschen ihr Leben verloren.[153] Aber auch nach Beendigung der mit der Invasion zusammenhängenden militärischen Operationen dauerten die Menschenrechtsverletzungen an. 1985 befasste sich aus diesem Grunde die Menschenrechtskommission der Vereinten Nationen mit den Vorkommnissen in Osttimor.[154] Vorgeworfen wurden Indonesien willkürliche Beschränkungen der Bewegungsfreiheit und Zwangsumsiedlungen, Folter und Misshandlungen, gezielte Vergewaltigungen und Zwangssterilisationen, politische Inhaftierungen sowie extralegale Hinrichtungen und so genanntes

---

150 Ludwig, Ein planmäßiger Völkermord, in: Ludwig (Hrsg.), Osttimor – Der zwanzigjährige Krieg, S. 54; Ufen, SOAA 21 (2002), S. 265; Weber, SOAI 9 (1993), 1, S. 55; Weiß, Der spitze Stein im Schuh, in: Ludwig (Hrsg.), Osttimor – Der zwanzigjährige Krieg, S. 116.

151 Gault-Williams, BCAS 22 (1990), S. 25; Ludwig, SOAI 10 (1994), 4, S. 51; Schlicher, SOAI 10 (1994), 4, S. 48, dies., Von der Schwierigkeit, Verantwortung einzuklagen, in: Ludwig (Hrsg.), Osttimor – Der zwanzigjährige Krieg, S. 100.

152 Schlicher, SOAI 12 (1996), 2, S. 55.

153 Chomsky, AQ 5 (1979), S. 53; Clark, ONULR 8 (1981), S. 321 ff.; Ludwig, Das Schweigen brechen, S. 62 ff., S. 68 ff.; Ptak, Osttimor, Dahm/Ptak (Hrsg.), Südostasien-Handbuch, S. 289; Retboll, BCAS 15 (1983), S. 60; Schlicher, SOAI 11 (1995), 3, S. 57 ff.; van der Kroef, ATS 7 (1982), S. 255 ff.

154 Lawrence, East Timor, EPIL Vol. II, S. 4.

„Verschwinden lassen".[155] Die Zahl der in der Zeit indonesischer Herrschaft insgesamt durch Krieg, Hungersnöte, Folter und Mord ums Leben Gekommenen ist unbekannt. Ausgegangen wird allgemein von einer Zahl zwischen 150.000 und 200.000 Menschen, also gut einem Viertel der gesamten Bevölkerung Osttimors.[156]

Neben der Vielzahl systematischer Menschenrechtsverletzungen, auf die noch zurück zu kommen sein wird,[157] kommt einem singulären Ereignis besondere Bedeutung zu. Es markiert einen Wendepunkt im Schicksal Osttimors: Am 12. November 1991 kam es in Dili nach einer Totenmesse zu einem Massaker an mehreren Hundert Trauergästen auf dem Friedhof Santa Cruz. Eigentlicher Auslöser der verhängnisvollen Entwicklung war ein Zwischenfall vom 28. Oktober 1991. Bei einer Auseinandersetzung zweier Jugendlicher wurde ein anti-indonesischen Kreisen zugerechneter Jugendlicher von Polizeikräften erschossen. Vorausgegangen war eine Reihe kleinerer gewalttätiger Auseinandersetzungen zwischen pro- und anti-indonesischen Jugendlichen, wobei Sicherheitskräfte die pro-indonesischen Jugendlichen unterstützten, wie allgemein angenommen wird.[158] Die Auseinandersetzungen hatten begonnen, nachdem Portugal den Besuch einer Gruppe portugiesischer Abgeordneter abgesagt hatte, weil Indonesien die Journalistin Jill Jolliffe nicht einreisen lassen wollte, die die Delegation begleiten sollte.[159] Dem im Anschluss an die Totenmesse stattfindenden Trauerzug zum Friedhof schlossen sich zahlreiche Menschen an. Einige von ihnen trugen Plakate, auf denen sie unter anderem die Unabhängigkeit forderten. Am Eingang zum Friedhof eröffnete indonesisches Militär unvermittelt das Feuer auf die rund 3.000 Personen umfassende, unbewaffnete Menschengruppe.[160]

---

155 Vgl. Amnesty International, Indonesien und Osttimor; epd-Dokumentation, S. 32 ff.; Taylor, Indonesia's forgotten War, S. 100 ff.; jeweils m. w. N.

156 Chinkin, AYIL 20 (1999), S. 41; Clark, ONULR 8 (1981), S. 321 ff.; epd-Dokumentation, S. 36 ff.; Gault-Williams, BCAS 22 (1990), S. 21; Ludwig, Ein planmäßiger Völkermord, in: Ludwig (Hrsg.), Osttimor – Der zwanzigjährige Krieg, S. 57; ders., Das Schweigen brechen, S. 68; ders., BldIntPol 30 (1985), S. 1419; Retboll, BCAS 19 (1987), S. 27, jeweils m. w. N.

157 Im Zusammenhang mit der Untersuchung der Frage, ob der Bevölkerung Osttimors im Hinblick auf diese Menschenrechtsverletzungen ein Recht auf Sezession zustand; siehe 3. Teil C. II. 2.

158 Haseman, AS 35 (1995), S. 761.

159 Machetzki, SOAA 11 (1992), S. 288.

160 Amnesty international, Indonesien und Osttimor, S. 82 ff.; Machetzki, SOAA 11 (1992), S. 289 f.; jeweils mit einer detaillierten Darstellung der Ereignisse.

Die Gräueltaten wurden von einem britischen Fernsehjournalisten aufgenommen und im Fernsehen ausgestrahlt.[161] Die internationale Medienberichterstattung schädigte das Ansehen Indonesiens weltweit. Osttimor stand als Symbol für massive Menschenrechtsverletzungen in Indonesien im Mittelpunkt der Medienöffentlichkeit, zugleich manifestierte sich der repressive Charakter des indonesischen Herrschaftssystems.[162] Die Angaben über die Zahl der Getöteten differieren erheblich: Gesprochen wurde von 19 bis 400 Toten. Eine unabhängige portugiesische Untersuchungskommission ermittelte 273 Tote, 255 Verschwundene und 376 Verletzte.[163] Aufgrund internationalen Drucks wurde erstmals in Indonesien eine Nationale Untersuchungskommission (KPN) mit der Untersuchung der Vorgänge und der Ermittlung der Verantwortlichen beauftragt. Sie kam unter anderem zu dem Ergebnis, dass die Ereignisse eindeutig nicht auf einer Anordnung der Regierung in Jakarta oder der Führung der Streitkräfte beruhten. Die Soldaten hätten nicht auf Befehl, sondern aufgrund hoher Erregung unter Verstoß gegen die Vorschriften gehandelt.[164] Der Sonderberichterstatter der Vereinten Nationen kam in seinem Bericht zu dem Ergebnis, dass es sich bei dem Massaker nicht um eine isolierte Einzelaktion undisziplinierter Soldaten handelte, sondern um einen Mosaikstein im blutigen Bild systematischer Menschenrechtsverletzungen, für die die indonesische Regierung und die Führung der Streitkräfte die volle Verantwortung trügen.[165]

Der Ablauf des Massakers und die innen- und außenpolitischen Rahmenbedingungen deuten darauf hin, dass es sich in der Tat um ein mehr oder weniger geplantes Vorgehen örtlicher Teile des Militärs handelte, mit dem diese ihre Ablehnung der Demokratisierung der indonesischen Politik und der damit einhergehenden Entmachtung des Militärs dokumentieren wollten. Seit diesem Massa-

---

161 Ludwig, Ein planmäßiger Völkermord, in: Ludwig (Hrsg.), Osttimor – Der zwanzigjährige Krieg, S. 52.

162 Jetschke, IntPol 55 (2000), S. 39.

163 Ludwig, SOAI 10 (1994), 4, S. 51.

164 Advance Report of the National Commission of Inquiry into 12 November 1991 Incident in Dili, 26.12.1991, in: Krieger, Basic Documents, Doc. No. 71, S. 256 ff.; im Februar 1992 wurden sechs Offiziere versetzt oder entlassen sowie neun Soldaten und ein Polizeibeamter zu Haftstrafen zwischen acht und 14 Monaten verurteilt; vgl. Haseman, AS 35 (1995), S. 763; Machetzki, SOAA 11 (1992), S. 286, 290; Ufen, SOAA 21 (2002), S. 264.

165 Report by the Special Rapporteur, Mr. Bacre Waly Ndiady, on his mission to Indonesia and East Timor from 3 to 13 July 1994, 1.11.1994, in: Krieger, Basic Documents, Doc. No. 74, S. 261.

ker wuchs auch in Indonesien das Bewusstsein um die prekäre Menschenrechtssituation in Osttimor. Im Juni 1993 wurde als Reaktion auf anhaltende internationale Kritik an der Menschenrechtssituation in Indonesien und Osttimor eine Nationale Menschenrechtskommission (KOMNAS HAM) geschaffen, die 1996 in Osttimor eine ständige Vertretung einrichtete.[166] So wurde das Massaker innen- und außenpolitisch zum Wendepunkt in der indonesischen Osttimor-Politik, die Integrationsversuche wurden auch in Regierungskreisen zunehmend als gescheitert angesehen.[167] Sie führte zudem zu einer großen Medienaufmerksamkeit in Indonesien und zur Solidarisierung von indonesischen Oppositions-, Demokratie- und Menschenrechtsgruppen mit dem Schicksal der Osttimoresen.[168] Einer internationalen Öffentlichkeit wurde klar, dass es beträchtlichen Widerstand gegen die Integration gab.[169] Die Osttimorproblematik hatte sich spätestens jetzt zur Achillesferse indonesischer Außenpolitik entwickelt. Im April 1992 bezeichnete Indonesiens Außenminister Ali Alatas Osttimor als spitzen Stein im großen Schuh, den Indonesien bei jedem Schritt spüre und der es bei jedem Schritt behindere.[170]

V. Vertrag über die Timor-Lücke

1. Abschluss und Inhalt des Vertrages

Am 11. Dezember 1989 unterzeichneten Indonesien und Australien einen Vertrag über die gemeinsame Erschließung und Ausbeutung der Erdölvorkommen des Festlandsockels in der Arafura- und Timorsee zwischen der Südküste Osttimors und dem Nordwesten Australiens, dem so genannten Timorschelf.[171] Der Vertrag, der auch als „Timor Gap Treaty" bezeichnet wird, bezog sich auf ein

---

166 Amnesty International, Indonesien und Osttimor, S. 184 ff., mit Kritik an der Beschränkung von Zuständigkeiten und Kompetenzen der Kommission; Schlicher, SOAI 12 (1996), 1, S. 56.

167 Haseman, AS 35 (1995), S. 766 f.; Weiß, Der spitze Stein im Schuh, in: Ludwig (Hrsg.), Osttimor – Der zwanzigjährige Krieg, S. 114.

168 Weiß, a. a. O., S. 125.

169 Ufen, SOAA 21 (2002), S. 264.

170 Schlicher, SOAI 10 (1994), 2, S. 49 f.

171 Treaty between Australia and the Republic of Indonesia on the Zone of Co-Operation in an Area between the Indonesian Republic of East Timor and Northern Australia, Timor Sea, Done over the Zone of Cooperation, 11 December 1989, in: Krieger, Basic Documents, Doc. No. 118, S. 346 ff.; vgl. zu den Hintergründen und den Vertragsverhandlungen Ong, NYIL 31 (2000), S. 70 ff.

Gebiet, das in den australisch-indonesischen Abkommen der Jahre 1971 und 1972 über die wechselseitige Abgrenzung des Festlandsockels ausgespart blieb.[172] Diesbezügliche Verhandlungen zwischen Australien und Portugal in der Zeit von 1970 bis 1974 waren erfolglos geblieben, so dass eine Lücke in der Aufteilung bestand, die als „Timor Gap" bezeichnet wurde.[173] Mit dem Vertrag wurde somit erstmals eine Abgrenzung des Festlandsockels zwischen Australien und Osttimor vorgenommen. Er trat am 9. Februar 1991 in Kraft und besaß zunächst eine Gültigkeitsdauer von 40 Jahren, hätte dann aber jeweils um 20 Jahre verlängert werden können.[174] Über eine endgültige Festlegung der Seegrenze konnten sich die Vertragsparteien nicht einigen, weil Australien die Grenzziehung dem herkömmlichen Seerecht entsprechend am Festlandsockel orientieren wollte, Indonesien aber eine Grenzziehung entlang der Mittellinie.[175] Wegen des steil abfallenden Festlandssockels vor Timor hätte Indonesien bei einer Grenzziehung entsprechend der natürlichen Verlängerung des Festlandsockels ein viel kleineres Gebiet zugesprochen bekommen, als dies nach dem Mittellinienprinzip der Fall gewesen wäre.[176] Die Vertragspartner einigten sich deshalb auf eine zeitlich befristete Aufteilung des nach den unterschiedlichen Positionen betroffenen Gebietes. Angesichts der Dauer der Vertragsverhandlungen, der Laufzeit

---

172 Agreement between the Government of the Commonwealth of Australia and the Government of the Republic of Indonesia Establishing Certain Seabed Boundaries, Done at Canberra 18 May 1971; Agreement between the Government of the Commonwealth of Australia and the Government of the Republic of Indonesia Establishing Certain Seabed Boundaries in the Area of the Timor and Arafura Seas – Supplementary to the Agreement of May 1971, Done at Jakarta 9 October 1972, in: Krieger, Basic Documents, Doc. No. 116, S. 341 f., Doc. No. 117, S. 342 ff.

173 Portugal beabsichtigte eine Grenzziehung entlang der Mittellinie. Als darüber keine Verständigung zu erzielen war, wollte Portugal die Ergebnisse der dritten Seerechtskonferenz abwarten; vgl. Kaye, SLR 16 (1994), S. 75; Martin/Pickersgill, HILJ 32 (1991), S. 566

174 Ausführlich zu den Vertragsgegenständen: Auburn/Forbes, OYB 10 (1993), S. 42 ff.; Kaye, SLR 16 (1994), S. 73 ff.; Martin/ Pickersgill, HILJ 32 (1991), S. 556 ff.; Ong, NYIL 31 (2000), S. 75 ff.

175 Indonesien stütze seine Argumentation auf Artikel 74 Abs. 1 und 83 Abs. 1 der Internationalen Seerechtskonvention von 1982; vgl. Clark, PYBIL 1992, S. 70 ff.; Martin/Pickersgill, HILJ 1991, S. 567 f.; Shearer, ALJ 69 (1995), S. 951.

176 Bei den Abgrenzungsverträgen aus den Jahren 1971 und 1972 waren die Vertragsparteien noch von der natürlichen Verlängerung des Festlandssockels ausgegangen; vgl. Lumb, AYIL 7 (1981), S. 72 ff., mit einer ausführliche Darstellung der Positionen der Parteien vor dem Hintergrund internationalen Seerechts.

des Vertrages und der Erschöpfbarkeit der nachgewiesenen Ressourcen kam der Vertrag jedoch zumindest wirtschaftlich einer endgültigen Regelung gleich.[177] Das von dem Vertrag erfasste Gebiet erstreckt sich auf circa 67.800 Quadratkilometer und wurde in drei Teilgebiete untergliedert: Erforschung, Nutzung und Ausübung der Hoheitsgewalt wurde in Zone B Australien und in Zone C Indonesien zugewiesen. Die mit rund 62.000 Quadratkilometern größte Zone A wurde von beiden Staaten gemeinsam verwaltet. Hierzu wurde ein Ministerrat und eine gemeinsame Behörde eingerichtet, der die Erteilung von Konzessionen und die Überwachung der Ölförderung übertragen wurde. Die Einzelheiten regelte ein dem Vertrag als Anlage beigefügter Erdölförderungskodex.[178] Im australischen Teil waren bereits Ölvorkommen von 120 Millionen Fass nachgewiesen; die größeren, auf über eine Milliarde Fass geschätzten Lagerstätten befinden sich in dem Gebiet, das gemeinsam ausgebeutet werden sollte.[179] Mit Abschluss des Vertrages erkannte Australien die indonesischen Souveränitätsansprüche in Osttimor explizit an, schon die Bezeichnung des Vertrages weist Osttimor als *„Indonesian Province"* aus. Angesichts der Australien begünstigenden Vertragsgestaltung stellt sich die Frage, ob hierin die australische Gegenleistung für das weitgehende Entgegenkommen Indonesiens lag.[180] Wenn auch Australien den ungleich größeren Vorteil aus dem Vertrag ziehen konnte, stellt er doch mit einer gemeinsam genutzten Zone eine sehr moderne Regelung dar.[181]

2. *Klage Portugals vor dem Internationalen Gerichtshof*

Am 22. Februar 1991, nur zwei Wochen nach dem Inkrafttreten des Vertrages über die Timor-Lücke, erhob Portugal Klage vor dem Internationalen Gerichtshof (IGH) in Den Haag auf Feststellung, dass Australien durch den Vertragsschluss mit Indonesien Hoheitsrechte Portugals und Rechte des Volkes von Osttimor verletzt habe. Vorausgegangen waren der Klageerhebung Proteste gegen

---

177 So Auburn/Forbes, OYB 10 (1993), S. 46.

178 Über die in den Zonen B und C erteilten Konzessionen zur Ölförderung musste der jeweils zuständige Staat den anderen unterrichten und ihm zehn Prozent der von den Konzessionären erhobenen Steuern zahlen.

179 AdG vom 11.12.1989, S. 34028.

180 Simpson, HICLR 17 (1994), S. 325 (Fn. 10) m. w. N.

181 Gemeinschaftliche Methoden der Bewirtschaftung waren gerade von der Seerechtskonvention von 1982 beabsichtigt, vgl. Kaye, SLR 16 (1994), S. 95.

die Vertragsverhandlungen und gegen den Vertragsschluss.[182] Portugal sah hierin eine Staatenverantwortlichkeit Australiens sowohl gegenüber Portugal als auch gegenüber der Bevölkerung Osttimors.[183] Portugal trug vor, Australien verletze das Selbstbestimmungsrecht der Osttimoresen und deren Recht der ständigen Souveränität über die Ressourcen, die Rechte Portugals als administrative Gewalt und die Resolutionen 384 und 389 des Sicherheitsrates der Vereinten Nationen.[184] Australien entgegnete, es liege kein Streitfall mit Portugal vor, die Klage ziele auf eine Entscheidung über Rechte und Pflichten eines Staates, der nicht Partei des Verfahrens sei, ein hinreichendes eigenes Interesse an dem Klagebegehren könne Portugal nicht nachweisen, Portugal sei nicht berechtigt, das Volk von Osttimor zu vertreten, die erstrebte Entscheidung müsste wirkungslos bleiben, der Streitfall sei politischer und nicht rechtlicher Natur.[185]

Die Zuständigkeit des IGH war gegeben, weil sich sowohl Portugal als auch Australien gemäß Artikel 36 Absatz 2 des Statuts des IGH der Gerichtsbarkeit des Gerichts unterworfen hatten.[186] Eine Klage gegen Indonesien war hingegen nicht möglich, weil es an der erforderlichen Unterwerfungserklärung fehlte.

Mit Urteil vom 30. Juni 1995 lehnte es der Gerichtshof ab, über die Rechtmäßigkeit des zwischen Australien und Indonesien geschlossenen Vertrages zu entscheiden.[187] Der IGH folgte mit dieser Entscheidung den von Australien geltend gemachten prozesshindernden Einreden und führte aus, dass jeder Beurteilung

---

182 Aide-Mémoires of the Embassy of Portugal in Canberra to the Department of Foreign Affairs and Trade, 09.09., 31.10.1988, 30.10.1989, Notes of the Embassy of Portugal in Canberra to the Department of Foreign Affairs and Trade, 19.08.1985, 13.12.1989, 11.02., 22.02.1991, in: Krieger, Basic Documents, Doc. No. 121-124, Doc. No. 126-128, S. 359 ff.

183 Vgl. die Besprechungen des portugiesischen Vorbringens von Chinkin, UNSWLJ, 15 (1992), S. 426 ff.; dies., EJIL, 4 (1992), S. 208 ff.; Clark, LJIL 5 (1992), S. 269 ff.; ders., PYBIL 4 (1992), S.92 ff.; Hannikainen, The Case of East Timor from the Perspective of Jus Cogens, in: International Law and the Question of East Timor, S. 114 ff.; Maffei, EJIL, 4 (1992), S. 223 ff.; die den Vertrag wegen Verstoßes gegen zwingendes Recht für von Anfang an nichtig halten.

184 Case Concerning East Timor, ICJ-Reports 1995, S. 90-106, S. 92 (para. 10).

185 Vgl. die Bewertung des australischen Vorbringens bei Fonteyne, AJIA, 45 (1991), S. 173 ff.

186 Die Erklärung Portugals stammt vom 19.12.1955, die Erklärung Australiens vom 17.03.1975. Sie sind im Wortlaut wiedergegeben im YBICJ 44 (1989/1990), S. 62 f. (Australien), S. 90 (Portugal).

187 Case Concerning East Timor, ICJ-Rep. 1995, S. 90-106; kritische Besprechung bei Hilpold, Osttimor-Fall, S. 31 ff.; Shearer, ALJ 69 (1995), S. 949 ff.

der Vorgehensweise Australiens eine Untersuchung der Rechtmäßigkeit der indonesischen Präsenz in Osttimor vorausgehen müsse; genau dies bilde den Kern des Streits, der folglich nicht ohne Zustimmung Indonesiens entschieden werden dürfe.[188] Zwar ging der IGH von einem Streitfall zwischen Portugal und Australien gemäß der seit dem *Mavrommatis*-Fall[189] maßgeblichen Formel aus, wonach ein Streitfall eine Meinungsverschiedenheit über eine Rechts- oder Tatsachenfrage, ein Konflikt über eine rechtliche Sichtweise oder zwischen den Interessen der Parteien darstellt.[190] Der IGH verneinte jedoch seine Gerichtsbarkeit auf der Grundlage der im *Monetary-Gold*-Fall[191] entwickelten Grundregel in Drittbeteiligungsfällen. Danach kann ein Verfahren immer dann, wenn die Interessen eines am Verfahren nicht beteiligten Drittstaates durch die Entscheidung nicht nur berührt, sondern den eigentlichen Gegenstand derselben darstellen würden, nicht fortgeführt werden und eine Entscheidung kann weder gegenüber dem Drittstaat noch zwischen den Parteien ergehen, wenn die zu entscheidende Frage im Kern die Staatenverantwortlichkeit des Drittstaates betrifft.[192] Zwar ordnet Artikel 59 des Statuts des Internationalen Gerichtshofes an, dass Entscheidungen nur inter partes wirken, aber seit dem *Monetary-Gold*-Fall steht fest, dass Fallkonstellationen denkbar sind, in denen die Interessen eines Drittstaates den eigentlichen Kern des Rechtsstreites darstellen, mit der Folge, dass der Internationale Gerichtshof kein Urteil fällen kann. Diese Rechtsprechung resultiert aus dem Grundsatz, dass der IGH nicht befugt ist, über Streitigkeiten zwischen Staaten zu entscheiden, die sich seiner Rechtsprechung nicht unterworfen haben.[193] Die Begrenzung ist letztlich Ausdruck eines fundamentalen Prinzips des Völkerrechts, des Konsensualprinzips. Die Gerichtsbarkeit eines internationalen Gerichts reicht nur so weit, wie die betroffenen Staaten ihm diese eingeräumt haben. Gegen seinen Willen kann ein Staat der Gerichtsbarkeit eines internationalen Gerichts nicht unterworfen werden.

Portugal hatte vorgetragen, das *Monetary-Gold*-Prinzip sei nicht einschlägig, da Australien Rechte mit erga-omnes-Charakter[194] verletzt habe. Ferner seien Aust-

---

188 ICJ-Rep. 1995, S. 102 (para. 28).

189 Mavrommatis Palestine Concessions, Judgement No. 2, 1924, PCIJ, Series A, S. 11.

190 Vgl. Brownlie, Principles of Public International Law, S. 481.

191 Case Concerning Monetary Gold Removed from Rome in 1943, ICJ-Rep. 1954, S. 19-45.

192 Wühler, Monetary Gold Case, EPIL Vol. III, S. 446 f.

193 Zimmermann, ZaöRV 55 (1995), S. 1052.

194 Siehe hierzu 2. Teil B. V. 2. a).

raliens Handlungen von denen Indonesiens zu separieren und ausschließlich das australische Verhalten sei zu untersuchen. Dem ist der IGH nicht gefolgt. Nach Auffassung der Mehrheit der Richter war die indonesische Anwesenheit in Osttimor Kern des Rechtsstreites zwischen Portugal und Australien. Mangels Einwilligung Indonesiens sei daher die Klage für unzulässig zu erklären. Die Rechtmäßigkeit des Vertrages hänge nämlich von der rechtlichen Wertung der indonesischen Präsenz in Osttimor ab, wodurch die indonesischen Aktionen den Hauptgegenstand der Entscheidung, also *„the very subject-matter of the Court's decision"* darstellten.[195] Zwar handele es sich bei der Pflicht zur Respektierung des Selbstbestimmungsrechts der Bevölkerung von Osttimor um eine Verpflichtung „erga omnes", hiervon bleibe jedoch die Frage der Gerichtsbarkeit des Gerichtshofes unberührt. Zudem habe der Sicherheitsrat der Vereinten Nationen nicht mit bindender Wirkung festgestellt, dass Osttimor Portugal zugeordnet bleibe und dass der Abschluss von Verträgen mit Indonesien bezüglich Osttimor unzulässig sei.[196]

Die Entscheidung lag auf der Linie der bisherigen Rechtsprechung des Internationalen Gerichtshofes zum Problemkreis der notwendigen dritten Streitpartei. Ein Staat ist demnach immer dann notwendige Streitpartei, wenn seine rechtlich geschützten Interessen Streitgegenstand des Verfahrens sind und eine Entscheidung hierüber „conditio sine qua non" für die Entscheidung des Falles ist und den unmittelbaren materiellen Kern des Streites betrifft.[197] So endete dieser Fall mit vierzehn zu zwei Stimmen[198] mit der Unzulässigkeit der Klage. Mit dem letzten Satz der Urteilsbegründung bezog das Gericht jedoch auch in der Sache Stellung: *„The Court recalls in any event that it has taken note in the present Judgment that, for the two parties, the Territory of East Timor remains a non-self-governing territory and its people have the right to self-determination."*[199]

---

195 ICJ-Rep. 1995, S. 102 (para. 28).

196 ICJ-Rep. 1995, S. 102 ff. (paras. 29-32).

197 Zimmermann, ZaöRV 55 (1995), S. 1073 f.

198 Abweichende Meinungen der Richter Christopher Gregory Weeramantry, ICJ-Rep. 1995, S. 139-223, und Krzysztof Jan Skubiszewski, ICJ-Rep. 1995, S. 224-277.

199 ICJ-Rep. 1995, S. 105 f. (para. 37).

3. Verfahren vor dem obersten Gerichtshof Australiens

Der osttimoresische Exilpolitiker José Ramos-Horta und zwei weitere osttimoresische Kläger erhoben vor dem Obersten Gerichtshof Australiens (High Court of Australia) Klage gegen das nach australischem Verfassungsrecht erforderliche Transformationsgesetz, mit dem der Timorgrabenvertrag in innerstaatliches Recht überführt wurde.[200] Die Kläger trugen vor, der Vertrag sei nichtig, weil er zwingendes Völkerrecht verletze. Mit dem Abschluss des Vertrages habe die Regierung außerhalb ihrer verfassungsrechtlichen Zuständigkeiten gehandelt, weil sie die Verpflichtungen Australiens gegenüber dem Völkerrecht gebrochen habe. Folglich seien auch der parlamentarische Zustimmungsakt und die Durchführungsgesetze zu dem Vertrag rechtswidrig und nichtig. Aus der verfassungsrechtlichen Zuständigkeit des Bundes für auswärtige Angelegeneinheiten sowie für den Abschluss internationaler Vereinbarungen ergebe sich eine Pflicht zu völkerrechtskonformer Gesetzgebung.[201] Mit Urteil vom 18. August 1994 wies das Gericht die Klage mit der Begründung ab, dass die Ausführungsgesetze in den Zuständigkeitsbereich des Bundesparlamentes fielen und ordnungsgemäß zustande gekommen seien.[202] Eine gesetzliche oder verfassungsrechtliche Grundlage, aus der sich eine Beschränkung der Gesetzgebungskompetenz auf völkerrechtskonforme Gesetzgebungsakte beschränke, gebe es nicht.[203] Zur Wirksamkeit des Timorgrabenvertrages äußerte sich das Gericht nicht. Mit seiner Entscheidung war es dem Gericht gelungen, den von den Klägern aufgeworfenen materiell-rechtlichen Fragestellungen auszuweichen. Ein Erfolg der Klage hätte im Grunde genommen zur Folge gehabt, dass die endgültige Entscheidung über die Anerkennung der indonesischen Souveränität in Osttimor nicht durch die Regierung, sondern durch die australische Justiz erfolgt wäre. Vor der damit zwangsläufig herbeigeführten Beeinträchtigung des Gewaltengefüges mag der Gerichtshof zurückgeschreckt sein.

---

200 Australian Petroleum (Australia-Indonesia Zone of Cooperation) Act, No. 36 of 1990, 07.06.1990, in: Krieger, Basic Documents, Doc. No. 120, S. 357 ff.

201 Vgl. die Wiedergabe der Argumente bei Fitzgerald, ICLQ 44 (1995), S. 644 f.

202 High Court of Australia, Horta and Others versus Commonwealth (1994), 123 A.L.R. 1., 09., 10., 18.08.1994, in: Krieger, Basic Documents, Doc. No. 130, S. 364-369.

203 High Court of Australia, a. a. O., S. 367.

D. Weg Osttimors in die Unabhängigkeit

I. Wandel in Indonesien

Nachdem es schon 1982 einen ersten, aber erfolglosen Anlauf in diese Richtung gegeben hatte, nahmen die Außenminister Portugals und Indonesiens im Jahre 1992 erneut Gespräche über die Osttimorfrage unter der Schirmherrschaft des Generalsekretärs der Vereinten Nationen auf.[204] Durch die Auflösung der bipolaren Weltordnung waren zwischenzeitlich auf vielen Ebenen aus früheren Interessengegensätzen der Großmächte, von deren Ausnutzung Indonesien profitieren konnte, Interessenkonvergenzen geworden, während das Inselreich politisch zunehmend ins Abseits geriet. Der Bedeutungsverlust Indonesiens als antikommunistische Regionalmacht ging einher mit der Zunahme des Gewichts von Menschenrechten in den internationalen Beziehungen der westlichen Staaten.[205] Die Voraussetzungen für einen grundlegenden Wechsel in der Osttimorpolitik Indonesiens waren aber erst nach dem Rücktritt des indonesischen Machthabers, General Suharto, im Mai 1998 gegeben. In mehreren Wellen wurden zunächst politische Gefangene aus Osttimor freigelassen. Im Januar 1999 wurde die zwanzigjährige Haftstrafe des Widerstandsführers Xanana Gusmao in Hausarrest umgewandelt.[206] Der neue Staatspräsident Jusuf Bacharuddin Habibie bot nach einer Kabinettssitzung am 27. Januar 1999 ein Referendum über den künftigen Status Osttimors an. Heftig kritisiert wurde Habibie von der indonesischen Opposition und den mächtigen Streitkräften, die der Präsident nicht an der Entscheidung beteiligt hatte. Die Armeeführung befürchtete, die Widerstandsbewegungen in anderen Unruheprovinzen wie Aceh, Molukken oder Irian Jaya würden hierdurch in ihrem Kampf gegen die Zentralregierung bestärkt.[207] Nach der offiziellen Ankündigung Habibies gab es aber für die indonesische Regierung international kein Zurück mehr.[208]

---

204 YBUN, Vol. 53 (1999), S. 280.

205 Münch-Heubner, Osttimor, S. 12.

206 Vgl. hierzu Flor, SOAI 15 (1999), 1-2, S. 76; Müller, SOAI 14 (1998), 3, S. 60; Werning, SOAI 15 (1999), 3, S. 41.

207 Jetschke, IntPol 55 (2000), S. 38f.; Flor, SOAI 15 (1999), 1-2, S. 77; Leisch, GeoRS 52 (2000), S. 33; Purnawanty, TICLJ 14 (2000), S. 65 f., 67 f.; Spiegel, 34/99, S. 138.

208 Einen Überblick über die politische Entwicklung von der Ankündigung Habibies bis zur Annahme des Referendumsergebnisses durch das indonesische Parlament einschließlich der Darstellung der Haltung der Streitkräfte, der Entwicklung der Sicherheitslage sowie der Ereignisse vor und nach dem Tag des Referendums geben Lowry, East Timor: An Overview of Political Developments, in: Manning/van Diermen (Hrsg.), Indonesia in Transition, S. 91 ff., und Martin, Self-Determination in East Timor, S. 16 ff.

II. Verträge vom 5. Mai 1999

Am 5. Mai 1999 kam es in New York unter der Ägide des Generalsekretärs der Vereinten Nationen zur Unterzeichnung eines Abkommens zwischen Indonesien und Portugal.[209] Es sah den 8. August 1999 als Tag für eine Volksbefragung vor, bei dem ein besonderer Autonomiestatus, „Autonomie Plus" genannt, zur Abstimmung gestellt werden sollte. In der *„Special Autonomous Region of East Timor (SARET)"* sollten zum Beispiel eigene Polizeikräfte aufgestellt werden dürfen. Außen- und Verteidigungspolitik sollten aber ebenso wie die Wirtschafts- und Steuerpolitik bei der Zentralregierung verbleiben.[210] Für den Fall, dass der angebotene Autonomiestatus abgelehnt werden würde, sah Artikel 6 des Vertrages die Einleitung der erforderlichen verfassungsmäßigen Schritte zur Lösung aller Bindungen Indonesiens mit Osttimor vor, um den Status des Gebietes wieder herzustellen, der bis zum 16. Juli 1976 bestanden hatte. Sollte die Bevölkerung für die gewährte Autonomie stimmen, verpflichtete sich Portugal, die Souveränität Indonesiens anzuerkennen und die Streichung Osttimors von der Liste der Gebiete ohne Selbstregierung bei den Vereinten Nationen zu beantragen. In zwei Abkommen der beiden Staaten mit dem Generalsekretär der Vereinten Nationen vom 5. Mai 1999 wurden die Vereinten Nationen mit der Organisation und Durchführung des Referendums betraut.[211] Stimmrecht besitzen sollte, wer in Osttimor geboren war, wer mindestens ein Elternteil hatte, auf den das zutraf, oder wer verheiratet war mit einer Person, die eines der beiden Kriterien erfüllte.[212] Daneben sahen die Abkommen die Entwaffnung der pro-indonesischen Milizen sowie des bewaffneten Widerstandes vor. Indonesien verpflichtete sich zu strikter Neutralität und der Zulassung von Wahlbeobach-

---

209 Agreement between the Republic of Indonesia and the Portuguese Republic on the question of East Timor, Bericht des Generalsekretärs der Vereinten Nationen vom 05.05. 1999, A/53/951, S/1999/513, Annex I, S. 4-8, in: Martin, a. a. O., S. 141-143.

210 „A constitutional framework for a special autonomy for East Timor", Agreement between the Republic of Indonesia and the Portuguese Republic on the question of East Timor, Appendix, Bericht des Generalsekretärs der Vereinten Nationen vom 05.05.1999, A/53/951, S/1999/513, Annex I, S. 9-23.

211 Agreement regarding the modalities for the popular consultation of East Timorese through a direct ballot, Bericht des Generalsekretärs vom 05.05.1999, A/53/951, S/1999/ 513, Annex II, S. 24-28, in: Martin, a. a. O., S.144-147; East Timor popular consultation, Bericht des Generalsekretärs vom 05.05.1999, A/53/951, S/1999/513, Annex III, S. 29, in: Martin, a. a. O., S. 148.

212 Lit. C des Agreement regarding the modalities for the popular consultation of the East Timorese through a direct ballot, Bericht des Generalsekretärs vom 05.05.1999, A/53/951, S/1999/513, Annex II, S. 24, in: Martin, a. a. O., S. 144.

tern. Mit Resolution 1236 vom 7. Mai 1999 beauftragte der Sicherheitsrat der Vereinten Nationen den Generalsekretär, die Durchführung der Abkommen vom 5. Mai 1999 zu verfolgen und dem Sicherheitsrat Bericht zu erstatten.[213] Am 11. Juni 1999 richtete der Sicherheitsrat mit Resolution 1246 die Mission UNAMET (United Nations Mission in East Timor) ein.[214] Für die Mission waren 661 internationale Mitarbeiter darunter 50 Verbindungsoffiziere, 280 Polizeibeamte und 4000 einheimische Mitarbeiter bei voller Arbeitsfähigkeit vorgesehen. Schwerpunkt des Engagements war neben Vorbereitung und Kontrolle des Referendums die Beratung der Armee- und Polizeieinheiten. Der Schutz des Kontingents oblag den indonesischen Sicherheitskräften, die auch durch die Entwaffnung der paramilitärischen Einheiten die volle Bewegungsfreiheit der Mitarbeiter der Vereinten Nationen gewährleisten sollten.[215]

III. Unabhängigkeitsreferendum

Am 30. August 1999 fand das Unabhängigkeitsreferendum mit einer Wahlbeteiligung von 98,6 Prozent statt. Das ursprünglich für den 8. August vorgesehene Referendum hatte vor allem wegen der angespannten Sicherheitslage auf den 30. August verschoben werden müssen.[216] 78,5 Prozent der Wähler lehnten den angebotenen besonderen Autonomiestatus ab und stimmten damit für die Unabhängigkeit. Von den rund 438.968 Wählern stimmten 94.388 für Autonomie, 344.580 für Unabhängigkeit.[217] Durch die Regelung des Stimmrechts waren aus Abstammungsgründen zugewanderte Einwohner, das heißt etwa 15 bis 20 Prozent der erwachsenen Bevölkerung, vom Stimmrecht ausgeschlossen.[218]

IV. Milizenterror

In der Zeit vor dem Referendum war die Sicherheitslage in Osttimor immer kritischer geworden.[219] Marodierende pro-indonesische Milizen tyrannisierten die

---

213 YBUN, Vol. 53 (1999), S. 281.

214 YBUN, Vol. 53 (1999), S. 283 f.

215 Vgl. zu Mandat und Einrichtung von UNAMET Martin, a. a. O., S. 37 ff.

216 Martin, Self-Determination in East Timor, S. 44 ff.

217 YBUN, Vol. 53 (1999), S. 288.

218 Marquardt, SOAI 15 (1999), 4, S. 59; Martin, a. a. O., S. 54.

219 Ausführlich schildern die Geschehnisse kurz vor, während und nach dem Referendum, The UN Popular Consultation and its Aftermath in East Timor, in: Manning/van Diermen (Hrsg.), Indonesia in Transition, S. 109 ff., und Martin, a. a. O., S. 81 ff.; bereits während der Verhandlungen zwischen Indonesien, Portugal und den Vereinten Nationen war es zu Ausschreitungen durch die Milizen gekommen, vgl. Martin, a. a. O., S. 24 ff.

Bevölkerung. Die Milizen hatten offen mit Bürgerkrieg gedroht, sollte die Bevölkerung für eine Loslösung von Indonesien votieren.[220] Rund 200.000 Menschen wurden nach Westtimor vertrieben. Sie wurden in Flüchtlingslager mit miserablen hygienischen Bedingungen gepfercht. Mangelnde Versorgung mit Lebensmitteln und Schikanierung durch die Milizen waren an der Tagesordnung. Wer den Wunsch nach Rückkehr in die Heimat äußerte, wurde verprügelt und manchmal getötet.[221] Ausgebildet, ausgestattet und gesteuert wurden die Milizionäre von Angehörigen des indonesischen Militärs.[222] Bei den Ausschreitungen unter den Augen der indonesischen Sicherheitskräfte wurden auch vier Mitarbeiter der UNTAET getötet.[223] Dem vielfachen Aufruf zum Einsatz einer Friedenstruppe kamen die Vereinten Nationen zu diesem Zeitpunkt aber noch nicht nach, weil sie die Entsendung von der Zustimmung Indonesiens abhängig machten. Indonesiens Militärführung war jedoch der Meinung, selbst für Ordnung sorgen zu können, und wollte eine internationale Schutztruppe nicht ins Land lassen.[224]

Nach dem Votum für die Unabhängigkeit ließen die Milizen ihrer Wut ungezügelt von den indonesischen Streitkräften freien Lauf. Es begann eine Welle der Gewalt.[225] Willkürlich wurden in den ersten Tagen nach dem Referendum mehrere hundert Osttimoresen ermordet. Angeblich kursierten sogar „Todeslisten", auf denen die Befürworter der Unabhängigkeit verzeichnet gewesen sein sollen.[226] Genaue Angaben zu der Anzahl der Getöteten gibt es nicht. Schätzungen reichen von 800 bis 6.000 Menschen.[227] Auch Priester, Nonnen und Mitarbeiter der Caritas wurden umgebracht, die Residenz von Bischof Carlos Ximenes Belo gestürmt und die dort versammelten 4.000 bis 6.000 Flüchtlinge verschleppt. Der Bischof selbst musste inkognito ins australische Darwin fliehen.[228] Die öf-

---

220 Chomsky, People without Rights, S. 76 f. m. w. N.; Spiegel 36/99, S. 161; Die Zeit, Bd. 54 (1999), 37, S. 8.

221 FAZ, 20.08.2001, S. 6.

222 Statt vieler: Chinkin, AYIL 20 (1999), S. 47; Hübner, BldIntPol 44 (1999), S. 926.

223 Focus, 36/99, S. 318.

224 Reuters, 05.09.1999 (www.humanist.de/osttimor/troops.html; abgefragt: 31.07.2003); The Guardian, 06.09.1999 (www.humanist.de/osttimor/genocide.html; abgefragt: 31.07. 2003); Focus, 15/99, S. 308.

225 Vgl. hierzu Chinkin, AYIL 20 (1999), S. 47 f.; Clark, TICLJ 14 (2000), S. 85; Martin, Self-Determination in East Timor, S, 94 ff.; Saura, HRR 3 (2002), 4, S. 45 f.

226 So Flor, SOAI 15 (1999), 1/2, S. 78; Hübner, BldIntPol, 44 (1999), S. 925.

227 Hübner, a. a. O.; Die Zeit, Bd. 55 (2000), 36, S. 8.

228 Focus, 37/99, S. 356; Die Zeit, Bd. 54 (1999), 37, S. 8.

fentliche Ordnung geriet aus den Fugen. Große Teile der Infrastruktur wurden zerstört. In Dili gingen außer der Universität, dem Fernmeldegebäude, der Redaktion der einzigen Zeitung und dem lokalen Büro der indonesischen Menschenrechtskommission Komnas Ham ganze Ladenzeilen in Flammen auf.[229] Die Gewalt machte auch vor der Verwaltung der Vereinten Nationen und Krankenhäusern nicht Halt. Stundenlang wurde das Hauptquartier der Vereinten Nationen beschossen.[230] Deren Mitarbeiter mussten fluchtartig das Land verlassen. Die indonesischen Militärs konnten oder wollten die bürgerkriegsähnliche Situation offenkundig nicht befrieden. Nach Schätzungen der Asian Development Bank kam es infolge der Unruhen zu einem Einbruch des Bruttosozialprodukts von bis zu 40 Prozent.[231] Nach Angabe der Koordinatorin für humanitäre Hilfe der Vereinten Nationen wurden rund 70 Prozent aller Gebäude zerstört, rund drei Viertel der Bevölkerung wurde aus ihren Wohnorten vertrieben.[232] Der Sprecher von UNMISET schätzte die Zahl der insgesamt ums Leben gekommenen Menschen auf rund 7.000 in der Hauptstadt Dili und rund 20.000 in ganz Osttimor.[233] Zunehmend musste sich Indonesien den Vorwurf gefallen lassen, die ethnischen Vertreibungen aus Osttimor und der von den Milizen betriebene Genozid seien von der Armeeführung nicht nur geduldet, sondern von langer Hand vorbereitet.[234] Offensichtlich hatte die indonesische Regierung die Kontrolle über die Streitkräfte verloren.[235]

---

229 The Guardian berichtete am 08.09.1999 (www.humanist.de/osttimor/dili.html; abgefragt: 31.07.2003) ausführlich über die Zerstörungen in Dili: Laut Bericht waren 90 Prozent aller Gebäude zerstört.

230 Die Zeit, Bd. 54 (1999), 37, S. 8.

231 FAZ, 10.09.2001, S. 18.

232 AFP, 09.09.1999 (www.humanist.de/osttimor/hills.html; abgefragt: 31.07.2003), berichtete von rund 100.000 in die Berge geflohener Osttimoresen; vgl. auch Die Zeit, Bd. 54 (1999), 45, S. 6.

233 Ausführlich zur Entwicklung Martin, Self-Determination in East Timor, S. 103ff., 112.

234 The Independent, 20.09.1999 (www.humanist.de/osttimor/kopassus.html; abgefragt: 31.07.2003), berichtet von abgehörten Funkgesprächen zwischen Angehörigen indonesischer Spezialeinheiten und Milizionären, in denen letzteren eindeutige Anweisungen erteilt worden seien.

235 Spiegel 38/99, S. 225 f.; Spiegel 37/99, S. 202; Die Zeit, Bd. 54 (1999), 38, S. 3; Die Zeit, Bd. 54 (1999), 37, S. 8.

V. Internationale Friedenstruppe

Erst nach langem Zögern erklärte die indonesische Regierung am 12. September 1999 ihre Bereitschaft, eine internationale Friedenstruppe nach Osttimor entsenden zu lassen.[236] Zuvor hatten die Regierungen der Vereinigten Staaten und Großbritanniens den Verkauf von Rüstungsgütern eingestellt, der Internationale Währungsfonds seine Gespräche über weitere Hilfen an die indonesische Wirtschaft beendet und die Europäische Union sowie die Vereinigten Staaten über Wirtschaftssanktionen nachgedacht.[237] Der indonesischen Regierung und auch der Führung der Streitkräfte wurde klar, dass eine fortgesetzte Weigerung, eine internationale Friedenstruppe nach Osttimor zu lassen, einen kaum auszugleichenden wirtschaftlichen und politischen Schaden für das Land bedeutet hätte. Am 15. September 1999 wurden mit Resolution 1264 des Sicherheitsrates der Vereinten Nationen die Voraussetzungen für die internationale Eingreiftruppe INTERFET (International Forces East Timor) geschaffen.[238] Australien wurde gegen den Widerstand Indonesiens mit der Führung der Truppe beauftragt.[239] Die Verstimmung in den indonesisch-australischen Beziehungen wurde nur einen Tag später durch die Kündigung des gemeinsamen Sicherheitsvertrages aus dem Jahre 1995 durch Indonesien offenkundig.[240] Die ersten Teile des Kontingents landeten am 20. September 1999 in Osttimor. Von den 9.300 Soldaten, die im Januar 2000 der Friedenstruppe angehörten, stammten 5.200 aus Australien. Von Oktober bis Februar 2000 war auch ein Kontingent der Luftwaffe, bestehend aus 73 Personen, mit zwei speziell ausgestatteten Transportflugzeugen des Typs Transall an der Operation beteiligt. Die Einheit war im australischen Darwin stationiert. Aufgabe der Bundeswehr war es, verletzte oder erkrankte Angehörige der Friedenstruppe zu evakuieren.[241] Vielfach sahen sich die Vereinten

---

236 Die Zeit, Bd. 54 (1999), 38, S. 3.

237 The Guardian, 09.09.1999 (www.humanist.de/osttimor/genocide.html; abgefragt: 31.07. 2003); Wirtschaftswoche, 16.09.1999, S. 74.

238 YBUN, Vol. 53 (1999), S. 290 f.

239 Das Referendum in Osttimor und den Einsatz ausländischer Truppen, noch dazu unter australischer Führung empfanden viele Indonesier als demütigend, den Verlust Osttimors als nationale Schande; vgl. Purnawanty, TICLJ 14 (2000), S. 71; Ufen, SOAA 21 (2002), S. 268.

240 Die Beziehungen zwischen beiden Ländern hatten sich seit dem Regierungswechsel 1996 in Australien nicht zuletzt wegen der Osttimorproblematik zunehmend verschlechtert; vgl. Dieter, IntPol 55 (2000), S. 31, 36.

241 Zu den Hintergründen deutscher Beteiligung vgl. Ehrhart, BldIntPol 44 (2000), S. 408 ff.

Nationen der Kritik ausgesetzt, die Friedenstruppe viel zu spät in Marsch gesetzt und deshalb unnötig Menschenleben vergeudet zu haben.[242] Tagelang wurde über ungeheuerliche Verbrechen berichtet, ohne dass die Vereinten Nationen zum Handeln bereit und in der Lage gewesen wären. Besonders schwer wiegt der Vorwurf, die Vereinten Nationen treffe an den Verbrechen eine Mitschuld, weil die Ausschreitungen der Milizionäre vorhersehbar gewesen seien.[243] Deshalb hätte UNAMET nicht zu diesem frühen Zeitpunkt kommen dürfen, lautet die Schlussfolgerung anderer.[244]

VI. Übergangsverwaltung durch die Vereinten Nationen

Nachdem das indonesische Parlament das Referendum am 19. Oktober 1999 angenommen hatte, teilte der indonesische Präsident Abdurrahman Wahid dem Generalsekretär der Vereinten Nationen in einem Schreiben vom 28. Oktober 1999 mit, Indonesien verzichte auf alle Ansprüche in und auf Osttimor. Nur zwei Tage später verließen die letzten indonesischen Soldaten Osttimor.[245] Mit Resolution 1272 vom 25. Oktober 1999 richtete der Sicherheitsrat der Vereinten Nationen die United Nations Transitional Administration in East Timor (UNTAET) ein.[246] Der Übergangsverwaltung in Osttimor wurde die Gesamtverantwortung für die Verwaltung Osttimors sowie die Befugnis übertragen, die gesamte gesetzgebende, vollziehende und rechtsprechende Gewalt auszuüben. Das Mandat der Mission hatte folgende Bestandteile: Gewährleistung der Sicherheit und Aufrechterhaltung der öffentlichen Ordnung, Einrichtung einer wirksamen Verwaltung, Hilfeleistung beim Aufbau von zivilen und sozialen Diensten sowie die Organisation von humanitärer, Wiederaufbau- und Entwicklungshilfe. Die Leitung wurde einem Sonderbeauftragten, dem Special Representative of the Secretary General and Transitional Administrator, übertragen. Der Sonderbeauftragte, der Brasilianer Sergio Vieira de Mello, war zum Erlass,

---

242 Von Schorlemmer, IntPol 55 (2000), S. 44; Werning, SOAI 15 (1999), 3, S. 43; Die Zeit, Bd. 54 (1999), 38, S. 3; Die Zeit, Bd. 54 (1999), 39, S. 8; Die Zeit, Bd. 54 (1999), 45, S. 6.

243 Chomsky, People without Rights, S. 53 f.

244 Ansprenger, BldIntPol 44 (1999), S. 1189 ff.; Von Bredow, BldIntPol 44 (1999), S. 1194; eine positive Bilanz zieht Miller, TICLJ 14 (2000), S. 91; vgl. auch Toole, AUILR 16 (2000/2001), S. 236 ff.

245 Focus 48/99, S. 364.

246 YBUN, Vol. 53 (1999), S. 293; vgl. zu Inhalt und Reichweite des Mandates Fitzpatrick, ARIEL 5 (2000), S. 9 ff.

zur Änderung und zur Aufhebung von Gesetzen ermächtigt. Neben Zivilpersonal gehörten 1640 Polizisten und 8.950 Soldaten der Übergangsverwaltung an. Das zunächst bis zum 31. Januar 2001 erteilte Mandat wurde durch Resolution des Sicherheitsrates 1338 (2001)[247] vom 31. Januar 2001 um ein Jahr und durch Resolution des Sicherheitsrates 1392 (2002)[248] vom 31. Januar 2002 bis zum 20. Mai 2002 verlängert. Zum zweiten Mal in der Geschichte übten die Vereinten Nationen nach Kambodscha durch UNTAET selbst die Staatsgewalt in einem Territorium aus. Zum ersten Mal entstand unter ihrer Regie ein neuer Staat.[249]

VII. Vorbereitung auf die Unabhängigkeit

Am 14. Juli 2000 wurde der aus 33 Mitgliedern bestehende National Council (Nationalrat) gebildet.[250] Alle Mitglieder des Nationalrats waren Osttimoresen, die die politischen Parteien, zivilgesellschaftliche Gruppen, die 13 Distrikte und die religiösen Gruppen repräsentierten. Die Aufgabe des Nationalrats beschränkte sich mangels demokratischer Legitimation auf beratende Funktionen. Das Gremium war der Vorläufer des späteren osttimoresischen Parlaments.[251]

Im Januar 2001 wurde der bewaffnete Arm der Widerstandsbewegung FRETILIN, die FALINTIL, aufgelöst und in die neue nationale Verteidigungsarmee überführt.[252] Zur Sicherung geordneter Staatseinnahmen kamen die Übergangsverwaltung der Vereinten Nationen für Osttimor und Australien im Februar 2000 überein, den Timorgrabenvertrag rückwirkend ab dem 25. Oktober 1999 für die Dauer der Übergangsverwaltung fortzuführen.[253]

---

247 VN, Bd.49 (2001), S. 155 f.

248 VN, Bd.50 (2002), S. 168.

249 Vgl. YBUN, Vol. 54 (2000), S. 281.

250 YBUN, Vol. 54 (2000), S. 279.

251 Ufen, SOAA 21 (2002), S. 269.

252 YBUN, Vol. 54 (2000), S. 286; Wandelt, SOAI 18 (2002), 4, S. 56.

253 Memorandum of Understanding between the Government of Australia and the United Nations Transitional Administration in East Timor (UNTAET), acting on behalf of East Timor, on Arrangements Relating to the Timor Gap Treaty, 10.02.2000, in: Australian Treaty Series 2000, No. 9; mit Memorandum of Understanding vom 05.07.2001 trafen Australien und UNTAET eine endgültige Regelung, die im Wesentlichen den bisherigen Vereinbarungen entsprach; vgl. Ong, NYIL 31 (2000), S. 123 ff.; nach einem Bericht der FAZ, 10.09.2001, S. 18, stehen Osttimor aus dem Vertrag jährlich rund 180 Millionen US-Dollar Lizenzen und Abgaben über einen Zeitraum von 20 Jahren zu.

E. Demokratische Republik Timor-Leste

I. Entstehung des neuen Staates

1. Wahlen unter Aufsicht der Vereinten Nationen

Am 30. August 2001 fanden die Wahlen zur verfassungsgebenden Versammlung statt. Vorbereitet und durchgeführt wurden sie durch die von der Übergangsverwaltung der Vereinten Nationen eingesetzten Unabhängigen Wahlkommission.[254] Durch Verhältniswahl waren 75 der 88 Parlamentssitze zu besetzen, um die sich zahlreiche Parteien bemühten.[255] Zudem waren Vertreter der 13 Distrikten Osttimors durch Mehrheitswahl zu wählen.[256] Aus den Wahlen ging die FRETILIN als Gewinnerin hervor. Die Partei erzielte 57,37 Prozent und bekam damit 43 der 85 Parlamentssitze. Zweitstärkste Kraft wurde mit 8,72 Prozent und sieben Sitzen die Demokratische Partei, auf Platz drei kam die Sozialdemokratische Partei mit 8,18 Prozent und sechs Sitzen. In den Distriktswahlen konnte sich die FRETILIN in zwölf Distrikten durchsetzen, so dass sie über insgesamt 55 Mandate verfügte.[257] Damit hatte die FRETILIN knapp die für die Verabschiedung eines Verfassungsentwurfes erforderlichen 60 Mandate verfehlt.[258] Bei den Präsidentschaftswahlen am 14. April 2002 gaben 82,7 Prozent der 439.000 Wahlberechtigten Unabhängigkeitsführer Xanana Gusmao ihre Stimme.[259] Der Wahlausgang war allgemein erwartet worden, da die Popularität Gusmaos in Osttimor häufig mit der Nelson Mandelas in Südafrika verglichen wurde.[260]

2. Vorbereitung auf die Unabhängigkeit

Am 17. Mai 2002 richtete der Sicherheitsrat der Vereinten Nationen mit Annahme der Resolution 1410 eine Mission zur stufenweisen Rückführung der

---

254 Schreiner, SOAI 17 (2001), 4, S. 60

255 Vgl. zur Parteienlandschaft Müller/Schlicher, Indonesien Information 11 (2001), 1, S. 22 ff.

256 SOAI 17 (2001), 3, S. 57 (Nachrichten).

257 Müller/Schlicher, Indonesien Information 11 (2001), 1, S. 22 f.

258 Schreiner, SOAI 17 (2001), 4, S. 60; detailliert zur Regierungsbildung Ufen, SOAA 21 (2002), S. 270.

259 FAZ, 15.04.2002, S. 2.

260 Schlicher, Von der Schwierigkeit, Verantwortung einzuklagen, in: Ludwig (Hrsg.), Osttimor – Der zwanzigjährige Krieg, S. 88.

Vereinten Nationen aus Osttimor ein, UNMISET (United Nations Mission of Support in East Timor).[261] UNMISET hatte ab dem 20. Mai 2002 für zwölf Monate den Auftrag, die grundlegenden Verwaltungsstrukturen zu unterstützen, die für die politische Ordnung Osttimors existenziell sind, sowie Rechtsdurchsetzung und öffentliche Sicherheit zu gewährleisten und beim Aufbau von Strafverfolgungs- und Polizeibehörden Hilfe zu leisten.

3. Inkrafttreten der Verfassung

Mit dem Inkrafttreten der Verfassung am 20. Mai 2002 wurde Osttimor unabhängig. Die Demokratische Republik Osttimor ist damit der erste neue Staat im dritten Jahrtausend. Bereits am folgenden Tag wurde die Übergangsregierung vereidigt, die mit Australien sogleich einen Vertrag über die gemeinsame Ausbeutung der Erdöl- und Erdgasvorkommen in der Timorsee schloss.[262] Nach § 1 der Verfassung ist Osttimor ein demokratischer, souveräner und unabhängiger Einheitsstaat, der auf der Herrschaft des Rechts, dem Willen des Volkes und der Würde des Menschen beruht.[263] Der Staat verfügt mit dem Präsidenten, dem Parlament, der Regierung und dem Obersten Gerichtshof über vier Staatsorgane. § 69 der Verfassung schreibt Teilung und Unabhängigkeit der Gewalten vor. Der Präsident hat eine starke Stellung. Er ernennt den höchsten Justizbeamten, den Präsidenten des Obersten Gerichtshofes, den Generalstaatsanwalt und den Oberbefehlshaber der Streitkräfte. Gesetze kann er durch sein Veto verhindern, ferner hat er das Recht, das Parlament aufzulösen. Verfassungsänderungen bedürfen der Zweidrittelmehrheit im Parlament, die grundlegenden Freiheits- und Bürgerrechte, die Gewaltenteilung und das Mehrparteiensystem gehören zum änderungsfesten Kernbestand der Verfassung. Amtssprachen sind gemäß § 13 portugiesisch und Tetum. Offizielle Währung ist der US-Dollar.[264] Seit dem 27. September 2002 ist Osttimor Mitglied der Vereinten Nationen.[265]

---

261 VN, Bd. 50 (2002), S. 206 f.

262 Ufen, SOAA 21 (2002), S. 271.

263 Die Verfassung vom 20.05.2002 ist in der portugiesischen Sprache und einer englischen Übersetzung verfügbar über www.etan.org/etanpdf/pdf2/constfnen.pdf; vgl. auch die Besprechung der Verfassung von Charlesworth, IJCL 1 (2003), S. 329 ff.

264 Bereits die Übergangsverwaltung der Vereinten Nationen hatte den US-Dollar für die Dauer der Mission zum offiziellen Zahlungsmittel erklärt; vgl. FAZ, 10.09.2001, S. 18; SOAI 16 (2000), 1, S. 69 (Nachrichten).

265 GV-Res. 57/3 vom 27.09.2002; SR-Res. 1414 vom 23.05.2002 (VN, Bd. 50 (2002), S. 175).

II. Aufarbeitung der Vergangenheit

1. Strafrechtliche Aufarbeitung

Wegen massiver Menschenrechtsverletzungen und maßloser Zerstörungen, die im Zusammenhang mit der Durchführung des Unabhängigkeitsreferendums von pro-indonesischen Milizen unter Duldung der indonesischen Sicherheitskräfte begangen wurden, wurde von osttimoresischen Politikern, Menschenrechtsorganisationen und der vom Generalsekretär der Vereinten Nationen gebildeten Untersuchungskommission die Errichtung eines Internationalen Tribunals nach dem Vorbild des Internationalen Bosnien-Tribunals gefordert.[266] Wegen der Auseinandersetzungen um die Errichtung eines ständigen Internationalen Strafgerichtshofes schloss sich der Generalsekretär der Vereinten Nationen, Kofi Annan, der Forderung jedoch nicht an. Zudem wollten die westlichen Staaten unter Führung der Vereinigten Staaten Indonesien die Gelegenheit geben, die strafrechtliche Aufarbeitung selbst in die Hand nehmen zu können.[267] Anstelle eines Internationalen Gerichts wurde zweigleisig verfahren: Einerseits richtete UNTAET beim Bezirksgericht in Dili eine „Special Panel for Serious Crimes" zur Aburteilung vor Ort verhafteter Täter ein, wobei die maßgeblichen Dekrete „Verbrechen gegen die Menschlichkeit" gemäß dem Statut des Internationalen Strafgerichtshofes definieren.[268] Andererseits blieb der Justiz Indonesiens überlassen, Verfahren gegen Militär- und Verwaltungspersonal zu betreiben. Das hat zur Folge, dass die osttimoresischen Strafverfolger lediglich Mitläufer und Mittäter aus dem eigenen Land zur Verantwortung ziehen können. Drahtzieher und Hauptverantwortliche können allenfalls symbolisch angeklagt werden.[269]

---

266 Vgl. Report of the International Commission of Inquiry on East Timor, YBUN, Vol. 53 (1999), S. 712 f.: Die Kommission, bestehend aus fünf Mitgliedern aus Costa Rica, Nigeria, Indien, Papua-Neuguinea und Deutschland, kam zu dem Ergebnis, dass die indonesische Armee in Osttimor für Einschüchterung, Terror, Tötungen und andere schwere Menschenrechtsverletzungen verantwortlich war. Indonesien wies die Feststellungen der Kommission als einseitig und auf unbewiesenen Behauptungen beruhend zurück, vgl. YBUN, Vol. 53 (1999), S. 713 und YBUN, Vol. 54 (2000), S. 754.

267 Vgl. Chomsky, People without Rights, S. 59 ff., der das fehlende Interesse insbesondere bei den Vereinigten Staaten mit deren Mitverantwortlichkeit für die Verbrechen begründet.

268 Linton, MJIL 2 (2001), S. 417.

269 Fleschenberg, SOAI 18 (2002), 4, S. 57.

Zur strafrechtlichen Aufarbeitung der Verbrechen, die in Osttimor nach dem Referendum 1999 begangen worden sind, richtete Indonesien in Jakarta einen Gerichtshof für Menschenrechte ein. Internationale Menschenrechtsvereinigungen und Kritiker sahen hierin, wie nicht anders zu erwarten, eine Alibi-Maßnahme zur Verhinderung eines Internationalen Osttimor-Tribunals. Eine entschiedene Aufarbeitung der Verantwortlichkeit der indonesischen Militärführung wurde dem Gerichtshof nicht zugetraut. Im Sommer 2002 erhob die indonesische Staatsanwaltschaft Anklage gegen einen timoresischen Milizenboss, dem Zerstörungen in Dili und rund 30 Tötungen vorgeworfen wurden.[270] Im November wurde er zu zehn Jahren Haft verurteilt. Der ehemalige Gouverneur von Osttimor wurde zu drei Jahren und der seinerzeitige Militärkommandant von Dili zu fünf Jahren Haft verurteilt, weil sie die Ausschreitungen der Milizen nicht unterbunden hatten.[271] Im August 2003 wurde der ranghöchste der 18 Angeklagten, ein Generalmajor, zu einer Freiheitsstrafe von drei Jahren verurteilt. Das Urteil kam selbst für die Ankläger überraschend, die auf Freispruch plädiert hatten.[272] Insgesamt wurden sechs Personen zu Freiheitsstrafen zwischen drei und zehn Jahren verurteilt.

Die von der UNTAET gegründete Special Panel for Serious Crimes betreibt die Verfolgung von Straftaten im Zusammenhang mit dem Unabhängigkeitsreferendum in Osttimor.[273] Im Februar 2003 erhob die Staatsanwaltschaft in Dili mit Unterstützung der örtlichen Kräfte der Vereinten Nationen beim Bezirksgericht in Dili Anklage gegen sieben ranghohe indonesische Militärs, darunter der frühere indonesische Militärchef und Verteidigungsminister Wiranto und ein osttimoresischer Politiker, wegen Verbrechen gegen die Menschlichkeit, Mordes, Deportation und Verfolgung von Zivilisten. Gegen die Angeklagten, die alle in Indonesien leben, wurden Haftbefehle erlassen. Mit einer Auslieferung ist jedoch nicht zu rechnen, weil die indonesische Regierung die osttimoresische Gerichtsbarkeit nicht anerkennt.[274] Bisher wurden in Dili insgesamt 170 Personen angeklagt, wovon sich die meisten nach wie vor in Indonesien auf freiem Fuß befinden.[275]

---

270 FR, 04.06.2002, S. 2.
271 FAZ, 31.12.2002, S. 4; FR, 28.12.2002, S. 6.
272 FAZ, 06.08.2003, S. 2.
273 Linton, MJIL 2 (2001), S. 417 ff., mit einem Überblick über die Arbeit der Kammer.
274 FR, 26.02.2003, S. 6.
275 SOAI 19 (2003), 1, S. 59 (Nachrichten).

2. *Amnestiegesetz*

Erschwert wird die Strafverfolgung auch dadurch, dass oberstes Primat der Politik Osttimors die Aussöhnung ist. Die Regierung bereitete schon im Mai 2002 ein umfassendes Amnestiegesetz vor, das Straffreiheit für Täter vorsah, die sich im Rahmen der Referendumsgewalt nur gewaltloser Vergehen strafbar gemacht hatten. Das Strafmaß bereits Verurteilter sollte generell reduziert werden. Ausgenommen waren Kriegsverbrechen, Völkermord und Verbrechen gegen die Menschlichkeit. Die offizielle Regierungspolitik der Versöhnung, des Ausgleichs und der guten nachbarschaftlichen Beziehungen beinhaltet zudem auch, dass die Regierung Osttimors die Jurisdiktion indonesischer Gerichte anerkennt.[276] Nach Auffassung der osttimoresischen Führungselite ist ein internationales Kriegsverbrechertribunal Sache der Internationalen Gemeinschaft.[277]

3. *Versöhnung und Wahrheitskommission*

Im Januar 2002 wurde eine „Kommission für Aufnahme, Wahrheit und Versöhnung" gebildet. Sie beruht auf einem Dekret der UNTAET vom 13. Juli 2001 über die Errichtung einer „Commission for Reception, Truth and Reconciliation".[278] Die Kommission orientiert sich an der südafrikanischen Wahrheitskommission mit dem Unterschied, dass es keine Amnestie für schwere Verbrechen geben wird.[279] Sie setzt sich für Versöhnung und Gerechtigkeit bei weniger schweren Menschenrechtsverletzungen ein. Sie hat die Aufgabe, die Wahrheitsfindung sowie die Versöhnung auf Gemeindeebene im Namen von Gewaltfreiheit, Versöhnung, nationaler Einheit und Frieden ohne jedwede Diskriminierung zu erreichen. Sie hat den Status einer unabhängigen, unparteiischen Institution und unterliegt keiner direkten Kontrolle und Weisung der Regierung.[280] Sie soll zur Erfüllung ihres Auftrages der Wahrheitsfindung alle Verletzungen internationalen Rechts in Osttimor in der Zeit vom 25. April 1974 bis zum 25. Oktober 1999 systematisch und umfassend dokumentieren. Dies geschieht durch Zeugenvernehmungen und die Verwertung sonstiger Beweismittel. Sie kann hierzu Zeugen zur Eidesleistung anhalten und von Behörden und Privatpersonen die

---

276 Fleschenberg, SOAI 18 (2002), 4, S. 58.
277 Meier, SOAI 18 (2002), 2, S. 64.
278 Ansprenger, BldIntPol 46 (2001), S. 1050.
279 Klute/Schlicher, SOAI 18 (2002), 1, S. 60.
280 Fleschenberg, SOAI 18 (2002), 4, S. 60 ff.

Herausgabe von Beweismaterial verlangen. Am Ende ihrer Arbeit soll die Kommission einen Abschlussbericht vorlegen. Zur Versöhnung kann die Kommission Täter auf lokaler Ebene in ihre Heimatgemeinden reintegrieren, wenn ein umfassendes Geständnis, ein Schuldbekenntnis und eine Gewaltverzichtserklärung abgegeben werden. Die öffentliche Anhörung des Täters, der Opfer und von Zeugen findet vor einer Regionalkommission statt, die aus einem Regionalrepräsentanten der Kommission und zwei bis vier Gemeindevertretern besteht. Die Entscheidung zur Strafaussetzung wird einstimmig getroffen. Der Generalstaatsanwalt ist am Verfahren zu beteiligen und kann dieses jederzeit unterbrechen und Anklage erheben, wenn eine neue Beweislage eintritt. Die Strafaussetzung kann durch Gemeindearbeit, Entschädigungszahlung, öffentliche Entschuldigung oder einen anderen Akt der Buße erreicht werden. Die Entscheidung der Kommission wird rechtskräftig, wenn sie vom zuständigen Bezirksgericht bestätigt wird. Die Durchführung überwacht die Polizei, Nichterfüllung ist strafbewehrt.[281]

III. Zukunftsperspektiven

1. Osttimor und Indonesien

Nach fünfundzwanzigjähriger indonesischer Fremdherrschaft und Menschenrechtsverletzungen erheblichen Ausmaßes ist das Verhältnis der Menschen Osttimors zu ihren indonesischen Nachbarn verständlicherweise nachhaltig beeinträchtigt. Die Führungselite des jungen Staates weiß aber auch, dass Osttimor auf ein erträgliches Verhältnis zu dem übermächtigen Nachbarn angewiesen ist. Eine Isolation von Indonesien würde das Land wirtschaftlich und politisch an Australien ausliefern, an das es sich ohnehin anlehnen muss. Osttimors Präsident Gusmao schlug daher der Führung in Jakarta schon im November 1999 vor, in bilateralen Verhandlungen den Grundstein für eine „neue Zukunft der Freundschaft und Zusammenarbeit" zu legen. Kurz darauf vereinbarten Gusmao und der damalige indonesische Präsidenten Wahid die Aufnahme guter und enger Beziehungen zwischen beiden Ländern.[282] Auf indonesischer Seite hängt der Erfolg der Entwicklung der Beziehungen zwischen den beiden Ländern maßgeblich mit der Fortsetzung des Reformprozesses in Staat und Armee zusammen.

---

281 Fleschenberg, SOAI 18 (2002), 4, S. 60.
282 Münch-Heubner, Osttimor, S.152.

Mehr als eine wichtige Geste war insoweit die Entlassung von Sicherheitsminister Wiranto, dem früheren Verteidigungsminister und Armeechef, durch Präsident Wahid am 14. Februar 2000. Zugleich wies der Präsident den Generalstaatsanwalt an, eine Untersuchung gegen Wiranto anzustrengen, der sowohl von der Untersuchungskommission der Vereinten Nationen als auch von einer indonesischen Kommission für Verbrechen der Streitkräfte in Osttimor verantwortlich gemacht wurde.[283]

2. *Osttimor und die Vereinten Nationen*

Mit UNTAET haben die Vereinten Nationen es nicht bei den klassischen Interventionsmodellen von Friedensschaffung („peace making") und Friedenserhaltung („peace keeping") belassen, sondern erstmals eine effektive Form der Friedenskonsolidierung („post conflict peace building") durchgeführt. Damit ein solcher Einsatz Erfolg versprechen kann, bedarf es der Bereitschaft der internationalen Staatengemeinschaft zu einem mehr als nur kurzfristigen Engagement. Den Auftrag, den Dekolonisierungsprozess erfolgreich zu Ende zu führen, haben die Vereinten Nationen mit der Entlassung Osttimors in die Unabhängigkeit erfüllt, wenngleich das nicht darüber hinwegtäuschen darf, dass der junge Staat noch über Jahre auf internationale Hilfe und Solidarität angewiesen sein wird. Ungleich schwieriger war die Aufgabe, ein ganzes, extrem rückständiges Volk zu Demokratie und gewaltfreier Konfliktlösung zu „erziehen".[284] Ob dies nachhaltig gelungen ist, wird die Zukunft zeigen. Viel hängt dabei von der wirtschaftlichen Entwicklung des Landes ab.

3. *Wirtschaftliche Zukunft*

Die wirtschaftliche Lage des ohnehin armen Landes ist ungünstig. Haupterwerbsquelle ist die Landwirtschaft. Hinzu kommen Handel und städtische Wirtschaft rund um die Hauptstadt Dili. Höhere Einkommen erzielen nur die Mitarbeiter der Vereinten Nationen, die durch ihren Konsum die wirtschaftliche Lage stabilisieren. Nach dem Abzug der Indonesier war die Inflation zunächst um rund 700 Prozent gestiegen.[285] Nach Schätzungen der Asian Development Bank

---

283 Münch-Heubner, a. a. O., S. 153 f.

284 So Münch-Heubner, a. a. O., S. 158.

285 FAZ, 10.09.2001, S. 18.

ist die Wirtschaft des Landes im ersten Jahr nach dem Abzug der Indonesier von niedriger Basis ausgehend um etwa 15 Prozent gewachsen. Seit der Unabhängigkeit hat sich die wirtschaftliche Lage weiter stabilisiert. Die Inflationsrate ist im Jahr 2002 auf ein Prozent gesunken, 1999 lag sie noch bei rund 150 Prozent. Der fortgesetzte Abbau internationaler Präsenz in Osttimor führt aber nach Angaben der Asian Development Bank zu einer Schrumpfung der Volkswirtschaft, die im Jahr 2001 noch um rund 18 Prozent gewachsen war.[286] Wirtschaftlich profitiert hat vor allem Darwin in Nordaustralien von der Unabhängigkeit Osttimors. Die Stadt war Ausgangspunkt der Mission der Vereinten Nationen. Schon heute ist der australische Dollar das hauptsächliche Zahlungsmittel in dem neuen Staat. Insbesondere australische Investoren haben in Osttimor begonnen, Hotels und andere touristische Einrichtungen zu errichten, denn der bisher nicht einmal in Ansätzen entwickelte Tourismus könnte sich nach dem Vorbild Balis zu einer Haupteinnahmequelle entwickeln.[287]

Noch mangelt es in Osttimor vor allem an qualifizierten Arbeitskräften in allen Berufszweigen. Wenn es nicht gelingt, einheimische Arbeitnehmer baldmöglichst entsprechend auszubilden und zu qualifizieren, werden überwiegend ausländische Arbeitnehmer von einem Aufschwung profitieren. Diese kämen wohl aus Indonesien oder Australien. Selbst günstige Prognosen dürfen nicht darüber hinwegtäuschen, dass Osttimor nach wie vor das ärmste Land Asiens ist und es vermutlich auch noch lange Zeit bleiben wird.[288] Die Ausgangsbasis sieht wie folgt aus: Die Hälfte der Menschen sind Analphabeten, die durchschnittliche Lebenserwartung liegt bei 57 Jahren, über 40 Prozent der Bevölkerung leben von weniger als einem halben US-Dollar am Tag.[289] Die Arbeitslosigkeit lag 2001 bei rund 80 Prozent; von den Erwerbstätigen sind mehr als dreiviertel in Land- und Fortwirtschaft sowie Fischerei beschäftigt. Nur vier Prozent sind in der verarbeitenden Industrie tätig.[290] Einziges Exportgut ist Kaffee, der 2002 Einnahmen von gerade einmal fünf Millionen US-Dollar erbrachte.[291] Nur die

---

286 FAZ, 19.05.2003, S. 18.

287 Münch-Heubner, Osttimor, S. 159 f.

288 Die wirtschaftlichen und politischen Gegebenheiten und die Voraussetzungen einer günstigen Entwicklung werden eingehend erörtert in Hill/Saldanha, East Timor – Development Challenges for the Worlds Newest Nation. Eine zusammenfassende Darstellung der Ausgangsbasis findet sich in Kapitel 1, S. 3-36.

289 Meier, SOAI 18 (2002), 2, S. 62.

290 Leisch, GeoRS 52 (2000), S. 32 ff.; Spiegel 35 (2001), S. 152.

291 FAZ, 19.05.2003, S. 18.

Einnahmen aus Lizenzen und Abgaben bei der Förderung von Erdöl und Erdgas im Timorgraben stehen zur Verfügung, um den defizitären Staatshaushalt zu finanzieren.[292] Unterernährung und Malaria sind vor allem in den ländlichen Gebieten weit verbreitet. Nur 27 Prozent aller Häuser werden mit Elektrizität versorgt. Trotz Wirtschaftsaufschwung wird Osttimor daher vermutlich noch viele Jahre auf finanzielle Hilfen der Weltbank angewiesen sein.

---

292 Bis 1998 wurde die Hälfte des Bruttosozialprodukts von 113 Millionen US-Dollar durch Zahlungen aus Jakarta aufgebracht; vgl. Ufen, SOAA 21 (2002), S. 271.

2. TEIL:
Grundlagen des Selbstbestimmungsrechts der Völker

A. Historische Entwicklung

Die geschichtliche Entwicklung des Selbstbestimmungsrechts der Völker ist für sein Verständnis und seine Interpretation von elementarer Bedeutung. Zu den Grundlagen des Selbstbestimmungsrechts gehört daher ein kurzer Abriss der Entwicklung von den Wurzeln der Selbstbestimmungsidee bis zur Gegenwart. Im Rahmen dieser Arbeit muss die Darstellung der historischen Entwicklung auf Grundzüge beschränkt bleiben. Der Hinweis auf weiterführende Studien muss allenthalben genügen.[293]

I. Ideengeschichtliche Grundlage

Die genaue Angabe eines Zeitpunktes, an dem Selbstbestimmung der Völker erstmals postuliert wurde, ist nicht möglich. Ideengeschichtlich ist die Selbstbestimmungsidee in der Aufklärung verwurzelt. Weil sie auf die Vorstellung von der Freiheit des Einzelnen zurückgeht, hat sie im Grunde einen menschenrechtlichen Ansatz. Zunächst beschränkte sich die individuelle Freiheit auf die konfessionelle Zugehörigkeit. Einen ersten Ausdruck fand diese individuelle Selbstbestimmungsfreiheit im Augsburger Religionsfrieden von 1555. Dem Recht des Landesfürsten, über die Konfession in seinem Gebiet zu entscheiden („cuius regio eius religio"), stand das Recht seiner Untertanen gegenüber, dessen Territorium zu verlassen („ius emigrandi"), wenn sie anderer Konfession waren und

---

293 Vgl. zur Geschichte des Selbstbestimmungsrechts insbesondere Decker, Selbstbestimmungsrecht der Nationen, S. 17 ff., insbes. S. 73 ff.; Ermacora, Die Selbstbestimmungsidee, S. 9 ff.; ders., Die Entwicklung des Selbstbestimmungsrechts im Völkerrecht, in: Menschenrechte und Selbstbestimmung unter Berücksichtigung der Ostdeutschen, S. 9 ff.; Heidelmeyer, Selbstbestimmungsrecht der Völker; Klein, Selbstbestimmungsrecht und deutsche Frage, S. 11 ff.; Kimminich, Der Selbstbestimmungsgedanke am Ende des Ersten Weltkrieges – Theorie und Verwirklichung, in: Breyer (Hrsg.), Deutschland und das Recht auf Selbstbestimmung nach dem Ersten Weltkrieg, S. 11 ff.; Rabl, Selbstbestimmungsrecht der Völker; Raschhofer, Selbstbestimmungsrecht. Ursprung und Bedeutung, S. 4 ff.; Thürer, Selbstbestimmungsrecht, S. 15 ff.; Veiter, Die Entwicklung des Selbstbestimmungsrechtes, in: Blumenwitz/Meissner (Hrsg.), Selbstbestimmungsrecht und deutsche Frage, S. 9 ff.

bleiben wollten.[294] In der Aufklärung und im Rationalismus entstand neben der Auffassung, der Einzelne solle sein Schicksal selbst verantworten, die Idee der Volkssouveränität als Grundlage jeglicher Herrschaft und das Bewusstsein kultureller und ethnischer Zusammengehörigkeit. Volkssouveränität wurde als das Recht eines jeden Volkes verstanden, sein Schicksal selbst zu bestimmen.[295] Selbstbestimmung war also Voraussetzung der Volkssouveränität.

II. Entwicklung im 18. und 19. Jahrhundert

Im 18. und 19. Jahrhundert entwickelten sich erste Erscheinungsformen des Selbstbestimmungsgedankens, die sich jedoch unabhängig voneinander herausbildeten und erst später unter dem dann gefundenen Begriff des Selbstbestimmungsrechts zusammengefasst wurden. Nur in wenigen Ausnahmen kam es zu einer rechtlichen Verankerung kam. Marksteine für die Fortentwicklung der Selbstbestimmungsidee waren die amerikanische Unabhängigkeitserklärung und die Französische Revolution.

1. Legitimation staatlicher Herrschaft

Auf den unmittelbar aus der Volkssouveränität abgeleiteten Anspruch der Nationen, über die eigene Staats- und Regierungsform selbst und allein zu entscheiden, gründete die Loslösung der dreizehn nordamerikanischen Kolonien vom Vereinigten Königreich. Im Text der amerikanischen Unabhängigkeitserklärung vom 4. Juli 1776[296] kommt der Gedanke zum Ausdruck, dass alle öffentliche Gewalt auf dem Willen der Regierten beruhen muss und dass jedes Volk ein Widerstandsrecht besitzt, wenn die Regierung Freiheit und Gleichheit der Bürger missachtet. Die amerikanische Unabhängigkeitserklärung wird allgemein als erstes Anzeichen rechtlicher Relevanz der Selbstbestimmungsidee gesehen.[297] Der amerikanische Unabhängigkeitskampf gegen eine als unerträglich empfundene, die natürlichen Rechte der Menschen verletzende Herrschaftsgewalt und das Gedankengut der Aufklärung beeinflussten die Revolution des französischen Volkes gegen das absolutistische Königtum. Auch hier ging es um die Beendi-

---

294 Klein, Selbstbestimmungsrecht und deutsche Frage, S. 11.

295 Thürer, ArchVR 22 (1984), S. 115.

296 Commager/Cantor, Documents of American History, Vol. I, Nr. 66 (S. 100-103).

297 Vgl. nur Doehring, in: Simma (Hrsg.), Charter of the United Nations, Vol. I, Self-Determination, Rn. 7.

gung von Despotie und die legitimatorische Neufundierung staatlicher Herrschaft.[298]

2. *Beseitigung von Fremdherrschaft*

Davon unterschieden sich die Unabhängigkeits- und Befreiungskriege, denen das Streben nach Beseitigung von fremder oder als fremd empfundener Herrschaft zu Grunde lag. In diesem Zusammenhang sind die napoleonischen Befreiungskriege, das italienische Risorgimento, der griechische Unabhängigkeitskampf gegen die osmanische Herrschaft sowie die polnischen Aufstände gegen das zaristische Russland zu nennen. In allen diesen Fällen ging es nicht um den Legitimitätsgrund der Herrschaft, sondern um die Beseitigung von Fremdherrschaft. Der nationale Gedanke beschränkte sich in diesen Fällen nicht auf die Volkssouveränität, sondern forderte den eigenen Staat für das Volk. In seiner absoluten Fassung lautete der Gedanke nach Johann Caspar Bluntschli: *„Jede Nation ist berufen und berechtigt, einen Staat zu bilden. Wie die Menschheit in eine Anzahl von Nationen geteilt ist, soll die Welt in ebenso viele Staaten zerlegt werden. Jede Nation Ein Staat. Jeder Staat ein nationales Wesen.“*[299]

3. *Minderheiten im Nationalstaat*

Mit dem Eingeständnis, dass es eine absolute Verwirklichung des Nationalstaatsgedankens in diesem Sinne nicht werde geben können, tauchte das Problem ethnischer Minderheiten auf. Einen allgemeinverbindlichen Standard, geschweige denn eine einheitliche Staatenpraxis, entwickelte sich insoweit nicht, obschon es allenthalben rechtlich zu erfassen versucht wurde. So bestimmte die nicht in Kraft getretene Frankfurter Reichsverfassung von 1849[300] in Artikel XIII (§ 188): *„Den nicht deutsch redenden Volksstämmen Deutschland´s ist ihre volksthümliche Entwicklung gewährleistet, namentlich die Gleichberechtigung ihrer Sprachen, soweit deren Gebiete reichen, in dem Kirchenwesen, dem Unterrichte, der inneren Verwaltung und der Rechtspflege.“*

---

298 Klein, Selbstbestimmungsrecht und deutsche Frage, S. 15.
299 Bluntschli, Lehre vom modernen Staat: Erster Teil. Allgemeine Staatslehre, S. 107.
300 Reichs-Gesetz-Blatt, 16. Stück, ausgegeben Frankfurt, 28.04.1948, S. 1-147.

4. *Übertragung territorialer Souveränität*

Eng mit dem Gedanken der Volkssouveränität hängt die Befragung der Bevölkerung bei einem Gebietswechsel zusammen. Wenngleich schon im 18. Jahrhundert bei Gebietswechseln Plebiszite stattfanden, spielte der Wille der betroffenen Bevölkerungen in der überwiegenden Mehrzahl der territorialen Veränderungen im 17. und 18. Jahrhundert keine Rolle.[301] Nur gelegentlich gab es vertragliche Vereinbarungen: In Artikel 5 des Prager Friedensvertrages vom 23. August 1866 zwischen Österreich und Preußen übertrug der Kaiser von Österreich alle seine Rechte auf die Herzogtümer Schleswig und Holstein auf den König von Preußen *„mit der Maassgabe, dass die Bevölkerungen der nördlichen Distrikte von Schleswig, wenn sie durch freie Abstimmung den Wunsch zu erkennen geben, mit Dänemark vereinigt zu werden, an Dänemark abgetreten werden sollen"*.[302] Eine Volksbefragung unterblieb jedoch und mit Artikel 1 des Vertrages vom 11. Oktober 1878 vereinbarten die Vertragsparteien die Aufhebung dieser Vertragsbestimmung.[303]

III. Entwicklung bis zum Ende des Ersten Weltkrieges

1. *Vierzehn-Punkte-Erklärung Präsident Wilsons*

Die Vierzehn-Punkte-Erklärung des amerikanischen Präsidenten Woodrow Wilson vom 8. Januar 1918 machte das Prinzip der Selbstbestimmung einer breiten Weltöffentlichkeit als Ordnungsfaktor bewusst. Expressis verbis war das Prinzip zwar nicht genannt, „aber der ganze Duktus der Argumentation Wilsons rechtfertigt es wohl, ‚Woodrow Wilson als eine Art Vater des Selbstbestimmungsrechts'" anzusehen.[304] In Punkt 5 der Erklärung heißt es: *„A free, open-minded, and absolutely impartial adjustment of all colonial claims, based upon a strict*

---

301 Vgl. die Beispiele bei Gornig, PolStud 44 (1993), SH 6, S. 19 f.; Klein, Selbstbestimmungsrecht und deutsche Frage, S. 12 f.; Veiter, Die Entwicklung des Selbstbestimmungsrechts, in: Blumenwitz/Meissner (Hrsg.), Selbstbestimmungsrecht und deutsche Frage, S. 11 f.

302 Martens, NRG, Tome XVIII (1873), S. 344-348 (Art. 5, S. 345).

303 Martens, NRG 2éme Série, Tome III (1878/79), S. 529 f.

304 Kimminich, Minderheiten und Selbstbestimmung, in: Ermacora/Tretter/Pelzl (Hrsg.), Volksgruppen im Spannungsfeld von Recht und Souveränität in Mittel- und Osteuropa, S. 190, unter Bezugnahme auf Veiter, Aspekte des Selbstbestimmungsrechts der Völker in westlicher Sicht, in: Meissner/Veiter (Hrsg.), Das Selbstbestimmungsrecht nach sowjetischer und westlicher Lehre, S. 29.

observance of the principle that in determining all such questions of sovereignty, the interests of the populations concerned must have equal weight with the equitable claims of the government whose title is to be determined."[305] Allerdings setzte Wilson Selbstbestimmung nicht mit Eigenstaatlichkeit gleich und bezeichnete sie nur als eine politische Maxime. Rechtsqualität kam dem Prinzip also auch nach Wilsons Verständnis nicht zu. Nach den Vorstellungen des Präsidenten sollte nach dem Ende des Ersten Weltkrieges der Friede zwischen den Konfliktparteien auf der Grundlage des Selbstbestimmungsrechts geregelt werden. Sein Modell eines gerechten, sanktionslosen Friedens veranlasste das Deutsche Reich, Friedensverhandlungen aufzunehmen.[306] Wilson scheiterte jedoch am Widerstand Italiens und Frankreichs, die sich an den Grundsatz nicht gebunden fühlten. So blieb von der Doktrin Wilsons, die sein eigener Außenminister Robert Lansing als „dream of an idealist" bezeichnet hatte, der „simply loaded with dynamite" sei,[307] am Ende der Friedensverhandlungen nicht mehr viel übrig. So wenig, dass Veiter meint, Wilson habe „völlig Schiffbruch" erlitten.[308]

2. *Friedensverträge nach dem Ende des Ersten Weltkrieges*

Weder im Friedensvertrag von Brest-Litowsk vom März 1918 zwischen Russland und den Mittelmächten noch in den Pariser Friedensverträgen war für die zahlreichen Gebietsveränderungen vorgesehen, dass sie auf der Grundlage eines ausdrücklichen Selbstbestimmungsaktes der jeweils betroffenen Völker stattfinden sollten. Der Versailler Vertrag[309] und die Friedensverträge mit Österreich-Ungarn, Bulgarien und der Türkei erwähnen das Wort „Selbstbestimmung" nicht einmal.[310] Die erheblichen territorialen Verschiebungen folgten in erster Linie politischen Überlegungen. Nur dort, wo die Siegermächte keine einheitliche Position finden konnten, wurde die Entscheidung der betroffenen Bevölkerung überlassen, freilich vorbehaltlich möglicher Korrekturen.[311] Das Vereini-

---

305 Commager/Cantor, Documents of American History, Vol. II, Nr. 423.1 (S. 137-139).

306 Rustemeyer, Wilson's Fourteen Points, EPIL Vol. IV, S. 1480.

307 Cobban, The Nation State and National Self-Determination, S. 62

308 Veiter, Die Entwicklung des Selbstbestimmungsrechts, in: Blumenwitz/Meissner (Hrsg.), Selbstbestimmungsrecht und deutsche Frage, S. 13.

309 RGBl. 1919 I (1.Hj.), S. 687-1331; vgl. hierzu Puttkamer, Versailles Peace Treaty, EPIL Vol. IV, S. 1277 ff.

310 Decker, Selbstbestimmungsrecht der Nationen, S. 121; Gornig, PolStud 44 (1993), SH 6, S. 13; Thürer, Selbstbestimmungsrecht, S. 31.

311 Klein, Selbstbestimmungsrecht und deutsche Frage, S. 22.

gungsgebot für das Deutsch Reich und Österreich stand in klarem Widerspruch zu den Beschlussfassungen der Nationalversammlungen beider Staaten.[312] Nur unter den Bevölkerungen einiger strittiger Gebiete fanden Plebiszite statt.[313] Dort wo Volksabstimmungen durchgeführt wurden, fanden sie überwiegend unter internationaler Kontrolle statt.[314] In keinem Fall kam dem Abstimmungsergebnis eine konstitutive oder bindende Wirkung zu. So wurden Teile Oberschlesiens aus wirtschaftspolitischen Gründen entgegen dem Votum der mehrheitlich deutschen Bevölkerung Polen zugesprochen.[315]

Als Ergebnis ist festzuhalten, dass sich bis zum Ende des Ersten Weltkrieges ein Prinzip der Selbstbestimmung entwickelt hatte, das die staatliche Unabhängigkeit von Nationen und die Zuordnung von Gebieten mit gemischter Bevölkerung zu Staaten ermöglichte. Das Prinzip war jedoch nicht als Rechtssatz anerkannt und blieb der politischen Zweckmäßigkeit und den Vorstellungen der beteiligten Mächte untergeordnet.[316] Die Gestaltung der Friedensordnung am Ende des Krieges stellte sich als grobe Missachtung des Selbstbestimmungsprinzips dar. Nach dem Ende des Ersten Weltkrieges konnte daher von einem völkerrechtlich verankerten Selbstbestimmungsrecht keine Rede sein, nicht einmal in statu nascendi.

---

312 Kimminich, Der Selbstbestimmungsgedanke am Ende des Ersten Weltkrieges, in: Breyer (Hrsg.), Deutschland und das Recht auf Selbstbestimmung, S. 31.

313 In Südtirol, Julisch-Venezien, im Elsass und in Lothringen, im Memelgebiet, der Stadt Danzig, im Sudetenland, in Siebenbürgen, im Hultschiner Ländchen, in Westpreußen und im Burgenland fanden keine Abstimmungen statt.

314 Abstimmungen unter internationaler Kontrolle fanden in einem Teil Westpreußens, in südlichen Gegenden Ostpreußens, in Oberschlesien, Nordschleswig, im Saargebiet und in Kärnten statt. Die Abstimmungen in Ödenburg sowie in Eupen und Malmedy, die von den interessierten Staaten Ungarn und Belgien durchgeführt wurden, gerieten zur Farce; vgl. Uibopuu, Plebiscite, EPIL Vol. III, S. 1050, und Veiter, Die Entwicklung des Selbstbestimmungsrechts, in: Blumenwitz/Meissner (Hrsg.), Selbstbestimmungsrecht und deutsche Frage, S. 14 f., zu den Abstimmungsergebnissen.

315 Ausführlich hierzu Neubach, Die Abstimmung in Oberschlesien am 20. März 1921, in: Breyer (Hrsg.), Deutschland und das Selbstbestimmungsrecht nach dem Ersten Weltkrieg, S. 119 f.

316 Zieger, Gebietsveränderungen und Selbstbestimmungsrecht, in: Blumenwitz/Meissner (Hrsg.), Selbstbestimmungsrecht und deutsche Frage, S. 83.

IV. Entwicklung bis zum Ende des Zweiten Weltkrieges

Bis zum Ende des Zweiten Weltkrieges war die Entwicklung der Selbstbestimmungsidee von der politischen Instrumentalisierung gekennzeichnet. Dem Nationalsozialismus diente die Selbstbestimmung zur argumentativen Begründung territorialen Revisionismus, der Sowjetunion als Instrument zur Verwirklichung des Klassenkampfes.[317] In rechtlichem Zusammenhang hatte Selbstbestimmung Relevanz für das Minderheitenschutzverfahren des Völkerbundes, der territorialen Zuordnung der Ålandinseln und für die Atlantik-Charta.

1. Minderheitenschutz in der Völkerbundära

Mit dem Ende des Ersten Weltkrieges wurde im Rahmen des Völkerbundes ein System internationalen Minderheitenschutzes geschaffen.[318] Das Minderheitenschutzverfahren des Völkerbundes war nicht auf Europa beschränkt, spielte darüber hinaus aber praktisch keine Rolle. Der dem Völkerbund anvertraute Minderheitenschutz beruhte überwiegend auf den Pariser Friedens- und nachfolgend abgeschlossenen Minderheitenschutzverträgen.[319] Er blieb unvollständig und unzureichend. Große Staaten, insbesondere die Siegermächte des Ersten Weltkrieges, wurden von dem System nicht verpflichtet. Zudem gab es keinen funktionierenden Schutzmechanismus, wie die zahlreichen Beschwerden von Minderheitenangehörigen an den Völkerbundrat dokumentieren, die sämtlich erfolglos verliefen.[320] Gleichwohl ist anzuerkennen, dass das Problem ethnischer Minderheiten erstmals auf internationaler Ebene zu lösen versucht wurde.

2. Gutachten im Streit um die Ålandinseln

Eine erste juristische Beurteilung des Selbstbestimmungsprinzips erfolgte im Streit um die Ålandinseln durch eine vom Völkerbund eingesetzte Kommission von drei Professoren.[321] Die mehrheitlich schwedische Bevölkerung der Åland-

---

317 Vgl. hierzu Heidelmeyer, Selbstbestimmungsrecht der Völker, S. 57ff. und S. 91 ff.; Ermacora, Die Entwicklung des Selbstbestimmungsrechts im Völkerrecht, in: Menschenrechte und Selbstbestimmung unter Berücksichtigung der Ostdeutschen, S. 15 f.

318 Vgl. Capotorti/Hofmann, Minorities, EPIL Vol. III, S. 410 ff., insbes. S. 412 f.

319 Veiter, Die Entwicklung des Selbstbestimmungsrechts, in: Blumenwitz/Meissner (Hrsg.), Selbstbestimmungsrecht und deutsche Frage, S. 19.

320 Veiter, a. a. O., S. 21.

321 Vgl. Modeen, Aaland Islands, EPIL Vol. I, S. 1 ff.

inseln, die Schweden neben Finnland 1809 an das Zarenreich hatte abtreten müssen, votierte nach der Abspaltung Finnlands von Russland am Ende des Ersten Weltkrieges für einen Anschluss an Schweden. Schweden wandte sich an den Völkerbundrat und forderte ein formelles Plebiszit. Die vom Völkerbundrat eingesetzte Kommission kam in ihrem Gutachten vom 5. September 1920 zu dem Ergebnis, dass das Selbstbestimmungsprinzip nach dem Weltkrieg zwar im politischen Denken eine wichtige Rolle erlangt habe und in verschiedenen internationalen Verträgen erwähnt werde, es aber nicht Eingang in die Satzung des Völkerbundes gefunden habe und nicht als Norm des Völkerrechts angesehen werden könne.[322] Das Selbstbestimmungsprinzip sei der staatlichen Souveränität nachgeordnet und greife nur dort Raum, wo eine instabile Lage oder eine unklare territoriale Souveränität bestehe. Seinen Anwendungsbereich habe die Selbstbestimmung daher bei der Bildung eines neuen Staates und dem Anschluss an einen bereits bestehenden Staat. Ausdrücklich wies die Kommission auf den Minderheitenschutz als Möglichkeit zur Erhaltung und Entwicklung des sozialen, ethnischen und religiösen Charakters eines Bevölkerungsteils hin und ließ offen, ob bei einer fortdauernden Verletzung der Minderheit ein Recht zur Abspaltung bestehe. Mit Beschluss vom 24. Juni 1921 ordnete der Völkerbundrat die Inseln Finnland zu und verpflichtete Finnland zur Einrichtung einer weitgehenden Autonomie.[323]

3. *Atlantik Charta*

Einen wichtigen Meilenstein für die Entwicklung des Selbstbestimmungsrechts stellte die Atlantik-Charta vom 14. August 1941 dar.[324] Mit dieser Erklärung gaben der amerikanische Präsident Franklin D. Roosevelt und der britische Premierminister Winston S. Churchill gemeinsame Prinzipien ihrer Politik bekannt. In der Erklärung heißt es auszugsweise: *„They have agreed upon the following joint declaration: ... First, their countries seek no aggrandizement, territorial or other; Second, they desire to see no territorial changes that do not accord with*

---

322 League of Nations, Official Journal, Special Suppl. 3, S. 1-20, S. 5 (Oktober 1920); Wiedergabe des Gutachtens mit deutscher Übersetzung bei Raschhofer, Selbstbestimmungsrecht und Völkerbund, S. 37 ff. (deutsche Übersetzung), S. 54 ff. (französischer Originaltext).

323 Menzel, Aaland-Inseln, WVR, Bd. I, S. 23 f.; Modeen, Aaland Islands, EPIL Vol. I, S. 2 f.

324 Joint Declaration of the President and the Prime Minister, August 14, 1941; AJIL Supplement 35 (1941), S. 191-192; LNTS Vol. 204 (1941-1943), S. 384-387.

the freely expressed wishes of the peoples concerned; Third, they respect the right of all peoples to choose the form of government under which they will live; and they wish to see sovereign rights and self-government restored to those who have been forcibly deprived of them; ..." Soweit betont wird, Gebietswechsel müssten den Willen der betroffenen Völker berücksichtigen, knüpft der Inhalt der Erklärung offenkundig an Wilsons vierzehn Punkte an.[325] Im Unterschied zu Wilsons Erklärung kam es bezüglich der völkerrechtlichen Verbindlichkeit der Atlantik-Charta zu divergierenden Auffassungen in der Völkerrechtslehre. So wurde aus dem Umstand, dass die Atlantik Charta als Anlage zu dem interalliierten Bündnisvertrag vom 1. Januar 1942 in das Vertragskataster des Völkerbundes aufgenommen und auch von ihren Verfassern nicht nur für eine unverbindliche Erklärung gehalten wurde, die rechtliche Verbindlichkeit der Grundsätze der Charta gefolgert.[326] Dagegen spricht jedoch, dass die Erklärung von den beiden Staatsmännern nicht einmal unterschrieben wurde.[327] Deshalb ist die Charta weder völkerrechtlicher Vertrag noch sonst wie bindende Erklärung. Allerdings handelt es sich in politischer Hinsicht bei der Erklärung um mehr als nur um ein Instrument zur Beschleunigung des amerikanischen Kriegseintritts.[328] Ihre Bedeutung liegt darin, dass sich erstmals zwei Staaten die Verwirklichung der Selbstbestimmung der Völker zum Ziel machten. Der amerikanisch-britischen Prinzipienerklärung schlossen sich im weiteren Kriegsverlauf nahezu alle mit den Achsenmächten im Krieg befindliche Staaten an. Die Sowjetunion bekannte sich mit folgendem Vorbehalt zur Charta: „*The practical application of these principles will be necessarily adapt itself to the circumstances, needs and historic peculiarities of particular countries*".[329] Dieser Vorbehalt entsprach vermutlich den Interessen aller Beteiligten, ermöglichte er doch, die Anwendung des Selbstbestimmungsrechts gegen sich selbst unter Hinweis auf historische Gegebenheiten abzuwenden. So kam dem Selbstbestimmungsprinzip trotz der breiten Zustimmung zur Atlantik-Charta bei der territorialen Neuordnung Europas nach Kriegsende keine nennenswerte Bedeutung zu.[330] Sämtliche Grenzveränderungen fanden ohne Plebiszite statt. Die Vertreibung von rund drei Millio-

---

325 So Schlochauer, Atlantik Charter, WVR, 1. Bd., S. 96.

326 Vgl. Rabl, Selbstbestimmungsrecht. Ein Versuch, S. 167 ff. m. w. N.

327 Schlochauer, Atlantic Charter (1941), EPIL Vol. I, S. 288 f.

328 So Decker, Selbstbestimmungsrecht der Nationen, S. 178 f., unter Bezugnahme auf eine Rundfunkrede Winston Churchills.

329 Schlochauer, Atlantic Charter (1941), EPIL Vol. I, S. 289.

330 Vgl. Schlochauer, Atlantic Charter (1941), EPIL Vol. I, S. 289; ders., Atlantik Charter, WVR, Bd. I, S. 96.

nen Sudetendeutschen sowie rund zwölf Millionen Deutschen aus den deutschen Ostgebieten und die Aufteilung Deutschlands waren eine eklatante Missachtung der in der Atlantik-Charta propagierten Prinzipien.[331] Nicht unberechtigt wird daher von einem absoluten Niedergang der völkerrechtlichen Anerkennung des Selbstbestimmungsrechts der Völker während des Zweiten Weltkrieges gesprochen.[332]

V. Selbstbestimmungsrecht und Vereinte Nationen

1. Charta der Vereinten Nationen

Trotz dieses Niedergangs fand das Selbstbestimmungsprinzip Eingang in die Charta der Vereinten Nationen. Artikel 1 Ziffer 2 und Artikel 55 erwähnen den *„Grundsatz der Gleichberechtigung und Selbstbestimmung der Völker"*. Arti kel 1 der Charta bezeichnet in vier Abschnitten die Ziele der Vereinten Nationen. In Artikel 55 sind Anweisungen dafür gegeben, wie die Ziele der Vereinten Nationen gefördert werden sollen. In Kapitel XI (Artikel 73 und 74) enthält die Charta eine Erklärung über Gebiete ohne Selbstregierung. Artikel 73 überträgt den Kolonialmächten bestimmte Verpflichtungen. Nach Artikel 73 b der Charta sind diese Staaten unter anderem verpflichtet, *„die Selbstregierung zu entwickeln, die politischen Bestrebungen dieser Völker gebührend zu berücksichtigen und sie bei der fortschreitenden Entwicklung ihrer freien politischen Einrichtungen zu unterstützen"*. Die Aufnahme des Selbstbestimmungsprinzips in die Charta ist, wie sich aus Artikel 1 Ziffer 2 ergibt, also nicht um seiner selbst willen geschehen: Als Mittel zur Wahrung des Friedens kommt der Selbstbestimmung nach der Systematik der Charta nur instrumentaler Charakter zu.[333] Zudem ist zurückhaltend nur von einem Grundsatz die Rede, der Begriff des Selbstbestimmungsrechts wird in der Charta mit Ausnahme der französischen Fassung an keiner Stelle verwandt.[334]

---

331 So Thürer, Selbstbestimmungsrecht, S. 35 f.

332 Veiter, Die Entwicklung des Selbstbestimmungsrechts, in: Blumenwitz/Meissner (Hrsg.), Selbstbestimmungsrecht und deutsche Frage, S. 23, 25 f.

333 Gornig, PolStud 44 (1993), SH 6, S. 13; Thürer, PolStud 44 (1993), SH 6, S. 33.

334 Vgl. Rabl, Selbstbestimmungsrecht. Ein Versuch, S. 194 f.

2. *Resolutionen der Generalversammlung*

Die Generalversammlung der Vereinten Nationen beschäftigte sich in zahlreichen Resolutionen mit dem Selbstbestimmungsrecht.[335] Die Entwicklung begann sehr früh. Bereits am 5. Februar 1952 beschloss die Generalversammlung, in Internationalen Konventionen über die Menschenrechte einen Artikel zum Selbstbestimmungsrecht aller Völker aufzunehmen. Zugleich forderte sie den Menschenrechtsausschuss auf, Empfehlungen über die internationale Achtung des Selbstbestimmungsrechts vorzulegen.[336] Am 16. Dezember 1952 verabschiedete die Generalversammlung eine Resolution mit dem Titel *„The right of peoples and nations to self-determination"*, mit der sie die Mitgliedsstaaten zur Achtung dieses Rechts aufforderte.[337] Damit war erst der Anfang getan, es folgten unzählige weitere Resolutionen. Eine Darstellung aller einschlägigen Resolutionen würde den Rahmen dieser Untersuchung überschreiten, sie beschränkt sich daher auf grundlegende Resolutionen. Dabei handelt es sich erstens um die Deklaration über die Gewährung der Unabhängigkeit an koloniale Länder und Völker vom 14. Dezember 1960 (Unabhängigkeitsdeklaration)[338] und zweitens um die Deklaration über die Prinzipien des Völkerrechts betreffend die freundschaftlichen Beziehungen und die Zusammenarbeit zwischen den Staaten in Übereinstimmung mit der Charta der Vereinten Nationen vom 24. Oktober 1970 (Prinzipiendeklaration)[339]. Neben diesen beiden bedeutenden Deklarationen soll drittens noch kurz die Resolution über die Definition der Aggression vom 14. Dezember 1974 (Aggressionsdefinition)[340] angesprochen werden.

---

335 Vgl. die selektive Zusammenstellung bei Schulz/Mann, Resolutionen zum Selbstbestimmungsrecht, S. 32 ff., und die Besprechung der bedeutendsten Resolutionen bei Escarameia, The Meaning of Self-Determination, in: International Law and the Question of East Timor, S. 135 ff.

336 GV-Res. 545 (VI), in: Schulz/Mann, Resolutionen zum Selbstbestimmungsrecht, S. 32 ff.

337 GV-Res. 637 (VII), in: Schulz/Mann, Resolutionen zum Selbstbestimmungsrecht, S. 36 ff.

338 Declaration on the granting of independence to colonial countries and peoples, GV-Res. 1514 (XV), in: Schulz/Mann, Resolutionen zum Selbstbestimmungsrecht, S. 44 ff.

339 Declaration on the Principles of International Law concerning Friendly Relations and Co-operation among States in accordance with the charter of the United Nations, Res. 2625 (XXV), in: Schulz/Mann, Resolutionen zum Selbstbestimmungsrecht, S. 68 ff.

340 Definition of Aggression, GV-Res. 3314 (XXIX) vom 14.12.1974 (YBUN Vol. 28 (1974), S. 868 ff.).

a) Unabhängigkeitsdeklaration

Die Deklaration über die Gewährung der Unabhängigkeit an koloniale Länder und Völker vom 14. Dezember 1960, die von der Generalversammlung ohne Gegenstimme verabschiedet wurde,[341] erkennt das Recht auf Selbstbestimmung allen Völkern zu. Aus dem Kontext ergibt sich allerdings ein klarer Bezug zu Kolonialvölkern. Die Kolonialstaaten wurden aufgefordert, das Selbstbestimmungsrecht der Völker anzuerkennen und dessen Verwirklichung zu ermöglichen. Die Resolution brach mit dem bisher behutsamen Vorgehen und leitete eine neue Phase der Ausgestaltung des Selbstbestimmungsrechts ein.[342] Offen bezeichnete die Resolution Kolonialherrschaft als Verstoß gegen die Charta der Vereinten Nationen, der Einsatz von Waffengewalt zu ihrer Aufrechterhaltung wurde verurteilt. Selbstbestimmung wurde ausdrücklich als den Kolonialvölkern zustehendes Recht bezeichnet. Damit wurde der Anwendungsbereich der Selbstbestimmung, die gemäß der Charta der Vereinten Nationen zunächst allein für die Beziehungen zwischen den bestehenden Staaten Anwendung beanspruchte, auf den Tatbestand der Staatenentstehung ausgedehnt.[343] Mit der Dekolonisierung war der erste Schritt zur Konkretisierung des Selbstbestimmungsrechts getan.[344]

b) Prinzipiendeklaration

Ein großer Schub für die Fortentwicklung des Selbstbestimmungsrechts ging von der Deklaration über die Prinzipien des Völkerrechts betreffend die freundschaftlichen Beziehungen und die Zusammenarbeit zwischen den Staaten in Übereinstimmung mit der Charta der Vereinten Nationen vom 24. Oktober 1970 aus. Die Resolution umschreibt Inhalt und Bedeutung tragender Rechtsprinzipien der Charta unter Berücksichtigung der Praxis der Vereinten Nationen und der Staaten. Sie hat neben dem Selbstbestimmungsrecht auch andere Prinzipien des Völkerrechts zum Gegenstand. In der Resolution wird zum Ausdruck gebracht, dass die internationale Zusammenarbeit das Selbstbestimmungsrecht zu beachten habe. Ausdrücklich ist vom *„right to self-determination“* die Rede. Aus dem Text der Deklaration ergibt sich zudem keine Beschränkung des Selbstbestimmungsrechtes auf einen kolonialen Kontext. Als Möglichkeiten zur

---

341 Abstimmung: YBUN Vol. 14 (1960), S. 49.
342 Pomerance, Self-Determination, S. 11 ff.
343 Gusy, ArchVR 30 (1992), S. 388.
344 Thürer, Self-Determination, EPIL Vol. IV, S. 365 f.

Verwirklichung der Selbstbestimmung nennt die Resolution „*the establishment of a sovereign and independent state, the free association or integration with an independent State or the emergence into any other political Status*“. Nicht erwähnt werden Fragen der Annexion, der Sezession und nationaler Minderheiten. Die Resolution fordert alle Staaten auf, sich jedweder Handlung zu enthalten, die auf die teilweise oder vollständige Zerstörung der nationalen Einheit und der territorialen Integrität anderer Staaten gerichtet ist. Thürer meint, das Selbstbestimmungsrecht habe in der Prinzipiendeklaration seine wohl repräsentativste Ausgestaltung erfahren.[345]

c) Aggressionsdefinition

Die Resolution der Generalversammlung über die Definition der Aggression vom 14. Dezember 1974 betrifft das Selbstbestimmungsrecht nicht unmittelbar. Die Generalversammlung wollte dem Sicherheitsrat mit der Resolution einen Hinweis auf die Auslegung der Charta der Vereinten Nationen geben. Nachdem in Artikel 3 der Definition bestimmte Handlungen als Angriffshandlungen qualifiziert werden, bestimmt Artikel 7, dass der Kampf für das Selbstbestimmungsrecht keinen verbotenen Angriff im Sinne der Definition darstellt. Die Vorschrift lautet: „*Nothing in this Definition, and in particular article 3, could in any way prejudice the right to self-determination, freedom and independence, ..., particularly peoples under colonial and racist régimes or other forms of alien domination; nor the right of these peoples to struggle to that end and to seek and to receive support, in accordance with the principles of the Charter ...*“.

3. Menschenrechtskonventionen

Die beiden Menschenrechtspakte vom 16. Dezember 1966 über bürgerliche und politische Rechte[346] sowie über wirtschaftliche, soziale und kulturelle Rechte[347] bestimmen jeweils in ihrem Artikel 1: „*Alle Völker haben das Recht auf Selbstbestimmung. Kraft dieses Rechts entscheiden sie frei über ihren politischen Sta-*

---

345 Thürer, ArchVR 22 (1984), S. 124.

346 Internationaler Pakt über bürgerliche und politische Rechte vom 16.12.1966; BGBl. 1973 II (Bd. 2), S. 1534-1555; Internationale Quelle: UNTS Vol. 999 (1976), S. 171-346.

347 Internationaler Pakt über wirtschaftliche, soziale und kulturelle Rechte vom 16.12.1966; BGBl. 1973 II (Bd. 2), S. 1570-1582; Internationale Quelle: UNTS Vol. 993 (1976), S. 3-106.

tus und gestalten in Freiheit ihre wirtschaftliche, soziale und kulturelle Entwicklung". Diese Umschreibung ist durch Übernahme in grundlegende Dokumente der internationalen Praxis zur klassischen Legaldefinition des Selbstbestimmungsrechts geworden.[348] Zum ersten Mal wurde das Selbstbestimmungsrecht allen Völkern zuerkannt und nicht auf Kolonialvölker beschränkt. Zudem war erstmals in einem multilateralen Vertrag von einem „Recht" auf Selbstbestimmung die Rede. Die beiden Pakte sind am 3. Januar beziehungsweise am 23. März 1976 in Kraft getreten. Heute zählen der Pakt über bürgerliche und politische Rechte 151 und der Pakt über wirtschaftliche, soziale und kulturelle Rechte 148 Vertragsstaaten.[349] Zwischen den Vertragsstaaten besteht seit Inkrafttreten eine eigenständige Rechtsgrundlage für das Selbstbestimmungsrecht. Die Generalversammlung hat beide Texte am 16. Dezember 1966 beschlossen.[350] Ihre politische und rechtliche Bedeutung geht daher über die Vertragsstaaten hinaus.

4. Schlussakte von Helsinki (KSZE)

Die Konferenz für Sicherheit und Zusammenarbeit in Europa (KSZE) sollte einer umfassenden Entspannung in Europa dienen. Dabei beschäftigte sich die Konferenz auch mit dem Selbstbestimmungsrecht. Im so genannten Korb I Prinzip VIII der Schlussakte von Helsinki vom 1. August 1975 heißt es: *„Kraft des Prinzips der Gleichberechtigung und des Selbstbestimmungsrechts der Völker haben alle Völker jederzeit das Recht, in voller Freiheit, wann und wie sie es wünschen, ihren inneren und äußeren politischen Status ohne äußere Einmischung zu bestimmen und ihre politische, wirtschaftliche, soziale und kulturelle Entwicklung nach eigenen Wünschen zu verfolgen."*[351] Diese Formulierung geht noch über die Menschenrechtspakte und die Prinzipiendeklaration hinaus: Das Recht auf Selbstbestimmung soll im europäischen Kontext *„jederzeit"* Anwendung finden.[352] Das bedeutet, dass die Selbstbestimmung als wiederholbarer Akt nicht durch eine einmalige Ausübung konsumiert wird, sondern immer wieder

348 Thürer, ArchVR 22 (1984), S. 122.

349 Abfrage www.untreaty.un.org (treaty collection) am 12.10.2003.

350 GV-Res. 2200 A-C (XXI) vom 16.12.1966 (YBUN Vol. 20 (1966), S. 418 ff.).

351 Text: Bulletin des Presse- und Informationsamtes der Bundesregierung, 1975, Nr.102, S. 968 ff.

352 Klein, Selbstbestimmungsrecht und deutsche Frage, S. 33.

ausgeübt werden kann.[353] Allerdings ist die Schlussakte rechtlich unverbindlich: Sie stellt für die Vertragsstaaten nur eine Empfehlung dar.[354]

5. *Wiener Weltkonferenz über Menschenrechte*

Auch in der Wiener Erklärung und dem Aktionsprogramm der Wiener Weltkonferenz vom 25. Juni 1993 wurde das Selbstbestimmungsrecht der Völker anerkannt. Damit wurde zugleich die enge Verbindung von Menschenrechten und Selbstbestimmungsrecht, wie sie bereits in den beiden Menschenrechtspakten zum Ausdruck gekommen war, betont. In Teil 1, Absatz 2 der Wiener Erklärung heißt es: *„All peoples have the right of self-determination. By virtue of that right they freely determine their political status, and freely pursue their economic, social and cultural development. ... , the World Conference on Human Rights recognizes the right of peoples to take any legitimate action, in accordance with the Charter of the United Nations, to realize their inalienable right of self-determination. The World Conference on Human Rights considers the denial of the right of self-determination as a violation of human rights ...“*[355]

B. Normative Verpflichtungskraft des Selbstbestimmungsrechts

Damit aus dem Selbstbestimmungsrecht der Völker unmittelbar völkerrechtliche Rechte und Pflichten abgeleitet werden können, muss es als bindender Rechtssatz Eingang in das Völkerrecht gefunden haben. Die Verbindlichkeit völkerrechtlicher Rechtssätze geht auf verschiedene Rechtsquellen zurück. Über eine dieser Rechtsquellen muss das Selbstbestimmungsrecht zum bindenden Rechtssatz geworden sein. Deshalb sollen zunächst die völkerrechtlichen Rechtsquellen ermittelt werden. Anschließend ist zu prüfen, ob sich das Selbstbestimmungsrecht als Rechtssatz aus einer dieser Rechtsquellen ergibt. Im Unterschied zu innerstaatlichem Recht entsteht Völkerrecht auf dem Wege der Vereinbarung und tritt als Vertragsrecht oder Völkergewohnheitsrecht auf. Insofern liegt ihm stets ein konsensuales Moment zugrunde. Das resultiert vor allem aus dem Sou-

---

353 Veiter, Die Entwicklung des Selbstbestimmungsrechts, in: Blumenwitz/Meissner (Hrsg.), Selbstbestimmungsrecht und deutsche Frage, S. 32 f.

354 Veiter, a. a. O., S. 31 f.

355 Vienna Declaration and Programme of Action; wiedergegeben in VRÜ 27 (1994), S. 129-154; deutsche Übersetzung in EA 48 (1993), S. D498-D520.

veränitätsprinzip: Nur die Staaten selbst können sich binden. Das bedeutet zugleich, dass mit dem Nachweis der Normqualität nicht feststeht, dass ein Staat auch an die völkerrechtliche Norm gebunden ist. An dieser Stelle beschränkt sich die Untersuchung auf die Frage, ob das Selbstbestimmungsprinzip Bestandteil des Völkerrechts geworden ist.

I. Rechtsquellen des Völkerrechts

1. Traditionelle Rechtsquellenlehre

Eine allgemein verbindliche Festlegung der Rechtsquellen des Völkerrechts gibt es nicht. Es besteht in der Völkerrechtslehre aber weitgehend Übereinstimmung, dass die gemäß Artikel 38 Abs. 1 des Statuts des Internationalen Gerichtshofes (StIGH)[356] vom Gerichtshof anzuwendenden Rechtssätze Rechtsquellen des Völkerrechts sind.[357] Nach Artikel 38 StIGH wendet der Internationale Gerichtshof an, erstens *„internationale Übereinkünfte allgemeiner und besonderer Natur"*, zweitens *„das internationale Gewohnheitsrecht als Ausdruck einer allgemeinen, als Recht anerkannten Übung"* sowie drittens *„die von den Kulturvölkern anerkannten Rechtsgrundsätze"*. Nach Artikel 38 Abs. 1 lit. d) StIGH wendet der IGH auch *„richterliche Entscheidungen und die Lehrmeinung der fähigsten Völkerrechtler der verschiedenen Nationen als Hilfsmittel zur Feststellung von Rechtsnormen"* an. Wie sich aus dem Wortlaut bereits eindeutig ergibt, sind richterliche Entscheidungen und die Lehrmeinung keine Rechtsquellen, sondern lediglich Hilfsmittel.[358] Wenn man mit der ganz herrschenden Meinung davon ausgeht, dass Art. 38 Abs. 1 StIGH keinen abschließenden Numerus Clausus völkerrechtlicher Rechtsquellen enthält,[359] kann neben diesen „primären" Rechtsquellen Völkerrecht auch durch andere Rechtserzeugungsprozesse geschaffen werden. Als weitere Rechtsquelle werden häufig Entschließungen internationaler Organisationen genannt, insbesondere solche der Vereinten Nationen. Dabei geht es nicht um die Schaffung von (Binnen-)Recht für die Orga-

---

356 BGBl. 1973 II, S. 505-531; Internationale Quelle: UNCIO-Documents Vol. 15, S. 355-453.

357 Vgl. statt vieler Dahm/Delbrück/Wolfrum, Völkerrecht, Bd. I/1, § 3 III. 1b (S. 44); Verdross/Simma, Universelles Völkerrecht, §§ 516 f. (S. 322 f.), jeweils m. w. N.

358 Heintschel von Heinegg, in: Ipsen, Völkerrecht, Vor § 9 Rn. 2 (S. 93).

359 Statt vieler: Verdross/Simma, Universelles Völkerrecht, § 518 (S. 323) und Vitzthum, in: Vitzthum (Hrsg.), Völkerrecht, 1. Abschn. Rn. 149 (S. 93); a. A.: Seidl-Hohenveldern/Stein, Völkerrecht, Rn. 173 (S. 43); Thürer, Selbstbestimmungsrecht, S. 54.

nisation und ihre Mitgliedsstaaten im Rahmen der vertraglichen Vereinbarungen, sondern um die Hervorbringung von darüber hinaus gehendem, allgemeinem Völkerrecht.

2. *Resolutionen der Vereinten Nationen als Rechtsquelle*

Gelegentlich wird in der Rechtslehre die rechtsbegründende Wirkung von Resolutionen der Vereinten Nationen bejaht. So sind die Resolutionen der Generalversammlung als authentische Interpretation der Charta angesehen worden, die an der Rechtsbindung der Charta partizipierten, sofern sie allgemein angenommen worden seien.[360] Nach Auffassung der Vertreter der neuen Konsenstheorie kann eine Resolution, die in der Generalversammlung der Vereinten Nationen ohne Gegenstimme angenommen worden ist, Völkerrecht erzeugen. Wesentlich sei das Zustandekommen eines inter omnes rechtsbildenden Konsenses, woran es jedoch bereits fehlen soll, wenn nur ein Staat gegen die Entschließung stimmt.[361] Teilweise wird den Entschließungen internationaler Organisationen ohne Rücksicht auf die Verbindlichkeit der Akte eine quasi-legislative Wirkung zugebilligt: Resolutionen wie die Unabhängigkeitsdeklaration stünden in einer „Zwielichtzone“ zwischen völkerrechtlich bindenden Verträgen und unverbindlichen Empfehlungen; der traditionellen Lehre von der Dichotomie „bindender Vertrag“ gegen „nicht bindende Erklärung“ sei mithin die Grundlage entzogen.[362] Gelegentlich wird zur Begründung der Rechtsnormqualität auch auf den völkerrechtlichen Vertrauensschutz zurückgegriffen: Die an der Abstimmung beteiligten Staaten sollen auf dem Wege der Selbstbindung über das Estoppel-Prinzip, das dem Grundsatz des venire contra factum proprium entspricht,[363] gebunden sein, unbeteiligte Staaten sollen bei Stillschweigen durch die Rechtsfigur der Acquiescence[364] gebunden werden.[365]

---

360 Vgl. die Nachweise bei Tomuschat, ZaöRV 36 (1976), S. 471.

361 Vgl. Nachweise bei Heintschel von Heinegg, in: Ipsen, Völkerrecht, § 18 Rn. 21 (S. 208).

362 Schwelb, ArchVR 13 (1966/67), S. 25 f., 44.

363 Vgl. hierzu Müller/Cottier, Estoppel, EPIL Vol. II, S. 116 ff.

364 Vgl. hierzu Müller/Cottier, Acquiescence, EPIL Vol. I, S. 14 ff.

365 So Dahm/Delbrück/Wolfrum, Völkerrecht, Bd. I/1, § 4 IV. 2c (S. 72); ähnlich, aber weniger weit gehend Frowein, ZaöRV 36 (1976), S. 155; vgl. auch die Nachweise bei Doehring, Völkerrecht, Rn. 310 (S. 137), und Tomuschat, ZaöRV 36 (1976), S. 474 f.

Gegen die Annahme der Rechtsquelleneigenschaft von Entschließungen der Generalversammlung der Vereinten Nationen sprechen jedoch gewichtige Gründe. Resolutionen der Generalversammlung könnten nur dann für die Mitglieder verbindliche Völkerrechtsnormen erzeugen, wenn die Generalversammlung dafür zuständig wäre, denn nur dann könnte sie rechtsgültig handeln.[366] Es fehlt aber bereits in der Charta der Vereinten Nationen an der Verankerung der Rechtssetzungsbefugnis der Generalversammlung. Im Gegenteil: Nach Artikeln 10ff. der Charta kann die Generalversammlung nur Empfehlungen abgeben, die keine Rechtsverbindlichkeit entfalten.[367] Es ist zwar grundsätzlich eine Erweiterung der Zuständigkeit der Generalversammlung durch formlosen Staatenkonsens oder auf völkergewohnheitsrechtlichem Wege denkbar, das müsste aber im Rahmen der Bedingungen einer förmlichen Satzungsänderung (Art. 108, 109 der Charta) geschehen, für die die Charta die Zustimmung von zwei Dritteln der Mitgliedsstaaten einschließlich aller ständigen Sicherheitsratsmitglieder voraussetzt. Ein entsprechender Staatenkonsens dahingehend, den Entschließungen der Generalversammlung der Vereinten Nationen rechtliche Bindungswirkung zuzuerkennen, ist allerdings nicht nachzuweisen.[368] Auch die Begründung über das Estoppel-Prinzip ist letzthin nicht überzeugend, denn das faktische Verhalten des Staates kann sich nur dann dem Vorwurf des venire contra factum proprium aussetzen, wenn von dem früheren Verhalten eine Selbstbindung ausgeht. An rechtlicher Bindungswirkung fehlt es aber gerade bei Abstimmungen in der Generalversammlung der Vereinten Nationen, so dass das Abstimmungsverhalten die Staaten rechtlich nicht zu präjudizieren vermag.[369] Man wird daher Entschließungen der Generalversammlung der Vereinten Nationen nicht als Quellen des Völkerrechts verstehen können.[370] Das bedeutet, dass sich die Normqualität des Selbstbestimmungsrechts nicht aus Resolutionen der Generalversammlung ergeben kann. Damit ist allerdings nichts über den rechtsfortbildenden Einfluss der Entschließungen der Generalversammlung der Vereinten Nationen gesagt. Sie können nämlich als Ausdruck der Rechtsüberzeugung der Staatengemein-

---

366 Zutreffend Verdross/Simma, Universelles Völkerrecht, § 635 (S. 407).

367 Heintschel von Heinegg, in: Ipsen, Völkerrecht, § 16 Rn. 23 (S. 190), § 18 Rn. 21 (S. 208); Vitzthum, in: Vitzthum (Hrsg.), Völkerrecht, 1. Abschn. Rn. 153 (S. 95 f.).

368 Verdross/Simma, Universelles Völkerrecht, § 635 (S. 408 f.).

369 Doehring, Völkerrecht, Rn. 310 (S. 137).

370 So die h. M., stellvertretend: Frowein, ZaöRV 36 (1976), S. 150; Heintschel von Heinegg, a. a. O.; Seidl-Hohenveldern/Stein, Völkerrecht, Rn. 490 (S. 104); Tomuschat, ZaöRV 36 (1976), S. 471; Verdross/Simma, a. a. O., § 453 (S. 274), § 635 (S. 409).

schaft zur Entstehung völkergewohnheitsrechtlicher Normen führen, wenn sich die Staaten entsprechend verhalten.[371]

II. Das Selbstbestimmungsrecht als Vertragsrecht

Als Norm des Völkerrechts besteht das Selbstbestimmungsrecht, soweit es Bestandteil internationaler Verträge geworden ist. Nicht anzusprechen sind hier bilaterale Verträge. Zwar mag sich aus derartigen Vereinbarungen die Normqualität des Selbstbestimmungsrechts für die Vertragsstaaten ergeben, als Rechtsquelle für eine universelle Geltung des Selbstbestimmungsrechts sind sie jedoch nicht geeignet. Als große völkerrechtliche Vertragswerke kommen die Charta der Vereinten Nationen und die Menschenrechtspakte von 1966 in Betracht.

1. Charta der Vereinten Nationen

Es ist in der völkerrechtlichen Lehre umstritten, ob sich unmittelbar aus der Charta der Vereinten Nationen die Rechtsverbindlichkeit des Selbstbestimmungsrechts ergibt. Während Artikel 1 Ziffer 2 die Selbstbestimmung der Völker zum Ziel erklärt, bezeichnet Artikel 55 sie als Grundsatz. Der Begriff „Selbstbestimmungsrecht" wird allerdings in der englischen und der mit dieser genau übereinstimmenden russischen Fassung der Charta im Gegensatz zur authentischen französischen Fassung nicht verwandt.[372] Nach Artikel 111 der Charta ist diese in ihrem chinesischen, französischen, russischen, englischen und spanischen Wortlaut gleichermaßen verbindlich. Keinem der authentischen Textfassungen ist dabei der Vorrang eingeräumt. Aus dem Wortlaut der Charta ergibt sich daher keine eindeutige Antwort bezüglich des Rechtscharakters der Selbstbestimmung. Die Auslegung der genannten Bestimmung spricht dafür, dass die Selbstbestimmung der Völker in der Charta bei ihrem Inkrafttreten keinen Rechtscharakter hatte. Dies ergibt sich insbesondere daraus, dass in den Kapiteln XI und XII der Charta, die Gebiete ohne Selbstregierung und das Treuhandsystem betreffen, Selbstbestimmung weder genannt noch auf die Artikel 1

---

371 Vgl. hierzu Heintschel von Heinegg, in: Ipsen, Völkerrecht, § 16 Rn. 23 (S. 190), § 18 Rn. 21 (S. 208); Verdross/Simma, Universelles Völkerrecht, §§ 636ff. (S. 409 ff.).

372 In der englischen Fassung des Art. 1 Ziff. 2 heißt es: „*principle of equal rights and self-determination of peoples*", die französische Fassung lautet: „*principe de l'égalité de droit des peuples et de leur droit à disposer d'eux-mêmes*"; vgl. Rabl, Selbstbestimmungsrecht. Ein Versuch, S. 194 f.

Ziffer 2 und 55 der Charta verwiesen wird. Der Versuch, das Selbstbestimmungsprinzip in diesen Kapiteln, die Fremdverwaltung grundsätzlich für zulässig erklären, zu verankern, scheiterte seinerzeit am Widerstand der Westmächte.[373] Der Wortlaut in den genannten Bestimmungen war mit Rücksicht auf die Kolonialmächte so gewählt, dass nicht eindeutig aus der Charta hervorgeht, ob sie dem Selbstbestimmungsprinzip tatsächlich Rechtscharakter einräumt.

Gleichwohl wird die Rechtsqualität des Selbstbestimmungsrechts in der völkerrechtlichen Lehre teilweise durch eine dynamische Auslegung unmittelbar aus der Charta der Vereinten Nationen hergeleitet.[374] Maßgeblich für die Auslegung der Charta sei nämlich nicht nur der subjektive Wille der Begründer der Vereinten Nationen, sondern objektive Kriterien, wozu insbesondere die zahlreichen Resolutionen der Vereinten Nationen zählten.[375] Da die Charta nicht strikt zwischen Zielen und Grundsätzen unterscheide und Grundsätze unbestreitbar ein rechtserhebliches Verhalten geböten, wie etwa das Verbot der Gewaltanwendung, folge daraus die Rechtsnatur des Selbstbestimmungsrechts.[376] Den Zielen der Vereinten Nationen müsse sogar ein höherer Rang eingeräumt werden, weil die Charta um ihretwillen entstanden sei. Zudem seien nach Artikel 2 Ziffer 4 der Charta alle Mitglieder der Vereinten Nationen verpflichtet, Beeinträchtigungen der Ziele der Organisation zu unterlassen. Alle Mitglieder der Organisation seien somit über die Charta als multilateralen Vertrag dem Selbstbestimmungsrecht verpflichtet.[377]

---

373 Klein, Vereinte Nationen und Selbstbestimmungsrecht, in: Blumenwitz/Meissner (Hrsg.), Selbstbestimmungsrecht und deutsche Frage, S. 108; Pomerance, Self-Determination, S. 9.

374 Doehring, Völkerrecht, Rn. 778 (S. 337); ders., in: Simma (Hrsg.), Charter of the United Nations, Vol. I, Self-Determination, Rn. 1; ders., Das Selbstbestimmungsrecht der deutschen Nation, in: Achterberg u.a. (Hrsg.), Recht und Staat im sozialen Wandel – Festschrift für Hans Ulrich Scupin zum 80. Geburtstag, S. 557; ders., BDGVR 14 (1974), S. 16 ff.; Hu, Selbstbestimmungsrecht als Vorbedingung, S. 66 f.; Mett, Das Konzept des Selbstbestimmungsrechts, S. 67.

375 Doehring, in: Simma (Hrsg.), Charter of the United Nations, Vol. I, Self-Determination, Rn. 1; Mett, Das Konzept des Selbstbestimmungsrechts, S. 64 ff.

376 Doehring, a. a. O., Rn. 3.

377 Doehring, Völkerrecht, Rn. 778 (S. 337).

Gegen die Annahme der Rechtsnormqualität unmittelbar aus der Charta sind jedoch gewichtige Argumente vorgebracht worden:[378] So sei in der Charta mit Ausnahme des französischen Textes gerade nicht von einem Recht die Rede, sondern von einem Grundsatz, der zu den Zielen der Organisation gehöre. Die Auslegung des Wortlauts spreche daher gegen die Annahme der Rechtsnormqualität. Darüber hinaus sei die Formulierung in der Charta zu vage und das Konzept der Selbstbestimmung zu komplex, um spezifische Rechte und Pflichten zu begründen.[379] Die Selbstbestimmungsformel der Charta lasse sich nämlich nicht auf eine unbestimmte Vielzahl von Sachverhalten unmittelbar in gleichförmiger und voraussehbarer Weise anwenden.[380] Insbesondere die Frage nach der Umschreibung des Trägers, aber auch nach dem Inhalt, den Voraussetzungen der Anwendbarkeit oder nach dem Verhältnis zu anderen Satzungsprinzipien bleibe unbeantwortet. Zudem zeige die historische Entwicklung des Selbstbestimmungsrechts, dass dieses kein geschlossenes Konzept, sondern einen Komplex von Ideen und Verwirklichungsmöglichkeiten darstelle. Es sei deshalb angezeigt, die in die Satzung aufgenommene Selbstbestimmungsformel als Ausdruck der „Philosophie der Gründer" der Vereinten Nationen oder als ein an die Organe gerichtetes „politisches Leitprinzip" zu verstehen, den diese bei der Wahrnehmung ihrer Aufgaben „nach Treu und Glauben" zur Geltung zu bringen hätten. Der Standort im Zielartikel der Charta und die Funktion als Mittel zur Friedenserhaltung gestatte des weiteren die Schlussfolgerung, das Selbstbestimmungsrecht dürfe nur insoweit angewendet werden, als dies im Lichte der Zweckvorgabe gerechtfertigt sei.[381]

Im Ergebnis wird man die Herleitung des normativen Gehalts des Selbstbestimmungsrechts aus der Charta der Vereinten Nationen abzulehnen haben. Maßgeblich dafür dürften im Wesentlichen zwei Überlegungen sein. Die erste betrifft die Entstehungsgeschichte von Satzung und Selbstbestimmungsidee, die andere

---

378 Vgl. F. Klein, Der Rechtscharakter des Selbstbestimmungsrechts, in: Kloss (Bearb.), Beiträge zu einem System des Selbstbestimmungsrechts, S. 9 f. m. w. N.; Nowak, CCPR-Kommentar, Art. 1 Rn. 14, Rn. 2 (Fn. 5); Partsch, Selbstbestimmung, in: Wolfrum (Hrsg.), Handbuch Vereinte Nationen, Ziff. 101, Rn. 11 (S. 747); Thürer, Selbstbestimmungsrecht, S. 93; ders., ArchVR 22 (1984), S. 118 f.; ders., Self-Determination, EPIL Vol. IV, S. 365.

379 Thürer, Self-Determination, EPIL Vol. IV, S. 365.

380 Thürer, Selbstbestimmungsrecht, S. 93.

381 Thürer, ArchVR 22 (1984), S. 119.

betrifft Wortlaut und Systematik der Charta. Zum Zeitpunkt der Gründung der Organisation hatte die Idee der Selbstbestimmung noch keinen präzisen Inhalt. Eine inhaltlich greifbare Ausgestaltung hat sie erst im Laufe der Praxis der Vereinten Nationen erfahren. Von einer völkerrechtlichen Norm der Selbstbestimmung der Völker konnte insbesondere auch angesichts des Niedergangs des Prinzips durch den Zweiten Weltkrieg keine Rede sein. Wie sich aus den Beratungen über den entsprechenden sowjetischen Vorschlag ergibt, wollten die Gründer am klassischen Vorrang des Souveränitätsgrundsatzes festhalten.[382] Der Selbstbestimmungsgedanke hat deshalb nur in der bekannten Form Eingang in die Charta gefunden. Da die Charta in Kapitel XVIII (Artikel 108) ein Instrumentarium zur Änderung der Satzung vorgesehen hat, von dem bezüglich des Selbstbestimmungsrechts bis heute kein Gebrauch gemacht worden ist, erscheint es doch bedenklich, eine dem Willen der Gründerstaaten bei Vertragsschluss widersprechende Auslegung mit der seitherigen Politik der Vereinten Nationen zu begründen. Das gilt insbesondere vor dem Hintergrund, dass Artikel 108 der Charta deren Änderung von der Zustimmung von zwei Dritteln der Mitglieder, einschließlich sämtlicher ständigen Mitglieder des Sicherheitsrates, abhängig macht. Es ist doch sehr fraglich, ob beispielsweise China angesichts der Tibetproblematik einer Änderung der Charta dahingehend zustimmen würde, dass diese ein Recht auf Selbstbestimmung gegebenenfalls einschließlich eines Rechts auf Sezession gewähren würde. Bei der Auslegung der Charta muss daher der feststellbare Wille der Vertragsstaaten vorrangig bleiben. Zudem ist im Hinblick auf den Wortlaut und die Systematik der Charta der Inhalt des Selbstbestimmungsgrundsatzes fragwürdig. Denn wenn im Zweifel die Souveränität der Staaten immer vorgehen soll, beschränkt sich der Anwendungsbereich der Selbstbestimmung auf die Abwehr von Interventionen gegenüber bestehenden Staaten. Für einen eigenständig rechtsgestaltenden Anwendungsbereich eines so verstandenen Selbstbestimmungsrechts ist kaum Raum denkbar. Die Rechtsnormqualität des Selbstbestimmungsrechts ergibt sich deshalb nicht unmittelbar aus der Charta der Vereinten Nationen.

382 Vgl. UNCIO-Documents, Vol. VI, S. 296.

2. *Menschenrechtspakte*

Die beiden Internationalen Pakte über bürgerliche und politische Rechte[383] sowie über wirtschaftliche, soziale und kulturelle Rechte vom 16. Dezember 1966[384] enthalten in ihrem gleichlautenden Artikel 1 eine Bestimmung über das Selbstbestimmungsrecht der Völker: *„Alle Völker haben das Recht auf Selbstbestimmung. Kraft dieses Rechts entscheiden sie frei über ihren politischen Status und gestalten in Freiheit ihre wirtschaftliche, soziale und kulturelle Entwicklung"*. In Artikel 1 Absatz 3 heißt es: *„Die Vertragsstaaten ... haben entsprechend der Charta der Vereinten Nationen die Verwirklichung des Rechts auf Selbstbestimmung zu fördern und dieses Recht zu achten"*. Der zu Teil II des Vertragswerkes gehörende Artikel 2 Abs. 1 formuliert weniger zurückhaltend, wenn er die Vertragsstaaten verpflichtet, die vertraglich anerkannten Rechte *„zu achten"* und sie *„zu gewährleisten"*. Aus der Stellung der Bestimmung in Teil II des Vertrages lässt sich jedoch nicht folgern, diese Verpflichtung beziehe sich nur auf die im Teil III der Pakte genannten individuellen Menschenrechte.[385] Die Stellung an der Spitze der Pakte bringt vielmehr zum Ausdruck, dass das Selbstbestimmungsrecht der Völker eine Voraussetzung der Menschenrechte sein soll. Dafür spricht nicht nur die Stellung der Artikel in den Vertragswerken, sondern auch deren Präambeln, nach deren Wortlaut das Ideal vom freien Menschen nur verwirklicht werden kann, wenn entsprechende Verhältnisse geschaffen werden, die dies zulassen.[386] Im Unterschied zur Charta der Vereinten Nationen spricht Artikel 1 Abs. 1 der Pakte ausdrücklich von einem „Recht" zur Selbstbestimmung (*„right of self-determination"*, *„le droit de disposer d'eux-mêmes"*). Die Rechtsverbindlichkeit des Selbstbestimmungsrechts für die Vertragsstaaten ergibt sich hieraus eindeutig.[387] Nach Auffassung des Menschenrechtsausschusses gemäß Teil IV des Vertrages (Artikel 28-45) besteht die Verpflichtung der Ver-

---

383 BGBl. 1973 II (Bd. 2), S. 1534-1555; Internationale Quelle: UNTS Vol. 999 (1976), S. 171-346.

384 BGBl. 1973 II (Bd. 2), S. 1570-1582; Internationale Quelle: UNTS Vol. 993 (1976), S. 3-106.

385 So aber Partsch, Selbstbestimmung, in: Wolfrum (Hrsg.), Handbuch Vereinte Nationen, Ziff. 101, Rn. 14 (S. 748); dagegen zutreffend Nowak, CCPR-Kommentar, Art. 1 Rn. 21 (S. 17 f.), Art. 2 Rn. 14 (S. 14) m. w. N.

386 In diesem Sinne Hu, Selbstbestimmungsrecht als Vorbedingung, S. 256; Thürer, ArchVR 22 (1984), S. 122.

387 Gros Espiell, VN 30 (1982), S. 54; Nowak, a. a. O., Einführung Rn. 14 (S. XX) zum Anspruch von Völkern gegenüber Vertragsstaaten, Artikel 1 Rn. 3 (S. 8) zum Anwendungsbereich und Rechtsträger; Thürer, ArchVR 22 (1984), S. 123.

tragsstaaten, das Selbstbestimmungsrecht nach Artikel 1 des Paktes über bürgerliche und politische Rechte zu achten und zu fördern, gegenüber allen Völkern, auch wenn diese Staaten angehören, die die Verträge nicht unterzeichnet haben.[388] In den beiden Menschenrechtspakten wurde demnach das Selbstbestimmungsrecht in völkerrechtlich bindender Form verankert und den Völkern ein subjektives Recht im völkerrechtlichen Sinne zuerkannt. Verpflichtet werden allerdings nur die Vertragsstaaten, so dass sich eine Bindung der Nicht-Vertragsstaaten an das Selbstbestimmungsrecht aus einer anderen völkerrechtlichen Rechtsquelle, also aus Völkergewohnheitsrecht oder allgemeinen Rechtsgrundsätzen ergeben müsste.

III. Selbstbestimmungsrecht als Völkergewohnheitsrecht

Als Rechtsquelle kommt noch Völkergewohnheitsrecht in Betracht. Die Frage, ob und mit welchem Geltungsbereich das Selbstbestimmungsrecht der Völker Bestandteil des Völkergewohnheitsrechts geworden ist, war in der völkerrechtlichen Lehre lange Zeit heftig umstritten. Zunächst wird deshalb in einem ersten Schritt der Meinungsstand in der völkerrechtlichen Lehre und der Rechtsprechung des Internationalen Gerichtshofes erarbeitet. In einem zweiten Schritt werden die Voraussetzungen zur Entstehung von Völkergewohnheitsrecht dargelegt. Mit dem dritten Schritt wird die völkergewohnheitsrechtliche Geltung des Selbstbestimmungsrechts nachgewiesen, wobei der Nachweis nicht erschöpfend, sondern nur exemplarisch geführt wird.

1. Meinungsstand in Lehre und Rechtsprechung

a) Meinungsstand in der völkerrechtlichen Lehre

Die Diskussion in der völkerrechtlichen Lehre ist von der historischen Entwicklung des Selbstbestimmungsrechts gekennzeichnet. Bis zur Gründung der Vereinten Nationen wurde der Selbstbestimmungsidee allgemein keine Rechtsgültigkeit zuerkannt. Es fehlte vor allem eine einheitliche Staatenpraxis. Selbstbestimmung fand nur im Rahmen der politischen Opportunitäten statt. Das Ålandgutachten der vom Völkerbund eingesetzten Kommission vom 5. September 1920 bewertete das Selbstbestimmungsrecht denn auch als politisches Prinzip,

---

388 Vgl. Allgemeine Bemerkungen des Ausschusses gemäß Art. 40 Abs. 4 des Paktes über bürgerliche und politische Rechte Nr. 12/21 vom 12.04.1984; Wiedergabe bei Nowak, CCPR-Kommentar, Anhang B. 2, S. 884 f. (Ziff. 6, S. 885).

das bis dato keinen Eingang in das Völkerrecht gefunden hätte.[389] Erst mit der Ausgestaltung der Dekolonisierung durch die Vereinten Nationen fand eine Konkretisierung des Selbstbestimmungsrechts statt. Marksteine der Entwicklung waren die Unabhängigkeitsdeklaration vom 14. Dezember 1960[390], die Selbstbestimmung als den Kolonialvölkern zustehendes Recht bezeichnete, und die Prinzipiendeklaration vom 24. Oktober 1970[391], mit der das Recht auf Selbstbestimmung allen Völkern zuerkannt wurde.

Trotz der von den Vereinten Nationen betriebenen Dekolonisierungspolitik und der entsprechenden Staatenpraxis wurde der Normcharakter des Selbstbestimmungsrechts noch bis zum Beginn der siebziger Jahre von der herrschenden Lehre bestritten; sie sah Selbstbestimmung als ein rechtlich unverbindliches politisches Prinzip an oder allenfalls als ein Rechtsprinzip ohne Verpflichtungskraft.[392] Die Begründungen waren jedoch unterschiedlich: So wurde einerseits vorgetragen, auch im Bereich der Dekolonisierung sei die Staatenpraxis nicht einheitlich gewesen, so dass nicht einmal in diesem Bereich eine Verdichtung zu Völkergewohnheitsrecht erfolgt sei.[393] Zum anderen wurde zwar von einem grundsätzlich unbeschränkten Anwendungsbereich des Selbstbestimmungsrechts ausgegangen, Inhalt und Reichweite der Selbstbestimmung seien jedoch für eine verbindliche Norm zu unbestimmt. Das Selbstbestimmungsrecht sei deshalb nur eine Norm in statu nascendi.[394] Später wurde die Rechtsqualität der Selbstbestimmung für den Bereich der Dekolonisierung anerkannt. Außerhalb dieses Bereiches fehle es an einer entsprechenden Staatenpraxis. Die Anerkennung des Selbstbestimmungsrechts über den kolonialen Bereich hinaus würde zudem ein

---

389 Menzel, Aaland-Inseln, WVR, Bd. I, S. 23 f.; Modeen, Aaland Islands, EPIL Vol. I, S. 2 f.

390 GV-Res. 1514 (XV), in: Schulz/Mann, Resolutionen zum Selbstbestimmungsrecht, S. 44 ff.

391 GV-Res. 2625 (XXV), in: Schulz/Mann, Resolutionen zum Selbstbestimmungsrecht, S. 68 ff.

392 Vgl. die zahlreichen Nachweise bei Delbrück, JBIR 13 (1967), S. 196 ff. aus dem angloamerikanischen, kontinental-europäischen und sowjetischen Rechtskreis; noch heute kritisch: Escarameia, The Meaning of Self-Determination, in: International Law and the Question of East Timor, S. 119 ff. passim.

393 Dahm, Völkerrecht, Bd. I, Teil IV, Kap. 1, § 69 II. 3 (S. 390 f.); F. Klein, Der Rechtscharakter des Selbstbestimmungsrechts, in: Kloss (Bearb.), Beiträge zu einem System des Selbstbestimmungsrechts, S. 18; Pomerance, Self-Determination, S. 66 ff.

394 Arangio-Ruiz, United Nations Declaration on Friendly Relations, S. 133 f., 141; F. Klein, a. a. O., S. 28; Rabl, Selbstbestimmungsrecht. Ein Versuch, S. 478 f. m. w. N.

Recht auf Sezession bedeuten, das nicht mit dem Grundsatz der Souveränität vereinbar sei.[395]

Heute wird das Selbstbestimmungsrecht der Völker als Norm des Völkerrechts weitgehend über den kolonialen Kontext hinaus anerkannt.[396] Die Praxis der Vereinten Nationen sowie die Rechtsprechung des IGH lasse heute keinen Zweifel mehr am Rechtscharakter des Selbstbestimmungsrechts.[397] Eine Beschränkung auf die Dekolonisierung sei angesichts der seitherigen Staatenpraxis nicht mehr zu begründen. Das Selbstbestimmungsrecht habe nach Abschluss der Dekolonisierung Eingang in eine Vielzahl von Verträgen und Erklärungen gefunden, die sich gar nicht auf Kolonialgebiete bezögen, so zum Beispiel die Menschenrechtspakte von 1966, die Aggressionsdefinition und die KSZE. Zudem werde auch in der derzeitigen Staatenpraxis die Berufung auf das Selbstbestimmungsrecht nicht als die Inanspruchnahme eines politischen Zieles, sondern als die Geltendmachung eines Rechtsanspruchs aufgefasst.[398] Die Dekolonisierung sei folglich nur als ein besonderer Anwendungsfall des Selbstbestimmungsrechtes zu verstehen. Angesichts der „langjährigen und folgerichtigen“ Praxis der Vereinten Nationen, in der das Selbstbestimmungsrecht bestätigt, präzisiert und stetig fortentwickelt worden sei und durch die beiden Menschenrechtspakte für eine Vielzahl von Staaten Verbindlichkeit erlangt habe, zähle das Selbstbestimmungsrecht heute zu den allgemeinen Grundsätzen des modernen Völkerrechts.[399]

Die weitgehende Anerkennung der Rechtsqualität der Selbstbestimmung darf allerdings nicht darüber hinwegtäuschen, dass auch heute noch zum Teil gravie-

---

395 Partsch, Selbstbestimmung, in: Wolfrum (Hrsg.), Handbuch Vereinte Nationen, Ziff. 101, Rn. 19 (S. 750), 24 (S. 751); Thürer, Selbstbestimmungsrecht, S. 150 ff.

396 Doehring, Völkerrecht, Rn. 778 (S. 337); ders., in: Simma (Hrsg.), Charter of the United Nations, Vol. I, Self-Determination, Rn. 1, 18; ders., BDGVR 14 (1974), S. 14 f.; Gusy, ArchVR 30 (1992), S. 386; Hailbronner, in: Vitzthum (Hrsg.), 3. Abschn. Rn. 96 (S. 214 f.); Mett, Das Konzept des Selbstbestimmungsrechts, S. 70 ff.; Murswiek, Der Staat 23 (1984), S. 533, 546 (Fn. 66); Nowak, CCPR-Kommentar, Art. 1 Rn. 3; Oeter, ZaöRV 52 (1992), S. 743 ff., insbes. S. 749 ff.; Seidl-Hohenveldern/Stein, Völkerrecht, Rn. 1555 (S. 293), unter Hinweis auf die Staatenpraxis seit 1989; Thürer, ArchVR 22 (1984), S. 113 ff., 125 f.; a. A. z. B. Partsch, Selbstbestimmung, in: Wolfrum (Hrsg.), Handbuch Vereinte Nationen, Ziff. 101, Rn. 19 (S. 750), 24 (S. 751).

397 Thürer, a. a. O., S. 125.

398 Nachweise bei Thürer, Self-Determination, EPIL Vol. IV, S. 369, 370 f. (Addendum 1998).

399 Thürer, ArchVR 22 (1984), S. 125 et passim; ders., Self-Determination, EPIL Vol. IV, S. 371 f. (Addendum 1998).

rende Meinungsunterschiede zum Inhalt des Selbstbestimmungsrechts bestehen. Hierauf ist an geeigneter Stelle zurückzukommen.[400]

b) Judikatur des Internationalen Gerichtshofes

Der Internationale Gerichtshof hat sich nur in wenigen Fällen mit dem Selbstbestimmungsrecht der Völker befassen müssen. Da der Gerichtshof nur Völkerrecht anwendet und nicht hervorbringt, können seine Entscheidungen lediglich als Indiz für die Existenz einer völkerrechtlichen Norm der Selbstbestimmung gewertet werden.

Im Falle des Durchgangsrechts über indisches Territorium[401] ist der IGH auf die Rechtsnatur des Selbstbestimmungsrechts nicht eingegangen, obwohl das ein wesentliches Argument Indiens war.[402] Aus der Nichterwähnung ist gefolgert worden, dass das Gericht das Selbstbestimmungsrecht seinerzeit nicht als zwingendes Recht angesehen habe. Andernfalls hätte es die als entscheidungserheblich eingestuften vertraglichen Beziehungen an dem Selbstbestimmungsrecht messen müssen.[403]

Erstmals äußerte sich der IGH in seinem Namibia-Gutachten[404] zum Selbstbestimmungsrecht. Die Generalversammlung der Vereinten Nationen sah in der Ausübung südafrikanischer Souveränität in Namibia eine Verletzung des Selbstbestimmungsrechts des Volkes von Namibia.[405] In dem Gutachten des Gerichts ist von einem Recht auf Selbstbestimmung die Rede, allerdings unterließ es der Gerichtshof, das Recht inhaltlich zu bestimmen. Daraus wurde geschlossen, der IGH sei davon ausgegangen, dass das Selbstbestimmungsrecht Bestandteil des positiven Völkerrechts sei.[406]

---

400 Siehe 2. Teil D.

401 Case concerning Right of Passage over Indian Territory, ICJ-Rep. 1960, S. 6-46.

402 Right of Passage over Indian Territory, ICJ-Pleadings 1960, Vol. II, S. 151.

403 Doehring, in: Simma (Hrsg.), Charter of the United Nations, Vol. I, Self-Determination, Rn. 23.

404 Legal Consequences for States of the Continued Presence of South Africa in Namibia (South West Africa) notwithstanding Security Council Resolution 276 (1970), Advisory Opinion, ICJ-Rep. 1971, S. 16-58, S. 31f. (paras. 52 f.)

405 ICJ-Pleadings 1970, Vol. I, S. 91 (paras. 62-64).

406 Doehring, in: Simma (Hrsg.), Charter of the United Nations, Vol. I, Self-Determination, Rn. 24; vgl. auch Bowring, Self-determination and the Jurisprudence of the ICJ, in: International Law and the Question of East Timor, S. 156 ff.

In seinem Gutachten zum West-Sahara-Fall äußerte sich der IGH wie im Namibia-Fall dahingehend, dass das Selbstbestimmungsrecht, wie es sich aus der Unabhängigkeitsdeklaration ergebe, auf alle Gebiete ohne Selbstverwaltung anwendbar sei.[407] Marokko und Mauretanien hatten Ansprüche auf das Gebiet erhoben und waren der Auffassung, eine Inanspruchnahme des Selbstbestimmungsrechts durch dessen Bevölkerung komme nicht in Frage. Der Gerichtshof kam zu dem Ergebnis, dass keine rechtlichen Verbindungen zwischen Marokko und Mauretanien mit dem Gebiet bestünden, die die Dekolonisierung gemäß den Vorgaben der Unabhängigkeitsdeklaration berührten: „*Thus the court has not found legal ties of such a nature as might affect the application of resolution 1514 (XV) in the decolonization of Western Sahara and, in particular, of the principle of self-determination through the free and genuine expression of the will of the people of the territory.*“[408]

Im Grenzstreit zwischen Burkina Faso und Mali[409] äußerte sich der Gerichtshof zum Verhältnis des uti-possidetis-Prinzips zum Selbstbestimmungsrecht. Eine völlige Klärung des Verhältnisses beider Rechtsinstitute erreichte der IGH nicht. Ohnehin argumentierte der Gerichtshof eher politisch als rechtlich: „*At first sight this principle conflicts outright with another one, the right of peoples to self-determination. In fact, however, the maintenance of the territorial status quo in Africa is often seen as the wisest course, ... to avoid a disruption which would deprive the continent of the gains achieved by so much sacrifice. The essential requirement of stability ... has induced African States ... to take account of it in their interpretation of the principle of self-determination of peoples.*“[410]

Im Osttimor-Fall stellte der IGH die normative Verpflichtungskraft des Selbstbestimmungsrechts eindeutig klar. Zudem zählte das Gericht die Rechtsnorm zu dem Kreis derjenigen Normen, deren Verletzung eine Verantwortlichkeit gegenüber der Staatengemeinschaft als Einheit begründet. In der Entscheidung heißt es: „*In the Court's view, Portugal's assertion that the right of peoples to self-determination, ... , has an erga omnes character, is irreproachable. The principle of self-determination of peoples has been recognized by the United Na-*

---

407 Western Sahara, Advisory Opinion, ICJ-Rep. 1975, S. 12-68, S. 31-33 (paras. 54-59).
408 ICJ-Rep. 1975, S. 68 (para. 162).
409 Case Concerning the frontier dispute, ICJ-Rep. 1986, S. 554-651.
410 ICJ-Rep. 1986, S. 567 (para. 25).

tions charter and in the jurisprudence of the court ...; it is one of the essential principles of contemporary international law."[411]

Aus der Rechtsprechung des IGH können folgende Schlussfolgerungen gezogen werden: Der IGH geht von der Existenz des Selbstbestimmungsrechts als einer Norm des Völkerrechts aus. Träger dieses Rechts sind jedenfalls Kolonialvölker. Da den Entscheidungen in allen Fällen Dekolonisierungstatbestände zugrunde lagen, kann der Rechtsprechung des Gerichts nicht entnommen werden, ob das Selbstbestimmungsrecht auch anderen Trägern zusteht. Das Selbstbestimmungsrecht kann auf verschiedene Weise ausgeübt werden, staatliche Unabhängigkeit ist nur eine Möglichkeit. Das Selbstbestimmungsrecht wird durch die uti-possidetis-Doktrin limitiert.[412] Die Verletzung des Selbstbestimmungsrechts begründet eine Verantwortlichkeit gegenüber der Staatengemeinschaft als Einheit. Darüber hinaus gibt die Judikatur des Gerichtshofes wenig her.

2. *Entstehung von Völkergewohnheitsrecht*

Artikel 38 Abs.1 lit. b StIGH definiert das Gewohnheitsrecht als *„Ausdruck einer allgemeinen, als Recht anerkannten Übung"*. Erforderlich sind also ein objektives und ein subjektives Element. Dementsprechend versteht die ganz überwiegende völkerrechtliche Lehre, die Staatenpraxis und die internationale Gerichtsbarkeit das Völkergewohnheitsrecht als Summe der Normen, die durch eine von entsprechender Rechtsüberzeugung getragene Übung der Völkerrechtssubjekte entstanden sind. Beide Elemente, eine gleichförmige Übung (consuetudo) und eine entsprechende Rechtsüberzeugung (opinio iuris), müssen vorliegen und getrennt festgestellt werden.[413] Unterschieden wird üblicherweise zwischen verschiedenen Erscheinungsformen des Völkergewohnheitsrechts: Universelles Völkergewohnheitsrecht gilt für alle Völkerrechtssubjekte, allgemeines für eine Vielzahl, partikulares, regionales oder lokales für eine abgrenzbare, bestimmte

---

411 Case concerning East Timor, ICJ-Rep. 1995, S. 90-106, S. 102 (para. 29).

412 Vgl. Bowring, Self-determination and the Jurisprudence of the ICJ, in: International Law and the Question of East Timor, S. 163.

413 Dahm/Delbrück/Wolfrum, Völkerrecht, Bd. I/1, § 4 II. 2 (S. 56 ff.); Heintschel von Heinegg, in: Ipsen, Völkerrecht, § 16 Rn. 2 (S. 183); Verdross/Simma, Universelles Völkerrecht, § 551 (S. 346 f.) m. w. N.; Vitzthum, in: Vitzthum (Hrsg.), Völkerrecht, 1. Abschn. Rn. 132 (S. 84).

Anzahl und bilaterales Völkergewohnheitsrecht zwischen zwei Völkerrechtssubjekten.[414]

a) Allgemeine Übung

Als Übung kommt grundsätzlich jedes staatliche Handeln in Betracht. Erforderlich ist jedoch, dass die Übung einheitlich, allgemein und von Dauer ist.[415] Einheitlichkeit bedeutet Widerspruchslosigkeit. Die Präzedenzfälle müssen so gleichartig sein, dass sich daraus eine Regel ableiten lässt. Allgemeinheit meint, dass sich alle in ihren Interessen betroffenen Völkerrechtssubjekte, also diejenigen, die von der Norm gebunden werden sollen, einheitlich verhalten müssen. Das Verhalten kann dabei in einem aktiven Tun, aber auch in bloßer Zustimmung oder gar Stillschweigen bestehen. Es genügt, wenn sich eine repräsentative Mehrheit der Staaten an der Praxis beteiligt.[416] Vom Umfang der Beteiligung der Staaten hängt ab, welche Erscheinungsform des Völkergewohnheitsrechts entsteht. Anerkannt ist, dass Völkerrechtssubjekte, die sich von Anfang an einer bestimmten Übung beharrlich widersetzt haben („persistent objector"), beispielsweise in Form von Protesten oder durch eine explizit andere Verhaltensweise, nicht durch die entstandene Norm des Völkergewohnheitsrechts gebunden werden.[417] Hinsichtlich der Dauer der Übung herrscht zwar Einigkeit, dass sie erforderlich ist, nicht aber über ihre exakte Festlegung. Der IGH ging ursprünglich von einer *„sufficiently long practice"*[418] aus, lässt aber nunmehr eine kurze Zeit gelten, wenn die Übung *„extensive and virtually uniform"*[419] ist. Die herrschende Lehre geht dem gemäß davon aus, dass sich Gewohnheitsrecht bei entsprechend intensiver Übung sehr schnell bilden kann. Abgelehnt wird von ihr aber das sogenannte „instant custom", Gewohnheitsrecht, das gänzlich ohne Praxis entstehen soll.[420]

---

414 Heintschel von Heinegg, a. a. O., § 16 Rn. 44 ff. (S. 195 f.); Verdross/Simma, a. a. O., §§ 567 ff. (S. 359 ff.).

415 Heintschel von Heinegg, a. a. O., § 16 Rn. 6 f. (S. 184 f.).

416 Heintschel von Heinegg, a. a. O., § 16 Rn. 10 f. (S. 185 f.).

417 Brownlie, Principles of Public International Law, S. 10; Verdross/Simma, Universelles Völkerrecht, § 558 (S. 352 f.).

418 Fisheries Case, ICJ-Rep. 1951, S. 116-207, S. 139.

419 North Sea Continental Shelf Cases, ICJ-Rep. 1969, S. 3-53, S. 43 (para. 74).

420 Dahm/Delbrück/Wolfrum, Völkerrecht, Bd. I/1, § 4 II. 2a (S. 56, Fn. 30); Heintschel von Heinegg, a. a. O., § 16 Rn. 5 (S. 192); Verdross/Simma, Universelles Völkerrecht, § 566 (S. 358 f.).

b) Rechtsüberzeugung

Neben der Übung ist auch das subjektive Element der Rechtsüberzeugung für die Entstehung von Völkergewohnheitsrecht konditional. Der genaue Inhalt der Rechtsüberzeugung ist dabei streitig. Teilweise wird die Rechtsüberzeugung dahingehend verstanden, dass das die Übung setzende Völkerrechtssubjekt davon überzeugt ist, zu diesem Verhalten rechtlich verpflichtet zu sein. Die Rechtsüberzeugung ist danach Ergebnis der Rechtserkenntnis. Problematisch ist insoweit die zeitliche Abfolge von Übung und Erkenntnis. Die ersten Übungshandlungen sind entweder ohne oder aufgrund unzutreffender Rechtsüberzeugung vorgenommen worden.[421] Deshalb wird als Rechtsüberzeugung auch die Überzeugung hinsichtlich des politisch Notwendigen anerkannt (opinio iuris sive necessitatis). Nach einer anderen Auffassung besteht die Rechtsüberzeugung in der Überzeugung, dass ein bestimmtes Verhalten rechtens sein soll. Die Rechtsüberzeugung ist demnach Ausdruck der Rechtsschöpfung. Diese dogmatischen Meinungsverschiedenheiten dürfen in ihrer praktischen Bedeutung jedoch nicht überbewertet werden. Das wird schon dadurch deutlich, dass der IGH es bisher nicht für nötig gehalten hat, hierzu Stellung zu nehmen. Eine Definition, die sowohl Rechtserkenntnis wie Rechtsschöpfung gelten lässt, vermeidet die aufgezeigten Widersprüche, so dass die Rechtsüberzeugung wie folgt definiert werden kann: Eine Völkergewohnheitsrecht begründende Rechtsüberzeugung liegt vor, wenn sich aus dem Verhalten oder aus Äußerungen von Staaten ihre Überzeugung entnehmen lässt, zu einem bestimmten Verhalten rechtlich verpflichtet zu sein, oder die Einsicht in die Notwendigkeit einer entsprechenden Rechtspflicht besteht.[422]

3. Gewohnheitsrechtliche Geltung des Selbstbestimmungsrechts

Heute wird überwiegend angenommen, dass das Selbstbestimmungsrecht Bestandteil des positiven Völkergewohnheitsrechts geworden ist. Der Nachweis hierfür lässt sich leicht führen. Da das Selbstbestimmungsrecht nicht ein eindimensionales Recht, sondern ein verschiedene Anwendungsfälle umfassendes Konzept ist, muss es in allen seinen Bestandteilen induktiv nachweisbar sein. Der im Folgenden zu führende Nachweis bleibt auf die völkergewohnheitsrechtliche Geltung der Grundzüge des Selbstbestimmungsrechts beschränkt.

---

421 Verdross/Simma, a. a. O., § 563 (S. 356 f.).

422 Heintschel von Heinegg, a. a. O., § 16 Rn. 12 ff. (S. 186 f.); Verdross/Simma, a. a. O., § 560 (S. 353 f.).

a) Rechtsüberzeugung

Der Nachweis der opinio iuris stößt häufig deshalb an Grenzen, weil Staaten ihre Verhaltensweisen meist nicht begründen, insbesondere wenn sie nicht in einem Tun, sondern in einem Unterlassen bestehen. Seit der Entscheidung des IGH im Festlandssockel-Fall[423] ist weitgehend unstreitig, dass sich aus mehrseitigen Verträgen allgemeines Völkergewohnheitsrecht ergeben kann, indem die darin vereinbarten Normen über den Kreis der Vertragsparteien hinaus völkergewohnheitsrechtlich anerkannt werden.[424] Der Nachweis der Rechtsüberzeugung kann dann unter bestimmten Voraussetzungen aus dem völkerrechtlichen Vertrag erfolgen. So ergibt sich aus Artikel 1 der Menschenrechtspakte von 1966 eine starke Rechtsüberzeugung, die als Teil einer gewohnheitsrechtlichen Verfestigung des Selbstbestimmungsrechts anzusehen ist.[425] Zudem sind die Texte der Menschenrechtspakte 1966 von der Generalversammlung der Vereinten Nationen einstimmig angenommen worden,[426] weshalb auf eine Zustimmung über den Kreis der Vertragsstaaten hinaus geschlossen werden kann. Der Nachweis einer entsprechenden Rechtsüberzeugung der Staaten kann auch aus der Zustimmung zu Resolutionen der Generalversammlung der Vereinten Nationen abgeleitet werden.[427] Nach Auffassung der herrschenden Lehre können in einer Deklaration proklamierte Grundsätze zu Normen des Völkergewohnheitsrechts werden, wenn sich die Staatenpraxis einheitlich und beständig nach ihnen richtet. Voraussetzung ist jedoch, dass es sich nach dem Wortlaut der Resolution um eine bindende Regel handelt und die Resolution mit großer Mehrheit angenommen wurde.[428] In der Zustimmung der Staaten zu der Resolution dokumentiert sich eine entsprechende rechtliche Auffassung. Als solche Resolutionen sind insbesondere die bereits genannten Deklarationen vom 14. Dezember 1960[429]

---

423 North Sea Continental Shelf Cases, ICJ-Rep.1969, S. 3-53, S. 42 ff. (paras. 73 ff.).

424 Heintschel von Heinegg, a. a. O., § 16 Rn. 22 (S. 189 f.); Verdross/Simma, a. a. O., § 581 (S. 366 f.) m. w. N.

425 Thürer, ArchVR 22 (1984), S. 123.

426 GV-Res. 2200 A-C (XXI) vom 16.12.1966 (YBUN Vol. 20 (1966), S. 418 ff.).

427 So die Rechtsprechung des IGH; vgl. Military and Paramilitary Activities in and against Nicaragua, ICJ-Rep. 1986, S. 14-150, S. 99-103 (paras. 188-193); Fisheries Jurisdiction Case, ICJ-Rep. 1974, S. 175-206, S. 195 (para. 50).

428 Frowein, ZaöRV 36 (1976), S. 149 f.; Heintschel von Heinegg, a. a. O., § 16 Rn. 23 (S. 190); Tomuschat, ZaöRV 36 (1976), S. 467 ff., m. zahlr. w. N.; Verdross/Simma, a. a. O., § 583 (S. 368 f.); § 637 (S. 409 f.).

429 GV-Res. 1514 (XV), in: Schulz/Mann, Resolutionen zum Selbstbestimmungsrecht, S. 44 ff.

und vom 24. Oktober 1970[430] zu nennen. Die Unabhängigkeitsdeklaration wurde von der Generalversammlung ohne Gegenstimme verabschiedet, die Prinzipiendeklaration im Konsensverfahren erarbeitet und durch Ausbleiben von Widerspruch in Kraft gesetzt.[431] Während die Unabhängigkeitsdeklaration nach ihrem Wortlaut noch klar auf Kolonialfälle beschränkt war, erkannte die Prinzipiendeklaration das Selbstbestimmungsrecht allen Völkern zu. Der Form nach handelte es sich bei den Resolutionen um Empfehlungen bezüglich allgemeiner Grundsätze der Zusammenarbeit zur Aufrechterhaltung des internationalen Friedens und der internationalen Sicherheit im Sinne von Artikel 11 Abs. 1 der Charta der Vereinten Nationen und um Empfehlungen zum Zwecke der Förderung der fortschreitenden Entwicklung des Völkerrechts im Sinne von Artikel 13 Abs. 1 lit. a) 2. Halbsatz. Da die Resolutionen als Deklarationen bezeichnet wurden, sollen sie nach verbreiteter Ansicht nicht als bloße Empfehlungen einzuordnen sein: Sie werden vielmehr als förmlich-feierliche Kundgebung von „Grundsätzen von großer und fortdauernder Bedeutung“ verstanden, mit der die „entschiedene Erwartung, dass sich die Glieder der Völkergemeinschaft entsprechend verhalten werden“, einhergeht.[432] Mit der Zustimmung zu den Deklarationen haben die Staaten folglich ihrer Rechtsüberzeugung Ausdruck verliehen, dass sie vom Bestehen des Selbstbestimmungsrechts ausgehen.

b) Übung

Für den Nachweis einer entsprechenden Übung geben die zuvor genannten Menschenrechtspakte nichts her. Nach herrschender Ansicht stellen völkerrechtliche Verträge in keinem Fall eine Übung im Sinne des Art. 38 Abs. 1 lit. b) StIGH dar.[433] Eine Übung kann nur in einem konkreten, fallbezogenen Verhalten der Staaten liegen. Deshalb ist auch das Abstimmungsverhalten der Staaten im Rahmen der Vereinten Nationen allenfalls Ausdruck einer rechtlichen Überzeugung, nicht jedoch staatlicher Übung. Es gibt aber eine Vielzahl konkreter Sachverhalte, in der die Staaten ihr Verhalten mit Rücksicht auf das Selbstbestimmungsrecht bestimmt haben. Die Mehrzahl der Mitglieder der Vereinten Nationen sind Staaten, die als frühere Kolonien ihre Unabhängigkeit von der

---

430 GV-Res. 2625 (XXV), in: Schulz/Mann, Resolutionen zum Selbstbestimmungsrecht, S. 68 ff.

431 Vgl. Thürer, Self-Determination, EPIL Vol. IV, S. 366.

432 Rabl, Selbstbestimmungsrecht. Ein Versuch, S. 222 m. w. N.

433 Heintschel von Heinegg, in: Ipsen, Völkerrecht, § 16 Rn. 22 (S. 189) m. w. N. auch auf Vertreter der Gegenmeinung.

jeweiligen Kolonialmacht unter Berufung auf das Selbstbestimmungsrecht erlangt haben. Die Staatengemeinschaft hat die Loslösung der Kolonien von den Mutterstaaten als Ausübung des Selbstbestimmungsrechts der Kolonialvölker verstanden. Aber auch nach weitgehendem Abschluss der Dekolonisierung hat das Selbstbestimmungsrecht der Völker das Verhalten der Staaten beeinflusst. So wurde die Wiedervereinigung Deutschlands von der Staatengemeinschaft als Ausübung des Selbstbestimmungsrechts des deutschen Volkes angesehen. In der Präambel des sogenannten Zwei-plus-vier-Vertrages zwischen den beiden deutschen Staaten und den vier Mächten heißt es, dass *„das deutsche Volk in freier Ausübung des Selbstbestimmungsrechts seinen Willen bekundet hat, die staatliche Einheit Deutschlands herzustellen."*[434] Das Selbstbestimmungsrecht des deutschen Volkes war von den vier Mächten auch zuvor bereits eindeutig anerkannt worden. So hatten England und Frankreich in Straßburg dem Beschluss des Europäischen Rates vom 8./9. Dezember 1989 zugestimmt, in dem es heißt: *„Wir streben die Stärkung des Zustands des Friedens in Europa an, in dem das deutsche Volk in freier Selbstbestimmung seine Einheit wiedererlangt."*[435] Ein Bekenntnis der Sowjetunion zur Wiedervereinigung Deutschlands findet sich unter anderem in der Souveränitätserklärung für die DDR vom 25. März 1954.[436] Auch die Wiedererlangung der staatlichen Unabhängigkeit der baltischen Staaten wurde von der Staatengemeinschaft als Ausübung des Selbstbestimmungsrechts der baltischen Völker verstanden, obwohl deren Loslösung von der Sowjetunion aufgrund der rechtswidrigen Annexion Estlands, Lettlands und Litauens auch ohne Berufung auf das Selbstbestimmungsrecht gerechtfertigt war.[437] Wäre das Verlangen nach staatlicher Unabhängigkeit lediglich auf die völkerrechtswidrige Annexion gestützt worden, hätte es nicht der Durchführung von Referenden im Februar und im März 1991 bedurft. Die Anerkennung des Selbstbestimmungsrechts der baltischen Völker ergibt sich zudem ausdrücklich

---

434 Vertrag über die abschließende Regelung in bezug auf Deutschland vom 12.09.1990, BGBl. 1990 II, S. 1317-1329.

435 Tagung des Europäischen Rates der Staats- und Regierungschefs am 8. und 9.12.1989 in Straßburg, EA 45 (1990), S. D14.

436 Text: EA 9 (1954), S. 6534 f.; vgl. zur Rechtsauffassung der Siegermächte hinsichtlich der Rechtslage Deutschlands als Ganzes den Beschluss des BVerfG vom 21.10.1987 – 2 BvR 373/83 –, BVerfGE 77, S. 137-167, S. 157 ff.

437 Vgl. zur Auffassung innerhalb der Staatengemeinschaft Meissner, Die staatliche Kontinuität, völkerrechtliche Stellung und außenpolitische Lage der baltischen Länder, in: Meissner (Hrsg.), Die baltischen Nationen, S. 275 ff.

aus den zwischen den baltischen Staaten und Russland abgeschlossenen Verträgen.[438]

c) Ergebnis

Es ist daher festzuhalten, dass das Selbstbestimmungsrecht der Völker heute zum Bestand des universellen Völkerrechts gehört. Auf den Inhalt des Selbstbestimmungsrechts im Einzelnen wird im Verlauf der Untersuchung zurückzukommen sein.

IV. Selbstbestimmungsrecht als Rechtsgrundsatz

Die dritte in Artikel 38 Abs. 1 lit. c) StIGH neben dem Vertrags- und Gewohnheitsrecht genannte Rechtsquelle sind *„die von den Kulturvölkern anerkannten allgemeinen Rechtsgrundsätze"*. Im Rahmen der Untersuchung der Rechtsgrundlagen ist daher noch zu prüfen, ob das Selbstbestimmungsrecht auch als allgemeiner Rechtsgrundsatz entstanden ist. Aus der systematischen Stellung und der Entstehungsgeschichte des Artikel 38 Abs. 1 lit. c) folgt, dass allgemeine Rechtsgrundsätze nur anzuwenden sind, soweit das Vertrags- und das Gewohnheitsrecht keine einschlägigen Regeln bereitstellen. Es handelt sich daher um eine subsidiäre Rechtsquelle.[439] Allgemeine Rechtsgrundsätze können aber eine ergänzende Funktion zum Vertragsrecht oder zum Gewohnheitsrecht entfalten und die Anwendung einschlägiger Normen dieser beiden Rechtsquellen ergänzen und komplettieren.[440] Es ist daher grundsätzlich denkbar, dass das völkergewohnheitsrechtlich nachgewiesene Selbstbestimmungsrecht durch allgemeine Rechtsgrundsätze vervollständigt wird. Bei den allgemeinen Rechtsgrundsätzen handelt es sich um die durch Rechtsvergleichung zu ermittelnden Rechtsnormen, die übereinstimmend im innerstaatlichen Recht der Kulturvölker gelten und zur Übertragung auf das Völkerrecht geeignet sind.[441] Der Begriff der Kulturvölker grenzte ursprünglich „primitive" Rechtsordnungen aus, ist aber heute so zu verstehen, dass er alle Staaten dieser Welt umfasst, insbesondere die

---

438 Grundlagenverträge vom 12. und 13.01.1991 mit Estland und Lettland und vom 29.07.1991 mit Litauen; vgl. hierzu Meissner, a. a. O., S. 321 f.

439 Heintschel von Heinegg, in: Ipsen, Völkerrecht, § 17 Rn. 6 (S. 200); a. A. Doehring, BDGVR 14 (1974), S. 19.

440 Heintschel von Heinegg, a. a. O.

441 Vitzthum, in: Vitzthum (Hrsg.), Völkerrecht, 1. Abschn. Rn. 144 (S. 90).

Mitgliedsstaaten der Vereinten Nationen. Ein Rechtsgrundsatz wird überwiegend dann als allgemein angesehen, wenn er in diesen Rechtssystemen eine Objektivierung durch Gesetz oder Gewohnheit erfahren hat.[442] Das Selbstbestimmungsrecht der Völker lässt sich nicht als übereinstimmender Bestandteil fast aller Rechtsordnungen nachweisen. Selbst die Praxis der Dekolonisierung hat ihren Niederschlag nur in den innerstaatlichen Rechtsordnungen der Kolonialmächte gefunden und war auch insoweit nicht einheitlich, so dass nicht von einem allgemeinen Rechtsgrundsatz gesprochen werden kann.[443] Es ist jedoch auch vertreten worden, dass auch andere Arten der Objektivierung allgemeiner Rechtsgrundsätze als durch innerstaatliches Recht denkbar seien. So sollen allgemeine Rechtsgrundsätze auch außerhalb der nationalen Rechtsordnungen durch Erklärungen in der Generalversammlung der Vereinten Nationen oder durch formlosen zwischenstaatlichen Konsens entstehen können, bevor sie Bestandteil des Vertrags- oder Gewohnheitsrechts werden.[444] Das Selbstbestimmungsrecht könnte daher durch die zahlreichen Resolutionen der Generalversammlung, insbesondere durch die ohne Gegenstimmen angenommenen Deklarationen von 1960 und 1970, Bestandteil der allgemeinen Rechtsgrundsätze geworden sein und sich aus dieser Rechtsquelle speisen. Gegen diese Auffassung ist allerdings einzuwenden, dass sie die Grenze zwischen den allgemeinen Rechtsgrundsätzen und dem Völkergewohnheitsrecht verwischt.[445] Völkerrecht würde nämlich über die Rechtsquelle der allgemeinen Rechtsgrundsätze bei Vorliegen einer gemeinsamen Rechtsüberzeugung auch ohne die entsprechende Staatenpraxis entstehen können. Damit erlangte das von der ganz überwiegenden Lehre abgelehnte „instant custom" seine völkerrechtliche Anerkennung über die allgemeinen Rechtsgrundsätze.[446] In ihrer Auswirkung auf den Bestand des Selbstbestimmungsrechts der Völker dürfen diese divergierenden Auffassungen

---

442 Heintschel von Heinegg, a. a. O., § 17 Rn. 2 (S. 199).

443 Doehring, BDGVR 14 (1974), S. 20.

444 Verdross/Simma, Universelles Völkerrecht, § 606 (S. 386 f.); Verdross, ZaöRV 26 (1966), S. 694; ähnlich: Golsong, BDGVR 10 (1971), S. 33 ff.; Steinberger, ZaöRV 28 (1968), S. 641; vgl. auch Dahm/Delbrück/Wolfrum, Völkerrecht, Bd. I/1, § 4 III. 2b (S. 65 f.).

445 Ausführlich hierzu F. Klein, Der Rechtscharakter des Selbstbestimmungsrechts, in: Kloss (Bearb.), Beiträge zu einem System des Selbstbestimmungsrechts, S. 21 ff.; vgl. auch Thürer, Selbstbestimmungsrecht, S. 54, der die Herleitung des Selbstbestimmungsrechts aus allgemeinen Rechtsgrundsätzen grundsätzlich ablehnt.

446 So zu Recht Tomuschat, ZaöRV 36 (1976), S. 475.

allerdings nicht überbewertet werden. Denn soweit das Selbstbestimmungsrecht durch Erklärungen und Entschließungen der Generalversammlung der Vereinten Nationen Bestandteil allgemeiner Rechtsgrundsätze geworden sein könnte, ist seine Geltung als Völkergewohnheitsrecht bereits nachgewiesen, so dass für allgemeine Rechtsgrundsätze kein eigenständiger Anwendungsbereich verbliebe.

V. Normativer Status

Das Völkerrecht unterscheidet nach heute unwidersprochener Auffassung zwischen Normen dispositiver und zwingender Natur. Dispositives Völkerrecht kann von den Völkerrechtssubjekten etwa durch vertragliche Vereinbarung abbedungen werden. Zwingendes Völkerrecht, das ius cogens, ist demgegenüber der Dispositionsbefugnis der Völkerrechtssubjekte entzogen. Jede Völkerrechtsnorm gleich welcher Rechtsquelle ist unwirksam, wenn sie mit einer Norm des ius cogens inhaltlich unvereinbar ist. Über diesen Grundkonsens hinaus ist vieles streitig, insbesondere welche völkerrechtlichen Normen zum Katalog zwingenden Rechts gehören. Im Folgenden ist daher der Begriff des ius cogens zu präzisieren, die Wirkung zwingenden Rechts zu konkretisieren und zu klären, ob das Selbstbestimmungsrecht zu dem Kreis dieser Normen gehört.

1. Begriff und Inhalt zwingenden Rechts

a) Theoretische Ansätze

Der dem zwingenden Recht beigemessene Inhalt war lange Zeit in der Völkerrechtslehre streitig. Während Vertreter der Naturrechtslehre das zwingende Völkerrecht dem dem ius dispositivum vorgeordneten ius necessarium zuordneten, wurde dessen Existenz von den Anhängern des Positivismus in Anbetracht der Staatensouveränität generell geleugnet. Definitionsversuchen neo-naturrechtlicher Völkerrechtler blieb die breite Anerkennung ebenso versagt, wie den Versuchen von Vertretern der Staatswillenstheorien und dem Konstrukt eines völkerrechtlichen ordre public. Weitgehende, wenngleich nicht unbestrittene, Einigkeit bestand lediglich darüber, dass es Normen zwingenden Rechts gibt.[447]

---

[447] Vgl. Heintschel von Heinegg, in: Ipsen, Völkerrecht, § 15 Rn. 37 (S. 157); Verdross/Simma, Universelles Völkerrecht, § 524 (S. 328 f.), jeweils m. w. N.

b) Wiener Vertragsrechtskonvention

Die heute unwidersprochene Anerkennung des zwingenden Völkerrechts trat erst mit der Kodifikation des völkerrechtlichen Vertragsrechts ein. Im Verlauf der Vorarbeiten zur Wiener Vertragsrechtskonvention (WVK)[448] ging die Mehrheit der Mitglieder der International Law Commission (ILC) von der Existenz zwingenden Völkerrechts aus und ordnete es dem Völkergewohnheitsrecht zu.[449] Das ius cogens fand daher Eingang in die Wiener Vertragsrechtskonvention. In Artikel 53 enthält sie eine Definition zwingenden Rechts. Artikel 53 Satz 2 WVK lautet: *„Im Sinne dieses Übereinkommens ist eine zwingende Norm des allgemeinen Völkerrechts eine Norm, die von der internationalen Staatengemeinschaft in ihrer Gesamtheit angenommen und anerkannt wird als eine Norm, von der nicht abgewichen werden darf und die nur durch eine spätere Norm des allgemeinen Völkerrechts der selben Rechtsnatur geändert werden kann"*. Diese Definition beruht im Grunde auf einem positivistischen Ansatz, weil per definitionem für die Entstehung zwingenden Rechts der Konsens der Staatengemeinschaft sowohl hinsichtlich der Normqualität als auch bezüglich des normativen Status erforderlich ist. Das bedeutet zugleich, dass ius cogens gleichermaßen Vertrags- und Gewohnheitsrecht entstammen kann. Aus allgemeinen Rechtsgrundsätzen im Sinne des Artikel 38 Absatz 1 lit. c) StIGH kann sich zwingendes Recht demgegenüber nicht ergeben. Wegen der Abänderbarkeit der nationalen Rechtsordnungen wäre die Beendigung der Unabdingbarkeit unabhängig vom Erfordernis des Konsenses der „internationalen Staatengemeinschaft in ihrer Gesamtheit" möglich.[450] Anzumerken ist noch, dass die Anerkennung zwingenden Völkerrechts keine Normhierarchie begründet. Die Hierarchie der Normen ist dem Völkerrecht fremd, zwingendes Recht verfügt gegenüber dispositivem Recht lediglich über eine „verfestigte Geltungskraft".[451]

---

448 Wiener Übereinkommen über das Recht der Verträge vom 23.05.1969, BGBl. 1985 II, S. 926-960; Internationale Quelle: UNTS Vol. 1155 (1980), S. 331-512.

449 Doehring, Völkerrecht, Rn. 299 (S. 132); Verdross/Simma, Universelles Völkerrecht, § 525 (S. 329 f.).

450 Heintschel von Heinegg, a. a. O., § 15 Rn. 44 (S. 159 f.).

451 Heintschel von Heinegg, a. a. O., § 15 Rn. 45 (S. 160).

2. *Wirkungen zwingenden Rechts*

a) *Wirkung erga omnes*

Normen des zwingenden Völkerrechts begründen Verpflichtungen, die gegenüber allen Völkerrechtssubjekten, also der Staatengemeinschaft als Einheit, bestehen. Die Verletzung von Normen des ius cogens wirkt also erga omnes. Die Verletzung kann deshalb von jedem anderen Völkerrechtssubjekt ohne Rücksicht auf das Bestehen eines Vertragsverhältnisses gerügt werden.[452] Allerdings sind nicht alle Normen, die Verpflichtungen erga omnes begründen, Normen des zwingenden Rechts. Die International Law Commission (ILC) unterscheidet demgemäss in ihrem Entwurf über die Staatenverantwortlichkeit zwischen völkerrechtlichen Delikten und völkerrechtlichen Verbrechen (Artikel 19).[453] Unter letzterem versteht sie die Verletzung einer Völkerrechtspflicht, die für den Schutz fundamentaler Interessen der internationalen Staatengemeinschaft von derart großer Bedeutung ist, dass ihre Verletzung von der Staatengemeinschaft als Einheit als Verbrechen angesehen wird.[454] Zu den internationalen Verbrechen zählen nach Auffassung der ILC wesentliche Normen des ius cogens.[455]

b) *Wirkungen nach der Wiener Vertragsrechtskonvention*

Die Wirkungen des Verstoßes einer Vertragsbestimmung gegen ius cogens regelt die Wiener Vertragsrechtskonvention in Artikel 53 Satz 1 und in Artikel 64. Artikel 53 Satz 1 lautet: *„Ein Vertrag ist nichtig, wenn er im Zeitpunkt seines Abschlusses im Widerspruch zu einer zwingenden Norm des allgemeinen Völkerrechts steht"*. Artikel 64 trifft eine Regelung für die Fälle der Entstehung einer neuen zwingenden Norm nach Vertragsschluss: *„Entsteht eine neue zwingende Norm des allgemeinen Völkerrechts, so wird jeder zu dieser Norm im Widerspruch stehende Vertrag nichtig und erlischt"*. Nach Artikel 44 Absatz 5 erfasst die Nichtigkeit den gesamten Vertrag. Die Wirkung zwingenden Rechts erschöpft sich aber nicht in der Nichtigkeit des Vertrages. Gemäß Artikel 71

---

452 Hobe/Kimminich, Einführung in das Völkerrecht, S. 174; einschränkend Frowein, Jus Cogens, EPIL Vol. III, S. 67 f.; vgl. zum Verhältnis von zwingendem Recht und Pflichten erga omnes de Hoogh, AJPIL 42 (1991), S. 183 ff.

453 Draft Articles on State Responsibility, YBILC 1976 II/2, S. 73-75, S. 95 (Article 19 Commentary).

454 Vgl. zur völkerrechtlichen Verantwortlichkeit und der Unterscheidung von völkerrechtlichen Delikten und völkerrechtlichen Verbrechen Ipsen, in: Ipsen, Völkerrecht, § 39 Rn. 20 ff. (S. 540 f.).

455 Vgl. Frowein, Jus Cogens, EPIL Vol. III, S. 67.

Abs. 1 haben die Vertragsstaaten im Falle der Nichtigkeit nach Artikel 53 soweit wie möglich die Folgen von Handlungen zu beseitigen, die sie aufgrund der nichtigen Vertragsbestimmung vorgenommen haben, zugleich haben sie ihre gegenseitigen Beziehungen mit der zwingenden Norm in Einklang zu bringen. Im Falle der Nichtigkeit nach Artikel 64 darf die aufgrund der nichtigen Vertragsbestimmung geschaffene Rechtslage nur insoweit aufrechterhalten werden, als die Aufrechterhaltung nicht selbst einen Widerspruch zum zwingenden Recht darstellt. Unbeschadet dieser Bestimmungen ist umstritten, ob auch nichtvertragsbezogene Handlungen ihre Rechtswirksamkeit verlieren, wenn sie im Widerspruch zu einer Norm des ius cogens stehen. Im Hinblick auf die besondere Qualität und den Schutzzweck der zwingenden Normen lässt sich eine Beschränkung der rechtlichen Wirkungen auf vertragsbezogene Handlungen nicht rechtfertigen.[456]

3. *Selbstbestimmungsrecht als Norm des ius cogens*

Es ist fraglich, ob das Selbstbestimmungsrecht der Völker dem ius cogens zugerechnet werden kann. Denn eine verbindliche Aufzählung der Rechtssätze, die Bestandteil des zwingenden Völkerrechts sind, gibt es – wie gesagt – nicht.

a) Wiener Vertragsrechtskonvention

Da sich die ILC während ihrer Vorarbeiten für die WVK nicht über einen entsprechenden Katalog völkerrechtlicher Normen verständigen konnte,[457] enthält das Wiener Übereinkommen über das Recht der Verträge keine Aussage über den Bestand zwingenden Völkerrechts. Auch ansonsten gibt es keinen multilateralen Vertrag, der einen Katalog zwingender Normen enthielte.

b) Völkerrechtliche Rechtsprechung

Die Rechtsprechung des IGH hat bisher nur wenig zum Konzept und Bestand zwingenden Völkerrechts beigetragen. Der Begriff des ius cogens findet sich in der Judikatur des Gerichts lediglich in Sondervoten einzelner Richter.[458] Im Barcelona-Traction-Fall unterscheidet der IGH zwischen Rechtspflichten, die einem

---

456 Ebenso Brownlie, Principles of Public International Law, S. 516f.; Heintschel von Heinegg, a. a. O., § 15 Rn. 50 (S. 161); a. A. Mosler, The International Society as a Legal Community, S. 17 ff.

457 Vgl. YBILC 1966 II, S. 248 (Commentary to Article 50, para. 3).

458 Vgl. Nachweise bei Heintschel von Heinegg, in: Ipsen, Völkerrecht, § 15 Rn. 54 (S.162).

Staat gegenüber anderen Staaten obliegen, und solchen, die ihm gegenüber der Staatengemeinschaft als Einheit obliegen. Zu letzteren, den Pflichten erga omnes, zählt er das Aggressionsverbot, das Verbot des Völkermordes sowie die Prinzipien und Regeln des grundlegenden Menschenrechtsschutzes einschließlich des Schutzes vor Sklaverei und Rassendiskriminierung.[459] Wenngleich der IGH den Begriff des ius cogens nicht verwendet, ist aus dieser Unterscheidung gefolgert worden, dass der IGH die angeführten Rechtssätze zum Bestand zwingenden Rechts zählt.[460] Diese Schlussfolgerung ist zwar angesichts des Umstandes nicht ganz unproblematisch, dass nicht einmal Einigkeit darüber besteht, ob die Verletzung zwingenden Rechts stets eine Verletzung von Rechtspflichten erga omnes bedeutet.[461] Es gilt aber im Hinblick auf die Entscheidungen des IGH im Korfu-Kanal-Fall[462] und im Nicaragua-Fall[463] als gesichert, dass die genannten Rechtssätze unabdingbar sind.[464] Die Zugehörigkeit des Selbstbestimmungsrechts zum Bestand zwingenden Völkerrechts ergibt sich nicht aus der Rechtsprechung des IGH. Im Osttimor-Fall hat der IGH das Selbstbestimmungsrecht zwar als eine Norm mit erga-omnes-Charakter eingestuft, allerdings auch unter diesem Gesichtspunkt seine Rechtsprechungszuständigkeit nicht als eröffnet angesehen.[465] Angesichts der fehlenden Deckungsgleichheit der Konzepte des zwingenden Völkerrechts und von Normen mit Wirkung erga omnes kann aus dieser Klassifizierung durch den IGH nicht geschlossen werden, das Gericht sehe das Selbstbestimmungsrecht als zwingende Norm an, wenngleich dieser Einstufung durch das Gericht durchaus indizielle Wirkung zukommt. Lediglich Sondervoten einzelner Richter haben das Selbstbestimmungsrecht als Satz des unabdingbaren Völkerrechts bezeichnet. So das Sondervotum des Richters Ammoun im Namibia-Fall[466] und das des Richters Skubiszewski im Osttimor-Fall.[467]

---

459 Case Concerning the Barcelona Traction, Light and Power Company Ltd., ICJ-Rep. 1970, S. 3-51, S. 32 (para. 34).

460 Heintschel von Heinegg, in: Ipsen, Völkerrecht, § 15 Rn. 57 (S. 163) m. w. N.

461 Vgl. zum Verhältnis von zwingendem Recht und Pflichten erga omnes de Hoogh, AJPIL 42 (1991), S. 183 ff.

462 Corfu Channel Case, ICJ-Rep. 1949, S. 3-172, S. 22.

463 Military and Paramilitary Activities in and against Nicaragua, ICJ-Rep. 1986, S. 14-150, S. 112 (para. 215), 114 (para. 218).

464 Heintschel von Heinegg, a. a. O., § 15 Rn. 59 (S. 163); vgl. Frowein, Jus Cogens, EPIL Vol. III, S. 67.

465 Case Concerning East Timor, ICJ-Rep. 1995, S. 90-106, S. 102 (para. 29).

466 Separate Opinion Judge Ammoun, ICJ-Rep. 1971, S. 67-100, S. 89 f. (para. 12).

467 Dissenting Opinion Judge Skubiszewski, ICJ-Rep. 1995, S. 224-277, S. 266 (para. 135).

c) *Völkerrechtliche Lehre*

Die weit überwiegende völkerrechtliche Lehre zählt das Selbstbestimmungsrecht zum Bestand unabdingbaren Völkerrechts.[468] Doehring meint sogar, die zwingende Natur des Selbstbestimmungsrechts sei heute nicht mehr streitig.[469] Auch die ILC zählt das Selbstbestimmungsrecht offensichtlich zum Bestand zwingender Normen. Denn in ihrem Entwurf über die völkerrechtliche Verantwortlichkeit der Staaten stuft sie die Verletzung dieses Rechts als völkerrechtliches Verbrechen ein.[470] Aber auch heute noch wird dem Selbstbestimmungsrecht dieser Status mit dem Hinweis auf Bestimmtheitsdefizite abgesprochen. So meint Heintschel von Heinegg beispielsweise, bei dem Selbstbestimmungsrecht handele es sich um eine Strukturnorm, die so unbestimmt sei, dass ihr Inhalt und folglich ihre Verletzung nur unzureichend festgestellt werden könne.[471] Diese Auffassung vermag nicht zu überzeugen. Das Selbstbestimmungsrecht hat in der Staatenpraxis nach Abschluss der Dekolonisierung ausreichend an Bestimmtheit erlangt. Es überrascht nicht, dass das für das klassische Völkerrecht untypische Gruppenrecht der Selbstbestimmung noch nicht in allen Einzelheiten außer Streit steht, in seinen Grundzügen hat das Selbstbestimmungsrecht heute aber

---

468 Vgl. nur Doehring, Völkerrecht, Rn. 300 (S.132), Rn. 800 (S.348); ders., in: Simma (Hrsg.), Charter of the United Nations, Vol. I, Self-Determination, Rn. 57 f.; ders., PolStud 44 (1993), SH 6, S. 49; Franck, Postmodern Tribalism and the Right to Secession, in: Brölmann u.a. (Hrsg.), Peoples and Minorities in international Law, S. 4; Gros Espiell, The Right to Self-Determination, S. 11-13 (paras. 70-85); ders., VN 30 (1982), S. 56 f.; Hannikainen, The Case of East Timor from the Perspective of Jus Cogens, in: International Law and the Question of East Timor, S. 106 et passim; Heintze, in: Ipsen, Völkerrecht, § 27 Rn. 9 (S. 344 f.); Hilpold, Osttimor-Fall, S. 57 (Fn. 157); Kimminich, Die Renaissance des Selbstbestimmungsrechts, in: Brunner u.a. (Hrsg.), Sowjetsystem und Ostrecht, Festschrift für Boris Meissner, S. 607 f.; wohl auch Klein, Selbstbestimmungsrecht und deutsche Frage, S. 56 ff.; Mett, Das Konzept des Selbstbestimmungsrechts, S. 195; Seiffert, Selbstbestimmungsrecht und deutsche Vereinigung, S. 53 f., jeweils m. w. N.; a. A.: Heintschel von Heinegg, in: Ipsen, Völkerrecht, § 15 Rn. 60 (S. 164); Pomerance, Self-Determination, S. 70 ff.

469 Doehring, Völkerrecht, Rn. 300 (S. 132), Rn. 800 (S. 348); ähnlich Gros Espiell, VN 30 (1982), S. 57.

470 Draft Articles on State Responsibility, YBILC 1976 II/2, S. 73-75, Article 19 Commentary, S. 95; vgl. auch: Draft Articles on the Law of the Treaties, YBILC 1966 II, S. 177-187, Article 50 Commentary, S. 247; Draft Articles on State Responsibility YBILC 1980 II/2, S. 30-34, S. 32.

471 Heintschel von Heinegg, in: Ipsen, Völkerrecht, § 15 Rn. 60 (S. 164); a. A. Heintze, im gleichen Werk, § 27 Rn. 9 (S. 344 f.).

Rechtsqualität erlangt. Soweit das Recht Bestandteil des positiven Völkerrechts geworden ist, ist es auch hinreichend bestimmt genug, um zum Bestand zwingenden Völkerrechts gehören zu können. Ein gesteigerter Grad an Bestimmtheit ist für die Zugehörigkeit einer Norm zum zwingenden Recht nicht erforderlich. Rechtspolitisch spricht für den unabdingbaren Charakter des Selbstbestimmungsrechts, dass es als Gruppenrecht der Disposition durch die Staaten entzogen sein muss. Man wird deshalb das Selbstbestimmungsrecht zum ius cogens zu zählen haben. Nicht ganz unberechtigt weist Thürer allerdings darauf hin, dass die Einordnung als zwingende Norm nicht überbewertet werden dürfe, weil diese Eigenschaft in der Staatenpraxis bisher nicht von Bedeutung gewesen sei.[472]

C. Träger des Selbstbestimmungsrechts

Beim Selbstbestimmungsrecht handelt es sich um ein Recht der Völker. Damit unterscheidet sich dieses Kollektivrecht von anderen Völkerrechtsnormen, die grundsätzlich Rechte und Pflichten von Staaten beinhalten. Als Träger des Selbstbestimmungsrechtes kommen Staatsvölker, Völker im ethnischen Sinne und Minderheiten in Betracht. Die Beantwortung der Frage, wer konkret Träger des Rechts auf Selbstbestimmung ist, ist kompliziert, weil das Völkerrecht keine Definition des Begriffs des Volkes kennt und dieser Begriff auch nur schwerlich mit einem juristischen Inhalt anzureichern ist. Nicht von ungefähr wird die Frage nach dem Subjekt des Selbstbestimmungsrechts als das schwierigste, umstrittenste und auch am wenigsten geklärte Problem des Selbstbestimmungsrechts bezeichnet.[473] Die gelegentlich vertretene Auffassung, eine abstrakte Bestimmung des Subjekts des Selbstbestimmungsrechts sei überhaupt nicht möglich,[474] ist jedoch vereinzelt geblieben und heute überholt.

---

472 Thürer, Self-Determination, EPIL Vol. IV, S. 372 (Addendum 1998).

473 Murswiek, Der Staat 23 (1984), S. 525.

474 Zum Beispiel Heidelmeyer, Selbstbestimmungsrecht der Völker, S. 254 f.

I. Staatsvölker

Das Selbstbestimmungsrecht steht zunächst allen Staatsvölkern zu.[475] Thürer sieht es sogar als den Normalfall an, unter dem Begriff „Volk“ das Staatsvolk zu verstehen.[476] Diese Auffassung ist jedoch keineswegs unbestritten. Nach der gegenteiligen Auffassung kann das Staatsvolk nicht Träger des Selbstbestimmungsrechtes sein.[477] Denn wenn der Staat schlechthin nicht Träger des Selbstbestimmungsrechts sein könne, weil sich dieses ja gerade gegen den Staat selbst richte, könne auch die „Nation“ als Summe aller Staatsbürger nicht Subjekt des Rechts sein.[478] Zudem dürfe das Staatsvolk nicht mit dem Begriff des Volkes im Kontext des Selbstbestimmungsrechtes gleichgesetzt werden. Dies ergebe sich zum einen aus der Wortwahl der Charta und in Resolutionen der Vereinten Nationen; es sei von *„peoples“* die Rede und nicht von *„nations“*. Zum anderen sei die Dekolonisierung anderenfalls von den Vereinten Nationen und der Staatenpraxis zu Unrecht in Bezug zum Selbstbestimmungsrecht gesetzt worden, denn in diesen Fällen sei es doch in aller Regel um die Selbstbestimmung von Völkern, genauer gesagt Bevölkerungen, gegangen, die erst zu einem Staatsvolk hätten werden wollen.[479] Zwingend ist diese Folgerung jedoch keineswegs, denn Wortlaut und Entstehungsgeschichte lassen die Möglichkeit offen, dass auch Staatsvölker Rechtssubjekt sein können. Zwingend ist nur die Schlussfolgerung, dass Staatsvölker nicht als alleinige Träger des Rechts in Betracht kommen.[480]

---

475 Cristescu, The Right to Self-Determination, S. 41 f. (paras. 280-283); Doehring, in: Simma (Hrsg.), Charter of the United Nations, Vol. I, Self-Determination, Rn. 31; ders., Formen und Methoden der Anwendung des Selbstbestimmungsrechts, in: Blumenwitz/Meissner (Hrsg.), Selbstbestimmungsrecht und deutsche Frage, S. 61; ders., BDGVR 14 (1974), S. 22; Heintze, Selbstbestimmungsrecht und Minderheitenrechte, S. 42; Klein, Vereinte Nationen und Selbstbestimmungsrecht, in: Blumenwitz/Meissner (Hrsg.), Selbstbestimmungsrecht und deutsche Frage, S. 112.

476 Thürer, Selbstbestimmungsrecht, S. 197.

477 So zum Beispiel Blumenwitz, Deutschlandfrage und Selbstbestimmungsrecht, in: Blumenwitz/Meissner (Hrsg.), Selbstbestimmungsrecht und deutsche Frage, S. 148; Meissner, Die marxistisch-leninistische Auffassung vom Selbstbestimmungsrecht, in: Blumenwitz/Meissner (Hrsg.), Selbstbestimmungsrecht und deutsche Frage, S. 99; Veiter, Die Träger des Selbstbestimmungsrechts nach westlicher Auffassung, in: Kloss (Bearb.), Beiträge zu einem System des Selbstbestimmungsrechts, S. 132 ff.

478 Veiter, a. a. O.

479 Blumenwitz, Die Menschenrechtspakte der Vereinten Nationen und das Selbstbestimmungsrecht, in: Menschenrechte und Selbstbestimmung unter Berücksichtigung der Ostdeutschen, S. 24.

480 Cristescu, The Right to Self-Determination, S. 39 (para. 268), S. 42 (para. 286); Gros Espiell, The Right to Self-Determination, S. 9 (para. 56).

Es ist ferner wenig einleuchtend, einem Volk, dem das Recht auf Selbstbestimmung zuerkannt wird, dieses Recht zu entziehen, wenn es sein Ziel, die Konstituierung eines unabhängigen Staates, erreicht hat und damit zum Staatsvolk geworden ist. Die Rechtsträgereigenschaft von Staatsvölkern lässt sich zudem mit der Systematik der Charta der Vereinten Nationen begründen: Dort steht die „Selbstbestimmung der Völker" im Kontext der „Beziehungen zwischen den Nationen". Dass der Begriff der „Nation" in einem Artikel über die Ziele der „Vereinten Nationen" keine andere Bedeutung als diejenige des Staates haben kann, folgt schon daraus, dass die Vereinten Nationen eine Organisation von Staaten sind. Die Bezugnahme auf die Selbstbestimmung als Grundlage der Beziehungen zwischen den Staaten macht aber am ehesten dann Sinn, wenn als Volk die Völker dieser Staaten in Bezug genommen werden.[481]

Die Rechtsträgereigenschaft der Staatsvölker hat zudem auch in der Praxis der Vereinten Nationen Anerkennung gefunden. So wurden die Interventionen der Sowjetunion in Ungarn und Afghanistan von der Generalversammlung der Vereinten Nationen als Verletzung des Selbstbestimmungsrechts der beiden Völker verurteilt.[482] Dem gleichen Verdikt verfiel die vietnamesische Intervention in Kambodscha.[483] Da in diesen Fällen die Völker bestehender Staaten betroffen waren, erkannte die Generalversammlung jeweils den betroffenen Staatsvölkern das Recht auf Selbstbestimmung zu. Eine Ausprägung des Selbstbestimmungsrechts kommt zudem nur Staatsvölkern zugute: Die Ausübung des defensiven Selbstbestimmungsrechts, das die Abwehr von Eingriffen anderer Staaten in innere Angelegenheiten beinhaltet, kann denknotwendig nur von Staatsvölkern in Anspruch genommen werden.[484] Denn solange die Selbstbestimmung noch nicht vollständig ausgeübt worden ist, kann das Ergebnis der Ausübung auch noch nicht gegen Eingriffe verteidigt werden. Zwar bestehen in den Fällen derartiger

---

481 Gusy, ArchVR 30 (1992), S. 390 f.

482 Ungarn: GV-Res. 1004 (ES-II) vom 4.11.1956; GV-Res. 1005 (ES-II) vom 9.11.1956 (YBUN Vol. 10 (1956), S. 54 f.); Afghanistan: GV-Res. ES-6/2 vom 14.01.1980; GV-Res. 35/37 vom 20.11.1980 (YBUN Vol. 34 (1980), S. 307 ff.); GV-Res. 36/34 vom 18.11.1981 (YBUN Vol. 35 (1981), S. 237); GV-Res. 42/15 vom 10.11.1987 (YBUN Vol. 41 (1987), S. 215); GV-Res. 46/23 vom 5.12.1991 (YBUN Vol. 45 (1991), S. 161 f.).

483 GV-Res. 34/22 vom 14.11.1979 (YBUN Vol. 33 (1979), S. 306 f.); GV-Res. 35/6 vom 22.10.1980 (YBUN Vol. 34 (1980), S. 334 f.); GV-Res. 36/5 vom 21.10.1981 (YBUN Vol. 35 (1981), S. 246 f.); GV-Res. 42/3 vom 14.10.1987 (YBUN Vol. 41 (1987), S. 206 f.).

484 Siehe hierzu 2. Teil D. III.

völkerrechtswidriger Eingriffe originäre Abwehrrechte des Staates, der sich auf das Interventionsverbot und das Recht zur Verteidigung berufen kann. Es ist aber nicht einzusehen, warum diese Rechte des vom Volk verschiedenen Rechtssubjekts Staat Rechte des Staatsvolkes tangieren sollen.[485] Zu Recht ist im Übrigen darauf hingewiesen worden, dass es Fallgestaltungen gibt, in denen der Staat, ohne untergegangen zu sein, handlungsunfähig geworden ist. Soweit der Wille des Staatsvolkes zur staatlichen Einheit vorhanden bleibt, bleibt es auch Träger des Selbstbestimmungsrechts, unbeschadet des Umstandes, dass der Staat zur Ausübung seiner Rechte außer Stande ist.[486] Rechtssubjekt des Selbstbestimmungsrechts können im Falle völkerrechtswidriger Beendigung der Eigenstaatlichkeit auch ehemalige Staatsvölker sein. Das Selbstbestimmungsrecht des ehemaligen Staatsvolkes ist auf die Wiederherstellung staatlicher Unabhängigkeit gerichtet. Dieser Restitutionsanspruch ist quasi ein „verlängerter" Abwehranspruch. Er setzt jedoch voraus, dass das ehemalige Staatsvolk noch vorhanden ist. Das ist nur dann der Fall, wenn es mit Ausnahme der Staatsgewalt noch die Elemente eines Staatsvolkes aufweist. Dazu gehört insbesondere die räumliche Geschlossenheit; das Recht geht verloren, wenn das ehemalige Staatsvolk in unterschiedliche Gegenden verstreut wurde. Die rechtliche Begründung des Restitutionsanspruches besteht darin, dass eine das Selbstbestimmungsrecht verletzende Gebietsänderung keinen rechtswirksamen neuen Territorialstatus schaffen kann, jedenfalls ist ein solcher im Verhältnis zum verletzten Selbstbestimmungssubjekt unwirksam.[487] Demnach sind Staatsvölker und unter bestimmten Bedingungen auch ehemalige Staatsvölker Träger des Rechts auf Selbstbestimmung. Da die Summe aller Staatsangehörigen als Rechtsträger berufen ist, bestehen insofern keine Schwierigkeiten bei der Feststellung des personalen Bestands des Rechtssubjekts.

485 So Doehring, in: Simma (Hrsg.), Charter of the United Nations, Vol. I, Self-Determination, Rn. 31.

486 Vgl. Murswiek, Systematische Überlegungen zum Selbstbestimmungsrecht des deutschen Volkes, in: Zieger u. a. (Hrsg.), Deutschland als Ganzes – Rechtliche und historische Überlegungen, Festschrift zum 70. Geburtstag von Herbert Czaja, S. 243 ff., insbesondere S. 248 ff.

487 Vgl. Gusy, ArchVR 30 (1992), S. 401 f., 402 f.; Murswiek, Der Staat 23 (1984), S. 538 (Fn. 42), S. 544.

II. Völker im ethnischen Sinne

Auch Völker im ethnischen Sinne kommen als Träger des Selbstbestimmungsrechts in Betracht. Die Fähigkeit von Völkern im ethnischen Sinne, Rechtssubjekt des Selbstbestimmungsrechts zu sein, wird in der völkerrechtlichen Lehre überwiegend anerkannt.[488] Hierfür spricht schon die Bezeichnung des Selbstbestimmungsrechts als ein Recht der Völker. Nur vereinzelt werden Völker im ethnischen Sinne nicht als Träger des Selbstbestimmungsrechts anerkannt. So will Gusy neben Staatsvölkern und ehemaligen Staatsvölkern nur „Staatsvölker im Werden“ als Rechtssubjekte zulassen, nicht dagegen Völker im ethnischen Sinne.[489] Folgt man der herrschenden Lehre, sind zwei Probleme zu lösen: Zum einen, was ein Volk im ethnischen Sinne ist, zum anderen, welche Personen zu einer solchen Gruppe gehören. Unproblematisch ist dies nur in ethnisch homogenen Staaten. Staatsvolk und Volk im ethnischen Sinne sind dann identisch. In der Rechtswissenschaft sind verschiedene Ansätze zur Definition des Begriffs des Volkes im ethnischen Sinne entwickelt worden: Der eine zielt auf subjektive, der andere auf objektive Aspekte ab. Ein dritter Definitionsversuch verbindet die beiden Ansätze.

1. Definition nach subjektiven Kriterien

Man könnte annehmen, dass ein Volk eine Menschengruppe darstellt, die sich selbst als Volk versteht. Wenn nicht jeder frei entscheiden könne, zu welchem Volk er gehören wolle, könne von „Selbstbestimmung“ und „freier Entscheidung“ keine Rede sein; in Wirklichkeit liege dann „Fremdbestimmung“ vor, denn die Entscheidung über den politischen Status werde von vorneherein durch Merkmale bestimmt, die der Entscheidung des Einzelnen entzogen seien.[490]

---

488 Vgl. nur Cristescu, The Right to Self-Determination, S. 39ff. (paras. 267-279); Doehring, a. a. O., Rn. 28; Heintze, in: Ipsen, Völkerrecht, § 28 Rn. 8 ff. (S. 357 ff.); Murswiek, Der Staat 23 (1984), S. 530; a. A.: Gusy, ArchVR 30 (1992), S. 392 ff., S. 400 f.; Mett, Das Konzept des Selbstbestimmungsrechts, S. 193, 271, 369, 373.

489 Das folgert Gusy aus der Dekolonisierungspraxis der Vereinten Nationen, durch die die Kolonialvölker zu „Staatsvölkern im Werden“ geworden seien, a. a. O., S. 392 ff., 400 f.

490 In diesem Sinne Arzinger, Selbstbestimmungsrecht, S. 253, indem er jede Gruppe zulassen will, die den Willen zum Klassenkampf hat; wohl auch Heidelmeyer, Selbstbestimmungsrecht der Völker, S. 248, indem er das „demokratisch verstandene“ Selbstbestimmungsrecht in einen Gegensatz zu „ethnischem Prädeterminismus“ setzt; Hu, Selbstbestimmungsrecht als Vorbedingung, S. 249, versteht unter einem Volk die Mehrheit der Wahlberechtigten aufgrund persönlicher Entscheidung; ähnlich Wengler, Das Selbstbestimmungsrecht der Völker als Menschenrecht, passim.

Maßgeblich wäre für die Zugehörigkeit zur Volksgruppe danach das subjektive Bewusstsein der Gruppenmitglieder. Zwar kann nicht geleugnet werden, dass für die inhaltliche Ausfüllung des Volksbegriffes auch ein voluntaristisches Moment Bedeutung haben muss, gleichwohl kann die schlichte Selbstidentifikation nicht ausreichen. Das hätte nämlich zur Folge, dass die Menschen das Recht hätten, ein Volk zu gründen, wie man einen Verein gründet.[491] Im Grunde genommen stünde somit das Selbstbestimmungsrecht als Gruppenrecht zur Disposition der Individuen, ein Ergebnis, das offenkundig nicht nur im Widerspruch zur Entwicklungsgeschichte des Selbstbestimmungsrechts steht. Es widerspricht auch dem genuine-link-Prinzip, wonach die Staatsangehörigkeit nicht willkürlich zuerkannt werden darf.[492] Die Selbstbestimmung eines rein voluntativ konstituierten Rechtssubjekts wäre zudem praktisch kaum handhabbar. Hinge nämlich die Zugehörigkeit zur Gruppe nur vom Willen der einzelnen Gruppenangehörigen ab, ließe sich eine Majorisierung der Gruppe wohl nur durch Einstimmigkeit bei der Selbstkonstituierung vermeiden; eine Voraussetzung, die die tatsächliche Realisierung des Rechts vereiteln dürfte.[493] Die Definition des Volksbegriffs kann mithin auf objektive Gesichtspunkte nicht verzichten.

2. *Definition nach objektiven Kriterien*

Mit Rücksicht auf die ideengeschichtliche Grundlage und die historische Entwicklung des Selbstbestimmungsrechts hat ein objektiver Definitionsansatz den Volksbegriff der Ethnologen aufgegriffen. Wesensmerkmale eines Volkes sind danach ein angestammtes Territorium, eine gemeinsame Sprache, Religion und kulturelle Charakteristika, eine gemeinsame Mentalität und ein gemeinsames geschichtliches Schicksal.[494] Die Beschränkung auf objektive Elemente macht gegebenenfalls eine Menschengruppe zum Subjekt des Selbstbestimmungsrechts, deren Angehörige sich selbst nicht als Angehörige einer Gruppe verstehen oder keinen Willen zur Beibehaltung dieser spezifischen Eigenarten besitzen. Das wäre ein paradoxes Ergebnis, weil das Selbstbestimmungsrecht gerade die Verwirklichung des Zustandes legitimieren soll, der dem Willen der Mehrheit der Gruppenangehörigen entspricht. Thürer hat es so formuliert: „Jeder Versuch zur objektiv-abschließenden, ‚wissenschaftlich'-feststellbaren Festlegung

---

491 So zu Recht Murswiek, Der Staat 23 (1984), S. 530.
492 Vgl. hierzu Gloria, in: Ipsen, Völkerrecht, § 23 Rn. 95 (S. 285 f.).
493 Murswiek, Der Staat 23 (1984), S. 530 (Fn. 28).
494 Vgl. Decker, Selbstbestimmungsrecht der Nationen, S. 60.

des Begriffs des selbstbestimmungsberechtigten Volkes ist ein Widerspruch in sich."[495]

3. Kombination subjektiver und objektiver Kriterien

In der völkerrechtlichen Lehre werden daher zumeist die genannten subjektiven und objektiven Kriterien kombiniert. Subjekt des Selbstbestimmungsrechts sollen danach nur Völker im ethnischen Sinne sein, die sich zum einen selbst als Volk identifizieren und deren Angehörige zum anderen den Willen haben, die spezifischen Eigenarten zu bewahren. Das bedeutet, dass es sich nur bei einer solchen Gruppe um ein Volk handeln kann, die auf einem angestammten Territorium siedelt, sich durch kulturelle und ethnische Merkmale auszeichnet, sich selbst als eigenes Volk identifiziert und die kulturellen Charakteristika bewahren will.[496] Ob neben dem die Gruppenidentität begründenden Bewusstsein der Zusammengehörigkeit auch der Wille erforderlich ist, die Homogenität bewahren zu wollen, wird von Murswiek in Frage gestellt. Einerseits beruhe die objektive Homogenität gerade nicht auf dem Willen der Gruppenangehörigen, andererseits lasse sich ein diesbezüglicher Wille kaum feststellen. Der relevante Wille beziehe sich daher nicht auf die Existenz des Subjekts, sondern auf die Gestaltung der politischen Organisation und das Gemeinschaftsschicksal.[497] Wenn neben dem Bewusstsein der Gruppenidentität nach Murswieks Vorstellung mithin für die Ausübung des Selbstbestimmungsrechts der Wille zur Gestaltung des künftigen Gemeinschaftsschicksals vorhanden sein soll, besteht in Wahrheit nur ein dogmatischer Unterschied zur allgemeinen Lehre, denn ein solcher politischer Gestaltungswille ist gar nicht vorstellbar, ohne dass er auch den Willen zur Fortexistenz als Gruppe beinhaltete.

Für die Beantwortung der Frage, ob eine menschliche Gruppe als Volk im völkerrechtlichen Sinne anerkannt werden kann, sind im Zweifel die subjektiven Elemente ausschlaggebend: Bereits von Schenk hat darauf hingewiesen, dass man eine Gruppe, die sich über Jahrhunderte als Volk verstanden hat und von den anderen als Volk angesehen wurde, im Zweifel unabhängig von ethnischen

---

495 Thürer, Entwicklung, Inhalt und Träger des Selbstbestimmungsrechts, in: Reiter (Hrsg.), Grenzen des Selbstbestimmungsrechts, S. 41; ähnlich in PolStud 44 (1993), SH 6, S. 32.

496 So schon Decker, a. a. O., S. 63; Doehring, BDGVR 14 (1974), S. 23; Heintze, Selbstbestimmungsrecht und Minderheitenrechte, S. 44 f., 187; ders., in: Ipsen, Völkerrecht, § 28 Rn. 10 (S. 358 f.).

497 Murswiek, Der Staat 23 (1984), S. 538 (Fn. 45).

Abgrenzungskriterien als Träger des Selbstbestimmungsrechts wird ansehen müssen.[498] Da Völker im ethnischen Sinne heute in aller Regel entweder Staatsvolk des eigenen Staates oder Minderheit in einem bestehenden Staat sind, kommt der Frage, ob Minderheiten Träger des Selbstbestimmungsrechts sein können, besondere Bedeutung zu.

III. Minderheiten

Die Beantwortung der Frage, ob Minderheiten Rechtssubjekte des Selbstbestimmungsrechts sein können, bedingt zunächst, dass präzise zwischen der Eigenschaft als Rechtsträger, dem Inhalt des Rechts sowie seinen Voraussetzungen unterschieden wird. Im Schrifttum wird gelegentlich zwischen diesen Rechtsvoraussetzungen nicht trennscharf unterschieden. Das hat zur Folge, dass Minderheiten das Selbstbestimmungsrecht bei Vorliegen bestimmter Voraussetzungen zuerkannt und die Rechtsträgereigenschaft mit einem Recht auf Sezession gleichgesetzt wird.[499] Dogmatisch erscheint vorzugswürdig, die Frage der Subjektseigenschaft unabhängig von Tatbestandsvoraussetzungen und Rechtsfolge zu beantworten. Die Untersuchung bleibt daher an dieser Stelle auf die Frage beschränkt, ob Minderheiten als Träger des Selbstbestimmungsrechts in Frage kommen.

1. Definition der Minderheit

Unter einer Minderheit im völkerrechtlichen Sinne wird die der Mehrheitsbevölkerung zahlenmäßig unterlegene Gruppe verstanden, die im Staat nicht politisch dominant ist und über besondere ethnische, religiöse oder sprachliche Besonderheiten verfügt, die sie auch bewahren will, ohne dass es auf eine geschlossene Siedlungsweise ankommt.[500] Diese allgemein anerkannte Definition enthält keine Angabe über die erforderliche zahlenmäßige Größe der Minderheit, es versteht sich aber von selbst, dass es sich hinsichtlich des Umfanges um

---

498 Von Schenk, Diskussionsbeitrag, BDGVR 14 (1974), S. 69; ähnlich Murswiek, a. a. O., S. 539, und Thürer, PolStud 44 (1993), SH 6, S. 32.

499 In diesem Sinne wohl zum Beispiel Heintze, Selbstbestimmungsrecht und Minderheitenrechte, S. 46; ders., in: Ipsen, Völkerrecht, § 28 Rn. 15 (S. 361 f.).

500 Vgl. Definition von Capotorti/Hofmann, Minorities, EPIL Vol. III, S. 411; grundlegend: Capotorti, Study on the Rights of Persons Belonging to Ethnic, Religious and Linguistic Minorities, S. 9 f. (paras. 44-49); vgl. zur juristischen Entwicklung des Begriffs Gornig, Die Definition des Minderheitenbegriffs aus historisch-völkerrechtlicher Sicht, in Blumenwitz u. a. (Hrsg.), Ein Jahrhundert Minderheiten- und Volksgruppenschutz, S. 24 ff.

eine nennenswerte Anzahl von Personen handeln muss.[501] Als Minderheit im vorstehend genannten Sinne wird zudem nicht die Minderheit verstanden, die die Macht im Staate innehat. Ausländer, Staatenlose und Flüchtlinge sind keine Minderheit im völkerrechtlichen Sinne, selbst wenn sie in bedeutender Zahl im Staate leben, weil die Angehörigen der Minderheit die Staatsangehörigkeit des betreffenden Staates haben.[502] Definitionsgemäß zeichnen sich die Angehörigen der Minderheit durch Gemeinsamkeiten aus, die sie von der übrigen Bevölkerung in ethnischer, religiöser oder sprachlicher Hinsicht unterscheiden. Neben diesen objektiven Elementen ist erforderlich, dass sich die Angehörigen zu der Gruppe bekennen und ihre Eigenarten bewahren wollen.[503] Im Zweifel wird diesem subjektiven Element die entscheidende Bedeutung beigemessen und die objektiven Elemente nur als Korrektiv verstanden.[504]

2. *Arten von Minderheiten*

Nach der genannten Definition der Minderheit im völkerrechtlichen Sinne können verschiedene Arten von Minderheiten vorkommen:

a) Religiöse Minderheiten

Religiöse Minderheiten unterscheiden sich von der Mehrheitsbevölkerung durch das Bekenntnis zu einer anderen Religion. Das subjektive Element ist hier die entscheidende Voraussetzung für die Gruppenzugehörigkeit, nämlich die individuelle Entscheidung über das religiöse Bekenntnis als Ausdruck des Rechts auf freie Wahl der Religionszugehörigkeit. Von einer religiösen Minderheit wird allerdings nur dann gesprochen, wenn als objektive Elemente Traditionen, eine gemeinsame Geschichte, Organisationsstrukturen, Einrichtungen und Beziehungsgeflechte zwischen den Angehörigen nachweisbar sind.[505]

---

501 So Heintze, Selbstbestimmungsrecht und Minderheitenrechte, S. 125.

502 Gornig, a. a. O., S. 38 ff.; ders., IFLA 49 (2000), S. 63 f.; Heintze, a. a. O., S. 126.

503 Gornig, Die Definition des Minderheitenbegriffs aus historisch-völkerrechtlicher Sicht, in Blumenwitz u. a. (Hrsg.), Ein Jahrhundert Minderheiten- und Volksgruppenschutz, S. 44 ff.; ders., IFLA 49 (2000), S. 66.

504 Franke/Hofmann, EuGRZ 19 (1992), S. 402.

505 Heintze, Selbstbestimmungsrecht und Minderheitenrechte, S. 132.

b) *Sprachliche Minderheiten*

Sprachliche Minderheiten sind dadurch gekennzeichnet, dass sie untereinander und in der Öffentlichkeit eine andere Sprache sprechen als die Mehrheitsbevölkerung, die nicht Staatssprache ist. Es muss sich bei der Sprache nicht um eine Schriftsprache handeln. Dialekte kennzeichnen allerdings keine sprachlichen Minderheiten.[506]

c) *Ethnische Minderheiten*

Im Zusammenhang mit dem Begriff der ethnischen Minderheiten tauchen auch die Begriffe der rassischen und der nationalen Minderheiten auf. Nach allgemeiner Auffassung wird der Begriff der ethnischen Minderheit als Oberbegriff verstanden, der auch rassische und nationale Minderheit umfasst.[507] Damit ist allerdings nichts dazu gesagt, was rassische und nationale Minderheiten sind. Unter rassischen Merkmalen können solche verstanden werden, die physisch erkennbar sind.[508] Uneinheitlich wird der Begriff der nationalen Minderheiten definiert. Teilweise wird für diese Minderheiten als kennzeichnend ein besonderes „nationales Bewusstsein“ verstanden,[509] womit im Grunde genommen auch keine weitere Klarheit erzielt worden ist. Teilweise wird der Begriff als Oberbegriff für ethnische, kulturelle, sprachliche und religiöse Minderheiten verwandt und darauf hingewiesen, dass unter nationalen Minderheiten in Europa häufig die Angehörigen des Staatsvolkes eines anderen Staates verstanden würden.[510] Man wird wohl konstatieren müssen, dass es keine allgemein anerkannte Definition des Begriffs der Nation und folglich auch nicht der nationalen Minderheit gibt. Diese Unwägbarkeiten werden umgangen, wenn man unter ethnischen Minderheiten Völker im ethnischen Sinne versteht, die innerhalb bestehender Staaten leben und nicht die Bevölkerungsmehrheit im Staat bilden.

---

506 Heintze, a. a. O., S. 134.

507 Gornig, IFLA 49 (2000), S. 62 f.; Nowak, CCPR-Kommentar, Art. 27 Rn. 24 (S. 525 f.).

508 Heintze, a. a. O., S. 135.

509 Tomuschat, Protection of Minorities under Article 27 of the International Convenant on Civil and Political Rights, in: Bernhard u. a. (Hrsg.), Völkerrecht als Rechtsordnung – Festschrift für Hermann Mosler, S. 960.

510 Gornig, IFLA 49 (2000), S. 63; Franke/Hofmann, EuGRZ 19 (1992), S. 401.

3. *Minderheiten als Träger des Selbstbestimmungsrechts*

Als Träger des Selbstbestimmungsrechts kommen Minderheiten im ethnischen Sinne in Betracht, die in einem geschlossenen Siedlungsbereich leben und dort die deutliche Bevölkerungsmehrheit stellen.[511] Religiöse und sprachliche Minderheiten, die nicht zugleich auch ethnische Minderheiten sind, können keinesfalls Subjekt des Selbstbestimmungsrechts der Völker sein. Auch ethnische Minderheiten, die nicht in einem geschlossenen Siedlungsbereich leben, können nicht Subjekt des Selbstbestimmungsrechts sein.[512] Anderenfalls kollidierten das Selbstbestimmungsrecht der Mehrheitsbevölkerung und das der Minderheit. Ein Gegensatz, der wohl nur durch das Zurücktreten des Rechts der kleineren Gruppe aufzulösen wäre. Völlig unberührt hiervon bleibt der völkerrechtliche Minderheitenschutz, auf den sich grundsätzlich alle genannten Arten von Minderheiten berufen können, der aber strikt vom Konzept der Selbstbestimmung zu trennen ist.[513] Um Minderheiten in diesem Sinne handelt es sich nach der vom Ständigen Internationalen Gerichtshof entwickelten Formel bei Gruppen von Menschen, die auf einem bestimmten, abgrenzbaren Territorium leben, eigene rassische, religiöse, sprachliche oder andere kulturelle Merkmale aufweisen und den Willen zur Bewahrung ihrer Eigenart haben.[514]

IV. Kolonialvölker

Träger des Selbstbestimmungsrechts der Völker sind auch Kolonialvölker, wenngleich sie zumeist vor der Kolonisierung weder Staatsvolk noch Volk im ethnischen Sinne oder Minderheit im Kolonialstaat waren. In den Fällen der Dekolonisierung war zwar ein Territorium und der Wille zur Selbständigkeit vorhanden, es fehlte allerdings in aller Regel an einem ethnisch homogenen Volk. Die von den Kolonialmächten mehr oder weniger willkürlich gezogenen Grenzen beachteten die Siedlungsgebiete ethnischer Gruppen häufig nicht, so dass

---

511 Murswiek, ArchVR 31 (1993), S. 328; ders., Der Staat 23 (1984), S. 523 ff.; a. A. Gusy, ArchVR 30 (1992), S. 392 ff., 400f.; Mett, Das Konzept des Selbstbestimmungsrechts, S. 193, 271, 369, 373.

512 Doehring, Formen und Methoden der Anwendung des Selbstbestimmungsrechts, in: Blumenwitz/Meissner (Hrsg.), Selbstbestimmungsrecht und deutsche Frage, S. 69 f.; Heintze, in: Ipsen, Völkerrecht, § 28 Rn. 15 (S. 361); Thürer, PolStud 44 (1993), SH 6, S. 32.

513 Heintze, Selbstbestimmungsrecht und Minderheitenrechte, S. 45 f., 122 ff., 132.

514 Greco-Bulgarian „Communities", Advisory Opinion, PCIJ, Series B, No. 17 (1930), S. 21.

innerhalb der Kolonialgrenzen verschiedene ethnische Gruppen lebten. Deshalb fehlte es bereits an dem definitionsgemäß erforderlichen Willen, die gemeinsamen Eigenarten zu bewahren.[515] Angesichts der in fast allen Fällen fehlenden Staatlichkeit konnte sich die Kolonialbevölkerung nicht auf ein fortwirkendes Selbstbestimmungsrecht als früheres Staatsvolk berufen. Da die Kolonialbevölkerungen den Staatsbürgern der Kolonialstaaten zudem formell nicht gleichgestellt waren, stellten sie auch keine Minderheiten im zuvor genannten Sinne dar.[516] Gleichwohl wurde den Kolonialbevölkerungen das Recht auf Selbstbestimmung zuerkannt. Kolonialherrschaft wurde als Hinderungsgrund ethnischer Selbständigkeit betrachtet, die deshalb zu beenden sei. Bis zum Ende der Dekolonisierung war sie in der Praxis der Vereinten Nationen sogar der weit überwiegende Anwendungsbereich des Selbstbestimmungsrechts. Es ist deshalb behauptet worden, der Rechtscharakter des Selbstbestimmungsrechts sei nur im Bereich der Dekolonisierung anerkannt.[517] Wie gezeigt wurde,[518] ist diese Auffassung heute überholt. Die Dekolonisierung ist also ein spezieller Fall des Selbstbestimmungsrechts, in dem Träger des Rechts nicht ein Volk oder eine qualifizierte Minderheit ist, sondern an dessen Stelle die „soziale Einheit" innerhalb der kolonialen Grenzen.[519] Ausnahmsweise steht das Recht also den Bevölkerungen bestimmter Gebiete zu. Abweichend von dieser weit verbreiteten Sichtweise will Gusy, der als Subjekt des Selbstbestimmungsrechts nur Staatsvölker, ehemalige Staatsvölker und „Staatsvölker im Werden" anerkennt, die Kolonialbevölkerung aufgrund ihres Status als „Staatsvolk im Werden" als Träger des Selbstbestimmungsrechts anerkennen.[520]

V. Individuen

Aus der Einbeziehung des Selbstbestimmungsrechts in die beiden Menschenrechtspakte von 1966 ist gefolgert worden, das Selbstbestimmungsrecht könne als Menschenrecht auch von Individuen geltend gemacht werden; ja mehr noch:

---

515 Doehring, in: Simma (Hrsg.), Charter of the United Nations, Vol. I, Self-Determination, Rn. 30.

516 Doehring, a. a. O., Rn. 47.

517 Partsch, Selbstbestimmung, in: Wolfrum (Hrsg.), Handbuch Vereinte Nationen, Ziff. 101, Rn. 19 (S. 750), 24 (S. 751); Thürer, Selbstbestimmungsrecht, S. 151.

518 Siehe 2. Teil B. III. 1. a), 3.

519 Klein, Selbstbestimmungsrecht und deutsche Frage, S. 38.

520 Gusy, ArchVR 30 (1992), S. 391; ähnlich: Mett, Das Konzept des Selbstbestimmungsrechts, S. 107; siehe hierzu auch 2. Teil C. II.

Das Selbstbestimmungsrecht sei ausschließlich Individualrecht im Sinne der freien Wahl der Gruppenzugehörigkeit.[521] Diese Auffassung ist jedoch vereinzelt geblieben. Nach ganz herrschender Auffassung ist die freie Wahl der Gruppenzugehörigkeit nicht Bestandteil des Selbstbestimmungsrechts der Völker, das als echtes Kollektivrecht nicht von den Individuen, sondern nur von der Gruppe in Anspruch genommen werden kann.[522]

D. Inhalt des Selbstbestimmungsrechts

Der Inhalt des Selbstbestimmungsrechts ist auf die autonome Bestimmung des eigenen politischen Status gerichtet. Je nach dem, ob der tatsächliche Status, in dem sich das Volk befindet, seinem Willen entspricht und gegen äußere Einmischung verteidigt werden soll, oder ob die Änderung des vom Willen verschiedenen Status verlangt wird, wird zwischen defensivem und offensivem Selbstbestimmungsrecht unterschieden.[523] Daneben wird zwischen dem inneren und äußeren Selbstbestimmungsrecht differenziert. Unter innerer oder auch interner Selbstbestimmung wird zweierlei verstanden: Zum einen wird hierunter das Recht eines Staatsvolkes verstanden, frei über die eigene Regierungsform ohne Zwang von außen zu bestimmen.[524] Zum anderen wird unter innerer Selbstbestimmung auch das Recht einer Minderheit auf Bewahrung ihrer spezifischen Eigenarten verstanden.[525] Die äußere Selbstbestimmung betrifft demgegenüber die Festlegung des Verhältnisses des Rechtsträgers zu anderen Völkern und deren Staaten.[526]

---

521 Vgl. Hu, Selbstbestimmungsrecht als Vorbedingung, S. 232, 242, 249; Seiffert, Selbstbestimmungsrecht und deutsche Vereinigung, S. 59, 71; Wengler, Das Selbstbestimmungsrecht der Völker als Menschenrecht, S. 7, 10, 19 et passim, jeweils m. w. N.

522 Vgl. nur Gusy, ArchVR 30 (1992), S. 396 f.; Heintze, in: Ipsen, Völkerrecht, § 28 Rn. 16 f. (S. 362 f.) m. w. N.; ders., Selbstbestimmungsrecht und Minderheitenrechte, S. 47 f.; Klein, Selbstbestimmungsrecht und deutsche Frage, S. 42.

523 Siehe hierzu 2. Teil D. III.

524 Pomerance, Self-Determination, S. 37 ff.; Thürer, Selbstbestimmungsrecht, S. 47 f.

525 Doehring, in: Simma (Hrsg.), Charter of the United Nations, Vol. I, Self-Determination, Rn. 32.

526 Klein, Selbstbestimmungsrecht und deutsche Frage, S. 43.

I. Äußeres Selbstbestimmungsrecht

Für die Festlegung des Verhältnisses des Volkes zu anderen Völkern, den so genannten Statusentscheid, sieht die Prinzipiendeklaration drei Möglichkeiten vor, die alle Fälle der äußeren Selbstbestimmung sind: Erstens die Errichtung eines souveränen und unabhängigen Staates, die freie Vereinigung mit einem unabhängigen Staat oder die Wahl eines anderen, selbstbestimmten Zustandes.[527]

1. Staatenbildung

Die Bildung eines eigenen Staates ist die reinste und kompromissloseste Möglichkeit der Ausübung des (äußeren) Selbstbestimmungsrechts. Das Völkerrecht geht im Grundsatz davon aus, dass die Staatenbildung die „normale" Konsequenz der Wahrnehmung des Selbstbestimmungsrechts durch ein Volk ist, wenngleich sie nicht deren zwangsläufige Folge sein muss.[528] Hat der Träger des Selbstbestimmungsrechts die eigene Staatlichkeit verwirklicht, besteht das Selbstbestimmungsrecht als Abwehrrecht fort. Es tritt neben die aus dem Souveränitätsprinzip folgenden Ansprüche auf territoriale Integrität und Nichteinmischung und verstärkt diese Rechte quasi.[529] Angesichts der Parallelität von Souveränitätsanspruch und Selbstbestimmungsrecht gibt es keinen Konflikt zwischen den beiden Rechtsnormen. Neben der Staatsbildung sind auch andere Formen der Ausübung des äußeren Selbstbestimmungsrechts denkbar, die allerdings die Zugehörigkeit zu einem anderen Staat bedeuten. Der originären Staatsgründung kommt heute keine praktische Relevanz mehr zu. Seit dem Abschluss der Dekolonisierung und der vollständigen Aufteilung menschlicher Siedlungsgebiete zwischen den Staaten ist der Konflikt mit einem dieser Staaten unausweichlich, wenn sich ein Volk, das nicht zugleich Staatsvolk ist, auf das Selbstbestimmungsrecht beruft. Das Selbstbestimmungsrecht befindet sich deshalb mehr denn je im Spannungsverhältnis zu dem Recht der Staaten auf Respektierung ihrer Souveränität, denn seine Ausübung ist nicht ohne die Zerstörung der territorialen Integrität des betroffenen Staates denkbar. Das Recht zur Bildung eines eigenen Staates ist nur noch durch Ausscheiden aus dem bisherigen Staatsverband möglich.

---

527 GV-Res. 2625 (XXV) vom 24.10.1970, in: Schulz/Mann, Resolutionen zum Selbstbestimmungsrecht, S. 68 ff.

528 Vgl. Heintze, Selbstbestimmungsrecht und Minderheitenrechte, S. 84 f.

529 Vgl. Gusy, ArchVR 30 (1992), S. 398 f.

2. *Sezession*

Ob sich aus dem Selbstbestimmungsrecht ein Recht auf Sezession ergibt, gehört zu den besonders umstrittenen Fragen, die im Zusammenhang mit dem Selbstbestimmungsrecht erörtert werden. Die Beantwortung dieser Frage hat in drei Schritten zu erfolgen: Erstens ist zu definieren, welche Sachverhalte als Sezessionen zu bezeichnen sind. Zweitens ist zu klären, wie sich das Völkerrecht zur Sezession verhält. Es geht dabei um die Frage, ob das Völkerrecht Sezessionen verbietet, erlaubt oder keine Wertung trifft. Falls die Sezession grundsätzlich zulässig ist, kommt es drittens darauf an zu fragen, ob und unter welchen Voraussetzungen das Selbstbestimmungsrecht eine Sezession legitimieren kann.

a) Begriff der Sezession

Unter einer Sezession versteht die völkerrechtliche Lehre einen Fall der Staatennachfolge, bei dem ein Teilgebiet eines Staates unabhängig wird, der von der Sezession betroffene Staat aber mit verkleinertem Staatsgebiet als Völkerrechtssubjekt fortbesteht.[530] Da die Sezession zwangsläufig die territoriale Integrität des von ihr betroffenen Staates beeinträchtigt, steht sie grundsätzlich im Gegensatz zum Prinzip der Staatensouveränität. Dieser Gegensatz besteht nicht, wenn der Staat nicht über einen völkerrechtlich geschützten Titel über das von der Sezession betroffene Territorium verfügt. In diesen Fällen besteht kein Grund für den Schutz der territorialen Integrität und auch kein Gegensatz von Selbstbestimmungsrecht und Souveränitätsanspruch. Oeter bezeichnet diese Fälle angesichts des Fehlens eines die territoriale Souveränität legitimierenden Titels, der die staatliche Unabhängigkeit von Rechts wegen hindern könnte, als „unechte Sezessionen".[531] Oeter unterscheidet mithin „echte" und „unechte" Sezessionen danach, ob der von der Abspaltung betroffene Staat über einen unbestreitbaren Souveränitätstitel verfügt oder nicht.[532] Deshalb ist für die Frage der völkerrechtlichen Zulässigkeit der Sezession der Bereich der Dekolonisierung nicht relevant. Dabei mag dahinstehen, ob man die Fälle der Dekolonisierung als Sezessionen behandelt, die durch den besonderen Status des Kolonialgebietes gerechtfertigt waren, oder ob man sie rechtlich gar nicht als Sezessionen bewertet. Das Gleiche gilt für Gebiete, über die der Staat Souveränität aufgrund eines völ-

530 Haverland, Secession, EPIL Vol. IV, S. 354 f.; Heintze, in: Ipsen, Völkerrecht, § 29 Rn. 8 (S. 367).

531 Oeter, ZaöRV 52 (1992), S. 750.

532 Oeter, a. a. O., S. 753.

kerrechtswidrigen Aneignungsaktes erlangt hat. So ist die Wiedererlangung der staatlichen Unabhängigkeit der baltischen Staaten überwiegend nicht als Sezession eingestuft worden, weil diese Staaten von der Sowjetunion völkerrechtswidrig annektiert worden waren.[533] Erforderlich ist darüber hinaus noch eine weitere Unterscheidung: Die Sezession kann entweder im Einverständnis mit der zentralen Staatsgewalt (Entlassung) oder gegen deren Willen (Losreißung) erfolgen. Der Begriff der Sezession stellt den Oberbegriff dar, Entlassung und Losreißung sind dessen Unterbegriffe.[534] Es versteht sich von selbst, dass nur dann ein Ausgleich zwischen den konfligierenden Rechtsgütern von Selbstbestimmung und Staatensouveränität erforderlich ist, wenn die Sezession als Losreißung gegen den Willen des Staates erfolgt. Entlassungen finden in der Regel eine Grundlage im innerstaatlichen Recht und sind völkerrechtlich unproblematisch. Im Sinne dieser Unterscheidungen geht es im Folgenden nur um „echte Losreißungen“.

b) Wertung der Sezession im Völkerrecht

Wegen der durch die Sezession herbeigeführten Beeinträchtigung der territorialen Integrität hielt man die Sezession lange Zeit für unzulässig. Die territoriale Integrität der Staaten ist Ausfluss des Schutzes ihrer Souveränität und wird als selbstständiger Völkerrechtsgrundsatz verstanden.[535] Die Charta der Vereinten Nationen anerkennt die territoriale Integrität der Staaten in Artikel 2 Ziffer 4: *„Alle Mitglieder unterlassen in ihren Beziehungen jede gegen die territoriale Unversehrtheit oder die politische Unabhängigkeit eines Staates ... gerichtete Androhung oder Anwendung von Gewalt.“* Die Diskussion in der United Nations Conference on International Organization von San Francisco über den sowjetischen Vorschlag, das Recht auf Selbstbestimmung in die Charta der Vereinten Nationen aufzunehmen, kam zu dem Ergebnis, dass das Selbstbestimmungsrecht mit den Zwecken der Organisation nur insoweit in Übereinstimmung zu bringen sei, als es zwar das Recht auf Selbstregierung aber kein Recht zur Se-

---

533 Murswiek, ArchVR 31 (1993), S. 321, 327; vgl. zur Nichtanerkennungspolitik der westlichen Staaten Meissner, Die staatliche Kontinuität, völkerrechtliche Stellung und außenpolitische Lage der baltischen Länder, in: Meissner (Hrsg.), Die baltischen Nationen, S. 276 ff.

534 Dahm/Delbrück/Wolfrum, Völkerrecht, Bd. I/1, § 15 I. 1 (S. 151); Verdross/Simma, Universelles Völkerrecht, §§ 966 ff. (S. 600 f.).

535 Rozakis, Territorial Integrity and Political Independence, EPIL Vol. IV, S. 812 f., 817.

zession beinhalte.[536] Dieser Einschätzung folgte auch lange Zeit die Praxis der Staaten und der Vereinten Nationen. Nur im Bereich der Dekolonisierung wurde die Loslösung vom Mutterland anerkannt, im Übrigen aber strikt abgelehnt. So heißt es in Ziffer 6 der Unabhängigkeitsdeklaration vom 14. Dezember 1960: *„Any attempt aimed at the partial or total disruption of the national unity and the territorial integrity of a country is incompatible with the purposes and principles of the Charter of the United Nations.“*[537] Ebenso klar äußerte sich im Februar 1970 der damalige Generalsekretär der Vereinten Nationen, Sithu U Thant im Hinblick auf den Biafra-Fall: *„So, as far as the question of secession of a particular section of a Member State is concerned, the United Nations attitude is unequivocable. As an international organization, the United Nations has never accepted and does not accept and I do not believe it will ever accept the principle of secession of a part of its Member State.“*[538] Auch die Entstehung der Selbstbestimmungsartikel der beiden Menschenrechtspakte von 1966 zeigt, dass trotz der Anerkennung des Selbstbestimmungsrechts von kaum einer Delegation ein Sezessionsrecht anerkannt werden sollte.[539] Das völkerrechtliche Schrifttum lehnte vor diesem Hintergrund ein Recht auf Sezession lange Zeit ab.[540] Das Völkerrecht garantiere die Souveränität der bestehenden Staaten, so dass es nicht gleichzeitig gestatten könne, dass die Souveränität durch Sezession beeinträchtigt werde.[541]

Gegenüber den bis dahin klaren und eindeutigen Äußerungen der Vereinten Nationen ließ die Prinzipiendeklaration vom 24. Oktober 1970[542] Spielraum für Interpretationen. Nach den Ausführungen zu den Möglichkeiten der Verwirk-

---

536 UNCIO-Documents Vol. VI, S. 296; vgl. zur Entstehungsgeschichte des Art. 1 Abs. 2 der Charta Thürer, Selbstbestimmungsrecht, S. 68-73.

537 GV-Res. 1514(XV), Schulz/Mann, Resolutionen zum Selbstbestimmungsrecht, S. 44 ff.

538 UN Monthly Chronicle, Vol. VII (1970), No. 2, S. 36 (Antwort des Generalsekretärs bei einer Pressekonferenz in Dakar am 04.01.1970 auf die Frage, ob es nicht einen Widerspruch zwischen dem von den Vereinten Nationen anerkannten Selbstbestimmungsrecht und der Haltung der nigerianischen Regierung gebe).

539 Franck, Postmodern Tribalism and the Right to Secession, in: Brölmann u.a. (Hrsg.), Peoples and Minorities in International Law, S. 17; Gornig, PolStud 44 (1993), SH 6, S. 15; Thürer, Selbstbestimmungsrecht, S. 115 ff. jeweils m. w. N.

540 Vgl. nur Armbruster, Selbstbestimmungsrecht, WVR Bd. III, S. 253; Emerson, AJIL 65 (1971), S. 464 f.; Gros Espiell, The Right to Self-Determination, S. 13 f. (para. 90).

541 Armbruster, a. a. O.: „Das Souveränitätsprinzip schließt das Selbstbestimmungsrecht logisch aus.“

542 GV-Res. 2625 (XXV), in: Schulz/Mann, Resolutionen zum Selbstbestimmungsrecht, S. 68 ff.

lichung des Selbstbestimmungsrechts, der Verpflichtung der Mitgliedsstaaten zur Beachtung dieses Rechts und zum Status der Kolonialgebiete heißt es in Absatz 7: „*Nothing in the foregoing paragraphs shall be construed as authorizing or encouraging any action which would dismember or impair, totally or in part, the territorial integrity or political unity of sovereign and independent states, conducting themselves in compliance with the principle of equal rights and self-determination of peoples as described above and thus possessed of a government representing the whole people belonging to the territory without distinction as to race, creed or colour.*" Nach dieser Formulierung ist die territoriale Integrität nur solcher Staaten geschützt, die sich vom Prinzip der Gleichberechtigung und dem der Selbstbestimmung leiten lassen und deren Regierungen das ganze Volk ohne Unterschied der Rasse, des Glaubens und der Hautfarbe repräsentieren. Mit dem argumentum e contrario ist die territoriale Integrität von Staaten, die diese Bedingungen nicht erfüllen, folglich nicht geschützt.[543] Oeter bezeichnet die zitierte Passage als „Schranken-Schranke", die das das Selbstbestimmungsrecht beschränkende Souveränitätsprinzip seinerseits beschränke.[544] Gegen diese Schlussfolgerung ist eingewandt worden, die Resolution sei singulär geblieben im Gegensatz zu zahlreichen Resolutionen, die die Souveränität der Staaten stützen.[545] Zudem seien sich die Kommissionsmitglieder einig gewesen, dass das Selbstbestimmungsrecht kein Sezessionsrecht beinhalte.[546] Man wird jedoch sagen können, dass durch die Fassung der Prinzipiendeklaration eine einseitige Beantwortung des Verhältnisses von Souveränität und Selbstbestimmungsrecht zugunsten erstgenannter ausgeschlossen ist. Denn wenn die Resolution einerseits jedem Volk das Recht auf Selbstbestimmung zuerkennt, andererseits nichts in der Deklaration so interpretiert werden darf, dass sich daraus Eingriffe in die territoriale Integrität oder politische Einheit eines souveränen Staates legitimieren lassen, besteht die Antwort in einem Zirkelschluss.[547]

---

543 Arangio-Ruiz, The United Nations Declaration on Friendly Relations, S. 136, 140; Doehring, in: Simma (Hrsg.), Charter of the United Nations, Vol. I, Self-Determination, Rn. 37; Heintze, in: Ipsen, Völkerrecht, § 29 Rn. 10 (S. 368 f.).

544 Oeter, ZaöRV 52 (1992), S. 756 f.

545 Thürer, Self-Determination, EPIL Vol. IV, S. 367 f.; ders., Selbstbestimmungsrecht, S. 186ff.; ders., ArchVR 22 (1984), S. 125; ebenfalls kritisch: Tomuschat, Self-Determination in a Post-Colonial World, in: Tomuschat (Hrsg.), Modern Law of Self-Determination, S. 9 ff.

546 Gornig, PolStud 44 (1993), SH 6, S. 16; Thürer, Selbstbestimmungsrecht, S. 186 ff.; jeweils m. w. N.

547 Zutreffend: Murswiek, ArchVR 31 (1993), S. 310.

Die strikte Ablehnung der Sezession ist mit der neueren Staatenpraxis nicht mehr zu vereinbaren. Zwar wurden Sezessionen vielfach vom Sicherheitsrat und der Generalversammlung der Vereinten Nationen verurteilt, eine Reihe von Sezessionen wurde von der Staatengemeinschaft allerdings auch anerkannt.[548] Dieses uneinheitliche Verhalten der Staatengemeinschaft spricht dafür, dass es eine kategorische Ablehnung der Sezession im Völkerrecht nicht gibt. Zwar ist der Rückschluss vom Verhalten der Staaten auf eine ihrem Verhalten zugrunde liegende Rechtsüberzeugung schon deshalb schwierig, weil die Staatenpraxis vom politischen Pragmatismus dominiert wird. Nicht ganz unberechtigt, im Ergebnis aber doch zu weit gehend, ist deshalb die Auffassung von Quaye, der meint, *„the legitimacy of ... secessionist struggles depend on whether or not they succeed."*[549] Tendenziell mag die Rechtmäßigkeit der sezessionistischen Bestrebungen durchaus von ihrem Erfolg abhängen, eine diesbezügliche Rechtsüberzeugung dürfte jedoch nicht nachzuweisen sein. Dagegen spricht zum Beispiel das Verhalten der Staatengemeinschaft im Falle der Türkischen Republik Nord-Zypern, deren Sezession von Zypern Erfolg hatte, der die internationale Anerkennung jedoch versagt blieb.[550] Das Verhalten der Staaten bei der Anerkennung der aus dem Zerfall Jugoslawiens, der Tschechoslowakei und der Sowjetunion hervorgegangenen Neustaaten belegt, dass das geltende Völkerrecht kein Verbot der Sezession kennt.[551] Das Verhalten der Staatengemeinschaft insbesondere im Falle Jugoslawiens lässt den Schluss zu, dass nach Auffassung der Staaten die gesamtstaatliche Souveränität der Legitimation der Eigenstaatlichkeit durch das Selbstbestimmungsrecht nicht im Wege stand. Da die Auflösungsprozesse in der Sowjetunion und der Tschechoslowakei vertraglich vereinbart wurden, verliefen sie für die Menschheit zum Glück friedlich und zum Schaden für das Völkerrecht ohne die wünschenswerte Eindeutigkeit. Dass es völkerrechtsgemäße Sezessionen geben können muss, folgert Heintze aus dem Wiener Übereinkommen über Staatennachfolge in Verträge vom 22. August 1978[552] und der Wiener Konvention über die Staatennachfolge in Staatsvermögen, -archive und –schulden vom 8. April 1983[553]. Sie regeln den Nachfolgetatbestand der Separation,

548 Vgl. hierzu die Untersuchung von Sezessionen im 3. Teil C. I. 3. a).

549 Quaye, Liberation Struggles in International Law, S. 211.

550 Siehe 3. Teil C. I. 3. a) aa) (4).

551 Vgl. hierzu Franck, Postmodern Tribalism and the Right to Secession, in: Brölmann u. a. (Hrsg.), Peoples and Minorities in International Law, S. 19 f., 24 ff.; Murswiek, ArchVR 31 (1993), S. 315 ff.

552 ILM Vol. 17 (1978), S. 1488-1516.

553 ILM Vol. 22 (1983), S. 306-329.

der die Sezession einschließt. Da die Verträge aber nur auf völkerrechtsgemäße Nachfolgeereignisse anwendbar sind, muss es denknotwenig aus der Sicht der Vertragsstaaten völkerrechtsgemäße Sezessionen geben.[554] Das rechtfertigt die Annahme, dass das Völkerrecht weder ein grundsätzliches Recht zur noch ein Verbot der Sezession enthält: Das Völkerrecht verhält sich statt dessen vielmehr neutral zur Sezession.[555]

c) *Legitimation durch das Selbstbestimmungsrecht*

Nicht beantwortet ist damit allerdings die Frage, unter welchen Bedingungen das Selbstbestimmungsrecht zur Sezession berechtigen soll. Die voraussetzungslose Anerkennung eines solchen Rechts hätte die Instabilität der Staatengemeinschaft zu Folge. Der Grundsatz staatlicher Souveränität müsste sich im Konfliktfalle generell dem Selbstbestimmungsrecht unterordnen. Eine Position, die deshalb in der völkerrechtlichen Lehre auch nicht vertreten wird.[556] Vielmehr wird die Berechtigung zum Ausscheiden aus dem Staatsverband vom Vorliegen bestimmter Voraussetzungen abhängig gemacht. Ein großer Teil der völkerrechtlichen Lehre anerkennt heute ein sich aus dem Selbstbestimmungsrecht ergebendes Recht zur Sezession, wenn sich ein Staat einseitig gegen eine Volksgruppe unter massivster Missachtung der Menschenrechte wendet.[557] Die Maßstäbe, die insoweit formuliert wurden, sind im einzelnen unterschiedlich; gemeinsam ist allen Autoren, dass nicht jede Verletzung von Rechten ausreichen soll. So will

---

554 Heintze, in: Ipsen, Völkerrecht, § 29 Rn. 11 (S. 369).

555 So die ganz h. M.; vgl. statt vieler: Franck, a. a. O., S. 13; Haverland, Secession, EPIL Vol. IV, S. 355; Heintze, a. a. O., § 29 Rn. 11 (S. 369); ders., Selbstbestimmungsrecht und Minderheitenrechte, S. 88.

556 Der einzige wissenschaftliche Autor, der sich mit einer detaillierten Argumentation für ein weitgehend uneingeschränktes Sezessionsrecht einsetzt, ist anonym geblieben: Anonym Note, YLJ 89 (1979-1980), S. 802 ff.

557 Cristescu, The Right to Self-Determination, S. 26 (para. 173); Doehring, BDGVR, 14 (1974), S. 30 ff.; ders., Formen und Methoden der Anwendung des Selbstbestimmungsrechts, in: Blumenwitz/Meissner (Hrsg.), Selbstbestimmungsrecht und deutsche Frage, S. 68 f.; ders., PolStud 44 (1993), SH 6, S. 47; Gornig, PolStud 44 (1993), SH 6, S. 23; Hobe/Kimminich, Einführung in das Völkerrecht, S.115 f., 118; Klein, Vereinte Nationen und Selbstbestimmungsrecht, in: Blumenwitz/Meissner (Hrsg.), Selbstbestimmungsrecht und deutsche Frage, S. 114 f.; ders., Selbstbestimmungsrecht und die deutsche Frage, S. 48; Thürer, ArchVR 22 (1984), S. 127 f.; Tomuschat, Self-Determination in a Post-Colonial World, in: Tomuschat (Hrsg.), Modern Law of Self-Determination, S. 9; Umozurike, Self-Determination in International Law, S. 199 f.; Zieger, Gebietsveränderungen und Selbstbestimmungsrecht, in: Blumenwitz/Meissner (Hrsg.), Selbstbestimmungsrecht und deutsche Frage, S. 86 f.

Doehring das Sezessionsrecht solange nicht zugestehen, wie noch Aussicht besteht, dass die Staatsgewalt auf Gegenvorstellungen hin Diskriminierungen einstellt, oder wenn Rechtsmittel zur Verfügung stehen, die der Diskriminierung abhelfen könnten.[558] Doehring bejaht ein Sezessionsrecht, wenn im Falle nicht mehr zumutbarer Diskriminierung eines Volkes das Staat und Bürger verbindende Schutz- und Loyalitätsband als zerrissen angesehen werden muss und die Diskriminierung sich gerade gegen diejenigen Gruppeneigenarten richtet, die für die Inanspruchnahme des Selbstbestimmungsrechts charakteristisch sind, also die Identität der Gruppe ausmachen.[559] Später hat Doehring die diskriminierende Behandlung dahingehend präzisiert, dass eine evidente und eklatante Verletzung fundamentaler Menschenrechte vorausgesetzt sei. Als Beispiele nennt er Hinrichtungen oder unbegrenzte Freiheitsentziehungen ohne gerichtliches Verfahren, Auseinanderreißungen von Familien, Enteignungen ohne Rücksicht auf das Existenzminimum, Verbot der Religion oder der Sprache und die Durchsetzung dieser Verbote mit brutalen Mitteln.[560]

Soweit die Grundlage des Sezessionsrechts im Verhältnis von Selbstbestimmung und Menschenrechten gesucht wird, findet sich auch das Verständnis vom Selbstbestimmungsrecht als Vorbedingung des Genusses aller Menschenrechte.[561] Meist wird in diesem Zusammenhang auf die Einbeziehung des Selbstbestimmungsrechts in die Menschenrechtspakte von 1966 hingewiesen. Es ist sogar behauptet worden, die Verwirklichung der individuellen Menschenrechte sei kaum vorstellbar, wenn die Menschen einem fremdbestimmten Volk angehörten. Denn Begründung und Aufrechterhaltung von Fremdherrschaft gehe jeden-

---

558 Doehring, in: Simma (Hrsg.), Charter of the United Nations, Vol. I, Self-Determination, Rn. 39.

559 Doehring, BDGVR, 14 (1974), S. 31 ff.; ders., PolStud 44 (1993), SH 6, S. 47 f.; zustimmend: Gornig, PolStud 44 (1993), SH 6, S. 23; Kimminich, Rechtscharakter und Inhalt des Selbstbestimmungsrechts, in: Blumenwitz/Meissner (Hrsg.), Selbstbestimmungsrecht und deutsche Frage, S. 41; Klein, Selbstbestimmungsrecht und deutsche Frage, S. 48 f.; ders., PolStud 34 (1983), S. 639 f.; Zieger, Gebietsveränderungen und Selbstbestimmungsrecht, in: Blumenwitz/Meissner (Hrsg.), Selbstbestimmungsrecht und deutsche Frage, S. 86 f.

560 Doehring, in: Simma (Hrsg.), Charter of the United Nations, Vol. I, Self-Determination, Rn. 40; ähnlich in PolStud 44 (1993), SH 6, S. 47.

561 Vgl. Hu, Selbstbestimmungsrecht als Vorbedingung, S. 254 ff.; Schmitz, Tibet und das Selbstbestimmungsrecht, S. 211 (Fn. 456) m. w. N.; Zieger, Gebietsveränderungen und Selbstbestimmungsrecht, in: Blumenwitz/Meissner (Hrsg.), Selbstbestimmungsrecht und deutsche Frage, S. 87.

falls in der Regel mit Repressionen einher.[562] Diese Behauptung ist in der Sache freilich unzutreffend. Zu Recht ist darauf hingewiesen worden, dass die Achtung und Bewahrung der Menschenrechte auch in Fällen der Fremdherrschaft denkbar ist.[563] Der Verletzung von Menschenrechten kommt jedoch indizielle Wirkung zu. Die meisten Autoren gehen von einem Notwehrrecht im Falle nachhaltiger Verletzungen grundlegender Menschenrechte aus. Dagegen ist das Bestehen einer Notwehrlage bei Gewährleistung sämtlicher Menschenrechte kaum vorstellbar. Murswiek nennt ausgehend von der Erkenntnis, dass das Selbstbestimmungsrecht zwingend die Garantie der Existenz des Volkes impliziert, solche Maßnahmen, die darauf abzielen, dem Volk seine gruppenspezifischen Besonderheiten zu nehmen oder die Basis seiner Existenz zu zerstören. Dazu gehören nach seiner Auffassung beispielsweise das Verbot, die eigene Sprache zu sprechen, die eigene Geschichte zu überliefern, unter Gruppenangehörigen zu heiraten, die Vertreibung von Teilen der Bevölkerung, die gezielte Ansiedlung von Angehörigen des Mehrheitsvolkes sowie willkürliche Inhaftierungen oder Hinrichtungen von Führungspersonen des betroffenen Volkes.[564]

Vielfach wird Absatz 7 der Prinzipiendeklaration als Grundlage des Notwehrrechts in Anspruch genommen.[565] Thürer will in Anknüpfung an das Gutachten der im Ålandstreit vom Völkerbundrat eingesetzten Expertenkommission ein Recht auf freie Statusbestimmung in Fällen des Souveränitätsvakuums und bei brutalem Missbrauch der Staatsgewalt anerkennen, wenn die „Verletzungen der Menschenwürde" gegen die Gruppe als solche gerichtet sind und kein anderes erfolgversprechendes völkerrechtliches oder innerstaatliches Mittel zur Behebung des Notstandes zur Verfügung steht (ultima-ratio-Gedanke).[566] Auch Cristescu kommt unter sehr engen Voraussetzungen zu einem Recht auf Abspaltung: *„The right of secession unquestionably exists, ..., in a special, but very important case: that of peoples, territories and entities subjugated in violation of international law. In such cases, the peoples concerned have the right to regain*

---

562 Schmitz, Tibet und das Selbstbestimmungsrecht, S. 212.

563 Zutreffend Doehring, in: Simma (Hrsg.), Charter of the United Nations, Vol. I, Self-Determination, Rn. 20.

564 Murswiek, ArchVR 31 (1993), S. 314.

565 Doehring, a. a. O., Rn. 37; Tomuschat, Das Recht auf die Heimat. Neue rechtliche Aspekte, in: Jekewitz, u. a. (Hrsg.), Des Menschen Recht zwischen Freiheit und Verantwortung, Festschrift für Karl-Josef Partsch, S. 211; Murswiek, Der Staat 23 (1984), S. 541; Oeter, ZaöRV 52 (1992), S. 759 ff.

566 Thürer, PolStud 44 (1993); SH 6, S. 36; ders., ArchVR 22 (1984), S. 127 f.

their freedom and constitute themselves independent sovereign states."[567] Demgegenüber vertritt Marauhn vor dem Hintergrund des KSZE-Prozesses und der Sezession Sloweniens eine deutlich großzügigere Auffassung: Im europäischen Kontext soll ein Sezessionsrecht bereits bestehen, wenn der friedliche Verhandlungsprozess zur einvernehmlichen Loslösung durch den Einsatz militärischer Gewalt durch den von der Sezession betroffenen Staat beeinträchtigt wird.[568] Unbeschadet der Nachweisbarkeit entsprechenden partikulären Völkerrechts fehlt es außerhalb Europas jedenfalls an einer gewohnheitsrechtlichen Verfestigung, so dass es keinen universellen Völkerrechtssatz dieses Inhalts gibt. Zusammenfassend lässt sich sagen, dass sich das Selbstbestimmungsrecht nur in ausgesprochen extremen Situationen als Sezessionsrecht realisieren kann, wobei im Detail keine Übereinstimmung in der Völkerrechtslehre über die Tatbestandsvoraussetzungen besteht. Aber zumindest dann, wenn die Existenz des Volkes nicht anders als durch Sezession gewahrt werden kann, besteht nach nahezu übereinstimmender Auffassung ein Recht hierauf.

Der Staat hat es mithin selbst in der Hand, durch die Gewährung von Volksgruppen- und Minderheitenrechten sowie die Achtung der Menschenrechte eine zur Sezession berechtigende Notwehrlage nicht entstehen zu lassen. Diese Auffassung ermöglicht die Abspaltung jedoch, wenn nur sie die Erhaltung der identitätsbestimmenden Merkmale gewährleistet. Sie berücksichtigt zudem, dass der Souveränitätsanspruch der Staaten nicht absolut besteht, sondern seine Grenze wiederum im Völkerrecht findet.[569] Selbstbestimmungsrecht und Souveränität können als antagonistische Rechtsgüter vermittels dieser Auffassung quasi im Wege praktischer Konkordanz zu weitgehender Geltung gebracht werden.[570] Ein genereller Ausschluss der Sezession konstruierte eine Normenhierarchie, die das Völkerrecht nicht kennt. Angesichts der heutigen Weltkarte wäre das Selbstbestimmungsrecht für die Zukunft zudem in seinem Kern, nämlich dem Recht eines Volkes auf den eigenen Staat, ohne große praktische Bedeutung. Die bedingte Zulassung der Sezession ist auch rechtspolitisch überzeugend. Rechtfertigung findet der Grundsatz der Souveränität der Staaten nämlich im Interesse der

---

567 Cristescu, The Right to Self-Determination, S. 26 (para. 173).

568 Marauhn, Anspruch auf Sezession?, in: Heintze (Hrsg.), Selbstbestimmungsrecht der Völker – Herausforderungen, S. 119 f.; ders., HuV, 4 (1991), S. 111; vgl zu einem „*ordre public européen*" auch Oeter, ZaöRV 52 (1992), S. 763 ff.

569 Zutreffend Murswiek, Der Staat 23 (1984), S. 539 f., und ArchVR 31 (1993), S. 330.

570 So Oeter, ZaöRV 52 (1992), S. 748.

Staatengemeinschaft an internationaler Stabilität. Wenn der Schutz der territorialen Integrität allerdings zu einer Beeinträchtigung des Friedens wird, kann die Sezession langfristig der Stabilität eher nützen, sofern sie die Verwirklichung des Selbstbestimmungsrechts bedeutet.[571] Zu bedenken ist insoweit allerdings, dass es durchaus verschiedene Vorstellungen vom Frieden gibt. So macht es einen gravierenden Unterschied, ob man Frieden lediglich als absentia belli oder als Zustand ohne Grund zum Krieg versteht. Begreift man Frieden als Bewahrung des Status quo, gefährdet denknotwendig jede Veränderung den bestehenden Frieden.

Anzumerken ist noch, dass die genannten, von der Lehre entwickelten Rechtsvoraussetzungen ihre Stütze nicht alle in der Prinzipiendeklaration vom 24. Oktober 1970 finden.[572] Dort heißt es ja nur, dass die territoriale Integrität der Staaten geschützt ist, deren Regierungen das ganze Volk, ohne Unterscheidung von Rasse, Glauben oder Hautfarbe repräsentieren. Es liegt aber auf der Hand, dass damit nicht alle Fälle qualifizierter Diskriminierung erfasst werden, auf die es hier ankommen kann. Das ergibt sich schon daraus, dass gerade eine schematische Gleichbehandlung die Diskriminierung einer Minderheit bedeuten kann. Die referierten Lehrmeinungen finden ihre rechtliche Begründung vielmehr im Spannungsverhältnis von Selbstbestimmungsrecht und territorialer Integrität. Nur das bedingte Recht zur Sezession bringt die beiden Völkerrechtsprinzipien gleichermaßen zur Geltung, ohne dass eines von ihnen im Kern funktionslos werden müsste. Dieses Verständnis entspricht dem Grundsatz, dass im Konflikt zweier Normen keine so ausgelegt werden darf, dass vom Geltungsanspruch der anderen nichts mehr übrig bleibt. Murswiek hat das Verhältnis von Selbstbestimmungsrecht und Sezession mit zwei scheinbar im Widerspruch zueinander stehenden Thesen wie folgt beschrieben: „Ohne ein Recht auf Sezession kein Selbstbestimmungsrecht. Jedoch: Würde die Selbstbestimmung in jedem Fall die Möglichkeit der Sezession umfassen, könnte es ein Selbstbestimmungsrecht nicht geben.“[573]

---

571 So Heintze, in: Ipsen, Völkerrecht, § 29 Rn. 12 (S. 370); ähnlich: Murswiek, ArchVR 31 (1993), S. 326.

572 Murswiek, ArchVR 31 (1993), S. 313.

573 Murswiek, ArchVR 31 (1993), S. 307.

3. Anschluss an dritte Staaten

Der Anschluss an dritte Staaten ist in der Prinzipiendeklaration[574] ausdrücklich als Option für die Ausübung des Selbstbestimmungsrechts vorgesehen. Für Staatsvölker in einem souveränen Staat ist die Wahrnehmung dieses Rechts selbstverständlich. Das gilt ebenso für Kolonialvölker, wenngleich die Vereinten Nationen bestrebt waren, unabhängige Staaten zu bilden.[575] Beitritt und Vereinigung zweier Staaten konstituieren Staat und Staatsvolk neu: Hernach gibt es nur noch einen gemeinsamen Staat und ein gesamtes Staatsvolk; die beiden bisherigen Staatsvölker büßen mit dem Zusammenschluss neben ihrer Existenz die Eigenschaft als Subjekt des Selbstbestimmungsrechts ein.[576] Völkern im ethnischen Sinne und Minderheiten steht der Anschluss an dritte Staaten dann offen, wenn sie ein Recht zur Sezession haben. Der Anschluss an dritte Staaten muss dann notwendigerweise zulässig sein. Problematisch ist hingegen die Frage, ob der Anschluss an einen anderen Staat vertraglich bindend ausgeschlossen werden kann.[577] Die völkerrechtliche Zulässigkeit der vertraglichen Beschränkung des Selbstbestimmungsrechts hängt von der Disponibilität dieses Rechts ab. Bei der Untersuchung von Verbrauch des und Verzicht auf das Selbstbestimmungsrecht wird auf diese Problematik zurückzukommen sein.[578]

II. Inneres Selbstbestimmungsrecht

Unter innerer Selbstbestimmung kann, wie gesagt, zweierlei verstanden werden: Zum einen geht es bei der inneren Selbstbestimmung um das Recht eines Staatsvolkes, frei und ohne äußere Einmischung über die eigene Staatsform zu entscheiden. Zum anderen geht es um das Recht einer Minderheit auf Bewahrung und Verteidigung ihrer spezifischen Eigenarten. Im Zusammenhang hiermit werden Fragen der Autonomie und des Minderheitenschutzes diskutiert.

---

574 GV-Res. 2625 (XXV) vom 24.10.1970, in: Schulz/Mann, Resolutionen zum Selbstbestimmungsrecht, S. 65 ff.

575 Klein, Selbstbestimmungsrecht und deutsche Frage, S. 44 m. w. N.

576 Vgl. Gusy, ArchVR 30 (1992), S. 401.

577 Vgl. hierzu Doehring, in: Simma (Hrsg.), Charter of the United Nations, Vol. I, Self-Determination, Rn. 41, sowie Rn. 43 zur Konstellation gegen ihren Willen geteilter Völker.

578 Siehe 2. Teil D. VI. 1.-2.

1. Freie Staatsformbestimmung

Soweit die innere Selbstbestimmung das Recht zur Wahl der eigenen Staatsform enthält, handelt es sich um den Ausfluss des völkerrechtlichen Prinzips der Egalität der verschiedenen Staatsformen. Das Völkerrecht geht vom Pluralismus der Ideologien aus, die nur unter dem Gesichtspunkt der Friedfertigkeit des Staatssystems begrenzt werden.[579] Jeder äußere Druck auf die Wahl einer bestimmten Regierungsform ist eine verbotene Intervention und zugleich eine Verletzung des Selbstbestimmungsrechts.[580] Der Frage, ob die vertragliche Beschränkung auf eine bestimmte Regierungsform als Akt der Ausübung des Selbstbestimmungsrechts zulässig ist, wird im Zusammenhang mit der Frage nach Verbrauch und Verzicht des Selbstbestimmungsrechts nachzugehen sein.[581]

2. Autonomie

Fraglich ist, ob und unter welchen Umständen Minderheiten zur Bewahrung und Pflege ihrer spezifischen Eigenarten ein Recht auf Autonomie haben. Ein völkerrechtliches Konzept der Autonomie ist bisher lediglich schemenhaft zu erkennen. Zunehmend wird die Autonomie jedoch als Möglichkeit zur Verwirklichung von Rechten von Minderheiten angesehen. Die Autonomie wird zumeist als territoriale Autonomie verstanden. Rechtsgrundlage der Autonomie können die innerstaatliche Rechtsordnung oder völkerrechtliche Übereinkommen sein. In der Staatenpraxis kommen beide Fälle vor.[582] Die Autonomie kann sowohl Instrument zur Verhinderung der Sezession als auch ihre Vorstufe sein.[583] Nach der Vorstellung Murswieks soll das Selbstbestimmungsrecht ein Recht auf Autonomie vermitteln können. Dies ergebe sich aus dem Spannungsverhältnis von Selbstbestimmungsrecht und territorialer Integrität sowie dem Grundsatz praktischer Konkordanz. Die Alternative, dass das Selbstbestimmungsrecht als Sezessionsrecht oder überhaupt nicht existiere, gebe es nicht. Auch unterhalb

---

579 Heintze, Selbstbestimmungsrecht und Minderheitenrechte, S. 94.

580 Doehring, in: Simma (Hrsg.), Charter of the United Nations, Vol. I, Self-Determination, Rn. 33.

581 Siehe 2. Teil D. VI. 1.-2.

582 Auf völkerrechtlichen Verträgen beruht zum Bespiel die Autonomie der Ålandinseln und Südtirols, auf der nationalen Rechtsordnung die Grönlands und der Färöer-Inseln. Vgl. Broms, Autonomous Territories, EPIL Vol. I, S. 308, 309 ff.

583 Heintze, Selbstbestimmungsrecht und Minderheitenrechte, S. 114 ff.

der für das Sezessionsrecht maßgeblichen Schwelle bestehe das Selbstbestimmungsrecht, das seinem Träger bis dahin das Recht auf ein Mindestmaß an innerstaatlicher Autonomie gebe.[584] Ein Recht auf Autonomie besteht entgegen dieser logisch konsequenten Argumentation nach herrschender Auffassung in Anbetracht fehlender Staatenpraxis derzeit noch nicht; es befindet sich allenfalls in statu nascendi.[585]

3. Minderheitenschutz

Soweit man unter innerer Selbstbestimmung das Recht von Minderheiten zur Bewahrung und Verteidigung ihrer spezifischen Eigenarten versteht, ist in diesem Zusammenhang auch der völkerrechtliche Minderheitenschutz anzusprechen. Er hat seine Wurzeln im individualrechtlichen Menschenrechtsschutz. Das Selbstbestimmungsrecht als Gruppenrecht und der individualrechtlich ausgestaltete Minderheitenschutz haben zwar Berührungspunkte, sind grundsätzlich aber strikt zu trennen. Das ergibt sich aus der Aufnahme einer Minderheitenschutzbestimmung in den Internationalen Pakt über bürgerliche und politische Rechte.[586] In Artikel 27 der Konvention heißt es: *„In Staaten mit ethnischen, religiösen oder sprachlichen Minderheiten darf Angehörigen solcher Minderheiten nicht das Recht vorenthalten werden, gemeinsam mit anderen Angehörigen ihrer Gruppe ihr eigenes kulturelles Leben zu pflegen, ihre eigene Religion zu bekennen und auszuüben oder sich ihrer eigenen Sprache zu bedienen."* Aus dem Wortlaut ergibt sich eindeutig, dass nicht die Minderheit als solche, sondern der einzelne Minderheitenangehörige angesprochen ist. Wenngleich es eine Ausgestaltung kollektiver Minderheitenrechte bisher nicht gibt, ist der Minderheitenschutz nicht Ausfluss des Selbstbestimmungsrechts. Allerdings gibt es eine Wechselbeziehung zwischen Minderheitenschutz und Selbstbestimmungsrecht: Wird der inneren Selbstbestimmung Rechnung getragen, steht der Minderheit kein weitergehendes Recht auf offensive Ausübung des Selbstbestimmungs-

---

584 Murswiek, ArchVR 31 (1993), S. 329.

585 Heintze, Wege zur Verwirklichung des Selbstbestimmungsrechts der Völker, in: Heintze (Hrsg.), Selbstbestimmungsrecht – Herausforderungen, S. 9, 30; Simon, Autonomie im Völkerrecht, S. 94 ff.; Thürer, Self-Determination, EPIL Vol. IV, S. 373 (Addendum 1998).

586 BGBl. 1973 II, S. 1534-1582 (Art. 27, S. 1545); Internationale Quelle: UNTS Vol. 999 (1976), S. 171-346.

rechts zu.[587] Die massive Verletzung von Minderheitenrechten kann allerdings, wie ausgeführt wurde, die offensive Ausübung in Gestalt der Sezession rechtfertigen.

III. Offensives und defensives Selbstbestimmungsrecht

Neben den Begriffen des äußeren und inneren Selbstbestimmungsrechts wird auch zwischen offensivem und defensivem Selbstbestimmungsrecht differenziert. Die Unterscheidung geht auf Murswiek zurück.[588] Unter offensivem Selbstbestimmungsrecht versteht Murswiek das Verlangen nach Veränderung eines, mit dem Selbstbestimmungsrecht nicht übereinstimmenden, territorialen Zustandes. Zum offensiven Selbstbestimmungsrecht gehören daher die Fälle der Erlangung der staatlichen Unabhängigkeit einschließlich der Sezession sowie der Dekolonisierung. Bei dem defensiven Selbstbestimmungsrecht geht es um die Abwehr von Eingriffen anderer Staaten in einen mit dem Selbstbestimmungsrecht übereinstimmenden Zustand. Subjekt des defensiven Selbstbestimmungsrechts kann nach diesem Verständnis nur ein Staatsvolk sein, das seinen Territorialstatus verteidigt. Als Träger des offensiven Selbstbestimmungsrechts kommt demgegenüber nur ein Volk im ethnischen Sinne in Betracht, das die Herstellung eines dem Selbstbestimmungsrechts gemäßen Zustandes erstrebt, nicht dagegen ein Staatsvolk, dessen Selbstbestimmungsrecht mit der Konstituierung des Staates ja verwirklicht wurde.

Offensives und defensives Selbstbestimmungsrecht bestehen demnach nebeneinander und stehen unterschiedlichen Rechtssubjekten zu. Murswiek klassifiziert deshalb das Selbstbestimmungsrecht als ein Rechtsprinzip, das mehrere unterschiedliche Rechte umfasst.[589] Weil die Fälle der äußeren Selbstbestim-

---

587 So Doehring, in: Simma (Hrsg.), Charter of the United Nations, Vol. I, Self-Determination, Rn. 34; vgl. zur Bedeutung innerer Selbstbestimmung für die Sezessionsproblematik Marauhn, Anspruch auf Sezession?, in: Heintze (Hrsg.), Selbstbestimmungsrecht der Völker – Herausforderungen, S. 112 ff.; vgl. auch Mohr, Abgrenzung von Selbstbestimmungsrecht und Minderheitenschutz, in: Heintze (Hrsg.), Selbstbestimmungsrecht der Völker – Herausforderungen, S. 133 ff.

588 Murswiek, Der Staat, 23 (1984), S. 532 f.

589 Murswiek, a. a. O., S. 533; vgl. zu den Begriffen auch Thürer, PolStud 44 (1993), SH 6, S. 34 ff., der im Anschluss an das Gutachten im Ålandstreit noch den Begriff des „neutralen" Selbstbestimmungsrechts für Fälle einführen will, in denen Existenz und Ausmaß der Territorialsouveränität vollkommen unklar sind.

mung unter den Begriff des offensiven und die der inneren Selbstbestimmung unter den Begriff der defensiven Selbstbestimmung subsumiert werden können, werden die Begriffspaare allenthalben deckungsgleich verwandt.[590] Dogmatisch liegt aber keine Identität der Begrifflichkeiten vor. Denn das Begriffspaar der inneren beziehungsweise äußeren Selbstbestimmung thematisiert Anwendung und Rechtsfolgen des Rechts zum einen im Verhältnis zu Drittstaaten und zum anderen im Verhältnis zum eigenen Staat. Es beschreibt gleichsam die Ebene, auf der das Recht virulent wird, nämlich ob das Recht innerhalb oder außerhalb des bestehenden Staates ausgeübt wird. Bei dem Begriffspaar des defensiven beziehungsweise offensiven Selbstbestimmungsrechts ist maßgeblich, ob das Selbstbestimmungsrecht für eine Veränderung oder eine Verteidigung des bestehenden Zustandes in Anspruch genommen wird. Dieses Begriffspaar betrifft also die Gestaltungskraft des Rechts, quasi seine Richtung. Faktisch mag das in aller Regel keinen Unterschied machen, terminologisch aber schon. Abschließend ist zu den Begriffspaaren zu bemerken, dass es sich bei ihnen um akademische Einteilungen handelt, von denen keine den Vorzug vor der anderen verdient. Im Folgenden werden sie gleichermaßen verwendet.

IV. Dekolonisierung als Sonderfall

Bei der Dekolonisierung der Staaten der dritten Welt gewann das Prinzip der Selbstbestimmung erstmals umfassende Geltung.[591] Lange Zeit war unklar, ob das Prinzip über den Tatbestand der Dekolonisierung hinaus überhaupt Rechtsqualität beanspruchen kann.[592] Heute bestehen an der Einordnung der Dekolonisierung als spezieller Ausprägung des Selbstbestimmungsrechts keine Zweifel mehr.[593] Im Bereich der Dekolonisierung weicht die Konzeption des Selbstbestimmungsrechts in zwei wesentlichen Kategorien von der ansonsten gültigen Systematik ab. Dabei geht es zum einen um die Frage des Trägers des Selbstbe-

---

590 So beispielsweise Heintze, in: Ipsen, Völkerrecht, § 27 Rn. 11 (S. 345 f.), § 29 Rn. 1 (S. 363); ders., Selbstbestimmungsrecht und Minderheitenrechte, S. 26 f.

591 Vgl. allgemein hierzu Rigo Sureda, The Evolution of the Right of Self-Determination, S. 53 ff.; Thürer, Selbstbestimmungsrecht, S. 126 ff.; Umozurike, Self-Determination in International Law, S. 59 ff.

592 Vgl. z. B. Partsch, Selbstbestimmung, in: Wolfrum (Hrsg.), Handbuch Vereinte Nationen, Ziff. 101, Rn. 19 (S. 750), 24 (S. 751); Thürer, Selbstbestimmungsrecht, S. 151, 192.

593 Statt vieler: Doehring, in: Simma (Hrsg.), Charter of the United Nations, Vol. I, Self-Determination, Rn. 44, 47 m. w. N.

stimmungsrechts. Wie bereits ausgeführt wurde,[594] steht das koloniale Selbstbestimmungsrecht den innerhalb kolonialer Grenzen lebenden Bevölkerungen zu, ohne dass es auf deren homogene ethnische Zusammensetzung ankäme. Es ist allerdings darauf hinzuweisen, dass die Dekolonisierung insoweit nicht völlig einheitlich war. So hat es auch Fälle gegeben, in denen innerhalb kolonialer Grenzen mehrere, nach ethnischen Gesichtspunkten bestimmte Selbstbestimmungssubjekte anerkannt wurden, so zum Beispiel in Palästina und in den Treuhandgebieten Britisch-Kamerun und Ruanda-Urundi.[595] Zum anderen wird im Bereich der Dekolonisierung die Loslösung der Kolonie vom Mutterland zum Zwecke der Erlangung der Eigenstaatlichkeit nicht als Sezession verstanden. Im Grunde ist dies schon in der Unabhängigkeitsdeklaration vom 14. Dezember 1960[596] vorgegeben, die einerseits den Kolonialvölkern das Recht auf Eigenstaatlichkeit zuerkennt, andererseits eine *„partial or total disruption of the national unity and the territorial integrity of a country"* ausschließt. Maßgeblich für diese Bewertung der Dekolonisierung war, dass die Kolonialbevölkerungen formell gegenüber den Staatsbürgern des Mutterlandes benachteiligt waren und die Kolonialgebiete auch aus Sicht der Kolonialstaaten einen besonderen Status einnahmen. Die Kolonien wurden daher als vom Mutterland separates, eigenständiges Territorium eingeordnet.[597] Dieser, durch Gründe politischer Opportunität beeinflussten, rechtlichen Bewertung kann mit guten Gründen entgegen gehalten werden, dass die Voraussetzungen einer Sezession tatbestandlich an sich gegeben waren.[598]

Hier mag dahinstehen, ob die Loslösung der Kolonien von den Kolonialstaaten völkerrechtlich legitimierte Sezessionen oder Fälle sui generis darstellten. Nach der insofern eindeutigen Staatenpraxis gelten jedenfalls besondere Bedingungen: Das Souveränitätsprinzip des Kolonialstaates tritt immer hinter das Selbstbestimmungsrecht der Kolonialbevölkerung zurück. Nur der Klarstellung halber sei noch darauf hingewiesen, dass in diesem Zusammenhang mit dem Begriff des Kolonialismus nur der historische, insbesondere europäische Kolonialismus gemeint ist. Dem Begriff liegt mithin ein „konkret-historisches" Verständnis

---

594 Siehe 2. Teil C. IV.

595 Vgl. Pomerance, Self-Determination, S. 19 f.; Thürer, Selbstbestimmungsrecht, S. 130 f.

596 GV-Res. 1514 (XV), in: Schulz/Mann, Resolutionen zum Selbstbestimmungsrecht, S. 44 ff.

597 Ermacora, Colonies and Colonial Regime, EPIL Vol. I, S. 662; Murswiek, Der Staat 22 (1984), S. 542.

598 Vgl. Haverland, Secession, EPIL Vol. IV, S. 354 f.

zugrunde.[599] Alle neueren Formen politischer oder wirtschaftlicher Abhängigkeit, die allenthalben als „Neokolonialismus“ bezeichnet werden, gehören nicht hierher. Für die Unterscheidung von Kolonialgebieten im historischen Sinn von sonstigen abhängigen Gebieten kommt neben der historischen Entstehung des territorialen Abhängigkeitsverhältnisses der territorialen Trennung vom Mutterland Indizwirkung zu.[600] Obschon dieser sogenannte „Salzwassertest“ kein besonders zuverlässiges Kriterium ist, werden Evidenzfälle doch erfasst. Nachdem in den so gekennzeichneten Kolonialgebieten weitgehend vom Selbstbestimmungsrecht Gebrauch gemacht worden ist, besteht für die Dekolonisierung kaum noch ein Anwendungsbereich.

V. Föderales Selbstbestimmungsrecht

In den letzten Jahren wird im völkerrechtlichen Schrifttum zunehmend der Begriff des föderalen Selbstbestimmungsrechts diskutiert.[601] Wenngleich im Detail keine völlig übereinstimmende Auffassung über den Inhalt dieses „Rechts“ besteht, wird es doch als Instrument zur Vermeidung einer Sezession und der damit einhergehenden Beeinträchtigung internationaler Stabilität verstanden.[602] Vermittels des föderalen Selbstbestimmungsrechts soll das Zusammenleben verschiedener Völker innerhalb eines Staates bei größtmöglicher Selbstverwaltung gewährleistet werden. Anders als bei der Autonomie, die sich vorrangig auf die Selbstverwaltung bezieht, zielt der Föderalismus auf eine Koordination der verschiedenen Gruppen ab. Die eigene staatliche Unabhängigkeit unter dem Dach des Bundesstaates als freiwillige Assoziation soll gewährleisten, dass jede Volksgruppe über eine eigene staatliche Einheit verfügt, die Gliedstaaten als

---

599 Murswiek, Der Staat 23 (1984), S. 542 f., in Abgrenzung zu einem „abstrakt-polemischen“ Begriffsverständnis.

600 Vgl. GV-Res. 742 (VIII) vom 27.11.1953, Factors which should be taken into account in deciding whether or not a territory is or is not a territory whose people have not yet attained a full measure of Self-Government, Annex – List of Factors –, 2. Teil A. 4 (YBUN Vol. 7 (1953), S. 526-529); GV-Res. 1541 (XV) vom 15.12.1960, Principles which should guide Members in Determining whether or not an Obligation exists to Transmit the Information called for under Article 73 e of the Charter, Prinzip IV; abgedruckt bei Krieger, Basic Documents, Doc. No. 8, S. 27-28.

601 Heintze, in: Ipsen, Völkerrecht, § 30 Rn. 21 (S. 382 f.), 22 (S. 383); Kimminich, A „Federal“ Right of Self-Determination?, in: Tomuschat (Hrsg.), Modern Law of Self-Determination, S. 83 ff.; Oeter, Selbstbestimmungsrecht und Bundesstaat, in: Heintze (Hrsg.), Selbstbestimmungsrecht – Herausforderungen, S. 73 ff.

602 Heintze, in: Ipsen, Völkerrecht, § 30 Rn. 22 (S. 383); Hobe/Kimminich, Einführung in das Völkerrecht, S. 118.

Ganzes aber eine „Willensnation" bilden und damit den Bestand des Staates sichern.[603] Anders als bei der Sezession bleibt die territoriale Integrität des Staates somit erhalten. Man kann daher sagen, das föderale Selbstbestimmungsrecht steht als Instrument zur Verwirklichung der Selbstbestimmung zwischen der Autonomie und der Sezession. Es gehört zum Bereich innerer Selbstbestimmung, obwohl seine Nähe zur äußeren Selbstbestimmung nicht zu verkennen ist. Allerdings hat sich die Diskussion zum föderalen Selbstbestimmungsrecht noch nicht zu einer einheitlichen Doktrin verdichtet. Die Überlegungen betreffen zudem nicht das geltende Völkerrecht, sondern sind de lege ferenda angestellt. Soweit das Selbstbestimmungsrecht der Völker Bestandteil des geltenden Völkerrechts geworden ist, kennt es keine „föderale" Ausprägung. Wenn überhaupt kann das Konzept des föderalen Selbstbestimmungsrechts als Recht in statu nascendi angesehen werden.[604]

VI. Verzicht und Verbrauch des Selbstbestimmungsrechts

Mit den bisher erarbeiteten Grundlagen ist noch nichts dazu gesagt, ob das Selbstbestimmungsrecht der Völker disponibel ist und ob sein Gebrauch eine Bindungswirkung für das betroffene Volk auslöst. Die Frage der Disponibilität wird unter dem Gesichtspunkt des Verzichts, die Frage der Bindungswirkung unter dem Gesichtspunkt des Verbrauchs des Selbstbestimmungsrechts diskutiert, wobei beide Fragestellungen miteinander zusammenhängen.

1. Verzicht

Die Beantwortung der Frage, ob auf das Selbstbestimmungsrecht verzichtet werden kann, hängt zunächst davon ab, ob man das Selbstbestimmungsrecht zum zwingenden Recht zählt. Dass auf Rechte dispositiver Natur verzichtet werden kann, versteht sich von selbst. Es liegt in der Natur eines Rechts, über das vertraglich verfügt werden kann, dass auf es vom Rechtsinhaber auch einseitig verzichtet werden kann.[605] Billigt man dem Selbstbestimmungsrecht nicht den Status von ius cogens zu, kann der Träger des Rechts hierauf ohne weiteres verzichten. Schwieriger ist die Frage zu beantworten, wenn man das Selbstbe-

---

603 Heintze, a. a. O., Rn. 21 (S. 382).

604 So Thürer, Self-Determination, EPIL Vol. IV, S. 373 (Addendum 1998).

605 Vgl. nur Doehring, Völkerrecht, Rn. 304 (S. 133 f.); Heintschel von Heinegg, in: Ipsen, Völkerrecht, § 28 Rn. 16 (S. 205); Verdross/Simma, Universelles Völkerrecht, §§ 49 (S. 40), 668 (S. 428), 820 (S. 523).

stimmungsrecht zum völkerrechtlichen ius cogens zählt.[606] Denn zwingende Rechte stehen gerade nicht zur Disposition der Völkerrechtssubjekte. Das wiederum folgt aus der Natur dieser Rechte. Es wäre daher naheliegend, mit der Disponibilität auch den Verzicht für ausgeschlossen zu erachten. Man wird jedoch bei der Frage des Verzichts den Schutzzweck der Norm nicht außer Acht lassen können. Doehring fragt deshalb in diesem Zusammenhang danach, in wessen Interesse die zwingende Natur der Norm angenommen wird.[607] Er will daher nur solche Normen der Disposition durch Verzicht entziehen, die im Interesse der gesamten Staatengemeinschaft bestehen. Als Beispiel hierfür nennt er das Gewaltverbot. Anders liegt es nach Doehrings Auffassung bei dem Selbstbestimmungsrecht. Dessen Träger sei nicht verpflichtet, von seinem Recht Gebrauch zu machen. Er bestimme vielmehr selbst, unter welchen Voraussetzungen er dies tue und dürfe dabei nicht von anderen Staaten bevormundet werden. Dies gelte allerdings bei der fundamentalen Verletzung von Menschenrechten nicht, weil deren Einhaltung im Interesse der Staatengemeinschaft insgesamt liege. Deshalb sei zum Beispiel das vom österreichischen Volk akzeptierte Anschlussverbot an Deutschland[608] trotz der zwingenden Natur des Selbstbestimmungsrechts nicht völkerrechtswidrig. Gemäß dem Satz volenti non fit iniuria könne auf die Respektierung dieses Rechts verzichtet werden, weil es nur den Rechtsinhaber selbst schützen solle. Selbst Artikel 53 der Wiener Vertragsrechtskonvention soll entgegen seinem Wortlaut nicht gelten, es sei denn der Verzicht sei durch unzulässigen Druck erreicht worden. Doehring begründet seine Auffassung mit der anderenfalls eintretenden Rechtsunsicherheit. Vertragliche Staatsgründungen stünden ansonsten immer unter dem Vorbehalt der einseitigen Loslösung unter Berufung auf das Selbstbestimmungsrecht. Die durch den Verzicht eingetretene Selbstbeschränkung soll nur bei einer grundlegenden Änderung der bei Vertragsschluss vorliegenden Umstände ihre Bindungswirkung durch die Berufung auf die clausula rebus sic stantibus verlieren.[609]

---

606 Siehe zum völkerrechtlichen ius cogens 2. Teil B. V.

607 Doehring, a. a. O.; ders., PolStud 44 (1993), SH 6, S. 46.

608 Art. 4 des Staatsvertrages vom 15.05.1955 betreffend die Wiederherstellung eines unabhängigen und demokratischen Österreich; ÖBGBl. 1955, 39. Stück, Nr. 152, S. 725-810 (Art. 4, S. 727), ausgegeben am 30.07.1955; Internationale Quelle: UNTS Vol. 217 (1955), S. 223-379.

609 Doehring, in: Simma (Hrsg.), Charter of the United Nations, Vol. I, Self-Determination, Rn. 59; ders., PolStud 44 (1993), SH 6, S. 45 f.; ähnlich ders., Formen und Methoden der Anwendung des Selbstbestimmungsrechts, in: Blumenwitz/Meissner (Hrsg.), Selbstbestimmungsrecht und deutsche Frage, S. 62.

In Konflikt gerät diese Auffassung allerdings mit dem personalen Element des Selbstbestimmungsrechts. Als echtes Gruppenrecht ist es weder ein Recht der Staaten, noch ist es trotz seiner menschenrechtlichen Wurzeln ein Individualrecht. Da der Rechtsträger, das Volk, aus Menschen besteht, ändert sich mit Geburt und Ableben laufend die Zusammensetzung der Gruppe. Nach drei, spätestens vier Generationen besteht das Volk vollständig aus anderen Menschen. Da der Wille des Volkes dem Mehrheitswillen seiner Angehörigen zu einem bestimmten Zeitpunkt entspricht, wird man sich fragen müssen, ob eine Disposition über das Selbstbestimmungsrecht unbefristet binden können soll. Es ist nämlich durchaus vorstellbar, dass der Verzicht zu einem späteren Zeitpunkt den Interessen des Volkes und seinem Willen nicht mehr entspricht. Die clausula rebus sic stantibus gibt in diesen Fällen keine Möglichkeit der Auflösung der Bindungswirkung, weil die Interessen einer Vertragspartei nicht ausreichen, den Wegfall der Geschäftsgrundlage zu begründen, wenn man nicht ihren bisherigen Anwendungsbereich auf solche Fallgestaltungen ausweiten will.[610] Die Annahme, eine vertragliche Vereinbarung könne sich auch gegen zwingendes Völkerrecht durchsetzen, erscheint zudem dogmatisch fragwürdig. Die rechtliche Zulässigkeit einer bindenden Disposition über das Selbstbestimmungsrecht ist letztlich nur vom Ergebnis her zu begründen: Die internationale Stabilität der Staatengemeinschaft hinge bei ethnisch heterogenen Staatsgebilden vom anhaltenden Konsens der beteiligten Völker ab, Instabilität wäre die Folge. Allerdings stellt sich insoweit die rechtspolitische Frage, ob der stabile Bestand ethnisch heterogener Staaten nicht ohnehin vom andauernden Mehrheitskonsens der betroffenen Ethnien abhängt.

2. *Verbrauch*

Der Verzicht auf das Selbstbestimmungsrecht bedeutet seinen Verbrauch, so weit der Verzicht reicht. Dies ergibt sich denknotwendig aus den vorstehenden Ausführungen. Verbraucht wird das Selbstbestimmungsrecht beispielsweise aber auch durch den Anschluss an einen dritten Staat, der insoweit einen Verzicht auf die Eigenstaatlichkeit beinhaltet und nur unter den besonderen Voraussetzungen der Sezession rückgängig gemacht werden kann. Es wäre gegen Treu und Glauben, so Doehring, wenn eine Minderheit oder ein Staatsvolk sich jeder-

610 Vgl. zur clausula rebus sic stantibus im Völkerrecht Heintschel von Heinegg, in: Ipsen, Völkerrecht, § 15 Rn. 92 ff. (S. 172 ff.), und Verdross/Simma, Universelles Völkerrecht, §§ 828 ff. (S. 526 ff.).

zeit unter Berufung auf das Selbstbestimmungsrecht der Völker von einem vertraglich akzeptierten Status lösen könnte. Es bedürfe neuer Sachverhalte, etwa der unerträglichen Diskriminierung, damit das Selbstbestimmungsrecht „neu entstehen“ könne.[611] Auch insoweit gilt, dass die größte Überzeugungskraft für diese Auffassung von ihrem Ergebnis ausgeht. Über die vertragliche Beschränkung des Selbstbestimmungsrechts hinaus, einschließlich des Anschlusses an einen anderen Staat, gibt es keine Fallgestaltungen, die einen Verbrauch des Rechts zur Folge haben würden. Das Selbstbestimmungsrecht kann, soweit es nicht verbraucht ist, also jederzeit ausgeübt werden, ohne dass davon eine Bindungswirkung für die Zukunft ausginge.

Anzusprechen ist im Zusammenhang mit der Frage des Verbrauchs noch eine heute nicht mehr relevante völkerrechtliche Lehre: Aus der von der Sowjetunion lange Zeit in Anspruch genommenen „Theorie der beschränkten Souveränität sozialistischer Staaten“, der so genannten „Breschnew-Doktrin“, sollte sich eine Beschränkung des Selbstbestimmungsrechts ergeben.[612] Nach der sowjetischen Völkerrechtslehre hatte jeder sozialistische Staat, der sich dem sowjetischen Block angeschlossen hatte, seine Souveränität insoweit beschränkt, als er verpflichtet war, die „sozialistischen Errungenschaften“, gemeint war das sowjetischen Modell des Sozialismus, aufrechtzuerhalten. Ein Austritt aus der „sozialistischen Gemeinschaft“ war ihm folglich nicht gestattet. Sollte ein Staat seinen diesbezüglichen Verpflichtungen nach Auffassung der Übrigen nicht ausreichend nachkommen, waren diese auch ohne Zustimmung des betroffenen Staates und erforderlichenfalls unter Einsatz militärischer Gewalt berechtigt, den Staat zur Bewahrung „sozialistischer Errungenschaften“ anzuhalten.[613] Hieraus ergab sich eine Beschränkung des Selbstbestimmungsrechts: Einmal im Sinne des Sozialismus ausgeübt, konnte das Selbstbestimmungsrecht die Abkehr vom sozialistischen Gesellschaftsmodell nicht mehr legitimieren; es war insoweit verbraucht. In diesem Zusammenhang ist darauf hinzuweisen, dass das Selbstbestimmungsrecht nach sozialistischer Völkerrechtslehre ohnehin nur zur Verwirklichung des Sozialismus rechtmäßig in Anspruch genommen werden konn-

---

611 Doehring, Völkerrecht, Rn. 800 (S. 348 f.); dagegen Marauhn, HuV 4 (1991), S. 109, der von einer grundsätzlichen Unverbräuchlichkeit ausgeht.

612 Vgl. hierzu Doehring, Völkerrecht, Rn. 802 (S.349); Pomerance, Self-Determination, S.40 m. w. N.; Verdross/Simma, Universelles Völkerrecht, § 59 (S. 45), § 96 Fn. 11 (S. 76).

613 Verdross/Simma, a. a. O., § 59 (S. 45).

te. Außerhalb des Ostblocks fand die „Breschnew-Doktrin" zu keiner Zeit völkerrechtliche Anerkennung.[614]

VII. Selbstbestimmungsrecht und dritte Staaten

Abschließend ist noch zu fragen, wie sich dritte Staaten zu verhalten haben, wenn ein Träger des Selbstbestimmungsrechts sein Recht durchsetzen will. Dabei bietet es sich an, zwischen der defensiven und der offensiven Ausübung des Rechts zu unterscheiden.

1. Dritte Staaten und defensives Selbstbestimmungsrecht

Beruft sich ein Staatsvolk gegenüber einer Intervention eines anderen Staates auf das Selbstbestimmungsrecht, ist die Rechtslage relativ einfach. Soweit die Intervention rechtswidrig ist, ist die Hilfe zur Abwehr der Intervention rechtmäßig. Das folgt bereits aus dem in Artikel 51 der Charta der Vereinten Nationen anerkannten *„naturgegebenen Recht"* zur Selbstverteidigung. Wenn Selbstverteidigung rechtmäßig ist, besteht auch ein Recht zur Hilfeleistung.[615] Umgekehrt ist die Beihilfe zu einem rechtswidrigen Angriff selbst rechtswidrig. Denn der rechtswidrige Angriff oder die rechtswidrige Drohung mit Gewalt stellt ein „international crime" dar.[616]

2. Dritte Staaten und offensives Selbstbestimmungsrecht

Beruft sich eine Minderheit in einem Staat auf ihr offensives Selbstbestimmungsrecht, hängt die rechtliche Bewertung des Verhaltens dritter Staaten zunächst davon ab, ob die Ausübung des Selbstbestimmungsrechts gerechtfertigt ist oder nicht. Ist die Minderheit kein Subjekt des Selbstbestimmungsrechts oder liegen die Voraussetzungen des offensiven Selbstbestimmungsrechts, insbesondere die behauptete Diskriminierung nicht vor, darf der Staat der Gruppe das Selbstbestimmungsrecht verweigern. Eine Unterstützung der Gruppe durch dritte Staaten würde eine völkerrechtswidrige Intervention bedeuten. Demgegen-

---

614 Doehring, in: Simma (Hrsg.), Charter of the United Nations, Vol. I, Self-Determination, Rn. 33.

615 Doehring, Völkerrecht, Rn. 805 (S. 350); ders., in: Simma (Hrsg.), Charter of the United Nations, Vol. I, Self-Determination, Rn. 60.

616 Vgl. ILC Draft Articles on State Responsibility, Art. 27, YBILC 1980 II/2, S. 30-34.

über wäre die Einmischung auf Einladung und auf der Seite des betreffenden Staates rechtmäßig.[617]

Geht man davon aus, dass das Selbstbestimmungsrecht unter bestimmten Umständen ein Notwehrrecht gibt und liegen dessen Voraussetzungen vor, handelt es sich also um einen Akt der Notwehr, muss es zulässig sein, der Minderheit zu Hilfe zu kommen, also Nothilfe zu leisten.[618] Sofern man die Rechtmäßigkeit einer humanitären Intervention bedingungslos ablehnt,[619] wäre die Hilfeleistung auch in diesem Falle rechtswidrig. Doehring führt für die Zulässigkeit der Nothilfe drei gewichtige Argumente an:[620] Erstens sei nicht einzusehen, dass die Staatengemeinschaft bei schwersten Menschenrechtsverletzungen untätig bleiben müsse, denn nach jeder ausgebildeten Rechtsordnung dürfe Notwehr durch Nothilfe unterstützt werden.[621] Zum zweiten erlaube Artikel 7 der Aggressionsdefinition[622] die Gewaltanwendung zur Durchsetzung des Selbstbestimmungsrechts, eine entsprechende Hilfeleistung könne also nicht rechtswidrig sein. Drittens bezeichne die Charta der Vereinten Nationen nicht nur die Bewahrung des Weltfriedens als eines der obersten Ziele, gleichzeitig sei auch der Schutz der Menschenrechte ihr Ziel, weshalb die brutale Verletzung der Menschenrechte dem Gesamtziel der Charta nicht genügen könne. Den Argumenten Doehrings ist im Grunde nur das staatliche Souveränitätsprinzip entgegen zu halten. Die Gegenmeinung vermag zudem einen völkerrechtlichen Wertungswiderspruch nicht zu verhindern. Es wäre nämlich widersprüchlich, wenn das Völkerrecht einerseits bei Vorliegen bestimmter Bedingungen die Notwehr einer Volksgruppe legitimieren, andererseits Nothilfe als völkerrechtlich unzulässige Intervention verbieten würde. Bei der Auseinandersetzung zwischen der Minderheit und dem Staat handelt es sich zudem nicht um eine innere Angelegenheit im Sinne des Artikel 2 Ziffer 7 der Charta der Vereinten Nationen, sondern um einen internationalen Konflikt, wenn man annimmt, dass es sich bei dem Selbstbestim-

---

617 Doehring, Völkerrecht, Rn. 803 (S. 349 f.).

618 Vgl. zu dem Problem Buchheit, Secession, S. 34 ff.; Hu, Selbstbestimmungsrecht als Vorbedingung, S. 270 f.; Ofuatey-Kodjoe, The Principle of Self-Determination, S. 186 ff.; Pomerance, Self-Determination, S. 48 ff.

619 So Beyerlin, Humanitarian Intervention, EPIL Vol. III, S. 927 f., 929; Thürer, ArchVR 22 (1984), S. 130 f.; kritisch angesichts der Staatenpraxis seit 1990 Miller, TICLJ 14 (2000), S. 93 ff., 97.

620 Doehring, in: Simma (Hrsg.), Charter of the United Nations, Vol. I, Self-Determination, Rn. 61.

621 Doehring, Völkerrecht, Rn. 804 (S. 350).

622 GV-Res. 3314 (XXIX) vom 14.12.1974 (YBUN Vol. 28 (1974), S. 846 ff.).

mungsrecht um zwingendes Recht handelt, dessen Verletzung erga omnes wirkt.[623] Die Generalversammlung hat für den Bereich der Dekolonisierung jede Unterstützung des Kampfes gegen die Kolonialherrschaft für gerechtfertigt erklärt.[624] Daraus folgt, dass die Dekolonisierung, die immer rechtmäßig ist, von anderen Staaten nicht beeinträchtigt werden darf.[625] Es ist dann nicht einzusehen, warum das nicht auch für Fälle brutaler Unterdrückung von Minderheiten gelten soll.

Außerhalb des Bereichs der Dekolonisierung wird man allerdings eine entsprechende völkergewohnheitsrechtliche Regel noch nicht annehmen können. Möglicherweise befindet sich das Völkerrecht insoweit derzeit in einer Umbruchphase. Die Intervention der Vereinigten Staaten im Kurdengebiet nach dem Zweiten Golfkrieg wurde international gebilligt, obwohl sehr fraglich war, ob dieses Verhalten von den Resolutionen des Sicherheitsrates der Vereinten Nationen noch gedeckt war. Doehring meint, man könne deshalb die Auffassung vertreten, die humanitäre Intervention sei zulässig, wenn die Vereinten Nationen untätig oder auch ineffektiv blieben.[626] Noch dürfte es für eine solche Regel an der gewohnheitsrechtlichen Verfestigung fehlen. Anders verhält es sich mit der „Intervention auf Einladung“ bei rechtmäßiger Inanspruchnahme des Selbstbestimmungsrechts: Angesichts der klaren Verurteilung des Einmarsches Nordvietnams in Kambodscha und der Sowjetunion in Afghanistan ist die Schlussfolgerung begründbar, dass die militärische Unterstützung einer Regierung durch einen Drittstaat in derartigen Fällen als widerrechtlich anzusehen ist.[627] Das traditionelle „Interventionsrecht auf Einladung“ dürfte insoweit durch das Selbstbestimmungsrecht eine entscheidende Einschränkung erfahren haben.

---

623 Doehring, Völkerrecht, Rn. 805 (S. 350).

624 GV-Res. 3103 (XXVIII) vom 12.12.1973 (YBUN Vol. 27 (1973), S. 552 f.).

625 Vgl. Uibopuu, Wars of National Liberation, EPIL Vol. IV, S. 1406 f.; vgl. auch Simpson, The Politics of Self-Determination in the Case concerning East Timor, in: International Law and the Question of East Timor, S 265 f.; ders., HICLR, 17 (1994), S. 345 f.

626 Doehring, PolStud 44 (1993), SH 6, S. 50; a. A. Hobe/Kimminich, Einführung in das Völkerrecht, S. 117.

627 Klein, Vereinte Nationen und Selbstbestimmungsrecht, in: Blumenwitz/Meissner (Hrsg.), Selbstbestimmungsrecht und deutsche Frage, S. 109; Thürer, ArchVR 22 (1984), S. 131 f.; unter Bezugnahme auf die Resolutionen der Generalversammlung 35/35B vom 14.11.1980 (YBUN Vol. 34 (1980), S. 841), 36/10 vom 28.10.1981 (YBUN Vol. 35 (1981), S.896 f.) und 37/42 vom 03.12.1982 (YBUN Vol. 36 (1982), S.1071 f.).

E. Ausübung des Selbstbestimmungsrechts

Die Ausübung des Selbstbestimmungsrechts setzt Bedingungen voraus, die es ermöglichen, den freien und wirklichen Willen des Trägers des Selbstbestimmungsrechts zu ermitteln. Das hat der IGH in seinem West-Sahara-Gutachten festgelegt, in dem er unter Bezugnahme auf Ziffer 2 der Unabhängigkeitsdeklaration vom 14. Dezember 1960 ausführt: „*... the application of the right of self-determination requires a free and genuine expression of the will of the peoples concerned.*“[628] Maßgeblich ist also die frei gebildete und geäußerte Meinung der Gruppenangehörigen. Das ergibt sich nicht nur aus Ziffer 2 der Unabhängigkeitsdeklaration, sondern auch aus Art. 1 der beiden Menschenrechtspakte und Prinzip V der Prinzipiendeklaration. Damit es gelingt, diese freie Meinung festzustellen, sind hinsichtlich des Verfahrens und des Inhalts des Selbstbestimmungsaktes bestimmte Maßgaben zu berücksichtigen.

I. Verfahrensbedingungen

Was das Verfahren anbetrifft gilt zunächst, dass es ohne äußeren und inneren Druck zu erfolgen hat. Jegliche, wie auch immer geartete Beeinflussung des Selbstbestimmungsaktes durch den betroffenen oder einen anderen Staat sind unzulässig.[629] Daneben setzt die freie Artikulation des Willens insbesondere die Möglichkeit sachkundiger Information, der offenen Meinungsbildung und der Nichtdiskriminierung der freien Stimmabgabe voraus. Ohne Meinungsäußerungsfreiheit ist keine freie Meinungsbildung möglich. Die große Nähe des Selbstbestimmungsrechts zur freiheitlich-demokratischen Werteordnung wird hier besonders deutlich. Die bereits angesprochene Resolution 1541 (XV) der Generalversammlung vom 15. Dezember 1960 enthielt Vorgaben für das Verfahren im Bereich der Dekolonisierung. Die Assoziation mit oder die Integration in einen schon bestehenden Staat sollte nach den Prinzipien VII a) und IX b) des Annexes dieser Resolution das Ergebnis eines „*informed and democratic processes*“ sein.[630] Klassisches Instrument zur Feststellung des freien Volkswillens

---

628 Western Sahara, Advisory Opinion, ICJ-Rep. 1975, S. 12-69, S. 32 f. (para. 54).

629 Heintze, Selbstbestimmungsrecht und Minderheitenrechte, S. 50; Klein, Selbstbestimmungsrecht und deutsche Frage, S. 50.

630 Res. 1541 (XV), Principles which should guide Members in Determining whether or not an Obligation exists to Transmit the Information called for in Article 73 e of the Charter; wiedergegeben bei Krieger, Basic Documents, Doc. No. 8, S. 28-29.

ist die Volksabstimmung. Die Staatenpraxis hat jedoch gezeigt, dass bei der Durchführung von Plebisziten eine Fülle von Problemen auftreten.[631] Als besonders problematisch erwiesen hat sich die Festlegung des Kreises der Abstimmungsberechtigten. Wegen dieser Schwierigkeiten hat sich das Plebiszit noch nicht zum allgemeinen Rechtsprinzip entwickelt. Es fehlt an einer allgemeinverbindlichen Sekundärregelung über die Durchführung.[632] Unter bestimmten Voraussetzungen sind auch Wahlen zu einer repräsentativen parlamentarischen Körperschaft als Möglichkeit der Ausübung des Selbstbestimmungsrechts anzuerkennen.

II. Entscheidungsinhalt

Die Ermittlung des freien und wirklichen Willens setzt hinsichtlich des Entscheidungsinhaltes voraus, dass inhaltlich verschiedene Alternativen bestehen. Die zur Abstimmung gestellten Alternativen müssen wirklich inhaltlich verschiedene Optionen beinhalten und auch formal gleichgewichtet sein. Die Völkerrechtslehre lässt es heute nicht mehr genügen, wenn nur eine Entscheidungsalternative zur Wahl steht. In West-Neu-Guinea haben sich die Vereinten Nationen seinerzeit noch damit zufrieden gegeben, dass lediglich gefragt wurde, ob eine Eingliederung in Indonesien gewünscht werde oder nicht. Ganz abgesehen davon, dass nur ein Kreis von Stammesoberhäuptern zur Stimmabgabe (per Akklamation) berufen war.[633] Es handelte sich um eine Verfahrensweise, der heute die internationale Anerkennung versagt bliebe.

---

631 Vgl. Uibopuu, Plebiscite, EPIL Vol. III, S. 1052 f.; sehr kritisch Pomerance, Self-Determination, S. 29 ff.

632 Dahm/Delbrück/Wolfrum, Völkerrecht, Bd. I/1, § 58 V. 4/5 (S. 375 f.); Doehring, in: Simma (Hrsg.), Charter of the United Nations, Vol. I, Self-Determination, Rn. 53.

633 Die in der Zeit vom 14.07. bis 02.08.1969 durchgeführte Volksbefragung fand auf der Grundlage von „Musjahwarah“ und „Mufakat“ statt. Die rund 800.000 Einwohner wurden von 1025 Wahlmännern vertreten; AdG vom 15.08.1969, vgl. Leyser, ArchVR 10 (1962/63), S. 257 ff.; v. Mangoldt, ZaöRV 31 (1971), S. 200 ff.

3. TEIL:
Anwendung des Selbstbestimmungsrechts in Osttimor

Das Verlangen nach Selbstbestimmung durch die Menschen in Osttimor konnte durch mehrere Aspekte des Selbstbestimmungsrechts gerechtfertigt sein. Drei verschiedene Erscheinungsformen des Selbstbestimmungsrechts kommen in Betracht: So ist denkbar, dass die Osttimoresen einen Anspruch auf Wiedererlangung staatlicher Unabhängigkeit als (ehemaliges) Staatsvolk hatten. Ein Anspruch auf staatliche Unabhängigkeit könnte sich auch aus dem kolonialen Selbstbestimmungsrecht ergeben. Möglicherweise lagen auch die Voraussetzungen des Selbstbestimmungsrechts als Notwehrrecht vor. Nachfolgend ist zunächst festzustellen, auf welche Erscheinungsform des Selbstbestimmungsrechts die Osttimoresen ihr Verlangen nach staatlicher Unabhängigkeit gründen konnten. Daran anschließend ist die Ausübung des Selbstbestimmungsrechts in Osttimor zu begutachten. Abschließend werden die gefundenen Ergebnisse bewertet.

A. Selbstbestimmungsrecht als Abwehrrecht

Zunächst soll untersucht werden, ob die Forderung der Osttimoresen nach staatlicher Unabhängigkeit durch das Selbstbestimmungsrecht als Abwehrrecht völkerrechtlich begründet werden konnte.

I. Selbstbestimmungsrecht als Abwehr- und Restitutionsrecht

Als Anspruchsgrundlage für das osttimoresische Unabhängigkeitsverlangen käme das Selbstbestimmungsrecht als Abwehrrecht (defensives Selbstbestimmungsrecht) nur in Betracht, wenn es einen völkergewohnheitsrechtlichen Anspruch auf Wiederherstellung früherer Unabhängigkeit beinhalten würde.[634]

---

634 Siehe zum Selbstbestimmungsrecht als Abwehrrecht 2. Teil D. I. 1., III.

1. Abwehr- und Restitutionsrecht als Bestandteil des Völkerrechts

Der selbstbestimmungsrechtliche Abwehranspruch ist auf die Abwehr von Eingriffen anderer Staaten gerichtet.[635] Vorausgesetzt wird also, dass der Träger des Selbstbestimmungsrechts bereits einen Zustand erreicht hat, der seinem Selbstbestimmungsrecht gemäß ist. Er kann daher nur von Staatsvölkern in Anspruch genommen werden. In der Lehre wird deshalb vom defensiven Selbstbestimmungsrecht gesprochen.[636] Dieses Abwehrrecht des Staatsvolkes ist von dem Schicksal des Staates entkoppelt. Das Selbstbestimmungsrecht des Staatsvolkes besteht über den Untergang des Staates hinaus als Restitutionsanspruch fort. Dieser Anspruch ist auf die Wiedererlangung staatlicher Unabhängigkeit gerichtet. Der „verlängerte" Abwehranspruch geht davon aus, dass das Staatsvolk eine vom Schicksal des Staates unabhängige Rechtsstellung besitzt. Das Abwehrrecht kann demnach auch von ehemaligen Staatsvölkern in Anspruch genommen werden.[637] Für die Inanspruchnahme dieses Rechts genügte es, wenn die Osttimoresen zu einem früheren Zeitpunkt Staatsvolk eines unabhängigen Staates gewesen wären. Ein eventueller Untergang dieses Staates könnte außer Betracht bleiben.

2. Temporale Determinante

Mit dieser Feststellung kann es allerdings nicht sein Bewenden haben. Es fragt sich nämlich, ob das dato geltende Völkerrecht für den denkbaren Abwehranspruch der Osttimoresen überhaupt maßgeblich sein kann. Für die rechtliche Beurteilung stellen sich nämlich zwei Fragen: Erstens, auf welchen Zeitpunkt es für die Rechtfertigung der osttimoresischen Unabhängigkeitsforderung mit dem Abwehranspruch ankommt und zweitens, ob ein solcher Abwehranspruch zu diesem Zeitpunkt als völkerrechtliche Norm existierte. Derartige temporale Fragen werden in der Völkerrechtslehre unter dem Stichwort des „intertemporalen Völkerrechts" diskutiert.[638]

---

635 Siehe 2. Teil C. I.

636 Siehe 2. Teil D. III.

637 Siehe 2. Teil C. I.

638 Baade, JBIR 7 (1956), S. 239 ff.; Heintschel von Heinegg, in: Ipsen, Völkerrecht, § 19 Rn. 17 (S. 214 f.); Mengel, GYIL 24 (1981), S. 92 ff.; Verdross/Simma, Universelles Völkerrecht, § 648 f. (S. 416); jeweils m. w. N.

a) Grundsatz „intertemporalen Völkerrechts"

Bei dem Grundsatz „intertemporalen Völkerrechts" geht es um den zeitlichen Anwendungsbereich völkerrechtlicher Normen. Dieser betrifft den Zeitraum, in welchem die anzuwendende Norm mit zeitgebundenem Inhalt auf einen bestimmten, sich innerhalb dieses Zeitraumes ereignenden Sachverhalt anwendbar ist. Davon ist der zeitliche Geltungsbereich völkerrechtlicher Normen zu unterscheiden. Der zeitliche Geltungsbereich betrifft den Zeitraum, innerhalb dessen die Norm Geltungskraft beansprucht, also den Zeitraum zwischen ihrer Entstehung und ihrem Außerkrafttreten. Das intertemporale Völkerrecht betrifft mithin die Fragen, welche Normen auf einen bestimmten Sachverhalt anzuwenden sind und welchen Inhalt sie zu diesem Zeitpunkt hatten (tempus regit actum). Es ist allgemein anerkannt, dass für die völkerrechtliche Beurteilung eines Sachverhalts diejenigen Normen maßgeblich sind, die zur Zeit des Geschehens galten.[639] Allerdings steht es den Völkerrechtssubjekten frei, einvernehmlich von diesem allgemeinen Rechtsgrundsatz abzuweichen.[640] Der Grundsatz intertemporalen Rechts gilt nicht nur für die Entstehung einer Norm, sondern auch für ihre fortschreitende Manifestation und ihre inhaltliche Fortentwicklung.[641] Im innerstaatlichen Recht entspricht dem Begriff des intertemporalen Völkerrechts die Bestimmung des maßgeblichen Zeitpunkts für die Beurteilung der Sach- und Rechtslage. Auch hierbei geht es um die Frage, auf welchen Zeitpunkt es für die rechtliche Beurteilung ankommt und welches Recht zu diesem Zeitpunkt galt. Der Grundsatz intertemporalen Völkerrechts gewährleistet, dass historisch abgeschlossene Sachverhalte auch rechtlich abgeschlossen bleiben. Er schließt also die Rückwirkung völkerrechtlicher Normen auf zum Zeitpunkt ihrer Entstehung bereits abgeschlossene Sachverhalte aus und ist damit ein Garant völkerrechtlicher Rechtssicherheit und Stabilität.[642] Ein nach altem Recht erworbener Anspruch bleibt aber nur dann bestehen, wenn das nachfolgende Recht dessen Existenz kennt.

---

639 Vgl. Fisheries Case, ICJ-Rep. 1951, S. 115-144, S. 142; Case Concerning Rights of Nationals of the United States of America in Morocco, ICJ-Rep. 1952, S. 175-214, S. 183 f., 188 f.

640 Heintschel von Heinegg, a. a. O., Rn. 19 (S. 215); Verdross/Simma, a. a. O., § 650 (S. 417).

641 Vgl. Island of Palmas Case, Schiedsspruch vom 04.04.1928, RIAA, Vol. II (1949), Ziff. XX, S. 829-871, S. 845.

642 Allerdings steht es den Völkerrechtssubjekten frei, Ausnahmen von diesem Rückwirkungsausschluss zu vereinbaren; vgl. Baade, a. a. O., S. 252 ff.

b) Maßgeblicher Zeitpunkt

Die Feststellung des gemäß diesen Grundsätzen für die Beurteilung der Sach- und Rechtslage ausschlaggebenden Zeitpunktes bereitet deshalb keine größeren Schwierigkeiten, weil Osttimor bis 1975 unstreitig als Gebiet ohne Selbstregierung portugiesischer Souveränität unterstand und seit 1976 von Indonesien beherrscht wurde. Eigenstaatlichkeit kann Osttimor daher lediglich in der Umbruchphase 1975 besessen haben. Maßgeblich für die Beurteilung der Sach- und Rechtslage für die Inanspruchnahme des defensiven Selbstbestimmungsrechts muss daher das Jahr 1975 sein. Die Unabhängigkeitsforderung hätte nur dann auf das Abwehrrecht gestützt werden können, wenn dieser Anspruch zu diesem Zeitpunkt bereits völkerrechtlich anerkannt war. Für die Inanspruchnahme des Restitutionsanspruches gilt, dass ein unabhängiger osttimoresischer Staat nicht vor der gewohnheitsrechtlichen Verfestigung dieses Anspruches untergegangen sein dürfte. Nicht relevant ist demnach, ob ein Abwehr- beziehungsweise Restitutionsanspruch völkergewohnheitsrechtlich zu einem späteren Zeitpunkt, wie zum Beispiel im Jahr des Unabhängigkeitsreferendums 1999, als Norm des Völkerrechts anerkannt war. Denn das Selbstbestimmungsrecht ist kein Instrument zur Revision der Weltgeschichte, wie es Murswiek einmal ausgedrückt hat.[643] Stattdessen ist nur maßgeblich, ob das Selbstbestimmungsrecht in seiner Gestalt als Abwehrrecht bereits im Jahre 1975 Bestandteil des positiven Völkerrechts gewesen ist.

c) Normative Geltung des Abwehranspruchs zu diesem Zeitpunkt

Im Rahmen der Dekolonisierung war der normative Charakter des Selbstbestimmungsrechts 1975 bereits weitgehend anerkannt. Man wird jedoch annehmen können, dass auch das defensive Selbstbestimmungsrecht als Abwehrrecht der Staatsvölker Anfang der siebziger Jahre des letzten Jahrhunderts völkerrechtlich anerkannt war. In diesem Zusammenhang sind die beiden Menschenrechtspakte von 1966 zu nennen, deren Selbstbestimmungsartikel das Recht auf Selbstbestimmung allen Völkern zuerkennen.[644] Zwar führte die anfangs zögerliche Ratifizierung der Pakte dazu, dass sie erst 1976 in Kraft traten, die Generalversammlung der Vereinten Nationen beschloss beide Vertragstexte jedoch schon am 16. Dezember 1966 mit großer Mehrheit.[645] In der Prinzipiendeklara-

---

643 Murswiek, Der Staat 23 (1984), S. 547.

644 Siehe 2. Teil A. V. 3, B. II. 2.

645 GV-Res. 2200 A-C (XXI) vom 16.12.1966 (YBUN Vol. 20 (1966), S. 418 ff.).

tion vom 24. Oktober 1970[646] hatte die Generalversammlung der Vereinten Nationen zudem das Selbstbestimmungsrecht allen Völkern zuerkannt. Eine Beschränkung des Selbstbestimmungsrechts auf den kolonialen Kontext war damit nicht mehr zu vereinbaren. Wenn auch die Menschenrechtspakte und die Prinzipiendeklaration die Staatsvölker nicht ausdrücklich als Adressaten des Selbstbestimmungsrechts nennen, so ist doch davon auszugehen, dass sowohl die Vertragswerke als auch die Entschließung der Generalversammlung der Vereinten Nationen Staatsvölker als Subjekte des Rechts anerkennen. Dafür spricht schon die naheliegende Überlegung, dass beide ausschließlich durch die Beteiligung der Staaten zustande gekommen sind und nicht angenommen werden kann, dass deren Staatsvölker von vornherein nicht Begünstigte des Rechts hätten sein sollen.[647] Logisch zwingend setzten zudem die bereits erwähnten Resolutionen zum Selbstbestimmungsrecht der Ungarn aus dem Jahre 1956 voraus, dass ein Staatsvolk Träger des Selbstbestimmungsrechts sein kann.[648] Spätestens mit der Annahme der Prinzipiendeklaration im Jahre 1970 war mithin das Selbstbestimmungsrecht als Abwehrrecht Bestandteil des positiven Völkerrechts.[649] Das Abwehrrecht kommt daher als Anspruchsgrundlage für das osttimoresische Unabhängigkeitsverlangen inhaltlich und zeitlich weiter in Betracht.

II. Völkerrechtliche Verpflichtung Indonesiens

Das Selbstbestimmungsrecht als Abwehr- beziehungsweise Restitutionsanspruch hätte nur dann für die Begründung staatlicher Unabhängigkeit Osttimors Relevanz beanspruchen können, wenn Indonesien als Anspruchsgegner durch dieses Recht verpflichtet worden wäre.

---

646 GV-Res. 2625 (XXV), in: Schulz/Mann, Resolutionen zum Selbstbestimmungsrecht, S. 68 ff.

647 Siehe 2. Teil C. I.

648 Vgl. GV-Res. 1004 (ES-II) vom 4.11.1956 und 1005 (ES-II) vom 9.11.1956 (YBUN Vol.10 (1956), S.84 f.).

649 Ebenso: Tomuschat, Das Recht auf die Heimat. Neue rechtliche Aspekte, in: Jekewitz u. a. (Hrsg.), Des Menschen Recht zwischen Freiheit und Verantwortung, Festschrift für Karl-Josef Partsch, S. 212; Murswiek, Der Staat 23 (1984), S. 546 (Fn. 66); vgl. auch 2. Teil B. III. 1. a).

1. *Menschenrechtspakte*

Eine völkerrechtliche Verpflichtung Indonesiens zu Achtung eines möglicherweise bestehenden Abwehrrechts beziehungsweise Restitutionsanspruchs der Osttimoresen ergibt sich nicht aus dem völkerrechtlichen Vertragsrecht. Zwar ist Indonesien seit dem 28. September 1950 Mitglied der Vereinten Nationen und damit völkerrechtlich verpflichtet, die in der Charta der Vereinten Nationen verbrieften Rechte zu achten.[650] Das Selbstbestimmungsrecht der Völker ergibt sich aber nicht mit Verpflichtungskraft aus der Charta.[651] Insofern unterscheidet sich die Charta deutlich von den Internationalen Konventionen über bürgerliche und politische sowie wirtschaftliche, soziale und kulturelle Rechte. In beiden ist das Selbstbestimmungsrecht als Rechtssatz anerkannt. Zwischen den Vertragsstaaten besteht daher eine vertragliche Verpflichtung zur Achtung des Selbstbestimmungsrechts.[652] Allerdings hat Indonesien die Menschenrechtspakte bis heute nicht unterschrieben, so dass sich aus den beiden Verträgen auch keine entsprechende Verpflichtung Indonesiens herleiten lässt.[653]

2. *Völkergewohnheitsrecht*

Die Bindung Indonesiens an das Selbstbestimmungsrecht muss sich also aus Völkergewohnheitsrecht ergeben. Neben dem Nachweis seiner Geltung ist auch zu fragen, ob Indonesien an das völkergewohnheitsrechtlich anerkannte Selbstbestimmungsrecht gebunden ist. Zwar ist für die Entstehung universellen Völkerrechts nicht die Beteiligung sämtlicher Staaten erforderlich, es ist aber anerkannt, dass es von der universellen Bindungswirkung Ausnahmen geben kann. Diese werden unter dem Begriff des „persistent objector" diskutiert.

a) *Rechtsfigur des „persistent objector"*

Grundsätzlich sind alle Staaten an eine Norm des universalen Völkergewohnheitsrechts gebunden. Die Norm entfaltet ihre rechtliche Bindungswirkung gegenüber allen betroffenen Völkerrechtssubjekten, ohne dass es auf den Nach-

---

650 Zwar hat sich das Land mit Schreiben vom 20.01.1965 aus den Vereinten Nationen zurückgezogen, diese Entscheidung aber mit Telegramm vom 19.09.1966 zurückgenommen. Am 28.09.1966 hat die Generalversammlung hiervon formal Kenntnis genommen. Seither ist Indonesien wieder vollwertiges Mitglied der Vereinten Nationen.

651 Siehe 2. Teil B. II. 1.

652 Siehe 2. Teil B. II. 2.

653 Abfrage www.untreaty.un.org am 12.10.2003.

weis einer Beteiligung am Rechtserzeugungsprozess oder eine nachfolgende Zustimmung durch jeden Staat ankommt. Von der Bindungswirkung sind aber solche Staaten ausgenommen, die sich der Entstehung der Norm durch fortlaufende Proteste beharrlich widersetzt und zum Ausdruck gebracht haben, dass sie die Bindungswirkung der Norm nicht anzuerkennen bereit sind.[654] Allerdings können solche Staaten, sofern es sich nicht um eine größere Anzahl oder mehrere besonders bedeutende Staaten handelt, die Entstehung der Norm nicht verhindern. Zu beachten ist allerdings, dass ein einmaliger, wenn auch nachdrücklicher Protest nicht ausreicht. Die Gegenposition muss stattdessen dauerhaft nachzuweisen sein. Diesen Grundsatz hat der IGH im Britisch-Norwegischen Fischereistreit anerkannt.[655] Diese Doktrin ist im Grunde ein Ausfluss des das Völkerrecht beherrschenden Konsensprinzips. Zwar kann der erforderliche Konsens auch durch Stillschweigen, also widerspruchsloses Hinnehmen, zustande kommen, wo der Dissens durch Kundgabe aber offensichtlich ist, kann keine völkerrechtliche Bindungswirkung entstehen.

b) Verhalten Indonesiens

Ein beharrlicher Widerstand in diesem Sinne ist für Indonesien nicht nachweisbar. Im Gegenteil: Indonesien hat als Mitglied der Vereinten Nationen an der Entwicklung des Selbstbestimmungsrechts in vollem Umfange partizipiert. So sind sowohl die Unabhängigkeitsdeklaration von 1960 als auch die Prinzipiendeklaration von 1970 mit Zustimmung beziehungsweise ohne Widerspruch Indonesiens zustande gekommen.[656] Indonesien ist daher an das völkergewohnheitsrechtliche Selbstbestimmungsrecht gebunden. Ein Träger des Selbstbestimmungsrechts kann sich also gegenüber Indonesien auf dieses Recht berufen.

III. Rechtssubjektseigenschaft

Die Inanspruchnahme des defensiven Selbstbestimmungsrechts durch die Bevölkerung Osttimors hätte vorausgesetzt, dass sie zu einem früheren Zeitpunkt ein Staatsvolk war. Da auch ehemalige Staatsvölker Träger des Selbstbestimmungsrechts in der Gestalt des Restitutionsanspruches sein können, kommt es

---

654 Brownlie, Principles of Public International Law, S. 10; Heintschel von Heinegg, in: Ipsen, Völkerrecht, § 16 Rn. 26 (S. 191); Verdross/Simma, Universelles Völkerrecht, § 558 (S. 352 f.).

655 Fisheries Case, ICJ-Rep. 1951, S. 116-144, S. 131.

656 Vgl. YBUN Vol. 14 (1960), S. 49 (Unabhängigkeitsdeklaration); YBUN Vol. 24 (1970), S. 788 (Prinzipiendeklaration).

für die Eigenschaft als Rechtsträger nicht darauf an, ob ein möglicherweise bestehender osttimoresischer Staat durch die langjährige Ausübung der indonesischen Staatsgewalt erloschen ist. Unverzichtbare Voraussetzung ist aber, dass es vor der Integration Osttimors in Indonesien einen unabhängigen osttimoresischen Staat gegeben hat. Als solcher Staat kommt lediglich die am 28. November 1975 proklamierte Demokratische Republik Osttimor in Betracht.[657] Es fragt sich, ob es sich dabei um einen Staat im Sinne des Völkerrechts gehandelt hat. Das setzt voraus, dass die völkerrechtlichen Voraussetzungen der Staatenentstehung gegeben waren.

1. Voraussetzungen der Staatenentstehung

Die Staaten stellen auch heute noch die maßgebliche Gruppe der Völkerrechtssubjekte dar. Das Völkerrecht ist im Wesentlichen von den Staaten hervorgebracht worden. Die Staaten sind daher die vorgegebene Größe des Völkerrechts.[658] Deshalb definieren internationale Vertragswerke wie die Charta der Vereinten Nationen den Begriff des Staates nicht, sondern verweisen auf das von ihnen vorausgesetzte Völkerrecht.

a) Herkömmliche Lehre: Drei Elemente

Nach der klassischen Völkerrechtsdogmatik konstituiert sich ein Staat durch Staatsgebiet, Staatsvolk und Staatsgewalt. Nach dieser von der Allgemeinen Staatslehre entwickelten so genannten „Drei-Elemente-Lehre" ist ein politisch und rechtlich organisierter Gebiets- und Personenverband dann ein Staat, wenn eine nach außen nur dem Völkerrecht gebundene und nach innen autonome Gewalt gegeben ist, die einem Volk und einem abgegrenzten Gebiet zugeordnet ist.[659] Diese Lehre hat sich in der Staatenpraxis durchgesetzt.[660]

aa) Staatsgebiet

Unter dem Staatsgebiet ist der gesicherte Raum zu verstehen, in dem das staatlich organisierte Volk seine Herrschaft effektiv ausüben kann und über das ihm

---

657 Siehe 1. Teil B. X.

658 Epping, in: Ipsen, Völkerrecht, § 5 Rn. 1 (S. 54).

659 Grundlegend: Jellinek, Allgemeine Staatslehre, S. 394 ff.; heute allgemein anerkannt, vgl. nur: Epping, a. a. O., Rn. 2 (S. 55); Hailbronner, in: Vitzthum (Hrsg.), Völkerrecht, 3. Abschn. Rn. 63 (S.204); Verdross/Simma, Universelles Völkerrecht, § 380 (S.324 f.).

660 Epping, a. a. O., Rn. 3 (S. 55); Verdross/Simma, a. a. O., §§ 384 ff. (S. 227 ff.) mit Nachweisen.

die völkerrechtliche Verfügungsgewalt zusteht. Darüber hinaus verlangt das Völkerrecht weder eine Mindestgröße noch eine genaue Abgrenzung des Gebietes, es genügt, dass ein unbestrittenes Kerngebiet vorliegt.[661]

bb) Staatsvolk

Das Staatsvolk ist ein auf Dauer angelegter Verbund von Menschen, über den der Staat die Hoheitsgewalt innehat. Maßgeblich für die Zugehörigkeit zum Staatsvolk ist die Zusammenfassung von Menschen unter eine gemeinsame Rechtsordnung und nicht etwa die Zugehörigkeit zu einem Volk im ethnischen Sinne, eine gemeinsame Sprache, Kultur, Rasse, Geschichte oder Religion.[662]

cc) Staatsgewalt

Die Staatsgewalt formt aus Staatsgebiet und Staatsvolk den Staat. Unter ihr versteht man die Fähigkeit, im Inneren eine Ordnung zu organisieren und nach außen selbstständig und von anderen Staaten unabhängig zu handeln.

(1) Souveränität

Die Souveränität ist eine Eigenschaft der Staatsgewalt und nicht etwa weiteres Element der Staatseigenschaft. Als innere Souveränität bedeutet sie Verfassungsautonomie, die äußere Souveränität ist dadurch gekennzeichnet, dass der Staat lediglich dem Völkerrecht und keiner anderen Autorität unterworfen, also völkerrechtsunmittelbar ist.[663]

(2) Effektivität

Nach dem Grundsatz der Effektivität der Staatsgewalt gelangt ein Staat erst dann zur Entstehung, wenn sich die Staatsgewalt nach der insoweit maßgeblichen ex-ante Perspektive effektiv durchgesetzt hat, er also eine gewisse Stabilität und Aussicht auf Dauer aufweist.[664] Hat sich die Staatsgewalt einmal effektiv durchgesetzt, geht der Staat nicht durch einen vorübergehenden Wegfall der

---

661 Epping, in: Ipsen, Völkerrecht, § 5 Rn. 4 (S. 55 f.); Hailbronner, a. a. O., Rn. 65 f. (S. 205); Verdross/Simma, a. a. O., § 380 (S. 324 f.).

662 Epping, a. a. O., Rn. 5 (S. 56); Hailbronner, a. a. O., Rn. 64 (S. 205); Verdross/Simma, a. a. O.

663 Epping, a. a. O., Rn. 7 (S. 57); Hailbronner, a. a. O., Rn. 69 (S. 206); Verdross/Simma, a. a. O., § 381 (S. 225).

664 Epping, a. a. O., Rn. 8 (S. 58); Hailbronner, a. a. O., Rn. 67 f. (S. 205 f.); Verdross/Simma, a. a. O., § 383 (S. 226).

Staatsgewalt unter, solange sich auf dem Staatsgebiet kein neuer Staat etabliert hat: Der so genannte „failed State" ist zwar handlungsunfähig, aber weiterhin rechtsfähig.[665]

b) Fähigkeit zu internationalen Beziehungen

Teilweise wird in der Völkerrechtslehre neben den drei klassischen Elementen die Fähigkeit zur Aufnahme internationaler Beziehungen mit anderen Staaten für erforderlich gehalten. Diese Auffassung beruft sich auf Artikel 1 lit. d) der so genannten „Montevideo-Konvention" vom 26. Dezember 1933 über Rechte und Pflichten der Staaten: *„The State as a person of international law should possess the following qualifications: a) a permanent population; b) a defined territory; c) government; and d) the capacity to enter into relations with the other States."*[666] Das hiernach zusätzlich erforderliche Kriterium der Fähigkeit zu internationalen Beziehungen ist auf den Einfluss der südamerikanischen Völkerrechtslehre zurückzuführen, entspricht jedoch der allgemeinen Staatenpraxis der Gegenwart nicht.[667] Hält man die Fähigkeit zu internationalen Beziehungen für konstitutiv, sind zumindest Organe für die Führung der auswärtigen Angelegenheiten erforderlich.[668]

c) Bedeutung der Anerkennung

In der Völkerrechtslehre besteht darüber hinaus Streit, welche Rechtswirkung die Anerkennung eines Staates durch die übrigen Staaten für seine Entstehung hat.

aa) Konstitutive Theorie

Die konstitutive Theorie geht davon aus, dass ausschließlich die Anerkennung die Staatseigenschaft eines Herrschaftsverbandes herbeiführt. Diese Ansicht wird damit begründet, erst die Anerkennung befähige den neuen Staat dazu, mit anderen Völkerrechtssubjekten Beziehungen aufzunehmen, wodurch der neue Staat erst zu einem Völkerrechtssubjekt werde.[669] Die konsequente Anwendung

---

665 Epping, in: Ipsen, Völkerrecht, § 5 Rn. 9 (S. 58); Hailbronner, in: Vitzthum (Hrsg.), Völkerrecht, 3. Abschn. Rn. 71 (S. 206 f.).

666 LNTS Vol. 165 (1936), S. 19-43, S. 25 (Art. 1); AJIL 28 (1934), Suppl., S. 75-78.

667 Epping, a. a. O, Rn. 3 (S. 55).

668 Verdross/Simma, Universelles Völkerrecht, § 379 (S. 224).

669 Vgl. Nachweise bei: Crawford, Creation of States, S. 17ff.; Gloria, in: Ipsen, Völkerrecht, § 22 Rn. 28 (S. 233 f.); Verdross/Simma, a. a. O., § 961 (S. 602 f.).

der konstitutiven Theorie hat zum Ergebnis, dass ein Herrschaftsverband Staatlichkeit gegenüber anerkennenden Staaten beanspruchen kann, nicht aber gegenüber nicht anerkennenden Staaten. Hiergegen ist einzuwenden, dass ein Herrschaftsverband gegenüber allen Mitgliedern der Staatengemeinschaft Staatseigenschaft entweder besitzt oder eben nicht besitzt. Deshalb unterscheidet die Staatenpraxis nicht danach, ob ein Staat von anderen anerkannt worden ist oder nicht.[670] Um das geschilderte Ergebnis zu vermeiden, ist von Vertretern dieser Theorie die Auffassung vertreten worden, Staaten hätten die Verpflichtung, Herrschaftsverbände anzuerkennen, die die Staatsmerkmale erfüllten. Mit Ausnahme der früheren Sowjetunion ist die Mehrzahl der Staaten dieser Lehre jedoch nicht gefolgt. Die Praxis der bedingten Anerkennung zeigt, dass es weder ein Recht noch eine Pflicht zur Anerkennung gibt.[671] Die konstitutive Theorie ist deshalb abzulehnen.

bb) Deklaratorische Theorie

Nach der deklaratorischen Theorie erlangt ein neuer Herrschaftsverband die Staatseigenschaft unabhängig von der Anerkennung durch andere Staaten. Die Anerkennung ist hiernach eine rein formale Bestätigung der tatsächlichen Situation.[672] Eine Stütze findet diese Auffassung neben Artikel 12 der Charta der Organisation Amerikanischer Staaten[673] auch in Artikel 3 der Montevideo-Konvention[674], wo es heißt: *„The political existence of the State is independent of recognition by the other States. Even before recognition the State has the right to defend its integrity and independence, to provide for its conservation and prosperity, and consequently to organize itself as it sees fit, to legislate upon its interests, administer its services, and to define the jurisdiction and competence of its courts."* Artikel 12 der Charta der Organisation Amerikanischer Staaten stimmt mit dieser Formulierung weitgehend überein. Die deklaratorische Auffassung vermeidet Wertungswidersprüche, indem sie die Anerkennung, die sie in das Belieben der jeweiligen Staaten stellt, strikt von der rechtlichen Beurtei-

---

670 Vgl. Urteil des BVerfG vom 31.07.1973 – 2 BvF 1/73 –, BVerfGE 36, S. 1-37, 22 f., zur Staatlichkeit der DDR im Verhältnis zur Bundesrepublik unabhängig von der von der Bundesrepublik verweigerten Anerkennung.

671 Gloria, a. a. O., Rn. 32 (S. 234 f.); Verdross/Simma, a. a. O., § 965 (S. 604).

672 Crawford, a. a. O., S. 20 ff.; Gloria, a. a. O., Rn. 29 (S. 234); Verdross/Simma, a. a. O., § 961 (S. 602 f.).

673 ILM Vol. 33 (1994), S. 985-1009, S. 991 (Art. 12).

674 LNTS Vol. 165 (1936), S. 19-43, S. 25 (Art. 25); AJIL 28 (1934), Suppl., S. 75-78.

lung der tatsächlichen Lage trennt. Erfolgt die Anerkennung, obwohl die Voraussetzungen der Staatsqualität (noch) nicht vorliegen, macht die Anerkennung den Herrschaftsverband nicht zum Staate. Allerdings stellt diese (vorzeitige) Anerkennung einen völkerrechtswidrigen Akt dar: Sie ist ein völkerrechtliches Delikt in Form der Einmischung in die inneren Angelegenheiten des betroffenen Staates. Im Übrigen ist sie völkerrechtlich wirkungslos.[675] Bleibt die Anerkennung aus, berührt das die Eigenschaft eines Herrschaftsverbandes als Staat nicht, wenn die Voraussetzungen der Staatlichkeit vorliegen.

cc) *Vermittelnde Ansichten*

Die vermittelnden Ansichten beruhen auf der Erkenntnis, dass die Anerkennung sowohl deklaratorische als auch konstitutive Elemente beinhalte. Die Anerkennung eines neuen Herrschaftsverbandes als Staat sei deklaratorisch, da hierdurch lediglich festgestellt werde, dass ein neuer Staat entstanden sei. Die Übereinkunft der Aufnahme amtlicher Beziehungen, die der Anerkennung nachfolge, sei hingegen konstitutiv. Da aber beide Akte in der Regel gleichzeitig erfolgten, würden sie zumeist als Einheit verstanden.[676] Die ausgebliebene Anerkennung berührt demnach die Eigenschaft eines Herrschaftsverbandes als Staat nicht. Damit steht diese Auffassung der deklaratorischen Theorie deutlich näher, weil sie der Anerkennung gerade keine konstitutive Wirkung zubilligt, soweit es um die Frage der Entstehung des Staates geht.

2. *Situation in Osttimor*

Es fragt sich, ob die am 28. November 1975 von der FRETILIN ausgerufene Demokratische Republik Osttimor die genannten völkerrechtlichen Voraussetzungen der Staatenentstehung erfüllte.

a) *Fehlende internationale Anerkennung*

Da die Anerkennung anderer Staaten für die Entstehung eines neuen Staates nicht erforderlich ist, kann dem Umstand, dass die Demokratische Republik Osttimor lediglich von fünfzehn anderen Staaten anerkannt worden ist, nur eine indizielle Wirkung beigemessen werden. Unter den anerkennenden Staaten befan-

---

675 Bleckmann, Völkerrecht, Rn. 122 (S. 36 f.); Gloria, in: Ipsen, Völkerrecht, § 22 Rn. 33 (S. 235 f.); Verdross/Simma, Universelles Völkerrecht, § 961 (S. 602).

676 So Verdross, Völkerrecht, S. 246 f.; ähnlich Verdross/Simma, a. a, O., § 963 (S. 603).

den sich einige ehemalige portugiesische Kolonien und die Volksrepubliken, die mit Ausnahme der Volksrepublik China insgesamt nur geringes politisches Gewicht aufwiesen.[677]

b) *Effektive Etablierung der Staatsgewalt*

Zum Zeitpunkt der Ausrufung der Republik Osttimor am 28. November 1975 kontrollierten die FRETILIN Osttimor weitgehend. Die portugiesische Kolonialverwaltung hatte sich bereits am 27. August des Jahres auf die Timor vorgelagerte Insel Atauro zurückgezogen, die Anhänger der anderen politischen Kräfte waren zu großer Zahl nach Westtimor geflohen. Es kann daher davon ausgegangen werden, dass ab September 1975 der größte Teil Portugiesisch-Timors von der FRETILIN kontrolliert wurde.[678] Davon dürften neben der Insel Atauro, der Grenzbereich zu Westtimor und die von Westtimor umschlossene Enklave Oecussi ausgenommen gewesen sein. Schon seit September 1975 hatte die FRETILIN begonnen, eine eigene Verwaltung aufzubauen und die Versorgung der Bevölkerung zu organisieren.[679] Die Führung der Partei war sich nicht im Klaren, ob sie die Unabhängigkeit ausrufen sollte. Hierzu wurde sie erst aufgrund zweier Umstände bewogen: Zum einen wurde die Parteiführung stark von der Entwicklung der Ereignisse in den portugiesischen Afrikakolonien, insbesondere in Angola beeinflusst, wo die dortige Befreiungsbewegung am 11. November 1975 die Unabhängigkeit proklamiert hatte. Ein weiterer Grund bestand in der Sorge vor einer von Indonesien gesteuerten schleichenden Infiltration, der sich die FRETILIN nicht gewachsen sah. Die Parteiführung glaubte, mit der Proklamation der Unabhängigkeit auf der Bühne der internationalen Politik mehr Gewicht und von den Vereinten Nationen moralische und materielle Unterstützung zu erhalten.[680]

---

677 Anerkannt wurde die Demokratische Republik Osttimor von Albanien, Angola, Benin, Guinea, Guinea-Bissau, Kambodscha, Kap Verde, Laos, Mosambik, Nordkorea, Sao Tomé und Principe, Tansania, Vietnam, Volksrepublik China und Volksrepublik Kongo; vgl. 1. Teil B. X.

678 Siehe 1. Teil B. IX.

679 Vgl. Clark, The 'Decolonisation' of East Timor, in: International Law and the Question of East Timor, S. 70 (Fn. 28); ders., YJWPO 7 (1980), S. 7 (Fn. 28).

680 Clark, The 'Decolonisation' of East Timor, in: International Law and the Question of East Timor, S. 70 f. (Fn. 29); ders., YJWPO 7 (1980), S. 8 (Fn. 29); Jolliffe, East Timor, S. 215 f.

Die Proklamation der Unabhängigkeit gehorchte folglich eher der Not als der Tugend und erfolgte erst, als die Aufforderung der Kolonialverwaltung zur Rückkehr folgenlos blieb. Bis zum 28. November 1975 wehte deshalb die portugiesische Fahne über Dili.[681] Bis zu diesem Tage wurde die portugiesische Souveränität also auch von den faktischen Machthabern nicht in Frage gestellt. Vor der Proklamation der Unabhängigkeit war daher kein unabhängiger Staat entstanden. Einen solchen könnte es daher lediglich zwischen dem 28. November und der indonesischen Invasion am 7. Dezember 1975 gegeben haben. Es bestehen angesichts dessen nicht nur ex-post, sondern auch ex-ante, erhebliche Zweifel an der Effektivität einer osttimoresischen Staatsgewalt. So hatten sich die übrigen, in der MAC zusammengefassten, politischen Kräfte noch nicht mit einem Erfolg der FRETILIN abgefunden, was die im Grenzgebiet zu Westtimor fortgesetzten Scharmützel und die Proklamation des Anschlusses an Indonesien am 30. November 1975 dokumentieren.[682] Zudem war auch die Rückkehr der portugiesischen Kolonialverwaltung nicht ausgeschlossen. In einem Schreiben vom 28. November 1975 an den Generalsekretär der Vereinten Nationen hatte die portugiesische Regierung zwar eingeräumt, ihr sei die Kontrolle des Landes entglitten, aber angekündigt, sich weiter zu bemühen, die Beteiligten an einen Tisch zu bringen.[683] Portugal war also zu diesem Zeitpunkt noch bereit, seiner rechtlichen Verpflichtung als Verwaltungsmacht aus Artikel 73 der Charta der Vereinten Nationen auch tatsächlich nachzukommen. Die fehlende Stabilität und Aussicht auf Dauer des proklamierten Staates wird ferner durch den raschen Zusammenbruch in Folge der indonesischen Invasion deutlich. Zwar zog sich der osttimoresische Widerstand noch einige Jahre hin, mit Beginn der Invasion war aber klar, dass die FRETILIN aus eigener Kraft die Kontrolle über das Land nicht wieder würde erringen können. Die Proklamation der Unabhängigkeit vom 28. November 1975 hat demnach mangels effektiver Durchsetzung der Staatsgewalt keinen Staat im Sinne des Völkerrechts hervorgebracht.[684] Deshalb hilft es auch nichts, dass die FRETILIN schon seinerzeit den späteren Friedensnobelpreisträger José Ramos-Horta zum Außenminister ernannt hatte, um damit die Voraussetzungen für die Fähigkeit zur Aufnahme auswärtiger Beziehungen zu schaffen.

---

681 Jolliffe, East Timor, S. 211; van der Kroef, ATS 7 (1982), S. 250.

682 Siehe 1. Teil B. X.

683 AdG vom 24.06.1975, S. 20306; YBUN Vol. 29 (1975), S. 857.

684 Kritisch auch Hilpold, Osttimor-Fall, S. 68.

3. Ergebnis

Da die Bevölkerung Osttimors zu keinem Zeitpunkt Staatsvolk eines unabhängigen Staates war, konnte sie sich nicht auf den selbstbestimmungsrechtlichen Abwehr- beziehungsweise Restitutionsanspruch berufen. Eine Legitimation des osttimoresischen Unabhängigkeitsverlangens konnte sich folglich nur aus dem Kolonialstatus Osttimors oder aus dem Notwehraspekt des Selbstbestimmungsrechts ergeben.

B. Koloniales Selbstbestimmungsrecht

Als Grundlage des Selbstbestimmungsverlangens der Osttimoresen käme auch das Selbstbestimmungsrecht für Kolonialvölker in Betracht. Neben der gewohnheitsrechtlichen Verfestigung dieses Rechtes setzt dies voraus, dass die Bevölkerung Osttimors auch Anspruchsinhaber des Rechts und Indonesien sozusagen „passivlegitimiert" war.

I. Koloniales Selbstbestimmungsrecht als Anspruchsgrundlage

Als Anspruchsgrundlage kommt das koloniale Selbstbestimmungsrecht nur in Betracht, wenn es zu dem für die Beurteilung maßgeblichen Zeitpunkt Rechtsnormqualität besaß.

1. Rechtsnormqualität des kolonialen Selbstbestimmungsrechts

Die Dekolonisierung ist der am wenigsten umstrittene Anwendungsbereich des Selbstbestimmungsrechts. Nur vereinzelt wird die Normqualität des Selbstbestimmungsrechts im Bereich der Dekolonisierung bestritten. Gleichwohl handelt es sich um einen Sonderfall mit mehreren Spezifika. So steht das koloniale Selbstbestimmungsrecht den Kolonialbevölkerungen zu, auch wenn sie weder Staatsvolk noch Volk im ethnischen Sinne sind. Sie haben ein unbeschränktes Recht zu staatlicher Unabhängigkeit, dem der Kolonialstaat keinen anderen Titel entgegen halten kann.[685]

---

685 Siehe 2. Teil C. IV. und D. IV.

2. *Maßgeblicher Zeitpunkt*

Der maßgebliche Zeitpunkt für die Beurteilung der Sach- und Rechtslage ist für das koloniale Selbstbestimmungsrecht nicht evident. Der aus dem Kolonialstatus herrührende Anspruch auf Selbstbestimmung kommt nur in Betracht, wenn dieser Status des Gebietes zum Zeitpunkt der Inanspruchnahme (noch) bestand. Für die Frage nach dem Inhalt und der Reichweite des kolonialen Selbstbestimmungsrechts ist demnach dieser Zeitpunkt maßgeblich.[686] Davon zu unterscheiden ist aber die Frage des maßgeblichen Zeitpunktes hinsichtlich der Beendigung des Zustandes als Gebiet ohne Selbstregierung im Sinne des Kapitel XI der Charta der Vereinten Nationen. Die rechtliche Beurteilung eines Dekolonisierungstatbestandes muss sich nach dem Zeitpunkt richten, an dem das relevante Ereignis stattfand. Es ist offenkundig, dass abgeschlossene Sachverhalte nicht durch eine fortschreitende Rechtsentwicklung latenter rückwirkender Überprüfung ausgesetzt sein dürfen.[687] Exemplifiziert bedeutet dies, dass zum Beispiel die Dekolonisierung West-Irians, die schon seinerzeit rechtlich fragwürdig war und mit dem heutigen Stand des (kolonialen) Selbstbestimmungsrechts absolut unvereinbar wäre, nicht im nachhinein in Frage gestellt werden darf. Für die Frage möglicher Dekolonisierung kommt es also auf die Rechtslage im Jahr 1976 an. Denknotwendigerweise setzt die Dekolonisierung voraus, dass es sich bei Osttimor seinerzeit um ein Gebiet ohne Selbstregierung handelte. Zu diesem Zeitpunkt müsste das koloniale Selbstbestimmungsrecht bereits Bestandteil des Völkerrechts gewesen sein.

3. *Rechtslage zu diesem Zeitpunkt*

Angesichts der Mitte der 1970er Jahre weit fortgeschrittenen Dekolonisierung hat sich seither keine gravierende rechtliche Fortentwicklung des Dekolonisierungsrechts ergeben. Schon zu diesem Zeitpunkt war der Anspruch der Bevölkerungen kolonialer Gebiete auf Selbstbestimmung rechtlich anerkannt. Magna Charta der Dekolonisierung ist die Unabhängigkeitsdeklaration vom 14. De-

---

686 Vgl. hierzu die abweichende Meinung des Richters De Castro im Fall Western Sahara, der die von Marokko behaupteten „*historical ties*“ für irrelevant hält, weil nach dem Grundsatz intertemporalen Rechts das geltende Völkerrecht anzuwenden sei, welches der Bevölkerung der West-Sahara das Selbstbestimmungsrecht zuerkenne; Western Sahara, Advisory Opinion, Dissenting Opinion Judge De Castro, ICJ-Rep. 1975, S. 168 ff.

687 Baade, JBIR 7 (1957), S. 239 ff. passim.

zember 1960.[688] Mit ihr bekam die von den Vereinten Nationen zunächst zurückhaltend betriebene Politik der Dekolonisierung unmissverständlichen Nachdruck. Mit der Deklaration wurde eine internationale Richtschnur für den Prozess der Dekolonisierung geschaffen und das Recht auf Selbstbestimmung wie folgt verankert: „*All people have the right to self-determination; by virtue of that right they freely determine their political status and freely pursue their economic, social and cultural development ...*". In der Folgezeit wurde die Praxis der Dekolonisierung durch zahlreiche weitere Resolutionen präzisiert. Mit den beiden Menschenrechtspakten von 1966 und der Prinzipiendeklaration vom 24. Oktober 1970[689] wurde das Selbstbestimmungsrecht auch für Kolonialvölker weiter verstärkt. Schon im Hinblick auf die beiden genannten Deklarationen sowie die Menschenrechtspakte ist davon auszugehen, dass das koloniale Selbstbestimmungsrecht Anfang der 1970er Jahre Bestandteil des positiven Völkerrechts war.

II. Status Osttimors als Kolonialgebiet

Die Anwendung des kolonialen Selbstbestimmungsrechts setzt voraus, dass Osttimor ein Gebiet ohne Selbstregierung im Sinne von Artikel 73 der Charta der Vereinten Nationen war.

1. Portugiesisch-Timor als Kolonialgebiet

Bei Gebieten ohne Selbstregierung handelt es sich gemäß Prinzip IV des Annexes der von der Generalversammlung der Vereinten Nationen am 15. Dezember 1960 verabschiedeten Resolution 1541 (XV) um Gebiete, die durch eine territoriale Trennung vom Mutterland, ethnische und kulturelle Unterschiede sowie einen untergeordneten Status in Verwaltung Recht, Politik und Wirtschaft gekennzeichnet sind.[690] Der Status Osttimors als Gebiet ohne Selbstregierung steht bis 1975 außer Frage. Zwar bemühte sich Portugal, seinen Kolonialbesitz der

---

688 GV-Res. 1514 (XV), in: Schulz/Mann, Resolutionen zum Selbstbestimmungsrecht, S. 44 ff.

689 GV-Res. 2625 (XXV), in: Schulz/Mann, Resolutionen zum Selbstbestimmungsrecht, S. 68 ff.

690 Principles which should guide Members in Determining whether or not an Obligation exists to Transmit the Information called for under Article 73e of the Charter, in: Krieger, Basic Documents, Doc. No. 8, S. 28 f.

Dekolonisierung zu entziehen, hatte damit aber keinen Erfolg.[691] Mit der Resolution vom 15. Dezember 1960 stellte die Generalversammlung klar: „... *the territories under the administration of Portugal listed hereunder are Non-Self-Governing Territories within the meaning of Chapter XI of the Charter: ... (i) Timor and dependencies; ...*".[692]

2. *Dekolonisierung durch Unabhängigkeit*

Da die Demokratische Republik Osttimor kein Staat im Sinne des Völkerrechts war, wurde durch ihre Ausrufung der Kolonialstatus des Gebietes nicht beeinträchtigt.[693] Osttimor blieb unbeschadet hiervon Gebiet ohne Selbstregierung im Sinne von Kapitel XI der Charta der Vereinten Nationen.

3. *Dekolonisierung durch Anschluss an Indonesien*

Möglicherweise ist der Kolonialstatus Osttimors durch Anschluss an Indonesien beendet worden. Indonesien hat behauptet, der Prozess der Dekolonisierung sei durch einen freiwilligen Anschluss Osttimors an Indonesien abgeschlossen worden.[694] Durch die Dekolonisierung wäre der Status Osttimors als Gebiet ohne Selbstregierung beendet worden. Dies hätte zur Folge, dass sich die Osttimoresen für die Loslösung von Indonesien nicht mehr auf das koloniale Selbstbestimmungsrecht hätten berufen können. Das setzt allerdings voraus, dass es sich bei dem Anschluss um eine zulässige Form der Dekolonisierung handelte und die entsprechenden rechtlichen Vorgaben beachtet wurden.

a) Anschluss als Ausübungsmöglichkeit

Bei dem Anschluss an einen anderen Staat handelt es sich um eine Möglichkeit zur Ausübung des Selbstbestimmungsrechts. Die Möglichkeiten der Ausübung des Selbstbestimmungsrechts im Rahmen der Dekolonisierung wurden bereits in

---

691 Siehe 1. Teil B. V.

692 GV-Res. 1542 (XV): Transmission of Information under Article 73e of the Charter, in: Schulz/Mann, Resolutionen zum Selbstbestimmungsrecht, S. 294 ff., sowie Krieger, Basic Documents, Doc. No. 9, S. 29 f.

693 Siehe 3. Teil A. III. 2. b).

694 Vgl. zur rechtlichen Auffassung Indonesiens die Bemerkungen des indonesischen Außenministers Ali Alatas vom 20.02.1992 vor Mitgliedern des National Press Club in Washington D.C.; wiedergegeben in Krieger, Basic Documents, Doc. No. 75, S. 275-278; vgl. auch Clark, The 'Decolonisation' of East Timor, in: International Law and the Question of East Timor, S. 74 f.; ders., YJWPO 7 (1980), S. 12 f. m. w. N.

der die Unabhängigkeitsdeklaration vom 14. Dezember 1960 ergänzenden Resolution 1541 (XV) vom 15. Dezember 1960[695] vorgegeben. Prinzip VI des Annexes dieser Resolution nennt die Schaffung eines souveränen und unabhängigen Staates, die Assoziation mit einem selbstständigen Staat und die Integration in einen selbstständigen Staat als Formen der Wahrnehmung des Selbstbestimmungsrechts. Die Prinzipiendeklaration bestätigte diese Optionen und fügte noch die Erringung irgendeines anderen durch das Volk frei bestimmten politischen Status hinzu: *„The Establishment of a sovereign independent State, the free association or integration with an independent State or the emergence into any other political status freely determined by a People constitute modes of implementing the right of self-determination by that people."*[696]

b) *Völkerrechtliche Voraussetzungen*

Voraussetzung eines dem Selbstbestimmungsrecht gemäßen Anschlusses an einen anderen Staat ist, dass der wirkliche Wille des Trägers des Selbstbestimmungsrechts ermittelt wird.[697] Für die Integration in einen anderen Staat sind in den Prinzipien VIII und IX der Resolution 1541 (XV) vom 15. Dezember 1960 spezifische Bestimmungen getroffen. Prinzip VIII beschreibt quasi Bedingungen für das Ziel der Integration: Gleicher Status, gleiche Rechte und gleiche Freiheiten für alle Staatsbürger ohne Unterscheidung oder Diskriminierung. Im Prinzip IX sind bestimmte Vorgaben für das Verfahren der Integration gemacht. Prinzip IX lautet: *„Integration should have come about in the following circumstances: (a) The integrating territory should have attained an advanced stage of self-government with free political institutions, so that its peoples would have the capacity to make a responsible choice through informed and democratic processes; (b) The integration should be the result of the freely expressed wishes of the territory's peoples acting with full knowledge of the change in their status, their wishes having been expressed through informed and democratic processes, impartially conducted and based on universal adult suffrage. The United Nations could, when it deems it necessary, supervise these processes."* Für eine Integration sind demnach bestimmte strukturelle Vorbedingungen und bestimm-

---

695 Principles which should guide Members in Determining whether or not an Obligation exists to Transmit the Information called for under Article 73e of the Charter, in: Krieger, Basic Documents, Doc. No. 8, S. 28 f.

696 GV-Res. 2625 (XXV) vom 24.10.1970, in: Schulz/Mann, Resolutionen zum Selbstbestimmungsrecht, S. 68 ff.

697 Siehe 2. Teil E. I.-II.

te Verfahrensbedingungen zu beachten. Strukturell wird ein fortgeschrittener Entwicklungsstand der Selbstregierung gefordert. Hinsichtlich des Verfahrens sind Bedingungen erforderlich, die eine von äußeren Einflussnahmen freie Artikulation des Willens ermöglichen. Es muss die Möglichkeit zu sachkundiger Information, freier Meinungsäußerung und freier Stimmabgabe gegeben sein. Relativ vage bleibt die Resolution, was die Beobachtung des Abstimmungsverfahrens durch die Vereinten Nationen anbetrifft. Der Wortlaut spricht dafür, dass Integrationen auch ohne Beobachtung durch die Vereinten Nationen wirksam erfolgen können. Dementsprechend hat Indonesien argumentiert, die Beobachtung durch die Vereinten Nationen sei weder vorgeschrieben noch in anderen Fällen stets erfolgt.[698] Die Dekolonisierungspraxis der Vereinten Nationen hatte jedoch auf der Grundlage der Resolution ein Verfahren entwickelt, das freie Wahlen unter Überwachung der Vereinten Nationen vorsah, wenn außer der Unabhängigkeit auch die Integration in einen anderen Staat zur Diskussion stand.[699]

c) *Rechtmäßigkeit des Anschlusses Osttimors*

Es fragt sich, ob diese Bedingungen bei der Integration Osttimors in den indonesischen Staatsverband eingehalten worden sind. Indonesien hat sich insoweit darauf berufen, die Integration beruhe auf der entsprechenden Erklärung von vier Parteien, der einstimmigen Beschlussfassung in der Volksversammlung, einer entsprechenden Petition an den indonesischen Staatspräsidenten sowie den Feststellungen einer indonesischen „Fact-Finding-Mission".[700] Man wird jedoch im Gegensatz zur Auffassung der indonesischen Regierung schon nicht von den in Prinzip IX lit. (a) genannten strukturellen Voraussetzungen für eine verantwortliche Entscheidung durch einen informierten und demokratischen Prozess sprechen können. Im Jahre 1974 zählte Osttimor zu den ärmsten Gebieten der Welt mit einer Analphabetenrate unter Erwachsenen von rund 95 Prozent; es gab nur 21 Kilometer Straßen, elektrischen Strom nur in der Hauptstadt.[701] Das

---

698 Vgl. Ausführungen des indonesischen Außenministers, in: Krieger, Basic Documents, Doc. No. 75, S. 277.

699 Franck, AJIL 70 (1976), S. 699 ff.; Franck/Hoffman, NYUJILP 8 (1976), S. 336 f.; Krieger, KJ 30 (1997), S. 300; vgl. Beispiele bei Peters, Gebietsreferendum im Völkerrecht, S. 57 ff.

700 Clark, The 'Decolonisation' of East Timor, in: International Law and the Question of East Timor, S. 75; ders., YJWPO 7 (1980), S. 13, mit entsprechenden Nachweisen.

701 Siehe 1. Teil B. XI.

durch Bürgerkrieg und indonesische Invasion zusätzlich erschütterte Land hatte zum Zeitpunkt der Integration kaum einen hinreichenden Grad an Selbstverwaltung erlangt.[702] Von einem *„advanced stage of self-government with free political institutions"* kann daher keine Rede sein.

Auch das der Integration vorausgegangene Verfahren ist nicht mit den diesbezüglichen Vorgaben in Prinzip IX lit. (b) der wiedergegebenen Resolution in Übereinstimmung zu bringen. Die Mehrzahl der Mitglieder der Volksversammlung war durch die von Indonesien eingesetzte „Provisorische Regierung" ernannt worden. Nur fünf der 28 Mitglieder waren frei gewählt worden. Der Rest waren Vertreter der dreizehn Distriktsversammlungen sowie zehn Häuptlinge, Stammesführer und Vertreter der Religionsgemeinschaften.[703] Vertreter der FRETILIN gehörten der Versammlung überhaupt nicht an. Die Distriktsversammlungen konnten nach Artikel 9 lit. (a) des Gesetzes der Provisorischen Regierung vom 2. April 1976 in Übereinstimmung mit dem Prinzip von *„consensus and consent and with consideration of the traditional and cultural values"* bestimmt werden. Was konkret darunter zu verstehen war, sagte das Gesetz nicht. Aus dem Zusammenhang ergibt sich aber, dass damit ein Verfahren gemeint gewesen sein muss, dass nicht dem Grundsatz allgemeiner, freier, gleicher und geheimer Wahlen entsprach. Nach Artikel 5 dieses Gesetzes waren nämlich nur die Vertreter für die Hauptstadt Dili in Übereinstimmung mit dem Grundsatz *„one-man/one-vote"* zu wählen.[704] Eine repräsentative Vertretung der Bevölkerung Osttimors ist zudem schon vor dem Hintergrund kaum vorstellbar, dass zum Zeitpunkt der Beschlussfassung in der Volksversammlung noch militärische Auseinandersetzungen stattfanden. Indonesien kontrollierte 1976 nur Teile des Landes, ein Großteil der Bevölkerung war in das Landesinnere geflohen und deshalb von einer Beteiligung an der Willensbildung von vornherein ausgeschlossen.[705] Die Bildung der Volksversammlung basierte daher nicht *„on universal adult suffrage"*, wie dies in der genannten Resolution vorgesehen war. Die Allgemeinheit der Wahl war nicht gewährleistet.[706]

---

702 Ebenso Hilpold, Osttimor-Fall, S. 65; Krieger, KJ 30 (1997), S. 300.

703 Clark, The 'Decolonisation' of East Timor, in: International Law and the Question of East Timor, S. 76; ders., YJWPO 7 (1980), S, 15; Lawrence, East Timor, EPIL Vol. II, S. 4; Krieger, KJ 30 (1997), S. 300.

704 „Provisional Government of East Timor" Act No. 1/A.D. 1976, in: Krieger, Basic Documents, Doc. No. 34. S. 51 f.

705 Siehe hierzu 1. Teil C. I.

706 Ebenso Lawrence, East Timor, EPIL Vol. II, S. 4.

Es kann zudem nicht davon ausgegangen werden, dass eine verantwortliche Entscheidung mit *„full knowledge of the change"* getroffen wurde. Weder wurde die Bevölkerung durch eine entsprechende Informationskampagne aufgeklärt, noch kann angenommen werden, dass sie Zugang zu Informationen über Konsequenzen des Anschlusses an Indonesien hatte. Die Abstimmung erfolgte auch nicht in *„processes impartially conducted"*: Die Integration war der einzige Verhandlungsgegenstand auf der Tagesordnung der Versammlung, Alternativen wurden nicht diskutiert und die von der Sitzungsleitung straff geführte Sitzung bereits nach zwei Stunden geschlossen.[707]

Das ganze Verfahren fand zudem ohne Beteiligung der Vereinten Nationen statt. Die Einladung der Vereinten Nationen durch die Provisorische Regierung, den Beratungen der Volksversammlung beizuwohnen, lehnte der Sicherheitsrat ab. Offensichtlich wollten die Vereinten Nationen angesichts ihrer negativen Erfahrungen, die sie einige Jahre zuvor bei der Integration West-Neu-Guineas gemacht hatten, nicht erneut zum Feigenblatt einer Zwangsinkorporation werden.[708] Maffei interpretiert das Fernbleiben der Vereinten Nationen dahingehend, der Sicherheitsrat habe der Anwesenheit Indonesiens in Osttimor und dem außerhalb der Mechanismen der Vereinten Nationen liegenden Dekolonisierungsprozess die Anerkennung verweigern wollen.[709] 1976 gehörte die Beobachtung einer Integration durch die Vereinten Nationen zum völkerrechtlichen Standard, so dass auch insoweit ein rechtlicher Mangel vorliegt. Der Anwesenheit von Vertretern mit Indonesien befreundeter Staaten kann keine rechtliche Bedeutung beigemessen werden. Die Bedingungen, unter denen die Diplomaten die Verhandlung der Versammlung beobachteten, ließen eine Überwachung kaum zu: Ihnen war nicht gestattet, mit Mitgliedern der Versammlung zu sprechen, ohnehin konnten die meisten der anwesenden Diplomaten der in portugiesischer Sprache geführten Verhandlung wegen fehlender Sprachkenntnisse nicht folgen. Entgegen der Praxis der Vereinten Nationen hat keiner der Beobachter einen Bericht über die Wahlhandlung veröffentlicht. Die Anwesenheit der Vertreter der sieben Länder dürfte daher lediglich kosmetischen Gesichtspunkten Rechung getragen haben.[710]

---

707 Clark, The 'Decolonisation' of East Timor, in: International Law and the Question of East Timor, S. 79; ders., YJWPO 7 (1980), S. 17 f.

708 Hilpold, Osttimor-Fall, S. 66; ders., ZÖR 53 (1998), S. 285.

709 Maffei, EJIL 4 (1993), S. 226 f.

710 Clark, The 'Decolonisation' of East Timor, in: International Law and the Question of East Timor, S. 78; ders., YJWPO 7 (1980), S. 16.

Es liegt also auf der Hand, dass ein informierter und demokratischer Prozess nicht stattgefunden hat. Der von der „repräsentativen Volksversammlung" erklärte Wunsch auf Anschluss an Indonesien war nicht das Ergebnis *„of the freely expressed wishes of the territory's peoples"*. Die Integration fand daher ohne oder gegen den Willen des Subjekts des Selbstbestimmungsrechts statt. Sie stellte keine wirksame Ausübung des Selbstbestimmungsrechts dar.

d) Ausschluss des Selbstbestimmungsrechts

Eine Dekolonisierung durch Anschluss an Indonesien käme demnach nur in Betracht, wenn das koloniale Selbstbestimmungsrecht der Osttimoresen aufgrund besonderer Umstände ausgeschlossen gewesen wäre.

aa) Ausschluss bei historischen, ethnischen und kulturellen Verbindungen

Indonesien hat sich darauf berufen, dass es enge historische, ethnische und kulturelle Verbindungen mit Osttimor gegeben habe, weshalb Osttimor integraler Bestandteil der indonesischen Nation sei. Hinsichtlich der historischen Verbindungen sagte der indonesische Präsident am 7. Juni 1976 anlässlich der Integration Osttimors: *„This archipelago was once united, with an area approximately the size of the present territory of the Unitary State of the Republic of Indonesia. History noted the famous Sriwijaha Kingdom, as well as the well-known Majapahit Kingdom."*[711] Erst durch die willkürliche Teilung Timors durch die Kolonialmächte Portugal und die Niederlande sei diese Verbindung aufgehoben worden. Die Geltendmachung eines historischen Erwerbstitels beruht auf der Überlegung, wegen der starken historischen Verbindungen sei ein Gebiet ungeachtet des Selbstbestimmungsrechts an den vorkolonialen Souverän zurückzugeben.[712] Derartige Ansprüche sind zum Beispiel vom Irak auf Kuwait sowie von Marokko und Mauretanien auf die Westsahara geltend gemacht worden. In dem Gutachten zum Westsahara-Fall erkannte der IGH grundsätzlich an, dass es koloniale Fälle geben könne, in denen der Bevölkerung das Selbstbestimmungsrecht nicht zuzugestehen sei oder eine Befragung der Bevölkerung aufgrund besonderer Umstände nicht notwendig erscheine.[713] Die ausschließliche Zuständigkeit

---

711 Rede wiedergegeben in Krieger, Basic Documents, Doc. No. 31, S. 47.

712 Vgl. zur Rechtsfigur historischer Verbindungen Crawford, Creation of States, S. 209 ff.; Jennings, The Acquisition of Territory in International Law, S. 76; Shaw, Title to Territory in Africa, S. 187 ff., 193 ff.

713 Western Sahara, Advisory Opinion, ICJ-Rep. 1975, S. 12-69, S. 33 (para. 59).

hierüber zu entscheiden, erkannte das Gericht der Generalversammlung der Vereinten Nationen zu.[714] Der Gerichtshof führte bezüglich derartiger historischer Verbindungen aus, es müsse die tatsächliche Ausübung von Staatsgewalt auf dem betreffenden Gebiet nachgewiesen werden; Lehnbeziehungen und religiöse Verbindungen können das Selbstbestimmungsrecht der in einem solchen Gebiet lebenden Menschen nicht verdrängen.[715]

Unabhängig von der rechtlichen Fragwürdigkeit eines solchen „historischen Erwerbsgrundes" sind besonders intensive historische Verbindungen, insbesondere die Ausübung von Staatsgewalt durch Indonesien oder seine Rechtsvorgänger in Osttimor nicht nachzuweisen. Bezüglich des buddhistischen Königreiches von Sriwijaha, das im siebten Jahrhundert entstanden war, ist bereits unklar, ob Timor überhaupt zu den abhängigen Vasallen dieses Reiches gehörte. Im 13. Jahrhundert wurde das Königreich durch das hinduistische Königreich Majapahit abgelöst, zu dessen tributpflichtigen Gebieten wohl auch Timor gehörte. Es brach jedoch mit der Ausbreitung des Islam noch vor Ankunft der europäischen Kolonialherren zusammen.[716] Bei Beginn der kolonialen Landnahme gab es in Timor bereits unabhängige regionale Reiche, die ihre Herrschaft über tributpflichtige Fürstentümer ausübten.[717] Die unbestreitbar vorhandenen ethnisch-kulturellen Verbindungen sind angesichts der Rechtsprechung des IGH nicht ausreichend. Sie sind im Übrigen auch nicht so eng und so spezifisch, wie dies nötig wäre. Denn zum einen ist die Bevölkerung Timors durch mehrere Einwanderungswellen zu einer Mischbevölkerung geworden. Zum anderen handelt es sich bei Indonesien um einen Vielvölkerstaat, in dem beinahe alle relevanten südostasiatischen Volksgruppen vorkommen. Mit den in Indonesien dominierenden Javanern sind die Timoresen unmittelbar nicht verwandt.[718] Abgesehen davon hat die Generalversammlung der Vereinten Nationen das Selbstbestimmungsrecht der Bevölkerung Osttimors wiederholt bekräftigt.[719] Aus Sicht der Generalversammlung wurde folglich das Selbstbestimmungsrecht nicht durch historische, ethnische oder kulturelle Verbindungen eingeschränkt. Die Argu-

---

714 ICJ-Rep. 1975, S. 37 (para. 73).

715 ICJ-Rep. 1975, S. 68 (para. 162).

716 Clark, The 'Decolonisation' of East Timor, in: International Law and the Question of East Timor, S. 80 f. (Fn. 80); ders., YJWPO 7 (1980), S. 20 f. (Fn. 80).

717 Siehe 1. Teil B. I.

718 Siehe 1. Teil A. II.

719 Siehe 1. Teil C. II. 1.

mentation Indonesiens mit historischen Verbindungen hatte daher keine rechtliche Grundlage.[720]

bb) Ausschluss bei kolonialen Enklaven

Indonesien hat des Weiteren dahin gehend argumentiert, Osttimor sei angesichts seiner Größe und seiner Rückständigkeit kaum überlebensfähig.[721] Damit wurde an die Konstruktion der kolonialen Enklave angeknüpft. Im Falle kolonialer Enklaven soll das Gebiet nämlich nicht als separate Selbstbestimmungseinheit behandelt werden, sondern in das Land integriert werden, von dem es wirtschaftlich abhängig ist und ethnisch entspricht.[722] In der Staatenpraxis ist dieses Konzept bei der Dekolonisierung von Goa und Ifni angewandt worden. In beiden Fällen kam es zu einer Integration der portugiesischen beziehungsweise spanischen Niederlassung in die diese umschließenden Staaten Indien und Marokko, ohne dass es zu einer Befragung der Bevölkerung gekommen war.[723] Die Rechtsfigur kolonialer Enklaven ist jedoch auf Osttimor nicht übertragbar. Osttimor liegt bereits von seiner Größe[724] und Bevölkerungszahl[725] deutlich außerhalb des bisherigen Anwendungsbereichs. Zudem dürfte Osttimor wirtschaftlich nicht mehr und nicht weniger zur Eigenständigkeit fähig sein, als viele andere ehemaligen Kolonialgebiete auch, denen das Recht auf Eigenstaatlichkeit nicht bestritten worden ist.[726] Zwar war die wirtschaftliche Entwicklung Osttimors rückständig und die Handelsbilanz defizitär, in einem Bericht der Vereinten

---

720 Clark, The 'Decolonisation' of East Timor, in: International Law and the Question of East Timor, S. 90; ders., YJWPO 7 (1980), S. 31; Hannikainen, Peremptory Norms (Jus Cogens) in International Law, S. 412 f.; Krieger, KJ 30 (1997), S. 301; Simpson, The Politics of Self-Determination in the Case of East Timor, in: International Law and the Question of East Timor, S. 263; ders., HICLR 17 (1994), S. 342 f.

721 SCOR, 30th Year, 1864th Meeting, 15.12.1975, para. 69, in: Krieger, Basic Documents, Doc. No. 36a, S. 54 ff.; SCOR 30th Year, 1865th Meeting, 16.12.1975, paras. 61-66, in: Krieger, Basic Documents, Doc. No. 36b, S. 69 ff.

722 Vgl. zur Rechtsfigur kolonialer Enklaven Franck/Hoffman, NYUJILP 8 (1976), S. 331 ff.; Krieger, KJ 30 (1997), S. 301 f.; Pomerance, Self-Determination, S. 20 ff.; Shaw, Title to Territory in Africa, S. 134 ff.

723 Vgl. Fonteyne, AJIA 45 (1991), S. 176.

724 Siehe 1. Teil A. I.

725 Siehe 1. Teil B. XI.

726 Elliot, ICLQ 27 (1978), S. 248; Hannikainen, Peremptory Norms (Jus Cogens) in International Law, S. 413; Krieger, KJ 30 (1997), S. 301 f.; Simpson, The Politics of Self-Determination in the Case of East Timor, in: International Law and the Question of East Timor, S. 263 (Fn. 64); ders., HICLR 17 (1994), S. 342 (Fn. 83).

Nationen vom 20. November 1975 wurde jedoch bereits vermerkt, dass es Vorkommen an Kupfer, Gold, Mangan und Erdöl gebe, die noch nicht effektiv ausgebeutet würden.[727] Die Argumentation Indonesiens ist vor dem Hintergrund des Artikel 3 der Unabhängigkeitsdeklaration auch rechtlich fragwürdig, ordnet doch diese Bestimmung an: *„Inadequacy of political, economic, social or educational preparedness should never serve as a pretext for delaying independence.“*[728] Unbeschadet der Frage der rechtlichen Anerkennung der Rechtsfigur kolonialer Enklaven vermag sie schon deshalb keine Beschränkung des Selbstbestimmungsrechts der Bevölkerung von Osttimor zu begründen, weil Sicherheitsrat und Generalversammlung der Bevölkerung Osttimors ausdrücklich das Recht auf Selbstbestimmung zuerkannt haben.[729]

cc) Ausschluss bei übergeordneten Stabilitätsinteressen

In der Literatur ist angenommen worden, das Prinzip der Selbstbestimmung gelte nicht ohne Ausnahme für alle Gebiete ohne Selbstregierung. Im Falle Osttimors sei es durch übergeordnete Stabilitätsinteressen der Region, die Interessen der Nachbarn, insbesondere Indonesiens und Australiens sowie durch die ökonomische und finanzielle Situation Osttimors begrenzt worden.[730] Diese vereinzelt gebliebene Auffassung findet jedoch keine Stütze in der Staatenpraxis und ist auch aus dogmatischen Gründen abzulehnen. Das Selbstbestimmungsrecht kann nicht durch die Interessen von Nachbarstaaten begrenzt werden. Dann bestünde es nur nach Maßgabe der Interessen der Nachbarstaaten.

e) Ergebnis

Da die Voraussetzungen eines dem Selbstbestimmungsrecht gemäßen Anschlusses an Indonesien nicht gegeben waren und das Selbstbestimmungsrecht nicht aufgrund besonderer Umstände ausgeschlossen war, führte der Anschluss Osttimors an Indonesien nicht zu einer den Kolonialstatus Osttimors beendenden Dekolonisierung. Osttimor blieb Gebiet ohne Selbstregierung im Sinne des Kapitel XI der Charta der Vereinten Nationen und seine Bevölkerung Inhaber des kolonialen Selbstbestimmungsrechts.

---

727 Special Committee on the Situation with Regard to the Declaration on the Granting of Independence to Colonial Countries and Peoples, Working Paper on Timor, Prepared by the Secretariat, 20.11.1975, in: Krieger, Basic Documents, Do. No. 6, S. 18 ff., S. 20.

728 GV-Res. 1514 (XV) vom 14.12.1960, in: Schulz/Mann, Resolutionen zum Selbstbestimmungsrecht, S. 44 ff.

729 Siehe 1. Teil C. II. 1.

730 Engers, NILR 24 (1977), S. 89.

4. Beendigung des Kolonialstatus durch Okkupation

Es fragt sich, ob ein originärer Titelerwerb Indonesiens den Status Osttimors als Gebiet ohne Selbstverwaltung beendet haben könnte. Als originärer Erwerbstatbestand kommt lediglich die Okkupation in Betracht. Darunter versteht man die Inbesitznahme von bisher nicht zum Staatsgebiet eines anderen Staates gehörenden Territoriums in der Absicht, das Gebiet als Staatsgebiet zu erwerben.[731] Die Okkupation setzt folglich voraus, dass das von der Aneignung betroffene Gebiet als „terra nullius" keiner anderen Staatsgewalt zugeordnet ist. Da Osttimor als Gebiet ohne Selbstverwaltung der Souveränität Portugals als zuständiger Verwaltungsmacht unterstand, müsste dessen Souveränität zunächst weggefallen sein. Indonesien hat behauptet, Portugal habe Osttimor freiwillig aufgegeben. Der Zusammenbruch der portugiesischen Ordnung und der Rückzug Portugals sei der Grund für die indonesische Intervention gewesen.[732] Damit wird die Dereliktion des Gebietes durch Portugal behauptet. Durch eine Dereliktion fällt die Souveränität des bisher berechtigten Staates weg. Die Dereliktion stellt quasi das Gegenstück zur Okkupation dar. Sie erfordert allerdings nicht nur die tatsächliche Aufgabe eines Gebietes, hinzutreten muss noch die Absicht, auf die territoriale Souveränität zu verzichten („animus derelinquendi"). Eine besondere Kundgabe ist für diese Absicht nicht erforderlich; sie kann sich auch aus dem Umständen ergeben.[733] Eine nur vorübergehende Schwächung der tatsächlichen Ausübung der Hoheitsgewalt reicht jedoch nicht aus, solange die Vermutung besteht, dass der betroffene Staat den Willen hat, die Hoheitsgewalt wiederzuerlangen.[734]

Der schlichte Rückzug der portugiesischen Verwaltung auf die Insel Atauro am 27. August 1975 reicht deshalb jedenfalls nicht aus.[735] Der Mitteilung Portugals an den Generalsekretär der Vereinten Nationen, die Situation in der Kolonie sei außer Kontrolle geraten, lässt sich der erforderliche Wille ebenfalls nicht ent-

---

731 Gloria, in: Ipsen, Völkerrecht, § 23 Rn. 26 (S. 254); Hailbronner, in: Vitzthum (Hrsg.), Völkerrecht, 3. Abschn. Rn. 109 (S. 217 f.); Verdross/Simma, Universelles Völkerrecht, § 1154 (S. 752).

732 Vgl. Äußerungen Alatas, in: Krieger, Basic Documents, Doc. No. 75, S. 277; Krieger, KJ 30 (1997), S. 302 m. w. N.

733 Verdross/Simma, Universelles Völkerrecht, § 1156 (S. 754 f.).

734 De Zayas, Territory, Abandonment, EPIL Vol. IV, S. 830.

735 Chinkin, EJIL 4 (1993), S. 211 (Fn. 25); Hilpold, Osttimor-Fall, S. 70.

nehmen.[736] Das portugiesische Eingeständnis vorübergehender Unfähigkeit effektiver Ausübung der Staatsgewalt darf nämlich nicht in Unwilligkeit umgedeutet werden. Problematischer ist dagegen der Abzug der portugiesischen Verwaltung am 6. Dezember 1975 von Atauro, womit der letzte Landstützpunkt aufgegeben wurde. Dies lässt durchaus den Schluss zu, Portugal habe die Wiedererlangung der Souveränität nicht ernsthaft beabsichtigt. Insofern ist es auch nicht ganz richtig, wenn von einem nur vorübergehenden Verlust der Kontrolle über das Gebiet gesprochen und behauptet wird, erst die indonesische Invasion habe zur endgültigen Verdrängung Portugals aus Osttimor geführt.[737] Bekanntlich begann die indonesische Invasion erst einen Tag nach Abzug der Portugiesen. Was Portugal durch den Abzug tatsächlich erreichen wollte, bleibt undurchsichtig. Es mutet jedenfalls etwas seltsam an, dass Abzug und Invasion – beides bedarf einiger organisatorischer Vorbereitung – zeitlich so gut harmonierten.[738] Was sich auch immer die portugiesische Regierung gedacht haben mag, ihre Reaktion nach der Invasion war jedenfalls eindeutig. Portugal brach die diplomatischen Beziehungen mit Indonesien ab, rief unverzüglich den Sicherheitsrat der Vereinten Nationen an und ließ auch später nicht in seinem Protest nach.[739] Auch der Aufnahme von Verhandlungen mit der von Indonesien eingesetzten provisorischen Regierung über die Freilassung portugiesischer Staatsangehöriger kann kein Wille zur Gebietsaufgabe entnommen werden.[740] Mit der Aufnahme der Verhandlungen hatte die portugiesische Regierung lediglich die tatsächlichen Machtverhältnisse zur Kenntnis genommen. Nicht mehr und nicht weniger. Angesichts des fehlenden „animus derelinquendi" wird man trotz des fragwürdigen Abzugs der Verwaltung nicht von einer Dereliktion Osttimors durch Portugal ausgehen können.[741]

---

736 So aber Fonteyne, AJIA 45 (1991), S. 173, 178, der die Voraussetzungen der Dereliktion bejaht.

737 So Krieger, KJ 30 (1997), S. 302.

738 Die Entscheidung der indonesischen Regierung, in: Osttimor zu intervenieren, ist vermutlich schon Monate vor der Invasion gefallen; vgl. van der Kroef, ATS 8 (1983), S. 75.

739 Vgl. Hilpold, Osttimor-Fall, S. 42 ff., zu den zahlreichen Aktivitäten Portugals.

740 Siehe 1. Teil C. II. 2.

741 Lawrence, East Timor, EPIL Vol. II, S. 4; Maffei, EJIL 4 (1993), S. 227; a. A. Fonteyne, AJIA 45 (1991), S. 172, 173, 178; wohl auch De Zayas, Territory, Abandonment, EPIL Vol. IV, S. 831.

Es fragt sich zudem, ob eine Dereliktion ein besiedeltes Gebiet überhaupt zu einer okkupationsfähigen „terra nullius“ macht. Im Hinblick auf das Selbstbestimmungsrecht wird man bewohnte Territorien nicht wie unbesiedelte Gebiete behandeln können. Lebt in dem betroffenen Gebiet eine Menschengruppe, die sich auf das Selbstbestimmungsrecht berufen kann, steht es dem Zugriff anderer Staaten anders als eine „terra nullius“ nämlich nicht offen. Für Kolonialgebiete folgt dies bereits aus der Logik der Dekolonisierung: Wenn die Souveränität der Kolonialstaaten grundsätzlich hinter das Selbstbestimmungsrecht des Kolonialvolkes zurücktritt, ist es denknotwendig ausgeschlossen, dass ein anderer Staat die Souveränität über das Gebiet ohne Rücksicht auf das Selbstbestimmungsrecht der Bevölkerung dieses Gebietes erlangen kann.[742] Dies ergibt sich auch aus dem Gutachten des IGH zur Westsahara,[743] in dem das Gericht den Erwerb der Souveränität über das von Spanien aufgegebenen Territorium von dem Selbstbestimmungsrecht dessen Bevölkerung abhängig macht.[744] Bei besiedelten Gebieten ist daher die Übereinstimmung mit dem Selbstbestimmungsrecht Voraussetzung einer völkerrechtsgemäßen Okkupation.[745] Wie dargelegt wurde,[746] ist die Integration Osttimors in den indonesischen Staatsverband nun gerade nicht in Übereinstimmung mit dem Selbstbestimmungsrecht der osttimoresischen Bevölkerung erfolgt, so dass ein Gebietserwerb Indonesiens durch Okkupation nicht in Betracht kommt.

5. Beendigung des Kolonialstatus durch Annexion

Es fragt sich, ob der Kolonialstatus Osttimors möglicherweise durch Annexion (derivativer Erwerb) beendet wurde. Das setzt voraus, dass es sich bei der Integration Osttimors in Indonesien erstens um eine Annexion handelte, die zweitens geeignet sein müsste, Indonesien einen völkerrechtsgemäßen Titel über das Gebiet verschaffen zu können.

---

742 Hilpold, Osttimor-Fall, S. 70 (Fn. 204); Krieger, KJ 30 (1997), S. 302 (Fn. 81).

743 Western Sahara, Advisory Opinion, ICJ-Rep. 1975, S. 12-69.

744 So Cassese, The International Court of Justice and the Right of Peoples to Self-Determination, in: Lowe/Fitzmaurice (Hrsg.), Fifty Years of the International Court of Justice, S. 361.

745 Ebenso: De Zayas, Territory, Abandonment, EPIL Vol. IV, S. 831.

746 Siehe 3. Teil B. II. 3.

a) Tatbestand der Annexion

Unter einer Annexion versteht man den gewaltsamen Erwerb fremden Territoriums durch einen Staat zuungunsten eines anderen, wobei sich die Annexion auf den Staat als Ganzen oder auf ein Teilgebiet des Staates beziehen kann. Voraussetzungen einer Annexion sind die vollständige und endgültige Inbesitznahme unter Ausschaltung der bisherigen Staatsgewalt gegen den Willen des von ihr betroffenen Staates sowie ein auf die Annexion gerichteter Wille des annektierenden Staates.[747] Die Inbesitznahme muss effektiv erfolgen, weshalb keine erheblichen Bestandteile der bisherigen Staatsgewalt zurückbleiben dürfen. Zwei Erscheinungsformen der Annexion werden unterschieden: Die Annexion kann einerseits durch einseitige Erklärung nach Inbesitznahme erfolgen. Diese Annexionserklärung kann ausdrücklich aber auch durch schlüssiges Verhalten abgegeben werden. Andererseits kann die Annexion auch in vertraglicher Form erfolgen. Dem Annexionsvertrag muss jedoch ein Zwangselement innewohnen.[748]

b) Völkerrechtliche Zulässigkeit der Annexion

Da der Annexion per definitionem ein Zwangselement innewohnt, hängt die Beurteilung der völkerrechtlichen Zulässigkeit einer Annexion von der Anerkennung der Zulässigkeit von Gewalt im zwischenstaatlichen Verkehr ab. Insoweit ist im letzten Jahrhundert eine bedeutende Veränderung des klassischen Völkerrechts eingetreten. So waren bereits die Mitglieder des Völkerbundes nach Artikel 10 der Völkerbundsatzung verpflichtet, „*die Unversehrtheit des Gebietes und die bestehende politische Unabhängigkeit aller Bundesmitglieder zu achten und gegen jeden äußeren Angriff zu wahren*“.[749] Mit dem Briand-Kellogg-Pakt[750] vom 27. August 1928 begann sich die Auffassung von der Völkerrechtswidrigkeit des Angriffskrieges durchzusetzen und verfestigte sich in den dreißiger Jahren des letzten Jahrhunderts.[751] Das Inkrafttreten der Charta der Vereinten Nationen beseitigte dann endgültig die Möglichkeit, fremdes Staatsgebiet durch Gewalt rechtmäßig zu erwerben. Aus dem in Artikel 2 Ziffer 4 der

---

747 Gloria, in: Ipsen, Völkerrecht, § 23 Rn. 36 ff. (S. 260 f.); Hailbronner, in: Vitzthum (Hrsg.), Völkerrecht, 3. Abschn. Rn. 110 (S. 218).

748 Gloria, a. a. O., Rn. 41 (S. 261).

749 RGBl. 1919, S. 717-746.

750 Vertrag über die Ächtung des Krieges; RGBl. 1929 II, S. 97-101; Internationale Quelle: LNTS Vol. 94 (1929), S. 57-64.

751 Dahm/Delbrück/Wolfrum, Völkerrecht, Bd. I/1, § 55 III. 2 (S. 359); Meng, Stimson-Doctrine, EPIL Vol. IV, S. 690.

Charta niedergelegten Gewaltverbot ergibt sich zwangsläufig die rechtliche Folge, dass Veränderungen des Staatsgebietes, die unter Verletzung des Gewaltverbotes zustande kommen, ipso iure rechtswidrig sind.[752] Dementsprechend bestimmt die Prinzipiendeklaration in Absatz X des 1. Abschnitts, dass das Hoheitsgebiet eines Staates nicht Gegenstand des Erwerbs durch einen anderen Staat infolge von Androhung oder Anwendung von Gewalt sein und ein aufgrund dessen vollzogener Gebietswechsel nicht als rechtmäßig anerkannt werden darf.[753] Die Annexion vermag daher nicht mehr, Gebietserwerb völkerrechtlich zu legitimieren.

c) Annexion Osttimors

Die Voraussetzungen einer Annexion liegen im Falle Osttimors vor. Die indonesische Staatsgewalt hat das Territorium Osttimors, das als Gebiet ohne Selbstregierung im Sinne des Kapitels XI der Charta der Vereinten Nationen unter der Souveränität Portugals stand, unter Ausschluss und gegen den Willen Portugals in Besitz genommen. Zwar hat Portugal der Intervention keinen militärischen Widerstand geleistet, sein der Annexion entgegenstehender Wille ist aber hinreichend dokumentiert.[754] Insoweit kann auf die diesbezüglichen Ausführungen im Zusammenhang mit der Frage der Dereliktion verwiesen werden. Die Intervention Indonesiens in Osttimor erfolgte offenkundig auch mit dem Willen zur Annexion. Dies dokumentiert die Unterzeichung eines Gesetzes durch den indonesischen Präsidenten vom 17. Juli 1976, mit dem Osttimor zur 27. Provinz Indonesiens erklärt wurde. Die Inbesitznahme Osttimors fand auch in effektiver Weise statt, da in Osttimor keine Bestandteile der portugiesischen Staatsgewalt zurückblieben. Die Effektivität wird auch dadurch belegt, dass Portugal seither nie mehr Staatsgewalt in Osttimor hat ausüben können. Die Annexionserklärung besteht in der Erklärung des indonesischen Präsidenten Suharto vom 5. Juni 1975, mit der er die Integration Osttimors in den indonesischen Staatsverband bekannt gab.[755]

---

752 Gloria, in: Ipsen, Völkerrecht, § 23 Rn. 43 (S. 262); Verdross/Simma, Universelles Völkerrecht, § 970 (S. 606 f.); vgl. zum Verhältnis von Annexion und Selbstbestimmungsrecht Zieger, Gebietsveränderungen und Selbstbestimmungsrecht, in: Blumenwitz/Meissner (Hrsg.), Selbstbestimmungsrecht und deutsche Frage, S. 73 ff.

753 GV-Res. 2625 (XXV) vom 24.10.1970, in: Schulz/Mann, Resolutionen zum Selbstbestimmungsrecht, S. 68 ff.

754 Siehe auch 1. Teil, C. II. 2. sowie die Ausführungen unter 3. Teil B. II. 4.

755 AdG vom 24.06.1976, S. 20305 f.

Da die Annexion zum Zeitpunkt der Inkorporation Osttimors in Indonesien wegen der ihr immanenten Gewaltanwendung völkerrechtswidrig war, führte sie nicht zur Dekolonisierung Osttimors. Indonesien konnte keinen völkerrechtsgemäßen Titel über das Territorium erlangen. Der bisherige Zustand Osttimors als Gebiet ohne Selbstregierung unter portugiesischer Souveränität blieb folglich de iure bestehen.

6. Beendigung des Kolonialstatus durch Ersitzung

Es fragt sich, ob der Status Osttimors als Gebiet ohne Selbstregierung durch eine Ersitzung Indonesiens beendet worden sein könnte. Der Gebietserwerbstitel der Ersitzung kann eine widerrechtlich erfolgte Inbesitznahme durchaus nachträglich legitimieren. Voraussetzungen der Ersitzung sind, dass der ersitzende Staat die Herrschaftsgewalt effektiv innehat und ausübt, das fragliche Territorium als Bestandteil seines eigenen Staatsgebietes betrachtet und der Besitz über einen erheblichen Zeitraum ohne Unterbrechung unangefochten ausgeübt wurde.[756] Die erforderlich Länge des Zeitraumes ist nicht abstrakt bestimmbar, sondern hängt von den Umständen des Einzelfalles ab. Unangefochten ist die Ausübung der Hoheitsgewalt, wenn das Verhalten des ursprünglich berechtigten Staates von der Staatengemeinschaft nach Treu und Glauben so gedeutet werden muss, dass er einem langsam fortschreitenden Erwerb des ersitzenden Staates zustimmt. Der Vorgang der Ersitzung besteht demnach aus einem positiven und einem negativen Element: Positiv ist die langjährige Ausübung der Hoheitsgewalt durch den ersitzenden Staat, negativ die widerspruchslose Hinnahme durch den betroffenen Staat erforderlich. Deshalb handelt es sich bei der Ersitzung im Grunde um einen Fall der „acquiescence".[757]

Beide Voraussetzungen liegen hier nicht vor. Wenn es auch keine verbindliche Vorgabe für die Dauer der unangefochtenen Herrschaftsausübung gibt, wird man doch einen Zeitraum von nur rund 25 Jahren nicht ausreichen lassen können. Im Britisch-Norwegischen Fischereistreit hat dem IGH die Ausübung der Rechte durch Norwegen über einen Zeitraum von 60 Jahren zwar ausgereicht.[758] Demgegenüber hat der Staatengemeinschaft die 50 Jahre währende Ausübung

---

756 Gloria, in: Ipsen, Völkerrecht, § 23 Rn. 60 f. (S. 268 f.); Verdross/Simma, Universelles Völkerrecht, § 1162 (S. 757 f.).

757 Gloria, a. a. O., Rn. 62 (S. 269); Verdross/Simma, a. a. O., § 1162 (S. 758).

758 Fisheries Case, IGH-Rep. 1951, S. 116-144, 138.

der Hoheitsgewalt der Sowjetunion in den baltischen Staaten nicht genügt.[759] Daneben fehlt es auch an einer widerspruchslosen Hinnahme durch Portugal. Portugal hat während der 25jährigen Souveränitätsausübung durch Indonesien in seinem Protest nicht nachgelassen, sondern aus gegebenem Anlass erneuert. Die Proteste gegen die Aufnahme von Vertragsverhandlungen zwischen Australien und Indonesien bezüglich der Seegrenzen sowie die von Portugal gegen Australien wegen des Timorgrabenvertrages vor dem IGH angestrengte Klage dokumentieren dies.[760] Dementsprechend hat die internationale Staatengemeinschaft der indonesischen Inbesitznahme überwiegend auch die Anerkennung verweigert.

Daneben sind auch rechtliche Bedenken gegen eine mögliche Ersitzung geltend zu machen. Soweit die Ersitzung den Erwerb eines Gebietes legitimieren soll, für den ein anderer Gebietserwerbsgrund lediglich nicht nachweisbar ist, bestehen an der Möglichkeit des Gebietserwerbs durch Ersitzung keine Bedenken. Dagegen ist es aus Rechtsgründen sehr fraglich, ob eine Ersitzung nachgewiesen rechtswidrig in Besitz genommenen Territoriums erlaubt sein kann.[761] Im Hinblick auf das Selbstbestimmungsrecht sind bei der Ersitzung unbesiedelte von besiedelten Gebieten zu unterscheiden. Lebt auf dem fraglichen Gebiet eine Menschengruppe, die Träger des Selbstbestimmungsrechts ist, wird man für den Gebietserwerb durch Ersitzung die Übereinstimmung mit dem Selbstbestimmungsrecht verlangen müssen. Eine Ersitzung Osttimors durch Indonesien ist demnach ausgeschlossen.

7. Auswirkungen des Effektivitätsgrundsatzes

Es fragt sich, ob der Status Osttimors als Gebiet ohne Selbstregierung angesichts der langjährigen Zugehörigkeit zu Indonesien erloschen sein könnte. Dauert ein völkerrechtswidriger Zustand lange an, geraten der Grundsatz, dass durch einen rechtswidrigen Akt kein Recht geschaffen werden kann (ex iniuria ius non oritur), und das völkerrechtliche Effektivitätsprinzip in einen Gegensatz. Je länger der Zustand dauert, um so mehr besteht ein nicht zu leugnendes Interesse der Staatengemeinschaft, den tatsächlichen Zustand mit der Rechtslage in Übereinstimmung zu bringen. In der völkerrechtlichen Lehre gibt es deshalb Versuche,

---

759 Ebenso Chinkin, UNSWLJ 15 (1992), S. 432.

760 Siehe 1.Teil C. II. 2., V. 2.

761 Gloria, a. a. O., Rn. 58 f. (S. 268).

den Gegensatz zwischen Legalität und Effektivität zugunsten der Effektivität aufzulösen.

a) *Effektivitäts- und Legalitätsprinzip*

Unter der Effektivität des Völkerrechts wird seine regelmäßige Wirksamkeit verstanden. Der Hauptgrund für die regelmäßige Wirksamkeit der meisten Normen des Völkerrechts liegt in dessen besonderer Wirklichkeitsnähe.[762] Eine zu starke Betonung des Effektivitätsprinzips bleibt aber nicht ohne Gefahr: Die schrankenlose Anwendung des Effektivitätsprinzips müsste zur Aufhebung des Völkerrechts führen.[763] Dem Prinzip sind daher Grenzen gesetzt, damit es nur in dem Rahmen wirken kann, den ihm das Völkerrecht gezogen hat. So legalisiert das Effektivitätsprinzip solche Zustände nicht, die unter Verstoß gegen das Gewaltverbot oder das Selbstbestimmungsrecht entstanden sind. Dies gilt solange, wie diese nicht durch einen anderen, völkerrechtsgemäßen Vorgang geheilt werden, beispielsweise durch Anerkennung oder Ersitzung. Die Heilung von Verstößen gegen zwingendes Völkerrecht, insbesondere das Gewaltverbot und das Selbstbestimmungsrecht, ist aber ausgeschlossen.[764]

b) *Anerkennung und Stimson-Doktrin*

Dem Grundsatz „ex iniuria ius non oritur" trägt die Stimson-Doktrin Rechnung. Diese nach Henry Lewis Stimson, einem ehemaligen Außenminister der Vereinigten Staaten, benannte Lehre besagt, dass völkerrechtswidrige Gebietsveränderungen auch nicht durch Anerkennung anderer Staaten rechtmäßig werden.[765] Obwohl sich die Staaten nicht immer strikt an diese Regel gehalten haben, zählt die Stimson-Doktrin heute doch zum Bestand des geltenden Völkerrechts.[766] Sie wird sogar zu den zwingenden Normen des Völkerrechts gezählt.[767] Das ist im Grunde die logische Folge des in Artikel 2 Ziffer 4 der Charta der Vereinten

---

762 Verdross/Simma, Universelles Völkerrecht, § 68 (S. 51).

763 Verdross, Völkerrecht, S.133; Verdross/Simma, a. a. O., § 70 (S.52 f.), § 1163 (S.759 f.).

764 Epping, in: Ipsen, Völkerrecht, § 5 Rn. 8 (S. 58); Dahm/Delbrück/Wolfrum, Völkerrecht, Bd. I/1, § 56 III. (S. 368).

765 Meng, Stimson Doctrine, EPIL Vol. IV, S. 690 ff.; Verdross/Simma, a. a. O., § 971 (S. 607).

766 Frowein, Non-Recognition, EPIL Vol. III, S. 628; Gloria, in: Ipsen, Völkerrecht, § 23 Rn. 46 (S. 264); vgl. auch Dissenting Opinion Judge Skubiszewski, Case Concerning East Timor, ICJ-Rep. 1995, S. 224-277, 262 ff. (paras. 125 ff.).

767 Doehring, Völkerrecht, Rn. 112 (S. 51); Meng, Stimson Doctrine, EPIL, Vol. IV, S. 692.

Nationen verankerten und als zwingendes Recht anerkannten Gewaltverbotes. So hat sie im Rahmen der Vereinten Nationen zum Beispiel Eingang in die Prinzipiendeklaration vom 24. Oktober 1970[768] und die Aggressionsdefinition vom 14. Januar 1974[769] gefunden. Auch der IGH hat die Doktrin anerkannt. In seinem Gutachten über die Konsequenzen der fortgesetzten völkerrechtswidrigen Anwesenheit Südafrikas in Namibia hat der Gerichtshof die Auffassung vertreten, die Mitgliedsstaaten der Vereinten Nationen seien im Hinblick auf die Resolution 276 des Sicherheitsrates vom 30. Januar 1970[770] verpflichtet, die südafrikanische Souveränität über Namibia nicht anzuerkennen.[771] Dementsprechend haben nur wenige Staaten die Ausübung indonesischer Souveränität in Osttimor anerkannt.[772]

c) *Historische Konsolidierung*

Vereinzelt wird in der völkerrechtlichen Literatur angenommen, dass die Souveränität des von einer Annexion betroffenen Staates erlischt, wenn sich die Kontrolle des annektierenden Staates über das Territorium konsolidiert hat. Die historische Konsolidierung erfordert, dass der rechtswidrige Akt der Gebietsveränderung von der Staatengemeinschaft über längere Zeit hingenommen wird und mit einer Rückgewinnung der ursprünglichen Staatsgewalt nicht mehr gerechnet werden kann.[773] Die historische Konsolidierung ist als Gebietserwerbstitel aber abzulehnen, soweit sie außerhalb des völkerrechtlichen Instrumentariums der Anerkennung und der Ersitzung zu einem Gebietserwerb führen kann. Denn dann würde mittels dieser Rechtsfigur die Beschränkung des Effektivitätsprinzips zum Beispiel durch das Gewaltverbot umgangen. Man wird daher die regelmäßige Wirksamkeit des Völkerrechts durch die Rechtsfigur der historischen Konsolidierung jedenfalls nur insoweit zulassen können, als die Inbesitznahme

---

768 GV-Res. 2625 (XXV), in: Schulz/Mann, Resolutionen zum Selbstbestimmungsrecht, S. 68 ff.

769 GV-Res. 3314 (XXIX); YBUN Vol. 28 (1974), S. 868 ff.

770 YBUN Vol. 24 (1970), S. 752 f.

771 Legal Consequences for States of the Continued Presence of South Africa in Namibia (South West Africa) Notwithstanding Security Council Resolution 276 (1970), ICJ-Rep. 1971, S. 16-58, S. 55 (para. 123), S. 58 (para. 133).

772 De iure: Australien, Bangladesh, Indien, Iran, Irak, Jordanien, Malaysia, Marokko, Oman, die Philippinen, Saudi-Arabien, Singapur, Surinam und Thailand; de facto: Japan, Kanada, Mauretanien, Neuseeland, Papua Neuguinea, Schweden und die Vereinigten Staaten; siehe 1. Teil C. II. 3. a), b).

773 Vgl. Fonteyne, AJIA 45 (1991), S. 178; Schwarzenberger, AJIL 51 (1957), S. 321 f.

des Territoriums nicht unter Verstoß gegen zwingende Normen des Völkerrechts zustande gekommen ist.[774] Abgesehen davon wird man für eine historische Konsolidierung keinen kürzeren Zeitraum zulassen können, als er für eine Ersitzung erforderlich ist. Da es im Gegensatz zur Ersitzung für den Gebietserwerb durch historische Konsolidierung nicht auf den Willen des betroffenen Staates ankommt, verbliebe für die Ersitzung kaum ein eigenständiger Anwendungsbereich.

Angesichts der überwiegend ausgebliebenen Anerkennung und der Reaktion der Vereinten Nationen, die Osttimor erst 2002 von der Liste der Gebiete ohne Selbstregierung gestrichen haben, fehlt es bereits an einer Hinnahme des Zustandes durch die Staatengemeinschaft. Gegen eine historische Konsolidierung spricht auch, dass von 1983 bis 1991 und von 1992 bis 1999 unter der Ägide des Generalsekretärs der Vereinten Nationen Verhandlungen zwischen Portugal und Indonesien über Osttimor stattfanden.[775] Im Hinblick auf das Gewaltverbot wird man zur Abwendung der Hinnahme kein aktives Tun der Staatengemeinschaft verlangen können. Zudem dürfte ein Zeitraum von 25 Jahren für eine historische Konsolidierung kaum ausreichend sein. Abgesehen davon wird man auch für eine historische Konsolidierung die Übereinstimmung mit dem Selbstbestimmungsrecht einfordern müssen, an der es gerade fehlt.

III. Osttimoresen als Rechtsträger

Nach alle dem steht fest, dass die Inkorporation Osttimors in Indonesien kein Akt der Dekolonisierung darstellte. Der Status des Gebietes blieb daher de iure unverändert der eines Gebietes ohne Selbstverwaltung im Sinne des Kapitel XI der Charta der Vereinten Nationen mit der Verpflichtung Portugals als Verwaltungsmacht, das Gebiet unter Beachtung des Selbstbestimmungsrechts zur Unabhängigkeit zu entwickeln.[776] Deshalb blieben die Osttimoresen als Kolonialvolk auch Träger des kolonialen Selbstbestimmungsrechts mit der Legitimation,

---

774 Ähnlich Hilpold, Osttimor-Fall, S. 72.

775 Chinkin, Australia and East Timor, in: International Law and the Question of East Timor, S. 283; dies., EJIL 4 (1993), S. 213.

776 Vgl. Fastenrath, in: Simma (Hrsg.), Charta of the United Nations, 1. Aufl., Art. 73 Rn. 16.

einen der in den Resolutionen 1541 (XV) vom 15. Dezember 1960[777] und 2625 (XXV) vom 24. Oktober 1970[778] genannten Status einzunehmen.

IV. Indonesien als Verpflichteter

Dieses koloniale Selbstbestimmungsrecht der Bevölkerung Osttimors konnte auch Indonesien entgegen gehalten werden. Anspruchsgegner war zwar zunächst Portugal als zuständige Verwaltungsmacht. Als Norm des zwingenden Völkerrechts verlangt das Selbstbestimmungsrecht aber auch von dritten Staaten Beachtung.[779] Die Ausübung des Selbstbestimmungsrechts darf deshalb von anderen Staaten nicht beeinträchtigt werden, wenn die Voraussetzungen für die rechtmäßige Inanspruchnahme des Rechts gegeben sind. Für das Selbstbestimmungsverlangen im Rahmen der Dekolonisierung, das immer rechtmäßig ist, bedeutet das, dass dieser Prozess von anderen Staaten nicht gestört werden darf.[780] Indonesien war an das koloniale Selbstbestimmungsrecht gebunden. Beharrlichen Widerstand hatte Indonesien nämlich nicht geleistet; im Gegenteil: Der für das koloniale Selbstbestimmungsrecht grundlegenden Unabhängigkeitsdeklaration hat Indonesien in der Generalversammlung ausdrücklich, der Prinzipiendeklaration durch Ausbleiben von Widerspruch zugestimmt.[781] Die Verletzung des als ius cogens anerkannten kolonialen Selbstbestimmungsrechts durch Indonesien wirkt nicht nur gegenüber der Staatengemeinschaft als Einheit, sondern denknotwendig auch im Verhältnis zu den Osttimoresen als Träger dieses Rechts.

---

777 Principles which should guide Members in Determining whether or not an Obligation exists to Transmit the Information called for under Article 73 e of the Charter, in: Krieger, Basic Documents, Doc. No. 8, S. 28-29.

778 Prinzipiendeklaration, in: Schulz/Mann, Resolutionen zum Selbstbestimmungsrecht, S. 68 ff.

779 Siehe 2. Teil D. VII. 2; vgl. insbesondere Hannikainen, The Case of East Timor from the Perspective of Jus Cogens, in: International Law and the Question of East Timor, S. 103 ff.

780 Vgl. Uibopuu, Wars of National Liberation, EPIL Vol. IV, S. 1406 f.; Quaye, Liberation Struggles in International Law, S. 301.

781 YBUN Vol. 14 (1960), S. 49; Vol. 24 (1970), S. 788.

V. Ergebnis

Die Bevölkerung Osttimors konnte ihren Anspruch auf staatliche Unabhängigkeit auch gegenüber Indonesien auf das koloniale Selbstbestimmungsrecht stützen. Osttimor blieb bis zur Erlangung der Unabhängigkeit im Mai 2002 Gebiet ohne Selbstverwaltung, verbunden mit dem Recht seiner Bevölkerung, ihr Selbstbestimmungsrecht auszuüben.

C. Selbstbestimmungsrecht als Notwehrrecht

In diesem Kapitel soll untersucht werden, ob die Forderung nach staatlicher Unabhängigkeit Osttimors auch durch das Selbstbestimmungsrecht als Notwehrrecht begründet war. Diese Frage ist insbesondere für solche Staaten relevant, die von einer völkerrechtsgemäßen Integration Osttimors in Indonesien ausgingen, also den Anschluss Osttimors an Indonesien de iure anerkannt haben. Eine Sezession Osttimors könnte dann nur unter dem Gesichtspunkt des Notwehrrechts selbstbestimmungsrechtlich legitimiert sein.

I. Notwehrrecht als Recht auf Sezession

Das setzt freilich die völkerrechtliche Anerkennung eines aus dem Selbstbestimmungsrecht abgeleiteten Rechts auf Sezession voraus. Es ist heute weithin anerkannt, dass das Völkerrecht eine Sezession aus einem bestehenden Staat nicht schlechthin ausschließt. Das Völkerrecht verhält sich gegenüber der Sezession neutral. Das bedeutet, dass der völkerrechtlich anerkannte Anspruch der Staaten auf Schutz ihrer territorialen Integrität nicht absolut besteht.[782] Ausgehend von dieser Prämisse stellt sich also nicht die Frage, ob eine Sezession überhaupt völkerrechtsgemäß sein kann. Statt dessen ist vielmehr zu fragen, ob und unter welchen Voraussetzungen das Selbstbestimmungsrecht eine Sezession legitimieren kann.

1. Auffassung in der Völkerrechtslehre

In der völkerrechtlichen Lehre ist anerkannt, dass das Selbstbestimmungsrecht unter Umständen ein Recht auf Ausscheiden aus dem Staat begründen kann. Die

---

782 Siehe 2. Teil D. I. 2. b).

Doktrin vom Selbstbestimmungsrecht als Notwehrrecht kann sich heute auf einen breiten Rückhalt im Schrifttum stützen. Im Einzelnen divergieren die Äußerungen in der Literatur allerdings bezüglich der Voraussetzungen, die für die berechtigte Inanspruchnahme des Notwehrrechts für erforderlich gehalten werden. Gemeingut ist insoweit, dass eine vom Staat ausgehende, die Existenz einer Volksgruppe gefährdende Behandlung, die nicht anders als durch Sezession abgewendet werden kann, gegeben sein muss. Als Grundlage des Notwehrrechts bezieht sich das Schrifttum auf Absatz 7 der Prinzipienerklärung, auf das Verhältnis von Selbstbestimmungsrecht und Menschenrechten und auf eine Analyse der Staatenpraxis. Nicht selten findet sich eine Kombination dieser Ansätze.[783]

2. *Internationale Judikate*

Entscheidungen internationaler Gerichte zur Problematik eines Rechts auf Sezession gibt es nicht. Lediglich das Gutachten der Juristenkommission im Ålandstreit berührt die Frage des Notwehrrechts. Die drei Gutachter kamen zu dem Ergebnis, dass das Prinzip der Selbstbestimmung zwar im modernen politischen Denken eine bedeutende Rolle spiele, nicht jedoch Bestandteil des positiven Völkerrechts sei.[784] Hiervon ausgehend unterschied die Kommission zwei Konstellationen: Raum für das Selbstbestimmungsrecht sei dort, wo es an einer stabilen Lage fehle oder die territoriale Souveränität defizitär sei, weil der Staat sich noch nicht vollständig gebildet habe oder sich in einer Umbruchphase befinde.[785] Wenn sich aber ein souveräner Staat endgültig etabliert habe, könne nur dessen Staatsvolk kraft seiner Souveränität über das Territorium des Staates verfügen, nicht jedoch ein Teil der Bevölkerung oder ein anderer Staat. Ausdrücklich offen ließ die Kommission jedoch, ob dieser exklusive Zuständigkeitsbereich des Staates bei einem „*... abus manifeste et continu de la souveraineté au détriment d'une fraction de la population d'un Etat ...*" verlassen sein könnte.[786] Damit war aufgezeigt, dass der Schutz der aus der Souveränität der Staaten abgeleiteten territorialen Integrität nicht schrankenlos besteht. Zudem war das Selbstbestimmungsrecht als Schranke territorialer Integrität in das Verhältnis zum Souveränitätsprinzip gesetzt worden.

783 Siehe 2. Teil D. I. 2. c).

784 Siehe 2. Teil A. II. 2.

785 Wiedergabe des Gutachtens bei Raschhofer, Selbstbestimmungsrecht und Völkerbund, S. 54 ff., S. 58, mit deutscher Übersetzung ab S. 37.

786 Raschhofer, a. a. O., S. 57.

3. *Nachweis völkergewohnheitsrechtlicher Anerkennung*

Eine völkergewohnheitsrechtliche Anerkennung des Notwehrrechts setzt voraus, dass eine auf der entsprechenden Rechtsüberzeugung beruhende Staatenpraxis nachzuweisen ist.[787] Im Folgenden soll daher das Verhalten der Staaten im Zusammenhang mit Sezessionsbestrebungen untersucht werden. Dabei geht es nicht um den Nachweis der grundsätzlichen völkerrechtlichen Zulässigkeit einer Sezession, sondern darum, ob die Staatenpraxis das Selbstbestimmungsrecht einer abspaltungswilligen Bevölkerungsgruppe gerade unter dem Notwehraspekt anerkannt oder abgelehnt hat.

a) Staatenpraxis

In der Staatenpraxis finden sich sowohl Fälle gescheiterter, als auch erfolgreicher Sezessionen. In allen Fällen sind Rückschlüsse vom Verhalten der Staaten auf ihre Rechtsüberzeugung im Hinblick auf die Berechtigung der sezessionistischen Bestrebung denkbar, so dass auch die Fälle anzusprechen sind, in denen die Staatengemeinschaft die Anerkennung versagt hat.

aa) Nicht anerkannte Sezessionen

Alle im Folgenden anzusprechenden Sezessionen sind von der Staatengemeinschaft, von wenigen Staaten abgesehen, nicht anerkannt worden. Die Fälle zeigen, dass der tatsächliche Erfolg sezessionistischer Bestrebungen keine präjudizierende Wirkung für die Anerkennungspraxis der Staaten hat. Da in den darzustellenden Fällen die Anerkennung ausgeblieben ist, sind Schlussfolgerungen lediglich in negativer Hinsicht möglich. Es ist dann zu fragen, ob die Anerkennung ausgeblieben ist, weil die Existenz des Notwehrrechts oder dessen Voraussetzungen verneint worden sind.

(1) Katanga

Am 30. Juni 1960 wurde Belgisch-Kongo mit seinen Provinzen Leopoldville, Equateur, Province Orientale, Kivu, Kasai und Katanga in die Unabhängigkeit entlassen.[788] Wenige Tage später kam es in der Ordnungstruppe des Landes zu einer Meuterei gegen das belgische Offizierskorps sowie zu Übergriffen auf Europäer, die zum militärischen Eingreifen weiterhin im Kongo stationierter

---

787 Siehe zur Entstehung von Völkergewohnheitsrecht 2. Teil B. III. 2.

788 AdG vom 30.06.1960, S. 8487 ff. (Karte auf S. 8489).

belgischer Einheiten führten. Die Intervention löste eine rapide Verschlechterung der Beziehungen zwischen Belgien und seiner früheren Kolonie aus, die von der kongolesischen Regierung schließlich am 15. Juli 1960 abgebrochen wurden.[789] Am 11. Juli 1960 gab der Ministerpräsident der kongolesischen Provinz Katanga, Moise Tshombé, seine Absicht bekannt, die Provinz als unabhängige Republik in enger Verbindung mit Belgien auszurufen und begründete dies mit anti-westlichen und pro-kommunistischen Tendenzen in der Zentralregierung. Drei Tage später billigte die Provinzversammlung die Unabhängigkeitserklärung und forderte alle Staaten auf, die Republik Katanga anzuerkennen.[790] Dies war ein schwerer Schlag für den Kongo, weil rund 60 Prozent des Nationaleinkommens in Katanga erwirtschaftet wurden. Insbesondere der Bergbau konzentrierte sich fast vollständig auf diese Provinz. Dominiert wurde die Wirtschaft Katangas von drei bedeutenden belgischen Gesellschaften, die ihre Steuern und Abgaben in Höhe von seinerzeit rund 52 Millionen US-Dollar nun an die Regierung von Katanga abführten.[791] Die kongolesische Regierung wandte sich an den Generalsekretär der Vereinten Nationen und bat um die Entsendung von Truppen, um die Sezession zu beenden. Am 13. Juli forderte der Sicherheitsrat der Vereinten Nationen Belgien auf, seine Truppen abzuziehen und ermächtigte den Generalsekretär, die erforderlichen Maßnahmen zu ergreifen.[792] Im Dezember 1960 begann die zwischenzeitlich in den Kongo entsandte UN-Truppe mit einer Offensive gegen die von europäischen Söldnern geführte katangesische Gendarmerie.[793] Den UN-Truppen gelang es, die Kontrolle über die Schlüsselpositionen der katangesischen Hauptstadt Elisabethville zu erlangen. In der Folgezeit kam es wiederholt zu schweren Kämpfen zwischen UN-Soldaten und der Gendarmerie Katangas. Im Sommer 1961 gelang es den Vereinten Nationen, rund 500 europäische Offiziere und Söldner der Gendarmerie zu ergreifen und auszuweisen.[794] Ein Jahr später legte der Generalsekretär der Vereinten Nationen, Sithu U Thant einen Plan zur Wiedereingliederung Katangas in den

---

789 AdG vom 15.07.1960, S. 8515, 8517.

790 AdG vom 15.07.1960, S. 8516.

791 AdG vom 31.12.1961, S. 9577, und vom 15.07.1960, S. 8516; vgl. auch AdG vom 30.06.1960, S. 8488 zur Wirtschaft des Kongo.

792 SR-Res. vom 13.07.1960 (YBUN Vol. 14 (1960), S. 97).

793 AdG vom 08.12.1961, S. 9528; vgl. zur Anwerbung von europäischen Söldnern AdG vom 24.02.1961, S. 8939, sowie vom 02.02.1961, S. 8899.

794 AdG vom 01.09.1961, S. 9315.

Kongo vor, über den nicht verhandelt werden sollte.[795] Katanga wurden äußerste Maßnahmen angedroht, sollte es den Plan nicht unverzüglich annehmen. Auf Druck der Vereinigten Staaten, Großbritanniens und Belgiens billigte Tshombé am 3. September 1962 den Plan, in der Sache tat sich aber kein Fortschritt.[796] Im Dezember besetzte schlussendlich die UN-Truppe, nunmehr aus 19.000 Soldaten aus 22 Ländern bestehend, nach kurzen Feuergefechten die Kommandozentrale der katangesischen Gendarmerie und übernahm die Nationalbank von Katanga.[797] Nach der Zusicherung einer allgemeinen Amnestie durch die Zentralregierung erklärte Tshombé am 15. Januar 1963 die Sezession für beendet. Mit der Besetzung aller verbliebenen katangesischen Stellungen fand die Sezession am 21. Januar dann auch tatsächlich ihr Ende.[798] Katanga war von keinem anderen Staat anerkannt worden, obwohl Tshombé zum Beispiel Costa Rica eine Million US-Dollar hierfür geboten hatte.[799]

Der Sezessionsversuch Katangas stand im Widerspruch zum Prozess der Dekolonisierung, in dem in aller Regel die koloniale Grenzziehung für die Feststellung der Selbstbestimmungseinheit maßgeblich war. Das Recht auf Selbstbestimmung stand jeweils der Kolonialbevölkerung ohne Rücksicht auf ihre ethnische, religiöse oder soziale Homogenität zu. Katanga hätte eine seltene Abweichung hiervon bedeutet. Zwar ist für die Sezession auch das Selbstbestimmungsrecht in Anspruch genommen worden, begründet wurde sie aber zu allererst mit Kritik an der Richtung der Politik der Zentralregierung. Es ist nicht zu übersehen, dass wirtschaftliche Interessen europäischer Konzerne und der Reichtum der Provinz für die Sezessionsbestrebung eine große Bedeutung hatten.[800] Das Verhalten der Staatengemeinschaft lässt daher keine Schlüsse auf das Notwehrrecht zu, zumal die Zentralregierung noch keine vollständige Kontrolle über das Land gewonnen hatte, gegen die sich Katanga hätte wehren müssen.

(2) Südrhodesien

Südrhodesien gehörte bis zur Entlassung Nordrhodesiens als Sambia und Njassalands als Malawi in die Unabhängigkeit zur Föderation von Rhodesien und

---

795 Vgl. zum Inhalt des Planes AdG vom 04.12.1962, S. 10280, und vom 30.08.1962, S. 10058 f.

796 AdG vom 05.09.1962, S. 10082, und vom 30.08.1962, S. 10059.

797 AdG vom 04.01.1963, S. 10338, und vom 26.01.1963, S. 10382.

798 AdG vom 26.01.1963, S. 10381 f.

799 AdG vom 02.02.1962, S. 9651.

800 Vgl. Buchheit, Secession, S. 152.

Njassaland. Nach dem Scheitern der Unabhängigkeitsverhandlungen mit der britischen Regierung, die eine Gleichberechtigung der schwarzen Bevölkerungsmehrheit wünschte, verkündete der südrhodesische Premierminister Ian Douglas Smith am 11. November 1965 ohne Einvernehmen mit der britischen Regierung auf der Basis einer weißen Minderheitsherrschaft die Unabhängigkeit des Landes von der britischen Krone. Das Land nannte sich fortan nur noch Rhodesien.[801] Nur eine Woche nach der Unabhängigkeitserklärung verabschiedete der Sicherheitsrat der Vereinten Nationen eine Resolution, mit der er alle Staaten aufforderte, das rassistische Minderheitenregime nicht anzuerkennen.[802] Großbritannien erklärte die einseitige Unabhängigkeitserklärung für ungesetzlich, stellte den Fortbestand seiner staats- und völkerrechtlichen Verantwortung fest und verhängte Wirtschaftssanktionen, die vom Sicherheitsrat der Vereinten Nationen 1966 weltweit für verbindlich erklärt wurden.[803] Unterstützt wurde (Süd-) Rhodesien vor allem von der Republik Südafrika und von Portugal. Nachdem das Minderheitenregime, insbesondere seit der Neuorientierung der portugiesischen Kolonialpolitik ab 1974, zunehmend unter Druck geraten war, begann Smith Gespräche mit den Führern der schwarzafrikanischen Befreiungsbewegung, die 1979 in die Übergabe der Regierungsgeschäfte mündeten.[804] Am 18. April 1980 entließ Großbritannien das Land unter dem Namen Simbabwe in die Unabhängigkeit.[805] Obwohl das weiße Minderheitenregime über lange Zeit eine effektive und unabhängige Gewalt ausübte, wurde das Land wegen der Verletzung von Rechtsgleichheit und Selbstbestimmung von keinem anderen Staat anerkannt.[806]

Für die Sezession von Großbritannien konnte sich das weiße Minderheitenregime Rhodesiens nicht auf das Selbstbestimmungsrecht berufen. Das koloniale Selbstbestimmungsrecht, das die Loslösung Rhodesiens völkerrechtlich hätte legitimieren können, stand gerade der Gesamtbevölkerung des Gebietes unter Einschluss der schwarzen Mehrheit zu und nicht lediglich der weißen Minderheit. Eine Notwehrsituation ist nicht ersichtlich. Die Sezession fand vielmehr mit dem Ziel statt, die schwarze Mehrheitsbevölkerung von politischer Partizi-

---

801 Brockhaus, Band 20, SEIF-STAL, S. 231.

802 SR-Res. 216 vom 12.11.1965 (YBUN Vol. 19 (1965), S. 132 f.).

803 SR-Res. 232 vom 16.12.1966 (YBUN Vol. 20 (1966), S. 116 f.).

804 Brockhaus, Band 20, SEIF-STAL, S. 339.

805 AdG vom 18.04.1980, S. 23476 ff.; vgl. zu den Ergebnissen der Londoner Verfassungskonferenz AdG vom 11.03.1980, S. 23313 ff.; Texte: ILM Vol. 19 (1980), S. 387-408.

806 Verdross/Simma, Universelles Völkerrecht, § 386 (S. 229).

pation dauerhaft auszuschließen. Für das Notwehrrecht können daher aus dem Verhalten der Staatengemeinschaft im Fall Rhodesiens keine Schlussfolgerungen gezogen werden.

(3) Biafra

Der gescheiterte Sezessionsversuch der Republik Biafra betraf die Ostregion Nigerias. Nigeria war als Föderation von zunächst drei Regionen, der Nord-, der West- und der Ostregion, und dem Bundesterritorium um die Hauptstadt Lagos am 1. Oktober 1960 von Großbritannien in die Unabhängigkeit entlassen worden. Die Bevölkerung Nigerias war ethnisch inhomogen. Sie bestand zu 28 Prozent aus zwei islamischen Stämmen, die überwiegend in der mit rund 29 Millionen Menschen bevölkerungsreichsten Nordregion siedelten. 14 Prozent der Bevölkerung stellten die christlichen Yoruba im Südwesten und 16 Prozent die im Südosten lebenden christlichen Ibo. Der Rest entfiel auf meist animistische kleinere Stämme.[807] Im Zusammenhang mit der Bildung der Republik Nigeria am 1. Oktober 1963, bis dahin war das Land konstitutionelle Monarchie unter der britischen Krone, wurde die Struktur des Landes verändert: Nordkamerun, das sich in einer Volksabstimmung für die Angliederung an Nigeria ausgesprochen hatte, wurde der ohnehin dominierenden Nordregion zugeschlagen, im Süden wurde aus der Westregion die Region Mittel-West herausgelöst. Die Bundeshauptstadt Lagos blieb Bundesterritorium.[808] Die demokratische Entwicklung Nigerias wurde seit Gründung des Staates durch soziale, kulturelle und ethnische Spannungen vor allem zwischen den traditionellen Haussa und den progressiven und geschäftstüchtigen Ibo blockiert. Die ersten freien Wahlen im Dezember 1964 wurden durch massive Wahlbeeinflussung im Norden und einen Wahlboykott in den Regionen Ost und Mittel-West überschattet. In der Folgezeit breiteten sich zunehmend Anarchie, Terror, Korruption und Nepotismus aus. Im Januar 1966 kam es zu einer Rebellion in den überwiegend aus Angehörigen eines heidnischen und mit dem Norden verfeindeten Stammes bestehenden Streitkräften, in deren Verlauf der mächtigste Mann des Landes, der Sultan von Sokoto und religiöser Führer der muslimischen Nigerianer sowie Ministerpräsident der Nordregion, der aus dem Norden stammende Premierminister Nigerias und andere führende Politiker des Landes ermordet wurden.[809] Der Oberbefehls-

---

807 AdG vom 01.10.1960, S. 8667 mit Skizze.

808 AdG vom 01.10.1963, S. 10825, sowie vom 25.02.1961, S. 8945 (Volksabstimmung Nordkamerun); AdG vom 10.04.1965, S. 11792 mit Skizze.

809 AdG vom 05.02.1966, S. 12321.

haber der Streitkräfte, der dem Ibo-Stamm angehörende General Ironsi, konnte die Rebellion unter Kontrolle bringen und übernahm selbst die Macht im Staate. Als er ankündigte, die bisher autonomen Regionen aufzulösen und Nigeria in einen zentral gelenkten Einheitsstaat umzuwandeln, kam es in der Nordregion zu blutigen Protestdemonstrationen. Der Argwohn der Bevölkerung richtete sich vor allem gegen die Angehörigen des Ibo-Stammes, die in der neuen Militärregierung überwiegend vertreten waren. Im Juli kam es zu einer erneuten Rebellion der Streitkräfte, der Ironsi zum Opfer fiel. Die Macht übernahm der aus dem Norden stammende Generalstabschef der Armee, Oberst Gowon, der die Rückkehr zum föderalen System ankündigte. Nachdem es bereits im Juni zur Tötung mehrer Hundert Ibo gekommen war, wurden im Oktober 1966 im Norden in einem fünf Tage währenden Gemetzel bis zu 100.000 Ibo abgeschlachtet, rund 1,6 Millionen flohen unter Zurücklassung ihrer Habe in die Ostregion.[810] Der Gouverneur der Ostregion, Oberstleutnant Ojukwu, der die Machtergreifung Gowons von Anfang an nicht anerkannt hatte, verlangte für die Ermordeten und die Lösung des Flüchtlingsproblems Entschädigung von der Zentralregierung und setzte dieser hierfür eine Frist bis zum 31. März 1967. Als der Termin ergebnislos verstrichen war, verfügte Ojukwu die Einstellung der Zahlungen der Ostregion an die Bundeskasse. Gowon reagierte mit der Einstellung des Flugbetriebes in die Ostregion. Am 27. Mai verhängte er den Ausnahmezustand über das gesamte Land und gab die Aufteilung der Ostregion in drei selbständige Regionen bekannt, was die Abtrennung der erdölreichen Gebiete vom Zentralgebiet der Ibos bedeutete.[811] Daraufhin rief Ojukwu am 30. Mai 1967 die Ostregion mit ihren rund 13,5 Millionen Einwohnern und der Hauptstadt Enugu als unabhängigen Staat mit der Bezeichnung Republik von Biafra aus. Der von Gowon angeordneten Blockade biafranischer Häfen kamen die internationalen Ölkonzerne nicht nach, sie zahlten zudem die fälligen Konzessionen nicht an die Zentralregierung, sondern an Biafra. Gowon begann daher im Juli 1967 mit einer militärischen Offensive gegen Biafra, wobei er zunächst einige Rückschläge zu verkraften hatte.[812] Im August verkündete die Zentralregierung dann den „totalen Krieg“ gegen Biafra. Es blieb nicht bei der Ankündigung. Nach einem sechstägigen Bombardement konnten Bundestruppen schon im Oktober Enugu einnehmen. Mit der Eroberung der Hafenstadt Port Harcourt im Nigerdelta im Mai

810 AdG vom 23.08.1967, S. 13358 f., vom 13.08.1966, S. 12655, vom 20.06.1966, S. 12561 f., und vom 01.06.1966, S. 12534.

811 AdG vom 13.09.1968, S. 14181 (mit Skizze).

812 AdG vom 23.08.1967, S. 13359.

1969 wurde Biafra vollständig vom Atlantik abgeschnitten.[813] In der Folgezeit schloss sich, wenn auch langsam, der Ring um Biafra immer enger und es kam zu einer humanitären Katastrophe. Eine Großoffensive im Januar 1970 brach den letzten Widerstand und führte am 15. des Monats zur bedingungslosen Kapitulation Biafras. Nach dreijährigem Bürgerkrieg war der Versuch der Loslösung der Ostregion damit endgültig gescheitert. Rund eine halbe Million Biafraner waren bei Kampfhandlungen getötet wurden, mehr als 1,5 Millionen waren wegen der vollständigen Blockade durch die Bundestruppen verhungert.[814] Nur fünf Staaten hatten die Anerkennung Biafras als unabhängigen Staat erklärt, Tansania am 13. April, Gabun am 8., die Elfenbeinküste am 14. und Sambia am 20. Mai 1968 sowie Haiti am 23. März 1969.[815] Die meisten afrikanischen Staaten hatten aus Furcht vor Sezessionsbestrebungen im eigenen Land von der Anerkennung abgesehen. Obwohl der französische Staatspräsident de Gaulle erklärt hatte, er unterstütze das Recht Biafras auf Selbstständigkeit, verzichtete Frankreich auf eine Anerkennung.[816]

Wenn auch der Unabhängigkeitskrieg beinahe drei Jahre andauerte, fragt sich doch, ob die Staatsgewalt Biafras jemals mit Aussicht auf Dauer etabliert wurde. Wenn es den Staat Biafra niemals gegeben hat, sind die abgegebenen Anerkennungserklärungen vorzeitig erfolgt und damit völkerrechtswidrig.[817] Da das Ausbleiben internationaler Anerkennung daher schon dem Umstand geschuldet sein kann, dass die Staaten zu keinem Zeitpunkt vom Vorliegen der Staatsqualität Biafras ausgegangen sind, können Schlussfolgerungen aus dem Verhalten der Staatengemeinschaft nur bedingt gezogen werden. Denn Begründungen für ihr Verhalten pflegen Staaten selten abzugeben, insbesondere nicht, wenn es sich um ein Unterlassen handelt. Davon weicht das geschilderte Verhalten Frankreichs deutlich ab. Die Äußerung des französischen Staatspräsidenten und die ausgebliebene Anerkennung können dahingehend interpretiert werden, dass Frankreich zwar vom Selbstbestimmungsrecht des Volkes von Biafra ausging, nicht jedoch von der Staatlichkeit Biafras. Demgegenüber haben die anerkennenden Staaten Selbstbestimmungsrecht und Staatlichkeit bejaht. Da das koloni-

---

813 Vgl. Skizze in AdG vom 13.09.1968, S. 14181.

814 AdG vom 15.01.1970, S. 15188 ff.

815 AdG vom 13.09.1968, S. 14182 (Tansania, Gabun, Elfenbeinküste und Sambia) und vom 29.03.1969, S. 14573 (Haiti).

816 AdG vom 13.09.1968, S. 14184.

817 So z. B. Gloria, in: Ipsen, Völkerrecht, § 22 Rn. 33 (S. 235 f.); vgl. zur Staatsqualität Biafras Ijalaye, AJIL 65 (1971), S. 551 ff.

ale Selbstbestimmungsrecht der Bevölkerung Biafras mit der Unabhängigkeit Nigerias verwirklicht worden und damit zugleich eine staatliche Einheit entstanden war, die den Schutz ihrer territorialen Integrität beanspruchen konnte, hätte sich eine völkerrechtliche Rechtfertigung der Sezession Biafras nur aus dem Notwehraspekt des Selbstbestimmungsrechts ergeben können. Die Äußerung des französischen Staatspräsidenten und die abgegebenen Anerkennungen können folglich nur als Bejahung eines Rechts zur Sezession angesichts einer Notwehrlage verstanden werden. Vice versa kann aus dem Verhalten der Staaten, die Biafra nicht anerkannt haben, allerdings nicht geschlossen werden, sie hätten damit Notwehrrecht oder Notwehrlage verneint. Denn es lässt sich nicht feststellen, ob das Verhalten dieser Staaten darauf beruhte, dass dem Volk von Biafra das Selbstbestimmungsrecht oder Biafra die Staatsqualität oder beiden beides abgesprochen wurde.

(4) Türkische Republik Nordzypern

Nach mehrjährigen Verhandlungen schlossen Griechenland und die Türkei, Schutzmächte ihrer jeweiligen Volksgruppe auf Zypern, sowie Großbritannien als zuständige Kolonialmacht am 19. Februar 1959 in London das Zypernabkommen, aufgrund dessen Zypern am 16. August 1960 die Unabhängigkeit erhielt. Größte Schwierigkeiten hatte der Ausgleich zwischen den beiden Volksgruppen bereitet.[818] Die griechischen Zyprioten strebten den Anschluss an Griechenland an, den die Türkei nicht hinzunehmen bereit war. Präsident des unabhängigen Zypern wurde der griechisch-orthodoxe Erzbischof Makarios III., Vizepräsident ein Angehöriger der türkischen Minderheit. Seit 1966 kam es zunehmend zu Spannungen zwischen der Regierung und radikalen Kräften, die die Idee des Anschlusses an Griechenland weiter verfolgten und sich in Gewaltakten gegen Regierung und türkische Minderheit sowie mehreren Attentaten auf Makarios entluden. Unterstützt von der griechischen Militärregierung in Athen und der griechisch-zypriotischen Untergrundarmee putschten am 15. Juli 1974 Offiziere der zyprischen Nationalgarde gegen Makarios, der nach London fliehen konnte.[819] Die türkische Regierung, die durch den Umsturz die Unabhängigkeit der Insel von Griechenland und die Stellung der türkischen Minderheit gefährdet sah, nahm dies am 20. Juli 1974 zum Anlass für eine Invasion unter Berufung

818 Einwohner Zyperns (Stand 1974): 512.000 Griechen, 114.000 Türken; Quelle: AdG vom 01.08.1974, S. 18854.

819 Brockhaus, Band 24, WELI-ZZ, S. 728; vgl. zu den Einzelheiten AdG vom 01.08.1974, S. 18853 f.

auf den Londoner Garantievertrag von 1959. Bis zum 16. August gelang es den türkischen Truppen, mehr als ein Drittel der Insel unter Kontrolle zu bringen. Seither bildet die Waffenstillstandslinie die hermetisch abgeriegelte Grenze zwischen dem türkisch kontrollierten Norden und dem Rest des Landes. Die Verurteilung der Invasion sowie die Aufforderung zum sofortigen Truppenabzug durch den Sicherheitsrat der Vereinten Nationen beeindruckten die Türkei nicht.[820] Nachdem der Präsident Zyperns den türkischen Vorschlag zur Bildung einer Konföderation zweier selbständiger Staaten abgelehnt hatte, proklamierte das Parlament des türkischen Teils am 15. November 1983 die Türkische Republik Nordzypern, ein Staat, der in seinen Strukturen bereits seit Mitte der 70er Jahre bestand.[821] Mit Resolution vom 18. November 1983 verurteilte der Sicherheitsrat die Unabhängigkeitserklärung, die er als *„legally invalid"* bezeichnete.[822] Bis heute ist der türkisch-zypriotische Staat von keinem anderen Staat außer der Türkei völkerrechtlich anerkannt worden.

Da die Regierung der Türkischen Republik Nordzypern seit mehr als zwei Jahrzehnten die effektive Kontrolle über das Territorium ausübt, bestehen keine Zweifel an der Staatsqualität der Türkischen Republik Nordzypern. Die Begründung für die ausgebliebene Anerkennung durch alle Staaten der Welt mit Ausnahme der Türkei kann ihren Grund daher nicht im Fehlen der Staatlichkeit haben. Es fragt sich daher, ob aus dem Verhalten der Staatengemeinschaft geschlossen werden kann, der türkischen Minderheit stehe kein Recht auf Selbstbestimmung zu. Ein eigenes Selbstbestimmungsrecht der türkischen Bevölkerung Zyperns wäre nur unter den Voraussetzungen des Notwehrrechts denkbar. Denn die türkische Volksgruppe hat als Bestandteil der zypriotischen Gesamtbevölkerung von dem kolonialen Selbstbestimmungsrecht bereits Gebrauch gemacht. Eine Notwehrsituation kann aber nicht angenommen werden, weil sich die zyprische Regierung an das Londoner Abkommen hielt, das der türkischen Minderheit eine Stellung im Staat sicherte, die über ihre zahlenmäßige Bedeutung hinausging. Der Umsturz begründete allenfalls eine Putativgefahr, weil nicht abzusehen war, wie sich die Dinge weiter entwickeln würden. Mit der Wiederherstellung der verfassungsmäßigen Ordnung bestanden aber selbst hierfür keine Anhaltspunkte mehr. Man könnte daher durchaus annehmen, die Anerkennung sei entweder wegen Nichtbestehens eines völkerrechtlich anerkann-

---

820 SR-Res. 353 vom 20.07.1974 (YBUN Vol. 28 (1974), S. 291).
821 AdG vom 20.04.1982, S. 25530 und vom 15.11.1983, S. 27171 f.
822 SR-Res. 541 vom 18.11.1983 (YBUN Vol. 37 (1983), S. 254).

ten Sezessionsrechts oder wegen des Fehlens der Voraussetzungen eines solchen Rechts ausgeblieben. Mit der nötigen Eindeutigkeit sind Schlussfolgerungen nicht möglich, weil die Unabhängigkeit Nordzyperns durch die völkerrechtswidrige Intervention sowie einen Verstoß gegen das Aggressionsverbot ermöglicht wurde. Die Verweigerung der Anerkennung könnte also auch schlicht auf diesem Makel beruhen.

(5) Komoreninsel Mayotte

Die Komoreninsel Mayotte liegt im Indischen Ozean zwischen der Nordspitze Madagaskars und dem afrikanischen Festland und gehörte neben den Inseln Grande Comore, Anjouan und Mohéli zu dem französischen Überseeterritorium der Komoren. Während Mayotte bereits seit 1843 französische Kolonie war und über eine überwiegend christliche Bevölkerung verfügt, waren die anderen drei Inseln erst 1912 unter französische Souveränität gekommen und haben eine weitgehend islamische Bevölkerung.[823] Aus den von der französischen Verwaltung am 3. Dezember 1972 durchgeführten Wahlen ging die für die Unabhängigkeit eintretende Partei Unité mit 34 von 39 Sitzen der Abgeordnetenkammer als Siegerin hervor. Die fünf auf der Insel Mayotte zur Wahl stehenden Mandate waren dagegen von Gegnern der Unabhängigkeit errungen worden. Bei einer Volksabstimmung am 22. Dezember 1974 votierte die Gesamtbevölkerung aller vier Inseln mit 95,56 Prozent bei einer Beteiligung von 92 Prozent für die Unabhängigkeit und damit entgegengesetzt zu den Einwohnern von Mayotte.[824] Anders als die Mehrheit der Abgeordnetenkammer der Komoren war die französische Kolonialverwaltung der Auffassung, dass nicht das Gesamtergebnis maßgeblich sei, sondern die jeweiligen Ergebnisse auf den einzelnen Inseln des Archipels. Nachdem die französische Nationalversammlung am 30. Juni 1975 beschlossen hatte, jede der vier Inseln unabhängig voneinander über ihre Zukunft entscheiden zu lassen, beschloss das Abgeordnetenhaus der Komoren am 6. Juli 1975 in Abwesenheit der fünf Abgeordneten Mayottes einstimmig die Unabhängigkeit von Frankreich.[825] Am gleichen Tage sandten die Abgeordneten aus Mayotte ein Telegramm an den französischen Staatspräsidenten und stellten die Insel im Namen ihrer Bevölkerung unter den Schutz Frankreichs. Daraufhin beschloss der französische Ministerrat am 9. Juli, dass er die Unabhängigkeits-

---

823 AdG vom 24.07.1975, S. 19582.
824 AdG vom 22.12.1974, S. 19147.
825 AdG vom 24.07.1975, S. 19582.

erklärung für drei Inseln zur Kenntnis nehme, aber dem Wunsch Mayottes Rechnung tragen werde. Am 12. November 1975 wurde die Islamische Bundesrepublik der Komoren mit allen vier Inseln Mitglied der Vereinten Nationen.[826] Am 31. Dezember 1975 verabschiedete die französische Nationalversammlung ein Gesetz, wonach die Inseln Grande Comore, Anjouan und Moheli nicht mehr Teil der französischen Republik seien. Eine Resolution des Sicherheitsrates der Vereinten Nationen, mit der Frankreich aufgefordert werden sollte, auf ein separates Referendum auf Mayotte zu verzichten und die territoriale Integrität der Komoren zu achten, verhinderte Frankreich am 6. Februar 1976 durch sein Veto.[827] Bei dem zwei Tage später durchgeführten Referendum beteiligten sich 84 Prozent der Abstimmungsberechtigten; 99,4 Prozent votierten für einen Verbleib bei Frankreich.[828] Der Aufforderung durch die Generalversammlung vom 21. Oktober 1976, die Insel zu verlassen,[829] kam Frankreich bis heute nicht nach. Mit Gesetz vom Dezember des selben Jahres wurde Mayotte Teil der Republik Frankreich.[830]

Die Abspaltung Mayottes von den drei übrigen Komoreninseln lässt keine Schlussfolgerungen für das Notwehrrecht zu. Der Sachverhalt ist durch zwei Besonderheiten gekennzeichnet: Zum einen hat die Islamische Bundesrepublik der Komoren angesichts der andauernden Präsenz französischer Staatsgewalt zu keinem Zeitpunkt effektive Kontrolle über die Insel Mayotte ausgeübt. Deshalb ist es ausgeschlossen, dass von diesem Staat eine zur Sezession berechtigende Notwehrlage herbeigeführt worden sein könnte. Im Grunde liegt deshalb eigentlich kein Fall der Sezession vor: Mayotte ist der Staatsgründung der Komoren in Abweichung von dem im Rahmen der Dekolonisierung zu beachtenden uti-possidetis-Prinzip[831] lediglich fern geblieben. Zum anderen entsprach die Aufrechterhaltung französischer Staatsgewalt ausweislich der französischen Volksbefragungen den Vorstellungen der Mehrheit der Befragten. Das Selbstbestimmungsrecht wurde daher nicht für eine Veränderung, sondern die Verteidigung eines bestehenden Zustandes in Anspruch genommen. Die Auseinandersetzung betrifft letzthin die Frage, ob den Einwohnern von Mayotte ein eigenes Selbstbestimmungsrecht zusteht.

---

826 GV-Res. 3385 (XXX) vom 12.11.1975 (YBUN Vol. 29 (1975), S. 309).
827 AdG vom 12.01.1976, S. 19945.
828 AdG vom 09.02.1976, S. 20004.
829 GV-Res. 31/4 vom 21.10.1976 (YBUN Vol. 30 (1976), S. 183).
830 AdG vom 14.12.1976, S. 20657.
831 Vgl. hierzu Wooldridge, Uti Possidetis Doctrine, EPIL Vol. IV, S. 1259 ff.

(6) Südafrikanische Homelands (Bantustans)

Die Gründung von Homelands, auch Bantustans genannt, war eine Reaktion der Republik Südafrika auf die internationale Kritik an ihrer Rassenpolitik. Insgesamt gab es neun Homelands, die meist territorial zersplittert sowie wirtschaftlich und politisch vollständig von Südafrika abhängig waren. Sie verfügten über eine beschränkte innere Autonomie und das Recht, die Unabhängigkeit zu verlangen.[832] Nach der Transkei am 26. Oktober 1976 wurden am 6. Dezember 1977 Bophuthatswana, am 13. September 1979 Venda und am 4. Dezember 1981 die Ciskei aus Südafrika ausgegliedert.[833] Entsprechend den seinerzeit gültigen südafrikanischen Passgesetzen mussten alle Schwarzen einem der neun Homelands angehören, auch wenn sie sich ständig außerhalb der Homelands aufhielten. Mit der Unabhängigkeit der Homelands verloren dessen Angehörige nach dem Recht der Republik Südafrika die südafrikanische Staatsbürgerschaft. Die Entlassung sämtlicher Homelands in die Unabhängigkeit hätte dazu geführt, dass Südafrika zu einem von schwarzen Bürgern völlig freien Staat geworden wäre, was mit einem Gebietsverlust von nur rund 13 Prozent des südafrikanischen Territoriums erkauft worden wäre.[834] Die Generalversammlung der Vereinten Nationen erklärte die Unabhängigkeitserklärungen jeweils für ungültig und forderte alle Staaten auf, die Homelands nicht anzuerkennen.[835] Dem gemäß sind die Homelands lediglich voneinander und von Südafrika anerkannt worden. Die von Präsident de Klerk eingeleitete Wende in der Politik Südafrikas ermöglichte es den unabhängig gewordenen Homelands, sich wieder der Republik Südafrika anzuschließen.[836]

Da die „Sezessionen" der Homelands den Vorstellungen des von ihnen betroffenen Südafrika entsprachen, bestand kein Gegensatz zwischen territorialer Integrität und Selbstbestimmungsrecht. Nach Auffassung der Generalversammlung widersprachen die Staatsgründungen allerdings dem Selbstbestimmungsrecht der südafrikanischen Bevölkerung, weil sie der Aufrechterhaltung eines rassisti-

---

832 Brockhaus, Band 10, HERR-ISS, S. 225f.; Klein, ZaöRV 39 (1979), S. 471.

833 Vgl. AdG vom 17.12.1976, S. 20659 ff., vom 06.12.1977, S. 21418, vom 30.09.1979, S. 22941 (mit Skizze) und vom 04.12.1981, S. 25158 (mit Skizze).

834 Klein, ZaöRV 39 (1979), S. 472 f.

835 GV-Res. 31/6 A vom 27.10.1976 (YBUN Vol. 30 (1976), S. 134); 32/105 N vom 16.12.1977 (YBUN Vol. 31 (1977), S. 175 f.); 34/93 G vom 12.12.1979 (YBUN Vol. 33 (1979), S. 194 f.) und 36/172 A vom 17.12.1981 (YBUN Vol. 35 (1981), S. 161 ff.).

836 Brockhaus, Band 21, STAM-THEL, S. 349; vgl. zur Abschaffung der grundlegenden Apartheidgesetze AdG vom 07.07.1991, S. 35823.

schen Minderheitenregimes dienten. Bezeichnenderweise fand lediglich in der Ciskei ein zudem fragwürdiges Referendum statt.[837] Für das Notwehrrecht sind daher aus diesen Fällen keine Erkenntnisse zu gewinnen.

bb) Anerkannte Sezessionen

Neben den genannten Fällen haben auch Sezessionen stattgefunden, die von der Staatengemeinschaft anerkannt worden sind. Sie versprechen mehr Aufschluss über die gewohnheitsrechtliche Anerkennung des Notwehrrechts.

(1) Singapur

Auf der Grundlage einer gemeinsamen Verfassung schlossen sich am 16. September 1963 der Malaiische Bund (Föderation Malaya), bestehend aus neun Sultanaten sowie Penang und Malakka, Singapur, Sarawak (West-Borneo) und Sabah (Nord-Borneo) zur Föderation Malaysia zusammen.[838] Singapur war erst im April 1946 von Malaya abgetrennt worden und bildete seither eine eigene britische Kolonie.[839] Im Juni 1959 war der Inselkolonie von der britischen Kolonialverwaltung weitgehende innere Autonomie sowie der Status eines Staates mit eigener Staatsangehörigkeit zugestanden worden.[840] Die Föderation Malaya hatte bereits im August 1957 im Rahmen des Commonwealth ihre Unabhängigkeit erreicht.[841] Seit 1961 wurde zwischen Malaya, Singapur und Großbritannien über die Bildung eines Großmalaya verhandelt. Der Zusammenschluss von Malaya und der der malaiischen Halbinsel vorgelagerten Insel Singapur, über die sich der größte Teil des malaiischen Handels vollzog, war naheliegend. Eine Schwierigkeit bildete aber der Umstand, dass drei Viertel der Einwohner Singapurs Chinesen waren, so dass eine Fusion das in Malaya erzielte Rassengleichgewicht beeinträchtigt hätte.[842] Erst die Einbeziehung von Nord-Borneo und Sarawak, die überwiegend von Nicht-Chinesen besiedelt waren und allein nicht lebensfähig erschienen, in die Fusionspläne änderte diese Situation. Da Malaysia nicht - wie vertraglich vereinbart - zum 31. August entstanden war, entließ

837 Das Referendum fand am 04.12.1980 statt; AdG vom 17.01.1981, S. 24190.

838 AdG vom 20.09.1963, S. 10798, und vom 03.08.1962, S. 10021 (Skizze).

839 AdG vom 01.02.1946, S. 997.

840 AdG vom 01.09.1963, S. 10763, und vom 05.06.1959, S. 7763.

841 AdG vom 05.08.1957, S. 6581, Skizze AdG 1946/47, S. 1297.

842 Einwohner Malayas in Millionen (Stand 1965): 3,91 Malaien, 2,88 Chinesen, 0,87 Inder, 0,15 Sonstige; AdG vom 01.09.1965, S. 12039.

Großbritannien Singapur am 1. September 1963 in die vollständige Unabhängigkeit. Singapur war daher bis zur Gründung Malaysias am 16. September 1963 ein unabhängiger Staat.[843] Rassenspannungen und soziale Differenzen zwischen Malaien und Chinesen beeinträchtigten die Entwicklung Malaysias. Die Malaien beanspruchten in der Zentralregierung eine privilegierte Stellung, obwohl sie nicht einmal die Hälfte der Bevölkerung stellten.[844] Schließlich war Singapur zu der vorgesehenen Übernahme von 60 statt bisher 40 Prozent des Bundesbudgets nur bereit, wenn damit eine entsprechend größere politische Mitsprache einherging.[845] Der malaysische Ministerpräsident und der Premierminister Singapurs kamen daher im August 1965 überein, dass es angesichts der Umstände das Beste sei, wenn Singapur die Föderation verlasse. Die Sezession Singapurs vollzog sich dann auf der Grundlage des am 7. August 1965 unterzeichneten Sezessionsvertrages.[846] Ausweislich einer Erklärung des malaysischen Ministerpräsidenten ging die Initiative zur Sezession von ihm aus, weil er nicht über die Mittel verfügt habe, die Probleme zwischen Singapur und Malaya auf andere Weise zu lösen.[847] Die Loslösung Singapurs wurde von der Staatengemeinschaft rasch anerkannt. Auf einstimmige Empfehlung des Sicherheitsrates vom 20. September des gleichen Jahres wurde Singapur durch Beschluss der Generalversammlung vom folgenden Tage als Mitglied in die Vereinten Nationen aufgenommen.[848]

Für den Notwehraspekt des Selbstbestimmungsrechts lassen sich aus der Loslösung Singapurs keine Erkenntnisse gewinnen. Die Sezession war vertraglich vereinbart und daher eine einvernehmliche Entlassung. Ein Gegensatz von Selbstbestimmungsrecht und territorialer Integrität bestand daher nicht.

---

843 AdG vom 01.09.1963, S. 10766.

844 Einwohner Malaysias in Millionen (Stand 1965): 4,335 Malaien, 4,675 Chinesen, 1,02 Inder, 0,725 Eingeborene, 0,197 Sonstige; Singapur 1965: 1,4 Chinesen, 0,25 Malaien, 0,15 Inder, 0,04 Sonstige; AdG vom 01.09.1965, S. 12039, nebst Ausführungen zu den ethnischen Spannungen.

845 AdG vom 01.09.1965, S. 12039.

846 AdG vom 01.09.1965, S. 12037.

847 AdG vom 01.09.1965, S. 12038.

848 SR-Res. 213 vom 20.09.1965, GV-Res. 2010 (XX) vom 21.09.1965 (YBUN Vol. 19 (1965), S. 236).

(2) *Syrien*

Die Vereinigte Arabische Republik (VAR) war am 5. Februar 1958 aus dem Zusammenschluss von Ägypten und Syrien hervorgegangen.[849] Zur gemeinsamen Hauptstadt wurde Kairo bestimmt, Staatspräsident wurde der bisherige ägyptische Präsident Gamal Abdel Nasser. Schon bald kam es zu einer zunehmenden Zentralisierung der politischen Verantwortung in Kairo. So bestimmte Nasser am 21. Oktober 1959 den Oberbefehlshaber der Streitkräfte zum Höchstverantwortlichen für die Region Syrien, unterstellte ihm alle Minister der Regionalregierung und ermächtigte ihn zum Erlass von Gesetzen und Dekreten im Namen des Staatspräsidenten.[850] Am 17. August 1961 verfügte Nasser die Auflösung der beiden bisher bestehenden Regierungen für die Regionen Ägypten und Syrien und bildete eine Zentralregierung, die neben ihm aus sieben Vizepräsidenten und 39 Ministern und Vizeministern, darunter 14 Syrern, bestand.[851] Am 29. August veröffentlichte Nasser weitere, die Zentralisierung fortführende, Dekrete. Zugleich wurde dem bisherigen Ministerpräsidenten der Nördlichen Provinz (Syrien), der einer der Vizepräsidenten werden sollte, das Verlassen Kairos verboten.[852] Nachdem dieser seiner Ämter für verlustig erklärt worden war, weil er der Anordnung zuwider nach Damaskus zurückgekehrt war, kam es am 28. September 1961 zu einem Militärputsch in der Nördlichen Region, der mit der nachrangigen Behandlung Syriens durch Ägypten begründet wurde.[853] In einer Erklärung der bereits am folgenden Tage gebildeten neuen syrischen Regierung heißt es, die Syrer seien erniedrigt, misshandelt, unmenschliche Grausamkeiten seien begangen und die Elite des Landes aus der gemeinsamen Armee verjagt worden. Präsident Nasser erklärte, die VAR verzichte auf militärische Gegenmaßnahmen, weil kein arabisches Blut durch Araber vergossen werden dürfe.[854] Schon am 29. September erklärten Jordanien und die Türkei die Anerkennung Syriens. Nachdem Präsident Nasser am 5. Oktober in einer Radioansprache bekannt gegeben hatte, er billige die internationale Anerkennung Syriens, folgten zahlreiche weitere Anerkennungserklärungen, unter anderem der Sowjetunion und der Vereinigten Staaten.[855] Schon am 13. Oktober 1961 be-

---

[849] AdG vom 05.02.1958, S. 6882.

[850] AdG vom 21.10.1959, S. 8010.

[851] AdG vom 23.08.1961, S. 9302.

[852] AdG vom 02.09.1961, S. 9317, und vom 05.10.1961, S. 9372.

[853] AdG vom 05.10.1961, S. 9372.

[854] AdG vom 05.10.1961, S. 9373.

[855] AdG vom 05.10.1961, S. 9374, und vom 12.10.1961, S. 9386.

schloss die Generalversammlung der Vereinten Nationen, Syrien unter Verzicht auf ein Aufnahmeverfahren wieder als Mitglied zuzulassen, da das wieder selbstständig gewordene Land ein ursprüngliches Mitglied der Vereinten Nationen war und auch als Region der Vereinigten Arabischen Republik der Organisation angehört habe.[856]

Die Vereinten Nationen sind demnach davon ausgegangen, die Mitgliedschaft Syriens habe während der Zugehörigkeit zur VAR nur „geruht".[857] Aus dem Verzicht auf ein förmliches Aufnahmeverfahren nach Artikel 4 Absatz 2 der Charta ist deshalb geschlossen worden, die Generalversammlung sei von einer Identität der Arabisch-Syrischen Republik mit der früheren Republik Syrien ausgegangen.[858] Die Vorstellung vom „Ruhen" der Mitgliedschaft ist aber nicht haltbar. Denn mit dem Zusammenschluss Syriens und Ägyptens war ein neuer Staat entstanden, der an die Stelle der beiden Teilstaaten getreten war. Die Wiedererlangung der staatlichen Unabhängigkeit Syriens erfolgte deshalb durch Sezession. Das Verfahren der Vereinten Nationen kann folglich nur als formlose Aufnahme durch Verzicht auf das satzungsgemäße Verfahren verstanden werden.[859] Da das syrische Staatsvolk mit der Bildung der VAR sein Selbstbestimmungsrecht ausgeübt und zugleich verbraucht hatte, könnte die Sezession völkerrechtlich nur durch das Notwehrrecht legitimiert sein.[860] Die von den Putschisten für ihr Verhalten abgegebene Begründung geht zwar in die Richtung der Notwehr, es dürfte aber sehr fraglich sein, ob die zügige internationale Anerkennung hierauf beruhte. Zwar hatte sich seit Bestehen der VAR eine machtpolitische Verschiebung zuungunsten der Syrer ergeben, eine besonders diskriminierende Benachteiligung kann aber auch vor dem Hintergrund der Größenverhältnisse der Landesteile nicht bejaht werden. Maßgeblich für das Verhalten der Staaten dürfte vielmehr gewesen sein, dass Präsident Nasser die Sezession bereits nach wenigen Tagen billigte. Zudem war Syrien vor dem Zusammenschluss ein selbstständiger Staat und verfügte noch über eine eigene Organisation, so dass sich die neue Staatsgewalt schnell durchsetzen konnte. Die bereits im September abgegebenen Anerkennungserklärungen sind allerdings als vorzeitig anzusehen, weil zu diesem Zeitpunkt noch nicht abzusehen war, ob die VAR Syrien „ziehen lassen" würde.

---

856 AdG vom 13.10.1961, S. 9388.
857 YBUN Vol 15 (1961), S. 168, S. 684 (Fn. 3).
858 So Young, AJIL 56 (1962), S. 488.
859 Zutreffend Verdross/Simma, Universelles Völkerrecht, § 994 (S. 619 f.).
860 Siehe zum Verbrauch des Selbstbestimmungsrechts 2. Teil D. VI. 2.

(3) Bangladesh

Nach dem Ende der britischen Kolonialherrschaft waren in Indien zwei unabhängige Staaten entstanden, das hinduistische Indien und das islamische Pakistan. Pakistan bestand aus zwei ethnisch, kulturell und ökonomisch völlig unterschiedlichen sowie geographisch getrennten Landesteilen, nämlich dem heutigen Pakistan (West-Pandschab) im Westen und Bangladesh, dem früheren Ostpakistan (Ost-Bengalen), im Osten Indiens. Beide Landesteile hatten nur religiöse Gemeinsamkeiten.[861] Ostpakistan stellte zwar mit 70 von 125 Millionen Einwohnern die Mehrheit der Bevölkerung Gesamtpakistans, war aber in der Politik des Landes unterrepräsentiert. Aus der bei Gründung des Staates vorgenommenen Teilung in eine Ost- und eine Westprovinz entwickelte sich in steigendem Maße in Verwaltung und Armee eine Vorherrschaft der Westpakistaner.[862] In den oberen Rängen des Beamtenapparates gab es fast keine Ostpakistaner, sämtliche Stabsoffiziere und Generäle stammten aus der Westprovinz. Hinzu kam eine der Bevölkerungszahl nicht entsprechende Vertretung in der Nationalversammlung. Nach der 1962 in Kraft getretenen Verfassung stellten West- und Ostpakistan je die Hälfte der aufgrund indirekter Wahlen bestimmter Abgeordneten.[863] Ein weiterer Faktor der Ungleichheit resultierte aus der Wirtschaft des Landes, die von insgesamt 22 überwiegend west-pakistanischen Familien kontrolliert wurde. Obwohl Ostpakistan rund 70 Prozent der Deviseneinnahmen des Gesamtstaates erwirtschaftete, waren Wirtschaftswachstum und Steigerung des Pro-Kopf-Einkommens in Westpakistan rund doppelt so hoch wie in Ostpakistan. Die innenpolitische Lage war zudem gespannt, weil die seit dem zweiten indisch-pakistanischen Krieg von 1965 angeordneten Ausnahmebestimmungen mit zahlreichen Einschränkungen persönlicher Freiheitsrechte nicht wieder aufgehoben worden waren. Im Oktober 1968 leiteten zunächst Studentenstreiks und eine Antiregierungskampagne in Westpakistan eine nachhaltige Destabilisierung der innenpolitischen Lage ein. Im Dezember 1968 griffen die Unruhen auf Ostpakistan über. Es kam zu Generalstreiks, blutigen Straßenschlachten mit der Polizei und zur Tötung von Mitgliedern der Regierungspartei, der Moslem-Liga, durch den Mob. Nachdem es im März 1969 zu einem vollständigen Zusammen-

---

861 AdG vom 31.12.1971, S. 16783; vgl. zur Gründung des Staates AdG 1946/1947, S. 1170, sowie die Skizze auf S. 1296.

862 Westpakistan (West-Pandschab) ca. 55 Mio. Einwohner auf rund 803.943 qkm; Ostpakistan (Ost-Bengalen) ca. 70 Mio. Einwohner auf 142.776 qkm; vgl. AdG vom 23.04. 1969, S. 14635.

863 AdG vom 23.04.1969, S. 14635.

bruch des öffentlichen Lebens und der Wirtschaft des Landes gekommen war, trat der amtierende Staatspräsidenten, Marschall Mohammed Ayub Khan, zurück und übergab die Regierungsgewalt dem Oberbefehlshaber des Heeres, General Agha Mohammed Yahya Khan, der unmittelbar darauf das Kriegsrecht verhängte, die Nationalversammlung und die Provinzparlamente auflöste, die Verfassung außer Kraft setzte und alle Minister ihres Amtes enthob, um Recht und Ordnung wieder herzustellen.[864] Wenig später kündigte er freie und direkte Wahlen an, sobald sich die Lage im Land beruhigt habe.[865] Bei den tatsächlich am 7. Dezember 1970 durchgeführten Parlamentswahlen errang die für eine weitreichende Autonomie Ostpakistans eintretende Awami-Liga von Scheich Mujibur Rahman einen überwältigenden Wahlsieg. Sie errang 151 von 153 der in Ostpakistan zu vergebenden Mandate und damit die absolute Mehrheit in der 293 Sitze zählenden Nationalversammlung. Im 300 Sitze umfassenden Provinzparlament Ostpakistans erzielte sie 296 Mandate. Die Partei war mit einem 6-Punkte-Programm in die Wahl gegangen, das unter anderem die Bildung eines Bundesstaates mit voller Regionalautonomie sowie die Stellenbesetzung in den Bundesdiensten nach Maßgabe der Bevölkerungsanteile vorsah. Die Zentralregierung sollte lediglich die Zuständigkeiten für Außen- und Verteidigungspolitik behalten und insbesondere keine Steuern erheben dürfen.[866] Zweitstärkste Kraft wurde mit ausschließlich in West-Pakistan erzielten 81 Mandaten die Pakistanische Volkspartei des früheren Außenministers und späteren Staatspräsidenten Zulfiqar Ali Bhutto. Zur Eröffnung des Parlamentes kam es jedoch nicht, weil sich Bhutto und Rahman nicht über das 6-Punkte-Programm verständigen konnten. General Khan verschob die Konstituierung auf unbestimmte Zeit, als Rahman ankündigte, mit seiner Parlamentsmehrheit die nötigen Verfassungsänderungen auch ohne Konsens mit den anderen politischen Kräften durchsetzen zu wollen. Die Übernahme der Kontrolle über die Verwaltung Ostpakistans durch Rahman unterband das Militär mit Waffengewalt. Nach bürgerkriegsähnlichen Unruhen verkündete Rahman am 26. März 1971 die Unabhängigkeit Ostpakistans. Am 17. April 1971 proklamierte die Provinzregierung von Ostpakistan die Demokratische Republik von Bangladesh.[867] Das in Ostpakistan rund 70.000 Mann umfassende pakistanische Militär reagierte auf die Unabhängigkeitsbewegung mit äußerster Härte. Bis Anfang Oktober 1971 wurden rund 9,2 Millionen

---

864 AdG vom 23.04.1969, S. 14636.
865 AdG vom 23.04.1969, S. 14637.
866 AdG vom 09.06.1971, S. 16323 f.
867 AdG vom 09.06.1971, S. 16327.

Bengalen, überwiegend Hindus, nach Indien vertrieben. Mehrere 100.000 Bengalen, teilweise wird von bis zu drei Millionen gesprochen, wurden durch Einsätze der Streitkräfte getötet. Rund ein Viertel aller Häuser und ein großer Teil der Infrastruktur wurden zerstört.[868] Die Awami-Liga wurde verboten, der Großteil ihrer Abgeordneten des Mandates für verlustig erklärt und gegen Rahman ein Hochverratsprozess angestrengt.[869] Am 3. Dezember eskalierte die ohnehin äußert gespannte Lage in einen Krieg zwischen Indien und Pakistan, der am 17. Dezember mit der bedingungslosen Kapitulation der pakistanischen Einheiten in Bangladesh und einen Waffenstillstand an der Westfront endete.[870]

Nach Indien, das Bangladesh bereits am 6. Dezember 1971 als unabhängigen Staat anerkannt hatte, folgten bis zum 4. Februar 1972 weitere neunundzwanzig Anerkennungserklärungen, darunter die der Bundesrepublik Deutschland.[871] Bis Anfang August 1972 war Bangladesh von insgesamt 86 Staaten anerkannt worden, darunter vier der fünf ständigen Mitglieder des Sicherheitsrates der Vereinten Nationen.[872] Eine Aufnahme in die Vereinten Nationen scheiterte jedoch zunächst am 25. August 1972 am Veto der Volksrepublik China im Sicherheitsrat.[873] Allerdings drückte die Generalversammlung der Vereinten Nationen mit Resolution 2937 (XXVII) vom 19. November 1972[874] den Wunsch aus, dass Bangladesh zu einem möglichst frühen Zeitpunkt Mitglied der Organisation werde. Nachdem die Volksrepublik China ihren Widerstand gegen die Aufnahme aufgegeben hatte, empfahl der Sicherheitsrat am 10. Juni 1974 ohne Abstimmung die Aufnahme Bangladeshs.[875] Vorausgegangen war dem die Anerkennung Bangladeshs durch Pakistan am 22. Februar 1974 und der Abschluss eines Abkommens zwischen Indien, Pakistan und Bangladesh vom 9. April 1974 zur Bereinigung aller offenen Fragen sowie das Ersuchen Pakistans um Vergebung wegen der begangenen Kriegsverbrechen und der Verzicht Bangladeshs auf Prozesse gegen 195 in seinem Gewahrsam befindlicher pakistanischer Kriegsverbrecher.[876] Mit Resolution der Generalversammlung vom 17. Septem-

---

868 Vgl. die Angaben von Rahman vom 15.01.1972, AdG vom 21.01.1972, S. 16835 f.
869 AdG vom 31.12.1971, S. 16784.
870 AdG vom 31.12.1971, S. 16786, 16789.
871 AdG vom 31.12.1971, S. 16787, sowie vom 04.02.1972, S. 16862.
872 AdG vom 10.08.1972, S. 17257.
873 AdG vom 26.08.1972, S. 17294; YBUN Vol. 26 (1972), S. 218.
874 YBUN Vol. 26 (1972), S. 220.
875 SR-Res. 351 vom 10.06.1974 (YBUN Vol. 28 (1974), S. 296).
876 AdG vom 28.02.1974, S. 18541, und vom 09.04.1974, S. 18623.

ber 1974 wurde Bangladesh schließlich als Mitglied in die Vereinten Nationen aufgenommen.[877]

Von den bisher genannten Sezessionsfällen kann die Loslösung Bangladeshs von Pakistan am ehesten für den Notwehraspekt fruchtbar gemacht werden. Im Gegensatz zu den Sezessionsbestrebungen Katangas und Biafras wurden die Vorgänge in Bangladesh in den Gremien der Vereinten Nationen kontrovers diskutiert. Im Gegensatz zu Nigeria fand Pakistan in seiner sezessionsfeindlichen Haltung keine breite Unterstützung. Lediglich die Volksrepublik China solidarisierte sich mit Pakistan. In der Einlassung des chinesischen Delegierten im Sicherheitsrat der Vereinten Nationen wurde deutlich, dass China eine Parallele zum Tibetproblem sah.[878] Demgegenüber hatte sich die Sowjetunion die Position Indiens zu eigen gemacht. Aufgrund der divergierenden Haltung der Mitglieder des Sicherheitsrates kam es zwar zu keiner Verurteilung Pakistans, sondern lediglich zu Erklärungen zu humanitären Aspekten, insbesondere der Flüchtlingsproblematik und Fragen des Waffenstillstandes.[879] Allerdings wurde in den Beratungen des Sicherheitsrates mehrfach darauf hingewiesen, maßgeblich für die Lösung des Problems müsse der Wille der Bevölkerung Ostpakistans sein.[880] Mit der Bildung von Pakistan hatten die Ostbengalen allerdings eine Statusentscheidung getroffen, so dass die Sezession von Pakistan nicht durch das koloniale Selbstbestimmungsrecht legitimiert werden konnte.[881] Mit Pakistan war zugleich eine politische Einheit geschaffen worden, die völkerrechtlichen Schutz ihrer Integrität beanspruchen konnte. Die Sezession konnte daher lediglich durch das Notwehrrecht legitimiert sein. Da Bangladesh von vielen Staaten bereits zu einem Zeitpunkt anerkannt wurde, in dem sich die Situation noch nicht konsolidiert hatte, ist davon auszugehen, dass diese Staaten von einer rechtmäßigen Inanspruchnahme des Selbstbestimmungsrechts durch die ostpakistanische Bevölkerung ausgingen. Denn Anerkennungen, die zu einem Zeitpunkt abgegeben werden, zu dem die Voraussetzungen der Staatseigenschaft noch nicht vorliegen, sind als vorzeitige Anerkennungen völkerrechtswidrig: Die vorzeitige Anerkennung stellt ein völkerrechtswidriges Delikt in Form der

---

877 GV-Res. 3203 (XXIX) vom 17.09.1974 (YBUN Vol. 28 (1974), S. 297).

878 YBUN Vol. 25 (1971), S. 141.

879 Vgl. SR-Res. 303 vom 06.12.1971, 307 vom 21.12.1971, GV-Res. 2790 A/B (XXVI) vom 06.12.1971 und 2793 (XXVI) vom 07.12.1971 (alle YBUN Vol. 25 (1971), S. 159 ff.).

880 YBUN Vol. 25 (1971), S. 152.

881 Siehe zum Verbrauch des Selbstbestimmungsrechts 2. Teil D. VI. 2.

Intervention in die inneren Angelegenheiten eines anderen Staates dar.[882] Lediglich das Selbstbestimmungsrecht vermag die vorzeitige Anerkennung völkerrechtlich zu rechtfertigen. Deshalb enthält die vorzeitige Anerkennung zugleich die Aussage, dass die Bevölkerung nach Ansicht des anerkennenden Staates von dem Selbstbestimmungsrecht Gebrauch machen durfte.[883] Angesichts des Aufenthaltes indischer Truppen auf dem Staatsgebiet Bangladeshs können durchaus Bedenken an einer effektiven Etablierung der neuen Staatsgewalt geltend gemacht werden. Da aber nicht davon ausgegangen werden kann, dass sich die Staatengemeinschaft beinahe geschlossen völkerrechtswidrig hat verhalten wollen, ist anzunehmen, dass die anerkennenden Staaten von einer zur Sezession berechtigenden Notwehrlage ausgegangen sind. Dafür spricht auch, dass sich die Staaten nicht durch die militärische Intervention Indiens, die unter Verstoß gegen das Gewaltverbot statt fand, von der Anerkennung abhalten ließen. Die geschilderte politische und ökonomische Benachteiligung der Ostpakistaner dürfte als solches für die Begründung einer Notwehrlage jedoch nicht ausreichend gewesen sein. Es ist vielmehr davon auszugehen, dass die Notwehrlage erst durch die Reaktion des pakistanischen Militärs auf die Unabhängigkeitsbestrebungen in Ostpakistan entstanden ist. Der mit aller Härte gegen die Zivilbevölkerung geführte Krieg internationalisierte den Vorgang. Vom Vertreter der Sowjetunion ist in der Generalversammlung der Vereinten Nationen vor diesem Hintergrund von einer Terrorkampagne gegen die Bevölkerung Ostpakistans gesprochen worden.[884] Die Flucht von rund zehn Millionen Bengalen nach Indien bestätigte das Ausmaß der Gewaltausübung in Ostpakistan. Auch die Analyse des Verhaltens der ostbengalischen Bevölkerung spricht dafür, dass eine unerträgliche Notwehrlage erst im Verlauf des Bürgerkrieges entstanden ist. Lange gab sie sich mit der Forderung nach weitgehender Autonomie für Ostpakistan zufrieden. Erst die Eskalation der Situation führte zum Verlangen nach vollständiger Unabhängigkeit.[885] Die Grundlage für die internationale Billigung des von der Be-

---

882 Vgl. zur vorzeitigen Anerkennung Gloria, in: Ipsen, Völkerrecht, § 22 Rn. 33 (S. 235 f.); zu den Voraussetzungen der Staatsqualität siehe 3. Teil A. III. 1. a).

883 Crawford, Creation of States, S. 421; Murswiek, The Issue of a Right of Secession – Reconsidered, in: Tomuschat (Hrsg.), Modern Law of Self-Determination, S. 30f.; ders., ArchVR 31 (1993), S. 318 f., 320, 322; Oeter, ZaöRV 52 (1992), S. 768 f.; Schmitz, Tibet und das Selbstbestimmungsrecht, S. 62; Thürer, ArchVR 22 (1984), S. 129 (Fn. 40), 134.

884 YBUN Vol. 25 (1971), S.152.

885 Nanda, Self-Determination Outside the Colonial Context, in: Alexander/Friedlander (Hrsg.), Self-Determination, S. 207 f.

völkerung Ostpakistans geltend gemachten Selbstbestimmungsrechts ist mithin in der durch den Bürgerkrieg hervorgerufenen Notwehrlage zu sehen.[886]

(4) Zerfall der Sowjetunion

Die Sowjetunion war am 30. Dezember 1922 durch einen Zusammenschluss bis dahin selbstständiger Sowjetrepubliken zur Union der Sozialistischen Sowjetrepubliken (UdSSR) entstanden. Bestimmende politische Kraft in der Sowjetunion und Kern ihres politischen Systems war die Kommunistische Partei der Sowjetunion (KPdSU). Den Organen des Staates kam nur dienende Funktion zu. Während die KPdSU die Entscheidungen fällte, stellte der Staat zu ihrer Realisierung die Institutionen zur Verfügung.[887] Nach seinem Amtsantritt als neuer Generalsekretär der KPdSU leitete Michail Gorbatschow 1985 eine Wende in der sowjetischen Politik ein. Durch Perestroika und Glasnost sollten innerhalb der marxistisch-leninistischen Gesellschaftsstruktur größere Effizienz, Produktivität und Eigenverantwortlichkeit vor allem in der Wirtschafts- und Staatsverwaltung erzielt werden.[888] Die neue Politik löste schwere Spannungen im politischen System der Sowjetunion aus, zugleich brachen bisher unterdrückte nationale Bestrebungen auf. So gaben in der Zeit zwischen 1989 und 1991 alle 15 Sowjetrepubliken Souveränitätserklärungen gegenüber der UdSSR ab und verfügten den Vorrang ihrer Gesetze vor denen der Union. Gegen den politischen Widerstand Gorbatschows erklärten Estland, Lettland und Litauen am 11. und 30. März sowie am 5. Mai 1990 ihre Unabhängigkeit von der Sowjetunion und übernahmen damit eine Vorreiterrolle für die übrigen Sowjetrepubliken.[889] Zunächst beschränkte sich die UdSSR auf einen „Krieg der Gesetze“: Rechtssetzungsakte der baltischen Staaten wurden jeweils als nichtig bezeichnet. Im Januar und Mai 1991 kam es dann in Riga und Wilna zum Einsatz von Sondereinheiten des sowjetischen Innenministeriums sowie regulärer Fallschirmjägertruppen, wodurch

---

886 Ebenso: Buchheit, Secession, S. 213; Nanda, a.a.O., S. 208 f.; ders., AJIL 66 (1972), S. 321 ff.; Schmitz, Tibet und das Selbstbestimmungsrecht, S. 225; vgl. auch Verdross/Simma, Universelles Völkerrecht, § 512 (S. 318 f.); jeweils m. w. N.

887 Brockhaus, Band 20, SEIF-STAL, S. 445; vgl. zur Entstehung und zum unitarischen Charakter der UdSSR Schweisfurth, ZaöRV 52 (1992), S. 545 ff.; Willershausen, Zerfall der Sowjetunion, S. 25 ff., 238 ff.

888 Brockhaus, Band 16, NORE-PERT, S. 705.

889 Die Unabhängigkeitserklärungen sind wiedergegeben bei Meissner (Hrsg.), Die baltischen Nationen, S. 387 ff.; vgl. zum Unabhängigkeitsprozess Schweisfurth, ZaöRV 52 (1992), S. 626 ff.

mehrere Menschen getötet und Hunderte verletzt wurden.[890] Am 19. August 1991 unternahm eine Gruppe orthodox-kommunistischer Kräfte schließlich einen Staatsstreich und erklärte Gorbatschow, der seit 1990 auch Präsident der UdSSR war, für abgesetzt. Mit dem Putsch brach das politisch-gesellschaftliche und bundesstaatliche System, das bereits seit 1989/1990 brüchig geworden war, endgültig zusammen.[891] Die KPdSU, die auf Drängen Gorbatschows bereits auf ihren verfassungsrechtlich garantierten Alleinvertretungsanspruch verzichtet hatte, wurde nach dem Rücktritt Gorbatschows als Generalsekretär unter dem Vorwurf, in den Staatsstreich verwickelt gewesen zu sein, von Russland und anderen Republiken verboten.[892] Noch im August erkannten Russland und anschließend die meisten westeuropäischen Staaten die Unabhängigkeit der baltischen Staaten an. Am 6. September nahm auch die UdSSR die neuen machtpolitischen Realitäten zur Kenntnis und erkannte Estland, Lettland und Litauen ebenfalls als unabhängige Staaten an. Die Aufnahme der baltischen Staaten in die Vereinten Nationen erfolgte durch Beschluss der Generalversammlung vom 18. September 1991.[893] Am 8. Dezember 1991 unterzeichneten die Präsidenten Russlands, der Ukraine und Weißrusslands in Minsk ein Abkommen, mit dem sie den Vertrag vom 30. Dezember 1922 über die Gründung der UdSSR außer Kraft setzten, und begründeten die Gemeinschaft Unabhängiger Staaten (GUS).[894] Am 21. Dezember 1991 wurde das politische Schicksal der Sowjetunion endgültig besiegelt, als sich in Alma-Ata die übrigen Gliedrepubliken der UdSSR mit Ausnahme der baltischen Staaten und Georgiens der GUS anschlossen[895] und eine Erklärung, mit der sie feststellten, die UdSSR habe als Subjekt des Völkerrechts und geopolitische Realität zu existieren aufgehört, unterzeichneten.[896] Eine formelle Auflösung der Sowjetunion durch ihre verfassungsmäßigen Staatsorgane blieb allerdings aus. Statt dessen verständigten sich der faktisch längst entmachtete Präsident der UdSSR und der Präsident Russlands am 17. Dezember 1991 über die Auflösung der Sowjetunion mit Ablauf des Jahres.

---

890 AdG vom 13.01.1991, S. 35223 ff.; Meissner, Die staatliche Kontinuität, völkerrechtliche Stellung und außenpolitische Lage der baltischen Länder, in: Meissner (Hrsg.), Die baltischen Nationen, S. 296 m. w. N.

891 Vgl. zum Zerfallsprozess Schweisfurth, ZaöRV 52 (1992), S. 541 ff., 586 ff.

892 Brockhaus, Band 20, SEIF-STAL, S. 456.

893 SR-Res. 709 (Estland), 710 (Lettland), 711 (Litauen) vom 12.09.1991 (YBUN Vol. 45 (1991), S. 97 f.)

894 ILM Vol. 31 (1992), S. 143-146.

895 ILM Vol. 31 (1992), S. 147.

896 ILM Vol. 31 (1992), S. 148 f.

Nach dem Rücktritt Gorbatschows am 25. Dezember erkannten die Vereinigten Staaten und andere westliche Staaten die ehemaligen Unionsrepubliken als unabhängige Staaten an. Bis zum Juli 1992 waren alle ehemaligen Sowjetrepubliken Mitglieder der Vereinten Nationen geworden.

Es fragt sich, ob aus dem Verhalten der Staatengemeinschaft im Zusammenhang mit dem Zerfall der UdSSR Schlussfolgerungen auf ein völkerrechtliches Sezessionsrecht möglich sind. Dies wäre insbesondere bezüglich der Loslösung der baltischen Staaten denkbar. Das setzt zunächst voraus, dass es sich bei der Loslösung der baltischen Staaten überhaupt um Sezessionen handelte. Zudem darf als Rechtsgrundlage keine innerstaatliche Vorschrift die Sezession legitimieren, weil dann das Anerkennungsverhalten der Staaten auch hierin eine rechtliche Grundlage finden könnte und nicht auf eine Norm des Völkerrechts angewiesen wäre. In Artikel 72 der Verfassung der Sowjetunion vom 7. Oktober 1977 war das Recht der einzelnen Unionsrepubliken auf Austritt aus der Union ausdrücklich verbürgt: „*Jeder Unionsrepublik bleibt das Recht auf freien Austritt aus der UdSSR gewahrt.*“[897] Die Bestimmung entsprach Artikel 17 der Verfassung von 1936 und Ziffer 26 des Unionsvertrages von 1922 beziehungsweise Ziffer 4 des Unionsvertrages in seiner revidierten Fassung von 1924. Nach dem Unionsvertrag und der sowjetischen Verfassung hätte die Notifikation der Austrittserklärung der baltischen Staaten bei den übrigen Unionsrepubliken an sich ausgereicht.[898] Mit „Gesetz der UdSSR über das Verfahren der Entscheidung von Fragen, die mit dem Austritt einer Unionsrepublik aus der UdSSR verbunden sind“ (Sezessionsgesetz) vom 3. April 1990 wurden jedoch in Abweichung von Verfassung und Unionsvertrag erhebliche verfahrensmäßige Schwierigkeiten bei der Erreichung der Unabhängigkeit vorgesehen.[899] Bei ihrem Streben nach Unabhängigkeit haben die baltischen Staaten aber weder von dem Sezessionsgesetz Gebrauch gemacht, noch daran gedacht, einfach den Unionsvertrag von 1922 zu kündigen. Maßgeblich dafür war die Einschätzung, dass die aufgrund des völkerrechtswidrigen Aggressionsaktes von 1940 erzwungene Eingliederung in die

---

897 Zitiert nach Brunner/Meissner (Hrsg.), Verfassungen der kommunistischen Staaten, S. 398.

898 Schweisfurth, ZaöRV 52 (1992), S. 572, 605; vgl. hierzu auch Blumenwitz, VRÜ 3 (1970), S. 435 ff.; Willershausen, Zerfall der Sowjetunion, S. 271 ff.

899 Ved. SSSR 1990, Nr. 15, Pos. 252; vgl. zu dem nach dem Gesetz vorgesehenen Verfahren Schweisfurth, ZaöRV 52 (1992), S. 598 ff.; Weyer, ROW 36 (1992), S. 168 f.

Sowjetunion nichtig war.[900] Dieser Einschätzung folgte auch die internationale Staatengemeinschaft, vor allem die westlichen Staaten, die die Zugehörigkeit der baltischen Staaten zur UdSSR niemals anerkannt hatten. Die Erlangung der Unabhängigkeit der baltischen Staaten stellte sich daher nicht nur als Verwirklichung des Selbstbestimmungsrechts der baltischen Völker, sondern auch als Wiederherstellung eines völkerrechtsgemäßen Zustandes dar.[901] Unbeschadet der Frage, ob nach 1985 überhaupt noch von einer Notwehrlage der baltischen Völker ausgegangen werden kann,[902] sind deshalb aus der Anerkennungspraxis der Staaten keine eindeutigen Schlüsse auf das Notwehrrecht möglich. Ohnehin wäre bei fortdauernder Staatlichkeit die Forderung nach Unabhängigkeit auch durch den Abwehraspekt des Selbstbestimmungsrechts legitimiert gewesen.[903] Hinsichtlich der übrigen Sowjetrepubliken ist fraglich, ob diese ihre staatliche Unabhängigkeit durch Sezession oder Dismembration der Sowjetunion erlangten. Ein Gegensatz zwischen dem Selbstbestimmungsrecht der Völker der Sowjetunionrepubliken und der territorialen Integrität der nicht mehr vorhandenen Union ist im Falle der Dismembration von vornherein nicht denkbar. Dem Verhalten der Staatengemeinschaft bei der Anerkennung der neuen Staaten kann deshalb keine Aussage hinsichtlich der Inanspruchnahme des Notwehrrechts entnommen werden, wenn man von einer Dismembration der Sowjetunion ausgeht. Weil die Russische Föderation in Übereinstimmung mit den anderen Mitgliedsstaaten der GUS die Rechtsnachfolge der Sowjetunion angetreten hat,[904] ist im völkerrechtlichen Schrifttum die Meinung vertreten worden, die Sowjetunion sei mit der Russischen Föderation identisch. Bei dem Zerfallsprozess habe

---

900 Schweisfurth, ZaöRV 52 (1992), S. 626 f.; Willershausen, Zerfall der Sowjetunion, S. 284 f.

901 Vgl. zur völkerrechtlichen Bewertung der Annexion und der staatlichen Kontinuität der baltischen Staaten Meissner, Die staatliche Kontinuität, völkerrechtliche Stellung und außenpolitische Lage der baltischen Länder, in: Meissner (Hrsg.), Die baltischen Nationen, S. 275 ff.; ders., Baltic States, EPIL Vol. I, S. 334 ff.; Rich, EJIL 4 (1993); S. 37 f.; Willershausen, Zerfall der Sowjetunion, S. 289.

902 Hanneman, VJIL 35 (1995), S. 505 ff., geht von einem Recht auf Sezession aufgrund ökologischer Ausbeutung, Russifizierung und kultureller Diskriminierung aus; Schweisfurth schließt dagegen eine Notwehrlage nach 1985 aus, a. a. O., S. 602 (Fn. 142).

903 Schmitz, Tibet und das Selbstbestimmungsrecht, S. 151 f., 164 ff., 167 geht demgegenüber angesichts der langjährigen Ausübung der Staatsgewalt durch die Sowjetunion von einem Untergang der baltischen Staaten aus, billigt den baltischen Völkern aber einen Restitutionsanspruch zu; siehe zum Abwehrrecht 3.Teil A. I. 1.

904 Vgl. hierzu Epping, in: Ipsen, Völkerrecht, § 31 Rn. 24 (S. 396 f.); Hummer, SZIER 4 (1993), S. 451 f.; Schweisfurth, in: ZaöRV 52 (1992), S. 669 ff.; ders., ArchVR 32 (1994), S. 104 ff.

es sich um eine Reihe von Sezessionen der Sowjetrepubliken gehandelt.[905] Folgt man dieser Auffassung, müsste man die Sezessionen im Hinblick auf das Verhalten der Russischen Föderation allerdings als einvernehmliche Entlassungen verstehen. Mangels Gegensatz zwischen Integritätsanspruch und Selbstbestimmungsrecht ließen sich daher aus dem Verhalten der Staatengemeinschaft auch bei dieser Sichtweise keine Schlussfolgerungen für das Notwehrrecht ziehen. Abgesehen davon fehlte es an einer durch die im Dezember 1991 schon längst handlungsunfähig gewordene UdSSR verschuldete Notwehrlage. Dem Anerkennungsverhalten der Staatengemeinschaft kann folglich auch vom Ausgangspunkt dieser Auffassung keine Aussage zu dem Notwehrrecht entnommen werden. Deshalb kann dahinstehen, ob die UdSSR durch Dismembration untergegangen ist oder lediglich eine Reihe von Sezessionen hinzunehmen hatte.

(5) Zerfall Jugoslawiens

Das Königreich der Serben, Kroaten und Slowenen entstand am 1. Dezember 1918 durch Zusammenlegung von Teilen der österreichisch-ungarischen Doppelmonarchie mit dem Königreich von Serbien und Montenegro und bezeichnete sich seit 1929 als Königreich Jugoslawien.[906] Nach dem Zweiten Weltkrieg wurde am 29. November 1945 die Republik ausgerufen, die sich gemäß der Verfassung vom 31. Januar 1946 Föderative Volksrepublik Jugoslawien nannte. Mit der Verfassung vom 7. April 1963 wurde Jugoslawien zu einem Bundesstaat, der aus den sozialistischen Republiken Bosnien und Herzegowina, Kroatien, Mazedonien, Montenegro, Serbien und Slowenien bestand. Jugoslawien trug seither die Bezeichnung Sozialistische Föderative Republik Jugoslawien (SFRJ). Gelenkt wurde der Staat allerdings weiterhin durch die Kommunistische Partei zentral aus Belgrad.[907] Im Zuge des Verfalls der Herrschaft der kommunistischen Partei verschärften sich die Spannungen zwischen den auf ihre Vormachtstellung bedachten Serben und den übrigen Volksgruppen. Während Serbien an der bestehenden Verfassung festzuhalten suchte, forderten vor allem Slowenien und Kroatien die Konstituierung einer Konföderation.[908] Im Verlauf der in allen Gliedstaaten 1989/1990 abgehaltenen freien Wahlen verstärkten sich vor allem in Slowenien und Kroatien die nationalen Fliehkräfte. Nachdem sich die Slowe-

---

905 So z. B. Blum, EJIL 3 (1992), S. 361; Mullerson, ICLQ 42 (1993), S. 478; Weyer, ROW 36 (1992), S. 171.

906 Brockhaus, Band 11, IST-KIP, S. 285.

907 Brockhaus, Band 11, IST-KIP, S. 284, 287.

908 Cviic, EA 46 (1991), S. 410.

nen am 23. Dezember 1990 und die Kroaten am 19. Mai 1991 mit großer Mehrheit für die Unabhängigkeit ihrer Länder ausgesprochen hatten, vollzogen die Parlamente beider Teilstaaten am 25. Juni 1991 den Willen ihrer Bevölkerung. Im Juni und Juli kam es daraufhin insbesondere an den slowenischen Außengrenzen zu Kampfhandlungen zwischen der serbisch dominierten jugoslawischen Bundesarmee und der slowenischen Bürgerwehr. Während in Slowenien schon am 7. Juli 1991 eine Waffenruhe erzielt wurde,[909] entwickelte sich in Kroatien ein blutiger Bürgerkrieg zwischen den von der jugoslawischen Bundesarmee unterstützten serbischen Freischärlern und der kroatischen Nationalgarde. Nach dem Zusammenbruch der bundesstaatlichen Struktur traten am 5. Dezember 1991 der Vorsitzende des jugoslawischen Staatspräsidiums, der Kroate Meric, und am 22. Dezember 1991 der jugoslawische Ministerpräsident, der Kroate Markovic, zurück.[910] Nach vergeblichen Vermittlungsversuchen der EG gelang es erst Cyrus Vance im Auftrag der Vereinten Nationen zum 3. Januar 1992 einen dauerhaften Waffenstillstand in Kroatien zu vermitteln.[911] Zu einer völligen Eskalation kam es in Bosnien-Herzegowina. Nachdem sich die Bevölkerung in einem Referendum am 29. Februar und 1. März 1992, das von der serbischen Volksgruppe boykottiert worden war, mehrheitlich für die staatliche Unabhängigkeit ausgesprochen hatte, wurde am 3. März die Unabhängigkeit formell proklamiert.[912] Ab diesem Tag wütete in dem Land ein Bürgerkrieg zwischen den Volksgruppen, in dessen Verlauf es insbesondere durch serbische Freischärler und die ehemalige jugoslawische Bundesarmee zu ethnischen Säuberungen und Völkermord kam. Die Loslösung Mazedoniens verlief demgegenüber unblutig. In einer von der albanischen und der serbischen Volksgruppe boykottierten Volksabstimmung am 8. September 1991 sprach sich die Bevölkerung Mazedoniens mit Mehrheit für die Unabhängigkeit aus. Nach der Erklärung der Unabhängigkeit am 15. September 1991 konstituierte sich Mazedonien als unabhängiger Staat mit Wirkung vom 19. November 1991. Am 27. April 1992 verabschiedete das jugoslawische Rumpfparlament eine neue Verfassung, mit der sich Serbien und Montenegro zur Föderativen Republik Jugoslawien zusammenschlossen.[913]

---

909 Vgl. zu den Bedingungen des von der EG vermittelten Waffenstillstandes AdG vom 18.07.1991, S. 35854 ff.

910 Brockhaus, Band 11, IST-KIP, S. 288.

911 Brockhaus, Band 12, KIR-LAGH, S. 561.

912 Brockhaus, Band 3, BED-BROM, S. 591.

913 AdG vom 27.04.1992, S. 36698 f.

Slowenien und Kroatien wurden am 23. Dezember 1991 von der Bundesrepublik Deutschland als erstem Staat völkerrechtlich anerkannt.[914] Im Januar 1992 folgten Anerkennungen durch den Heiligen Stuhl, San Marino, die baltischen Staaten, die Ukraine, Island, Schweden, Belgien, Malta und am 15. des Monats durch die übrigen EG-Staaten sowie Österreich, die Schweiz, Kanada, Norwegen, Bulgarien und Ungarn.[915] Am 7. April erkannten auch die Vereinigten Staaten Slowenien und Kroatien an.[916] Von der Föderativen Republik Jugoslawien wurde Slowenien am 13. August 1992 und Kroatien am 23. August 1996 anerkannt.[917] Bosnien-Herzegowina wurde am 6. und 7. April 1992 von der Staatengemeinschaft völkerrechtlich anerkannt.[918] Am 22. Mai 1992 wurden Slowenien, Kroatien und Bosnien-Herzegowina auf entsprechende Empfehlung des Sicherheitsrates in die Vereinten Nationen aufgenommen.[919] Mazedonien wurde zunächst nur von Russland, Bulgarien, Albanien und der Türkei anerkannt. Die internationale Anerkennung blieb aufgrund griechischen Einspruchs zunächst aus. Trotzdem wurde Mazedonien schon am 8. April 1993 unter dem vorläufigen Namen „Ehemalige Jugoslawische Republik Mazedonien" von der Generalversammlung auf eine entsprechende Empfehlung des Sicherheitsrates vom Vortag in die Vereinten Nationen aufgenommen.[920] Im Dezember 1993 wurde Mazedonien dann auch von den meisten Staaten der EG außer Griechenland anerkannt.[921] Die Anerkennung durch die Föderative Republik Jugoslawien erfolgte am 8. April 1996.[922] Durch den Anspruch auf alleinige völkerrechtliche Nachfolge des früheren Jugoslawien unter Ausschluss der übrigen Nachfolgestaaten und die militante großserbische Expansionspolitik blieb der Föderativen Republik Jugoslawien die internationale Anerkennung bis Frühjahr 1996 verwehrt.[923]

---

914 AdG vom 23.12.1991, S. 36350.

915 AdG vom 15.01.1992, S. 36387.

916 AdG vom 07.04.1992, S. 36652.

917 AdG vom 21.08.1992, S. 37065, und vom 23.08.1996, S. 41331.

918 Vgl. die Nachweise im AdG vom 07.04.1992, S. 36652.

919 GV-Res. 46/236 (Slowenien), 46/237 (Bosnien-Herzegowina) und 46/238 (Kroatien) vom 22.05.1992; SR-Res. 753 (Kroatien), 754 (Slowenien) und 755 (Bosnien-Herzegowina) vom 18.05.1992 (YBUN Vol. 46 (1992), S. 136 ff.).

920 GV-Res. 47/225 vom 08.04.1993; SR-Res. 817 vom 07.04.1993 (YBUN Vol. 47 (1993), S. 208 f.).

921 Vgl. die Aufzählung im AdG vom 16.12.1993, S. 38495 f.

922 AdG vom 09.04.1996, S. 40949/5.

923 Brockhaus, Band 11, IST-KIP, S. 292.

Die Aufnahme in die Vereinten Nationen erfolgte erst im Jahr 2000.[924] Seit 2003 nennt sich der Staat Serbien und Montenegro.

Vor dem Hintergrund des geschilderten Sachverhalts ist eine Notwehrproblematik durchaus vorstellbar. Wenn die Notwehrlage bis zur Proklamation der Unabhängigkeit auch fraglich gewesen sein sollte, käme eine solche doch insbesondere im Falle Kroatiens und Bosnien-Herzegowinas durch den von der jugoslawischen Bundesarmee ohne Rücksichten geführten Bürgerkrieg in Betracht. Das Anerkennungsverhalten der Staatengemeinschaft könnte dann als Bestätigung des Notwehrrechts verstanden werden. Eine Aussage über ein völkerrechtliches Sezessionsrecht setzt freilich voraus, dass die Unabhängigkeit der Neustaaten nur unter dem Notwehrgesichtspunkt gerechtfertigt sein dürfte. Wäre die Sezession auch durch einen Rechtssatz des innerstaatlichen Rechts begründet, könnten aus dem Verhalten der Staaten keine eindeutigen Schlüsse über die ihrem Verhalten zugrunde liegende Rechtsauffassung gezogen werden. Im Einleitungsteil der jugoslawischen Verfassung vom 21. Februar 1974 heißt es nun: *„Die Nationen Jugoslawiens haben sich, ausgehend von dem Recht eines jeden Volkes auf Selbstbestimmung, das Recht auf Loslösung eingeschlossen, ... zu einer Bundesrepublik ... vereinigt ...“*[925] In der jugoslawischen Verfassungsrechtslehre war umstritten, ob sich aus dieser Formulierung ein Recht auf Sezession herleiten lies. Die herrschende Meinung verneinte lange Zeit ein Sezessionsrecht mit dem Argument, das Austrittsrecht würde von der Verfassung nur im Zusammenhang mit den Völkern erwähnt, die Jugoslawien gebildet hätten, stehe jedoch nicht den Teilrepubliken zu. Die Gründungsvölker hätten durch den freiwilligen Zusammenschluss auf ihr Austrittsrecht verzichtet.[926] Dagegen haben westliche Autoren die Auffassung vertreten, aus der Zusammenschau verschiedener Verfassungsbestimmungen lasse sich ein Sezessionsrecht begründen.[927] Da die Verfassung außerhalb des Einleitungsteils über keine besondere Bestimmung über ein Recht auf Lostrennung verfügte, wird man jedoch anzunehmen haben, dass

---

924 GV-Res. 55/12 vom 01.11.2000; SR-Res. 1326 vom 31.10.2000 (YBUN Vol. 54 (2000), S. 1365).

925 Zitiert nach Brunner/Meissner (Hrsg.), Verfassungen der kommunistischen Staaten, S. 126.

926 Vgl. Baer, Der Zerfall Jugoslawiens, S. 361 ff.; Blumenwitz, VRÜ 3 (1970), S. 437 f.; Peters, Gebietsreferendum im Völkerrecht, S. 119 f.; jeweils m. w. N.

927 So Blumenwitz, a. a. O.; De Zayas, Selbstbestimmungsrecht und Vereinte Nationen, in: Heintze (Hrsg.), Selbstbestimmungsrecht der Völker – Herausforderungen, S. 163; Partsch, VN 40 (1992), S. 181.

mit der wiedergegebenen Formulierung lediglich zum Ausdruck gebracht werden sollte, dass sich die Nationen Jugoslawiens in Ausübung des Selbstbestimmungsrechts für die Einheit und nicht für die Lostrennung entschieden hatten.[928]

Die unterschiedlichen Auffassungen bedürfen allerdings keiner Entscheidung. Denn von einem möglichen verfassungsrechtlichen Sezessionsrecht ist offensichtlich kein Gebrauch gemacht worden. In ihrem operativen Teil sah die Verfassung nämlich für die Änderung von Grenzen bestimmte Verfahren vor, die offenkundig nicht eingehalten worden sind. So bedurften Änderungen der Außengrenzen der Zustimmung aller sechs Republiken und der beiden autonomen Gebiete Woiwodina und Kosovo, die der Binnengrenzen einer Vereinbarung zwischen den betroffenen Einheiten.[929] Selbst wenn man also annimmt, die jugoslawische Verfassung habe den Republiken ein Recht auf Austritt gewährt, kann die Unabhängigkeit der ehemaligen Republiken angesichts der Nichtbeachtung des entsprechenden Verfahrens nicht als Ausübung eines solchen verfassungsmäßigen Rechts angesehen werden. Die Staatengemeinschaft hat die Sezessionsbestrebungen der jugoslawischen Teilrepubliken ebenfalls nicht als eine Frage des jugoslawischen Verfassungsrechts, sondern als einen Gegenstand des Völkerrechts angesehen, auf den das Selbstbestimmungsrecht anzuwenden ist.[930] Zudem ist für die Beurteilung der Staatenpraxis von Bedeutung, ob die SFRJ durch Dismembration untergegangen ist. Denn der staatliche Anspruch auf Respektierung seiner territorialen Integrität fällt denknotwendig mit Untergang des Staates weg, weshalb dieses Rechtsgut nicht weiter mit dem Selbstbestimmungsrecht konfligieren kann. Der Anerkennung der Nachfolgestaaten der Sowjetunion durch die internationale Staatengemeinschaft konnte deshalb keine Aussage in Bezug auf das Sezessionsrecht entnommen werden. Auch im Falle Jugoslawiens geht die Staatengemeinschaft von einem Staatenuntergang durch Dismembration aus. Zwar nahm Restjugoslawien in Anspruch, für ganz Jugoslawien zu handeln und erklärte dementsprechend gegenüber dem Generalsekretär der Vereinten Nationen seine Bereitschaft, alle Rechte und Pflichten Jugoslawiens wahrzunehmen. Restjugoslawien ging folglich davon aus, dass aufgrund nacheinander erfolgter Unabhängigkeitserklärungen Sezessionen der Teilrepu-

---

928 Rich, EJIL 4 (1993), S. 38 f.; Schweisfurth, ZaöRV 52 (1992), S. 602 (Fn. 139).

929 Partsch, a.a.O.

930 Murswiek, The Issue of a Right of Secession – Reconsidered, in: Tomuschat (Hrsg.), Modern Law of Self-Determination, S. 29; ders., ArchVR 31 (1993), S. 317, auf der Grundlage einer Untersuchung von Staatenäußerungen.

bliken vorlagen.[931] Dagegen vertrat die im Rahmen der Haager Jugoslawienkonferenz von der EG eingesetzte Schiedskommission, die nach ihrem Vorsitzenden benannte Badinter-Kommission, schon in ihrer ersten Stellungnahme vom 29. November 1991 die Auffassung, dass sich Jugoslawien in einem Prozess der Auflösung befinde, weil die Staatsorgane der Föderation nicht mehr alle Teilrepubliken repräsentierten und die Föderation im andauernden Konflikt auch Effektivitätsmängel aufweise.[932] Diese Auffassung wurde von der Staatengemeinschaft überwiegend übernommen. So wies der Sicherheitsrat der Vereinten Nationen das Ansinnen Rest-Jugoslawiens zurück, die Mitgliedschaft automatisch fortzusetzen.[933] Später stellte der Sicherheitsrat ausdrücklich fest, dass die frühere Sozialistische Föderative Republik Jugoslawien zu existieren aufgehört habe.[934] Bei der Anerkennung Sloweniens und Kroatiens stand allerdings noch nicht fest, ob der Zerfallsprozess im Ergebnis zu einer Dismembration führen würde. Während im Dezember 1991 und im Januar 1992 angenommen werden konnte, die Sezession Sloweniens sei erfolgreich verlaufen, war hingegen durchaus zweifelhaft, ob auch der Sezessionsversuch Kroatiens effektiv und dauerhaft geglückt war. Jugoslawien hatte die Unabhängigkeit der sezedierenden Republiken noch nicht anerkannt, in Teilen Kroatiens stand noch die jugoslawische Bundesarmee und bekämpfte die Sezession. Die Anerkennung Kroatiens in dieser Lage durch die Staaten der EG war deshalb vorzeitig. Sie war nur gerechtfertigt, wenn die Sezession Kroatiens durch das Selbstbestimmungsrecht legitimiert worden wäre.[935] Dann nämlich könnte die Anerkennung nicht als Einmischung in innere Angelegenheiten Jugoslawiens verstanden werden, sondern als Unterstützung des völkerrechtskonformen Verhaltens eines selbstständigen Völkerrechtssubjekts.[936] Die Regierung Jugoslawiens hat den anerkennen-

931 Eine Kontinuität seitens der Föderativen Republik Jugoslawien wird z. B. auch angenommen von Baer, Der Zerfall Jugoslawiens, S. 115 ff., 163, 422; Blum, AJIL 86 (1992), S. 833; Hummer, SZIER 3 (1993), S. 436.

932 Avis No. 1 vom 29.11.1991, wiedergegeben in EJIL 3 (1992), S. 182-183; für einen Untergang sprechen sich z. B. auch aus Kristan, ZaöRV 53 (1993), S. 329; Partsch, VN 40 (1992), S. 187.

933 SR-Res. 752 vom 15.05.1992 (YBUN Vol. 46 (1992), S. 350 f.), und 757 vom 30.05.1992 (YBUN Vol. 46 (1992), S. 352 ff.).

934 SR-Res. 777 vom 19.09.1992 (YBUN Vol. 46 (1992), S. 138 f.).

935 Baer, Der Zerfall Jugoslawiens, S. 364 f., 425 f.; Murswiek, The Issue of a Right of Secession – Reconsidered, in: Tomuschat (Hrsg.), Modern Law of Self-Determination, S. 30 f.; ders., ArchVR 31 (1993), S. 318.

936 Vgl. Brownlie, Principles of Public International Law, S. 601 f.; Crawford, Creation of States, S. 257 ff.

den Staaten den Bruch des Völkerrechts durch die Einmischung in seine inneren Angelegenheiten vorgeworfen. Dieser Protest ist ein weitere Indiz dafür, dass der kroatische Sezessionsvorgang noch nicht endgültig abgeschlossen war. Der jugoslawischen Kritik hat sich allerdings kein anderer Staat angeschlossen, der von Jugoslawien angerufene Sicherheitsrat hat das Anerkennungsverhalten nicht gerügt. Man kann deshalb annehmen, dass alle Staaten außer Jugoslawien die Anerkennung Kroatiens nicht als völkerrechtswidrig angesehen haben.[937] Da die Anerkennung aber nur bei berechtigter Inanspruchnahme des Selbstbestimmungsrechts völkerrechtsgemäß sein konnte, haben die Staaten implizit zu erkennen gegeben, dass sie ein Recht des kroatischen Volkes auf Sezession für gegeben ansahen. Im Grundsatz gelten die gleichen Überlegungen auch für die Anerkennungspraxis bezüglich Bosnien-Herzegowinas.[938] Schlussfolgerungen sind insoweit aber nicht zweifelsfrei möglich, weil der Zerfallsprozess Jugoslawiens von Januar bis April 1992 weiter vorangeschritten war. Spätestens mit Gründung der Föderativen Republik Jugoslawien am 27. April 1992 durch Serbien und Montenegro war die SFRJ untergegangen und hatte zugleich keinen Anspruch mehr auf Respektierung ihrer territorialen Integrität. Obwohl demnach die SFRJ durch Dismembration untergegangen ist, wurde jedenfalls im Falle Kroatiens von der Staatengemeinschaft ein Recht auf Sezession konkludent anerkannt. Wenn man der Anerkennungspraxis nicht entnehmen will, die Voraussetzungen des Sezessionsrechts seien erleichtert worden, muss man davon ausgehen, dass aus Sicht der Staaten das Verhalten Jugoslawiens die Existenz des kroatischen Volkes zu gefährden geeignet war. Die Staatenpraxis hätte dann die entsprechende Lehrmeinung bestätigt und zugleich die Kriterien hierfür konkretisiert.

(6) Zerfall der Tschechoslowakei

Die Tschechoslowakische Republik war am 28. Oktober 1918 als slawischer Nachfolgestaat der österreichisch-ungarischen Doppelmonarchie in Prag ausgerufen und von der Pariser Friedenskonferenz am 10. September 1919 im Vertrag

---

937 De Zayas, Selbstbestimmungsrecht und Vereinte Nationen, in: Heintze (Hrsg.), Selbstbestimmungsrecht der Völker – Herausforderungen, S. 163; Murswiek, The Issue of a Right of Secession – Reconsidered, in: Tomuschat (Hrsg.), Modern Law of Self-Determination, S. 31; ders., ArchVR 31 (1993), S. 319 f.

938 Baer, Der Zerfall Jugoslawiens, S. 356, und Schmitz, Tibet und das Selbstbestimmungsrecht, S. 101, gehen auch hinsichtlich Bosnien-Herzegowinas von einer vorzeitigen Anerkennung aus.

von Saint-Germain-en-Laye bestätigt worden. Er umfasste das Gebiet Böhmens, Mährens, der Slowakei, eines Teils Schlesiens (Hultschiner Ländchen) sowie der russischen Karpaten. Der Staat wurde zentral gelenkt und zunehmend von den Tschechen dominiert. Der alsbald nach dem Ende der kommunistischen Diktatur ausgebrochene heftige Streit über die Bezeichnung des gemeinsamen Staates konnte noch beigelegt werden. Der Staat hieß seither Tschechische und Slowakische Föderative Republik (TSFR). Der erzielte Burgfrieden änderte jedoch nichts an der wachsenden Unzufriedenheit der Slowaken. Nach den Parlamentswahlen 1992 konnten sich die beiden Wahlsieger, der Tscheche Václav Klaus und der Slowake Vladimir Meciar, nicht über die künftige Verfassung des Staates verständigen.[939] Das slowakische Parlament proklamierte daraufhin am 17. Juli 1992 die Unabhängigkeit der Slowakei. Am 25. November 1992 verabschiedete das tschechoslowakische Parlament ein Gesetz, in dem die Auflösung der TSFR mit Ablauf des 31. Dezembers des gleichen Jahres vorgesehen war.[940] Beide Staaten wurden von der Staatengemeinschaft sogleich anerkannt und im Januar 1993 in die Vereinten Nationen aufgenommen.[941]

Da die Auflösung der TSFR von ihren verfassungsmäßigen Organen beschlossen wurde, kam es nicht zu einem rechtlichen Gegensatz zwischen territorialer Integrität und den Selbstbestimmungsforderungen der Slowaken. Für das Notwehrrecht sind daher aus dem Zerfall der TSFR keine Erkenntnisse zu gewinnen.

(7) Eritrea

Eritrea kam 1941 nach der Kapitulation Italienisch-Ostafrikas unter britische Verwaltung und wurde durch Beschluss der Generalversammlung der Vereinten Nationen[942] als autonome Einheit in Föderation mit Äthiopien der Souveränität des äthiopischen Kaisers unterstellt, obwohl sich bei den Wahlen der für die Unabhängigkeit eintretende Wahlblock durchgesetzt hatte. Seit 1961 entwickelten

---

939 Brockhaus, Band 22, TEP-UR, S. 436 f.; Malenovsky, AFDI 39 (1993), S. 307; Schönfeld, EA 1993, S. 233 f.

940 Verfassungsgesetz vom 25.11.1992 über den Untergang der Tschechischen und Slowakischen Föderativen Republik; deutsche Übersetzung, Osteuropa Recht 40 (1994), S. 43-45.

941 GV-Res. 47/221 (Tschechien) und 47/222 (Slowakei) vom 19.01.1993, SR-Res. 800 (Slowakei) und 801 (Tschechien) vom 08.01.1993 (YBUN Vol. 47 (1993), S. 206).

942 GV-Res. 390 (V) vom 02.12.1950 (YBUN Vol. 4 (1950), S. 368-370).

sich separatistische Bestrebungen, die sich vor allem nach dem Sturz der Monarchie 1974 zu einem Aufstand ausweiteten. Aufgrund des Bürgerkrieges und von Hungersnöten flohen in den 70er und 80er Jahren rund eine halbe Millionen Eritreer in den Sudan. Nach zunehmenden militärischen Erfolgen der Befreiungsfront wurde mit dem Sturz des kommunistischen Regierungssystems die Unabhängigkeit möglich.[943] Die Nationalkonferenz vom 1. bis 5. Juli 1991 in Addis Abeba über die politische Zukunft des Landes nach dem Machtwechsel führte zur formellen Anerkennung des Rechts Eritreas auf Selbstbestimmung und zur Vereinbarung eines Unabhängigkeitsreferendums.[944] In der unter Aufsicht der Vereinten Nationen durchgeführten Volksabstimmung vom 23. bis 25. April 1993 votierten 98,8 Prozent der Stimmberechtigten für eine Sezession von Äthiopien. Am 27. April 1993 erklärte sich Eritrea zu einem souveränen Staat und setzte die formelle, völkerrechtlich verbindliche Proklamation der Unabhängigkeit für den 24. Mai 1993 an. Noch im April wurde Eritrea von Italien, Ägypten, dem Sudan und den Vereinigten Staaten anerkannt; nach der Anerkennung durch Äthiopien am 3. Mai folgten auch Großbritannien, die Bundesrepublik und die Volksrepublik China.[945] Die Aufnahme in die Vereinten Nationen fand nach einer Empfehlung des Sicherheitsrates vom 26. Mai 1993 durch Beschluss der Generalversammlung vom 28. Mai 1993 statt.[946]

Da die Sezession Eritreas in Übereinstimmung und gemäß den mit der neuen Regierung Äthiopiens vereinbarten Bedingungen erfolgte, handelte es sich um eine einvernehmliche Entlassung. Zu einem Gegensatz zwischen dem von den Eritreern geltend gemachten Recht auf Selbstbestimmung und der territorialen Integrität Äthiopiens kam es daher nicht. Aus dem Verhalten der Staatengemeinschaft im Zusammenhang mit der Loslösung Eritreas können folglich keine Schlussfolgerungen für das Notwehrrecht gezogen werden.

cc) Zwischenergebnis

Die vorstehend erfolgte Untersuchung einer Reihe von Fallbeispielen lässt sich wie folgt zusammenfassen: Nur in den Fällen Bangladeshs und Kroatiens kann dem Verhalten der Staatengemeinschaft die Anerkennung eines Rechts auf Se-

---

943 Brockhaus, Band 6, DUD-EV, S. 533; vgl. zu Sturz und Flucht Mengistus AdG vom 06.06.1991, S. 35714 ff.

944 AdG vom 05.07.1991, S. 35822.

945 AdG vom 24.05.1993, S. 37861 f. mit Skizze.

946 GV-Res. 47/230 vom 28.05.1993; SR-Res. 828 vom 26.05.1993 (YBUN Vol. 47 (1993), S. 206 f.).

zession entnommen werden. In beiden Fällen wurden die sezedierenden Volksgruppen von der den Staat dominierenden Volksgruppe diskriminiert. Verhandlungen um die Einräumung von Autonomierechten wurden jeweils abgelehnt und Sezessionsbestrebungen mit äußerster militärischer Härte bekämpft. Beide Fälle zeigen, dass keine zu hohen Anforderungen an die Existenzgefährdung gestellt werden dürfen. Im Falle Bosnien-Herzegowinas sind zwingende Schlüsse nicht möglich, weil der Fortbestand Jugoslawiens zum Zeitpunkt der Anerkennung bereits fraglich war. Die Anerkennung Sloweniens war dagegen nicht vorzeitig. Abgesehen davon lassen sich im Falle Sloweniens zwar gewisse Diskriminierungen feststellen, eine eklatante Verletzung von Menschenrechten, wie sie für das Notwehrrecht vorausgesetzt wird, lag aber wohl nicht vor.[947] Von den übrigen untersuchten Sezessionsversuchen ist lediglich im Falle Biafras eine Notwehrproblematik evident. Aus der weitgehend ausgebliebenen Anerkennung kann allerdings nicht geschlossen werden, die Staatengemeinschaft habe seinerzeit ein Recht auf Sezession abgelehnt. Dafür spricht zwar eine entsprechende Äußerung des damaligen Generalsekretärs der Vereinten Nationen,[948] eindeutig lässt sich das Verhalten der Staaten jedoch nicht mit dieser Rechtsauffassung begründen, weil die Anerkennung auch wegen fehlender Staatsqualität Biafras ausgeblieben sein kann. Das Verhalten der Staaten im Falle Biafras stellt jedenfalls keine desuetudo der Übung im Falle Bangladeshs und Kroatiens dar. Denn die derogierende Kraft einer (dauerhaften, einheitlichen und verbreiteten) Übung, die zu einer bestehenden Norm in Widerspruch steht und die auf einer entsprechenden Rechtsüberzeugung beruht (desuetudo),[949] bezieht sich zwingend auf eine frühere und nicht eine spätere Übung. Die Sezession Syriens ist zwar mit der Diskriminierung der Syrer begründet worden, das Anerkennungsverhalten der Staaten dürfte aber damit nicht in Zusammenhang zu bringen sein. Dagegen hat die Staatengemeinschaft im Falle Zyperns die Voraussetzungen eines Rechts auf Sezession offensichtlich nicht als gegeben angesehen. Der Grund der international verweigerten Anerkennung der Türkischen Republik Nordzypern kann nicht in der militärischen Intervention der Türkei bestehen. Das zeigt der Vergleich mit der Sezession Bangladeshs. Hier hat sich die Staatengemeinschaft nicht durch eine solche Intervention Indiens gehindert gesehen, Bangladesh als unabhängigen Staat anzuerkennen. Das spricht dafür, dass der

---

947 Marauhn, HuV 4 (1991), S. 110.

948 UN Monthly Chronicle, Vol. VII (1970), Nr. 2, S. 36, wiedergegeben 2. Teil D. I. 2. b).

949 Vgl. hierzu Heintschel von Heinegg, in: Ipsen, Völkerrecht, § 16 Rn. 48 (S. 196 f.); Verdross/Simma, Universelles Völkerrecht, §§ 573 ff. (S. 362 ff.).

rechtmäßige Kampf eines Trägers des Selbstbestimmungsrechts für die Verwirklichung dieses Rechts im Falle der Notwehrlage durch dritte Staaten unterstützt werden darf.[950]

Die Annahme einer völkergewohnheitsrechtlich relevanten Übung ist auf der Grundlage nur zweier Fälle nicht unproblematisch. Zwar ist keine bestimmte Anzahl von Präzedenzfällen erforderlich, jedoch wird man in Übereinstimmung mit der Rechtsprechung des IGH eine intensive und einheitliche Übung erwarten müssen.[951] Die herrschende Lehre geht allerdings davon aus, dass sich Gewohnheitsrecht bei entsprechend intensiver Übung sehr schnell bilden kann.[952] Eine derart intensive Beteiligung der Staatengemeinschaft kann in beiden Fällen angenommen werden. Jugoslawien war vollständig, Pakistan weitgehend isoliert. In beiden Fällen erfolgte die vorzeitige Anerkennung zu relativ frühen Zeitpunkten durch eine sehr beachtliche Zahl von Staaten. Zudem ist in diesem Zusammenhang der absolute Ausnahmecharakter des Notwehrrechts von Bedeutung. Es kommt nach seiner Konzeption als ultima ratio denknotwendig nur in besonders krassen Ausnahmefällen in Betracht. Zwischen beiden Fällen lag ein Zeitraum von beinahe dreißig Jahren. Hielte man für die Entstehung einer gewohnheitsrechtlichen Übung weitere Übungsfälle für erforderlich, würde dies eine generationenübergreifende Normgenese bedeuten. Es spricht daher viel dafür, das Verhalten der Staaten in den Fällen Bangladeshs und Kroatiens als relevante Übungsfälle ausreichen zu lassen. Nach Auffassung der Literatur soll bei einer starken Manifestation der Rechtsüberzeugung ausnahmsweise auch eine verhältnismäßig geringe Übung ausreichen, um eine Norm des Völkergewohnheitsrechts hervorzubringen.[953] Es lohnt sich daher, vor einer abschließenden Bewertung zunächst noch dem Nachweis der Rechtsüberzeugung nachzugehen.

b) Nachweis der Rechtsüberzeugung

Voraussetzung eines völkergewohnheitsrechtlich anerkannten Notwehrrechts ist neben einer entsprechenden Übung auch der Nachweis, dass das relevante Ver-

---

950 Siehe zum Problem der Intervention dritter Staaten 2. Teil D. VII. 2.

951 Vgl. North Sea Continental Shelf Cases, ICJ-Rep. 1969, S. 3-54, S. 43 (para. 74).

952 Heintschel von Heinegg, in: Ipsen, Völkerrecht, § 16 Rn. 5 (S. 184); Verdross/Simma, Universelles Völkerrecht, § 566 (S. 358 f.).

953 Bernhardt, ZaöRV 36 (1976), S. 66; Heintschel von Heinegg, a. a. O., § 16 Rn. 8 f. (S. 185); Tomuschat, ZaöRV 36 (1976), S. 469; Verdross/Simma, a. a. O., § 571 (S. 361 f.).

halten der Staaten auf einer entsprechenden Rechtsüberzeugung beruhte.[954] Die Anerkennungen Bangladeshs und Kroatiens müssten demnach in der Rechtsüberzeugung erfolgt sein, dass Ostbengalen und Kroaten aufgrund einer Notwehrlage zur Sezession berechtigt waren. Da Staaten in den seltensten Fällen rechtliche Begründungen für ihr Verhalten abgeben, muss eine ihrem Verhalten zugrunde liegende rechtliche Überzeugung in der Regel aus den Umständen ermittelt werden. Es wurde bereits angesprochen, dass die Anerkennungen der beiden Staaten vorzeitig erfolgten und nur durch das Selbstbestimmungsrecht völkerrechtlich gerechtfertigt sein konnten. Anderenfalls bedeuteten die Anerkennungen völkerrechtswidrige Interventionen.[955] Das Selbstbestimmungsrecht ist mithin der einzige Legitimationsgrund, der die Anerkennung rechtfertigen könnte. Die anerkennenden Staaten können folglich gar nicht umhin, die völkerrechtliche Legitimität der Sezession zu bewerten.[956] Die (vorzeitige) Anerkennung enthält deshalb zwangsläufig zugleich die Aussage, dass die Bevölkerung des anerkannten Staates nach Ansicht des anerkennenden Staates von seinem Selbstbestimmungsrecht Gebrauch machen durfte.[957] Da nicht angenommen werden kann, ein großer Teil der Staatengemeinschaft habe sich bewusst ins Unrecht setzen wollen, bleibt nur anzunehmen, dass die Staaten ihr Verhalten durch die rechtmäßige Inanspruchnahme des Selbstbestimmungsrechts völkerrechtlich legitimiert sahen. Das bedeutet zugleich die Anerkennung eines Rechts auf Sezession in solchen Situationen, in denen sich Ostbengalen und Kroaten befanden.

Diese Rechtsüberzeugung ist nicht erst anlässlich der beiden Einzelfälle entstanden. Einen grundlegenden Ausdruck hat die bezüglich des Notwehrrechts maßgebliche Überzeugung bereits in Absatz 7 der Prinzipiendeklaration vom 24. Oktober 1970 gefunden.[958] Seiner Bedeutung halber sei er an dieser Stelle noch einmal wiedergegeben: *„Nothing in the foregoing paragraphs shall be*

---

954 Vgl. allgemein zur Rechtsüberzeugung 2. Teil B. III. 2. b).

955 Vgl. dazu Dahm/Delbrück/Wolfrum, Völkerrecht, Bd. I/1, § 20 III. 1 (S. 200 Anm. 1); Doehring, Völkerrecht, Rn. 944 (S. 415); Gloria, in: Ipsen, Völkerrecht, § 22 Rn. 33 (S. 235 f.); Verdross/Simma, Universelles Völkerrecht, § 961 (S. 602).

956 Oeter, ZaöRV 52 (1992), S. 767 f., 769.

957 Murswiek, The Issue of a Right of Secession – Reconsidered, in: Tomuschat (Hrsg.), Modern Law of Self-Determination, S. 30f.; ders., ArchVR 31 (1993), S. 318 ff.; Oeter, a. a. O., S. 768 f.; Thürer, ArchVR 22 (1984), S. 129 (Fn. 40), S. 134; ähnlich Crawford, Creation of States, S. 421; Doehring, Völkerrecht, Rn. 944 (S. 415).

958 GV-Res. 2625 (XXV), in: Schulz/Mann, Resolutionen zum Selbstbestimmungsrecht, S. 68 ff.

construed as authorizing or encouraging any action which would dismember or impair, totally or in part, the territorial integrity or political unity of sovereign and independent states, conducting themselves in compliance with the principle of equal rights and self-determination of peoples as described above and thus possessed of a government representing the whole people belonging to the territory without distinction as to race, creed or colour." Mit dieser Schranken-Schranke wurde zum Ausdruck gebracht, dass die staatliche Souveränität das Selbstbestimmungsrecht nicht kategorisch ausschließt, sondern selbst durch das Selbstbestimmungsrecht begrenzt wird.[959] Die genannten Merkmale, die eine Regierung aufweisen muss, damit der Staat die Respektierung seiner Souveränität beanspruchen kann, sind nicht als abschließende Aufzählung zu verstehen. Das ergibt sich daraus, dass mit Rasse und Hautfarbe bereits zwei Merkmale dem kolonialen Kontext entnommen sind.[960] Die Beschränkung des Selbstbestimmungsrechts auf einen kolonialen Zusammenhang, wie sie sich noch in der Unabhängigkeitsdeklaration findet, wurde von der Prinzipiendeklaration gerade aufgegeben, so dass nicht angenommen werden kann, dieser Zusammenhang solle für die Beschränkung staatlicher Souveränität maßgeblich sein. Gegen ein solches Verständnis spricht auch die Erwähnung des Merkmals des religiösen Bekenntnisses, das in der Regel keine Bedeutung im Bereich der Dekolonisierung hatte. Ohnehin kommt eine Durchbrechung des Souveränitätsrechts bei religiöser Diskriminierung nur in Betracht, wenn von ihr eine ethnische Minderheit betroffen ist, weil religiöse Minderheiten nicht Träger des Selbstbestimmungsrechts sein können.[961] Das zeigt, dass die genannten Merkmale nicht gleichwertig nebeneinander stehen und deshalb nicht abschließend gemeint sein können. Da die Deklaration im Konsensverfahren durch Ausbleiben von Widerspruch in Kraft gesetzt wurde, hat sie einschließlich der wiedergegebenen Passage die Billigung aller Mitgliedsstaaten der Vereinten Nationen gefunden.[962] In dem wiedergegebenen Absatz der Prinzipiendeklaration ist mithin die Rechtsüberzeugung der Staatengemeinschaft in ihrer Gesamtheit zum Ausdruck gekommen, die staatliche Souveränität schließe das Selbstbestimmungsrecht von Teilen des Staatsvolkes nicht grundsätzlich aus, sondern trete unter Umständen in Fällen ethnischer Diskriminierung hinter das Selbstbestimmungsrecht zurück.

---

959 Vgl. zu Bedeutung und Auslegung von Abs. 7 der Prinzipiendeklaration 2. Teil D.I.2.b).

960 So zu Recht Gusy, ArchVR 30 (1992), S. 406.

961 Siehe hierzu 2. Teil C. III. 2. a), 3.

962 Thürer, Self-Determination, EPIL Vol. IV, S. 366.

Die in der Prinzipiendeklaration abstrakt formulierte Rechtsüberzeugung wurde von der Staatengemeinschaft durch die Anerkennung der Unabhängigkeit konkret dokumentiert.[963] Die Regierung Pakistans repräsentierte nicht die ganze Bevölkerung und hielt die ethnisch von den Westpakistanern verschiedene Bevölkerungsmehrheit von der politischen Gestaltung des Staatswesens fern. Die Anerkennung der Sezession Bangladeshs durch die Staatengemeinschaft ist daher als Ausübung der in der Prinzipiendeklaration geäußerten Rechtsüberzeugung zu verstehen. Auch folgende, bereits angesprochene Überlegung lässt darauf schließen, dass die Anerkennungen im Falle Bangladeshs auf der Grundlage dieser Rechtsüberzeugung erfolgten: Die Anerkennungen wurden in Kenntnis des Umstandes abgegeben, dass die Erlangung der Unabhängigkeit erst durch die militärische Intervention Indiens ermöglicht wurde. Zwar haben einige Staaten die Intervention Indiens verurteilt, dies blieb aber ohne Folge für die spätere Anerkennung.[964] Da es sich bei der Intervention nicht um einen Akt der Selbstverteidigung handelte, kommt als völkerrechtliche Rechtfertigung der Intervention nur Nothilfe in Betracht. Humanitäre Interventionen sind nach der wohl als herrschend zu bezeichnenden Auffassung – wenn überhaupt – nur dann als Nothilfe völkerrechtsgemäß, wenn eine Notwehrlage vorliegt und sich die bedrohte Gruppe mit Recht auf das Selbstbestimmungsrecht berufen kann.[965] Auch das Verhalten der Staatengemeinschaft im Falle Kroatiens stellt sich als Ausübung der in der Prinzipiendeklaration zum Ausdruck gekommenen Rechtsüberzeugung dar.

c) *Ergebnis zur gewohnheitsrechtlichen Anerkennung*

Eine gewohnheitsrechtliche Anerkennung des aus dem Selbstbestimmungsrecht abgeleiteten Rechts auf Sezession ist nach alledem nachweisbar. Die entsprechende Rechtsüberzeugung der Staaten ist nicht nur durch die Anerkennung der Unabhängigkeit Bangladeshs und Kroatiens, sondern auch in der Prinzipiendeklaration zum Ausdruck gekommen. Wenn auch nur zwei Fälle relevanter Übung nachweisbar sind, kann eine Verdichtung zu Gewohnheitsrecht vor dem Hintergrund der intensiven Beteiligung der Staatengemeinschaft in den beiden Fällen und der starken Manifestation der entsprechenden Rechtsüberzeugung in der im Konsensverfahren verabschiedeten Prinzipiendeklaration angenommen

---

963 Siehe zur Entstehung von Gewohnheitsrecht aus Deklarationen 2. Teil B. III. 3. a).

964 Darauf weist Crawford, Creation of States, S. 115 f. hin; Buchheit, Secession, S. 213, hält die humanitäre Intervention angesichts der Exzesse in Ostpakistan für gerechtfertigt.

965 Siehe 2. Teil D. VII. 2.

werden.[966] Sofern man die Fälle nachgewiesener Übung nicht als ausreichend ansehen sollte, befindet sich ein Recht auf Sezession in Notwehrsituationen derzeit im Werden.[967] Die Auflösungsprozesse in Osteuropa sind jedenfalls nicht ohne Wirkungen geblieben. Im völkerrechtlichen Schrifttum finden sich seither kaum noch Stimmen, die ein Sezessionsrecht generell ablehnen.[968] Einen in gewisser Hinsicht normativen Niederschlag hat die neuere Rechtsentwicklung im Schlussdokument der Wiener Weltmenschenrechtskonferenz vom 25. Juni 1993 gefunden. Nach dessen 1. Teil Ziffer 2 kann sich ein Staat nur dann auf seine territoriale Integrität berufen, wenn er eine Regierung besitzt, *„representing the whole people belonging to the territory without distinction of any kind"*.[969] Die Entstehung einer Norm setzt allerdings voraus, dass ihre tatbestandlichen Voraussetzungen beschrieben werden können, denn nur dann wäre dieses Recht handhab- und auf Einzelfälle anwendbar.

4. Voraussetzungen des Notwehrrechts

Es sind daher noch die Voraussetzungen dieses gewohnheitsrechtlichen Notwehrrechts herauszuarbeiten. Es liegt auf der Hand, dass eine abschließende Beschreibung von Situationen, die zur Ausübung des Rechts berechtigen, auf der Grundlage der zugegebenermaßen rudimentären Übung kaum möglich ist. Die Analyse und der Vergleich der Sachverhalte im Falle Bangladeshs und Kroatiens ist deshalb um rechtsdogmatische Erwägungen aus der Systematik des Selbstbestimmungsrechts zu ergänzen.

a) Anspruchsinhaber: Qualifizierter Bevölkerungsteil

Das Sezessionsrecht kann nur von einem qualifizierten Teil der Bevölkerung wahrgenommen werden. Der zur Inanspruchnahme berechtigte Teil muss einer gruppenspezifischen Verfolgung ausgesetzt sein. Wie das Beispiel Bangladeshs zeigt, muss es sich dabei nicht um die zahlenmäßige Minderheit handeln, Inhaber des Notwehrrechts kann auch die unterdrückte Mehrheit sein. Unverzichtbar ist aber, dass der anspruchsberechtigte Bevölkerungsteil auf einem geschlosse-

---

966 Ebenso Nanda, Self-Determination Outside the Colonial Context, in: Alexander/Friedlander (Hrsg.), Self-Determination, S. 208 f., und Schmitz, Tibet und das Selbstbestimmungsrecht, S. 226 f., bezüglich Bangladesh.

967 So Peters, Gebietsreferendum im Völkerrecht, S. 358.

968 Wohl Nass, EA 48 (1993), S. 280 f.

969 Vienna Declaration and Programm of Action, in: VRÜ 27 (1994), S. 129-154; EA 53 (1998), S. D498-D520 (deutsche Fassung); siehe auch 2. Teil A. V. 5.

nen, klar abgrenzbaren Siedlungsgebiet leben muss. An einer geschlossenen Siedlungsweise fehlte es im Falle der türkischen Minderheit auf Zypern. Erst der durch die türkische Invasion ausgelöste Krieg führte zu einer klaren Trennung der Siedlungsgebiete. Eine geographische Distanz, wie sie im Falle Bangladeshs zufällig gegeben war, ist allerdings nicht erforderlich.[970] Wie Kroatien zeigt, ist es ebenfalls nicht erforderlich, dass die ethnischen Grenzen trennscharf gezogen sind. Es ist unschädlich, wenn die verschiedenen ethnischen Gruppen in Grenzbereichen überlappend siedeln, solange es einen Gebietskern gibt, der von der anspruchstellenden Gruppe deutlich dominiert wird. Als Anspruchsinhaber kommt nur ein Volk im ethnischen Sinne in Betracht. Dies ergibt sich im Grunde denknotwendig aus der Struktur des Selbstbestimmungsrechts als einem Recht der Völker.[971] Ostbengalen und Kroaten verfügten innerhalb des Staates jeweils über eine eigene innerstaatliche Organisation. Man könnte daher annehmen, nur innerstaatlich organisierte Rechtsgemeinschaften kämen als Träger des Sezessionsrechts in Betracht. Wenn auch die bisherige Übung hierfür spricht, sind doch aus systematischer Sicht Bedenken gegen eine solche Einschränkung geltend zu machen. Denn das Selbstbestimmungsrecht kann nicht davon abhängig gemacht werden, ob der anspruchstellenden Gruppe durch innerstaatliches Recht bestimmte teilstaatliche Kompetenzen zugestanden werden. Denn dann hinge die Berechtigung zur Geltendmachung des Rechts davon ab, ob der Staat, gegen den das Recht gerichtet ist, der anspruchstellenden Minderheit solche Rechte einräumt oder nicht. Das Sezessionsrecht stünde dann zur Disposition der Staaten und wäre wertlos. Deshalb wird man die innerstaatliche rechtliche Verfasstheit nicht als konstitutiv für die Ausübung des Rechts ansehen dürfen.

b) Anspruchsgegner: Staat als Angreifer

Voraussetzung des Notwehrrechts ist, dass die Notwehrlage von dem jeweiligen Staat verursacht worden ist. Dies legen bereits Absatz 7 der Prinzipiendeklaration[972] und Teil 1 Ziffer 2 der Wiener Erklärung[973] nahe, die den Schutz der territorialen Integrität der Staaten von der Repräsentativität ihrer Regierungen abhängig machen. Im Falle Bangladeshs und Kroatiens war die Notwehrlage durch

970 Nanda, a. a. O., S. 210; Schmitz, a. a. O., S. 229; Thürer, ArchVR 22 (1984), S. 127.

971 Siehe 2. Teil C. II. und III. 3.

972 GV-Res. 2625 (XXV) vom 24.10.1970, Schulz/Mann, Resolutionen zum Selbstbestimmungsrecht, S. 68 ff.

973 Vienna Declaration and Programme of Action, in: VRÜ 27 (1994), S. 129-154; EA 53 (1998), S. D498-D520 (deutsche Fassung).

brutale militärische Maßnahmen gegen die Zivilbevölkerung herbeigeführt worden. Die Regierungen Pakistans und Jugoslawiens repräsentierten Ostbengalen und Kroaten nicht mehr. Im Gegensatz dazu repräsentierte die verfassungsmäßige Regierung der Republik Zypern auch die türkische Minderheit. Die Bedrohung der türkischen Minderheit ging zudem nicht von der Regierung, sondern von griechischen Extremisten aus, die die Regierung zu bekämpfen entschlossen war.

c) Notwehrlage

Das Notwehrrecht setzt bereits begrifflich eine Notwehrlage voraus. Eine abschließende Beschreibung der Notwehrlage ist aufgrund der nachgewiesenen Staatenpraxis nicht möglich. Die tatsächliche Situation in den Fällen Bangladeshs und Kroatiens kann nur als unterste Grenze angesehen werden. Denn im Grunde kann man lediglich konstatieren, dass der Staatengemeinschaft jedenfalls die Lage der Ostpakistaner und Kroaten als ausreichend erschien, deren Sezessionen anzuerkennen. Ob nun die Gesamtsituation oder einzelne Aspekte ausschlaggebend waren, lässt sich nicht sagen. Eine Präzisierung kann sich daher nur aus der Dogmatik des Selbstbestimmungsrechts ergeben, freilich mit dem Mangel, dass es insoweit bisher an einer Bestätigung durch die Staatenpraxis fehlt.

aa) Bedrohung der physischen Existenz

Eine Notwehrlage besteht zunächst bei einer Existenzgefährdung der Gruppe, denn das Selbstbestimmungsrecht schließt den Schutz der Existenz seines Trägers denknotwendig mit ein. Es fragt sich, ob zur Präzisierung einer existenzgefährdenden Situation an den Begriff des Völkermordes angeknüpft werden kann. Eine Definition des Völkermordes enthält Artikel II der Konvention über die Verhütung und Bestrafung des Völkermordes vom 9. Dezember 1948.[974] Nach dieser Bestimmung ist in subjektiver Hinsicht erforderlich, dass eine der fünf enumerativ genannten Tathandlungen in der Absicht begangen wird, eine nationale, ethnische, rassische oder religiöse Gruppe als solche ganz oder teilweise zu zerstören. Als Tathandlungen kommen die Tötung von Mitgliedern der Gruppe, die Verursachung von schwerem körperlichen oder seelischen Schaden an Mitgliedern der Gruppe, die Auferlegung von Lebensbedingungen, die geeignet sind, ganz oder teilweise die körperliche Zerstörung herbeizuführen, die Ver-

---

[974] BGBl. 1954 II, S. 730-739; Internationale Quelle: UNTS Vol. 78 (1951), S. 277-299.

hängung von Maßnahmen, die auf die Geburtenverhinderung innerhalb der Gruppe gerichtet sind sowie die gewaltsame Überführung von Kindern der Gruppe in eine andere Gruppe in Betracht. Das besondere Kennzeichen des Völkermordes besteht also im subjektiven Tatbestand. Ein großer Teil der Staaten hat die Konvention unterzeichnet und ratifiziert.[975] Die Bedeutung der Konvention geht aber über die Vertragsstaaten hinaus, wurde sie doch von der Generalversammlung der Vereinten Nationen ohne Gegenstimme beschlossen.[976]

Nach Artikeln III und V der Konvention sind die Vertragsstaaten verpflichtet, neben dem Völkermord, Beihilfe, Anstiftung, Versuch und Verabredung zu verfolgen. Wenn die Staaten demnach zur Verfolgung von begangenem Völkermord verpflichtet sind, erscheint logisch anzunehmen, dass sie berechtigt sind, zur Verhinderung des Genozids auch präventiv tätig zu werden. Geht man von dieser Prämisse aus, ist es logisch zwingend, dass die vom Völkermord betroffene Gruppe ein Recht zur Abwehr des Angriffs besitzt. Diese Erwägungen dürfen aber nicht den Blick dafür verstellen, dass es sich bei dem Selbstbestimmungsrecht und der völkerrechtlichen Ahndung des Völkermordes um völlig verschiedene Konzepte handelt. Die Konvention dient dazu, die Sanktionierung von versuchten oder begangenen schweren Verbrechen sicherzustellen; das Notwehrrecht dient dagegen der Abwehr einer Bedrohung der Existenz seines Trägers. Der Schwerpunkt des Notwehrrechts liegt im Gegensatz zum Völkermord in dem objektiven Tatbestand der Existenzgefährdung. In Abweichung von der Konvention besteht das Notwehrrecht nur dann, wenn die Tathandlungen dem Staat zumindest zurechenbar sind. Wenn er sie nicht selbst begeht, muss er sie zumindest kennen und dulden. Das folgt daraus, dass die Notwehrlage nur durch den Staat herbeigeführt werden kann. Im Unterschied zur Konvention genügt für das Entstehen einer Notwehrlage, dass die Organe des Staates die Existenzgefährdung billigend in Kauf nehmen, direkter Vorsatz ist nicht erforderlich.[977] Anderenfalls würde das Notwehrrecht auf Fälle eingeschränkt, in denen der schwierige Nachweis des subjektiven Tatbestandes geführt werden könnte. Daraus ergibt sich, dass die Begehung des Völkermordes im Sinne des Artikels II der genannten Konvention nicht zwangsläufig das Recht auf Sezession auslöst.

---

975 Vgl. Jescheck, Genocide, EPIL Vol. II, S. 541.

976 GV-Res. 260 (III) A vom 09.12.1948 (YBUN Vol. 3 (1948/49), S. 959 f.).

977 Nicht ganz klar insoweit Schmitz, Tibet und das Selbstbestimmungsrecht, S. 239, der offensichtlich überhaupt keinen Vorsatz fordert; vgl. zum subjektiven Tatbestand des Völkermordes Clark, ONULR 8 (1981), S. 324 ff.; Saul, MJIL 2 (2001), S. 508 ff.

bb) Fälle massiver Menschenrechtsverletzungen

Auch massive Verletzungen grundlegender Menschenrechte können eine Notwehrlage auslösen, wenn es sich nicht um Einzelfälle handelt, sondern diese gegen den Träger des Selbstbestimmungsrechts als solchen gerichtet sind. Die Menschenrechtsverletzungen müssen daher qualitativ und quantitativ eine bestimmte Intensität besitzen. Deshalb kann der menschenrechtliche Maßstab der Allgemeinen Erklärung der Menschenrechte vom 10. Dezember 1948[978] sowie der beiden Menschenrechtspakte von 1966 nicht einfach übertragen werden. Das übersieht Schmitz, wenn er Menschenrechtsverletzungen erheblichen Ausmaßes als eigentliche Faktoren beschreibt, aufgrund derer sich der nach seiner Auffassung in Absatz 7 der Prinzipiendeklaration beschriebene Standard zum Notwehrrecht verdichte.[979] Aber auch Schmitz will nicht jede Verletzung von Menschenrechten ausreichen lassen, sondern nur besonders schwerwiegende, die in Intensität und Ausmaß die Bevölkerungsgruppe als solche tangieren; dazu zählt er unter Bezugnahme auf Artikel 19 lit. c) des Entwurfes der ILC über die Staatenverantwortlichkeit[980] jedenfalls die Verletzungen solcher Menschenrechte, die erga omnes wirken.[981] Nur die Verletzung grundlegender Menschenrechte kommt also für eine Notwehrlage in Frage. Besonders schwerwiegende Völkerrechtsverstöße sind Mord, Folter, Vergewaltigung, willkürliche Freiheitsentziehung, politische, ethnische, religiöse oder kulturelle Diskriminierung und Zwangsdeportationen. Diese Menschenrechtsverletzungen bezeichnet Artikel 18 des Entwurfs der ILC über Verbrechen gegen den Frieden und die Sicherheit der Menschheit als Verbrechen gegen die Menschlichkeit.[982] Sie haben also eine herausgehobene Qualität.

cc) Sonstige kollektive, gruppenspezifisch wirkende Maßnahmen

Aus den bisherigen Ausführungen folgt, dass auch sonstige kollektive, gruppenspezifisch wirkende Maßnahmen eine notwehrfähige Lage herbeiführen können.

---

978 Sartorius II Nr.19; Internationale Quelle: GAOR, Res. 217 (III), S. 71 (UN Doc. A/810).

979 Schmitz, Tibet und das Selbstbestimmungsrecht, S. 229.

980 Draft Articles on State Responsibility, YBILC 1976 II, Part 2, S. 73-122 (Art. 19, S. 95 ff.).

981 Schmitz, a. a. O., S. 239, 231; ebenso Hobe/Kimminich, Einführung in das Völkerrecht, S. 118.

982 Draft Code of Crimes against the Peace and the Security of Mankind, YBILC 1996, Vol. II, Part 2, S. 17-56 (Art. 18, S. 47).

Dies gilt zum Beispiel für eine Veränderung der demographischen Zusammensetzung des von der berechtigten Gruppe besiedelten Gebietes. Voraussetzung muss freilich sein, dass es sich um eine nachhaltige Veränderung handelt, die vom Staat gesteuert wird. Endogen verursachte Wanderungswellen innerhalb des normalen Rahmens müssen vernünftigerweise ausgeschlossen bleiben. Im Falle Bangladeshs bezog sich die Vertreibung auf die als Störfaktor angesehenen Hindus, die sich lediglich durch ihr religiöses Bekenntnis von den übrigen ostpakistanischen Bengalen unterschieden. Auch damit ging eine Veränderung der Bevölkerungsstruktur einher. In Kroatien versuchte die serbische Volksgruppe mit Unterstützung der jugoslawischen Bundesarmee Kroaten aus gemischt besiedelten Gebieten zu vertreiben, um ethnisch „saubere" Einheiten zu schaffen. Eine Veränderung der demographischen Zusammensetzung kann auch durch die Ansiedlung von Angehörigen der herrschenden Ethnie erfolgen. Artikel 49 der Genfer Konvention vom 12. August 1949 ächtet eine solche Verhaltensweise in Kriegszeiten. Absatz 6 der Vorschrift lautet: *„Die Besatzungsmacht darf nicht Teile ihrer eigenen Zivilbevölkerung in das von ihr besetzte Gebiet verschleppen oder verschicken."*[983] Der Entwurf der ILC über Verbrechen gegen den Frieden und die Sicherheit der Menschheit führt in Artikel 20 lit. c) unter dem Tatbestand der Kriegsverbrechen den absichtlichen Transfer von Zivilbevölkerung der okkupierenden Macht in das okkupierte Gebiet auf.[984] Auch die Staatenpraxis ächtet demographische Veränderungen, wie die Resolutionen des Sicherheitsrates bezüglich der so genannten ethnischen Säuberungen in Bosnien-Herzegowina beweisen.[985] Es erscheint daher vertretbar, bei einer gezielten Unterwanderung außerhalb des Krieges ein Notwehrrecht des unterwanderten Volkes anzunehmen. Die rechtliche Begründung des Notwehrrechts durch demographische Veränderungen folgt unmittelbar aus dem Selbstbestimmungsrecht. Denn das Recht auf Selbstbestimmung schließt, wie bereits betont wurde, das Recht seines Trägers auf Existenz als Minimum ein. Wie ausgeführt wurde, können Träger des Selbstbestimmungsrechts auch Minderheiten sein, die in einem geschlosse-

---

983 IV. Genfer Konvention zum Schutze von Zivilpersonen in Kriegszeiten vom 12.08.1949, BGBl. 1954 II, S. 917-971, berichtigt 1956 II, S. 1586; Internationale Quelle: UNTS Vol. 75 (1950), S. 287-393.

984 YBILC 1996, Vol. II, Part 2, S. 17-56 (Art. 20, S.53f.); vgl. auch die Kommentierung der ILC zum entsprechenden Artikel 22 der früheren Fassung, YBILC 1991, Vol. II, Part 2, S. 105 (Ziff. 7).

985 SR-Res. 752 vom 15.05.1992 und 757 vom 30.05.1992 (YBUN Vol. 46 (1992), S. 350 ff.); weitere Nachweise bei Schmitz, Tibet und das Selbstbestimmungsrecht, S. 181 (Fn. 354).

nen Siedlungsbereich die Bevölkerungsmehrheit stellen.[986] Bezweckt die Ansiedlung von Angehörigen des herrschenden Volkes, dass die Minderheit auch in dem von ihm besiedelten Territorium zur Minderheit wird und sie dadurch die Eigenschaft als Rechtssubjekt des Selbstbestimmungsrechts verliert, wird man ihr einen Anspruch auf Abwehr erzwungener Assimilation zuerkennen müssen. Im Umkehrschluss bedeutet dies, dass ein solcher Bevölkerungstransfer auch eine Notwehrlage begründen kann. Weil sich dies unmittelbar aus dem Selbstbestimmungsrecht ergibt, kommt es nicht darauf an, ob sich der Schutz vor demographischen Veränderungen aus dem völkerrechtlichen Minderheitenschutz, insbesondere Artikel 27 des Paktes über bürgerliche und politische Rechte, herleiten lässt.[987] Das folgt bereits aus der klaren Trennung von Selbstbestimmungsrecht und Minderheitenschutz. Es sei in diesem Zusammenhang aber darauf hingewiesen, dass aus Artikel 27 in Verbindung mit Artikel 2 Absatz 1 des Paktes über bürgerliche und politische Rechte eine Verpflichtung der Vertragsstaaten gefolgert wird, die Rechte von Minderheitenangehörigen auch gegen größere Bedrohungen von privater Seite, beispielsweise durch kolonisierende Siedler, zu schützen.[988] Mit dem argumentum a maiore ad minus wird man annehmen können, dass die zitierten Vorschriften dann erst recht dem Staat die Steuerung einer (kolonisierenden) Zuwanderung untersagen.

d) Gegenwärtigkeit

Das Recht zur Sezession besteht nur dann, wenn die von dem Staat ausgelöste Notwehrlage noch fortdauert. Bei der Veränderung der demographischen Zusammensetzung entstehen insoweit schwierige Fragen: Fehlt es an der Gegenwärtigkeit, wenn der Staat ergriffene Maßnahmen zur Veränderung der Demographie eingestellt hat? Muss der Staat die existenzgefährdenden Wirkungen demographischer Veränderungen beseitigen? Denn die gesteuerte Zuwanderung entwickelt eine Eigendynamik, die als solche durchaus geeignet sein kann, die Existenz der Volksgruppe zu gefährden, auch wenn der Staat die gesteuerte Veränderung der Demographie beendet hat. Soll das Notwehrrecht einen konse-

---

986 Siehe hierzu 2. Teil C. III. 3., 3. Teil C. I. 3. c) aa).

987 So aber Schmitz, Tibet und das Selbstbestimmungsrecht, S. 244 ff.

988 Nowak, CCPR-Kommentar, Art. 27 Rn. 45 (S. 537 f.); Tomuschat, Protection of Minorities under Article 27 of the International Convenant on Civil and Political Rights, in: Bernhardt u. a. (Hrsg.), Völkerrecht als Rechtsordnung – Festschrift für Hermann Mosler, S. 974 m. w. N.

quenten Schutz vor derartigen Unterwanderungen bieten, wird man wohl nicht umhin kommen, einen „Folgenbeseitigungsanspruch" anzuerkennen.

e) Zweck-Mittel-Relation

Die Ausübung des Sezessionsrechts muss zudem das letzte Mittel zur Abhilfe der Notwehrlage sein (ultima-ratio-Gedanke). Solange der Angriff beispielsweise durch Gewährung der Autonomie abgewendet werden kann, besteht kein Recht auf Ausscheiden aus dem Staatsverband. Allerdings ist es tatsächlich kaum vorstellbar, dass der für die Notwehrlage verantwortliche Staat, zur Gewährung einer Autonomie bereit ist. Wenn es eines Beweises für diese Einschätzung bedarf, so ist er in den Fällen Bangladeshs und Kroatiens erbracht. Ostbengalen und Kroaten beschränkten ihre Forderung zunächst auf die Einräumung weitergehender politischer Rechte. Zu einer Gleichberechtigung der Ostpakistaner war Pakistan jedoch nicht bereit. Wenn sich die in Jugoslawien dominierenden Serben auf die geforderte neue Verfassungsordnung eingelassen hätten, könnte Jugoslawien womöglich noch heute bestehen.

5. Maßgeblicher Zeitpunkt für die Beurteilung der Sach- und Rechtslage

Maßgeblich für die Beurteilung der Sach- und Rechtslage für die Ausübung des Notwehrrechts ist der Zeitpunkt seiner Inanspruchnahme. Dieser Zeitpunkt ist schon dem Tatbestandselement der Gegenwärtigkeit der Notwehrlage geschuldet. Denn nur wenn die Notwehrlage noch andauert, kann das Recht zur Sezession bestehen. Für Osttimor bedeutet das, dass auf das Jahr 1999 abzustellen ist. Die gewohnheitsrechtliche Anerkennung eines Rechts auf Sezession kann zu diesem Zeitpunkt angenommen werden.

II. Anspruch der Osttimoresen aus dem Notwehrrecht

Die Inanspruchnahme des gewohnheitsrechtlich anerkannten Notwehrrechts durch die Bevölkerung Osttimors hätte vorausgesetzt, dass sich die Osttimoresen als qualifizierte Minderheit in einer von Indonesien zu verantwortenden, andauernden und nicht anders als durch Sezession abwendbaren Notwehrlage befunden hätten. Indonesien hätte zudem an diese Norm des Gewohnheitsrechts gebunden gewesen sein müssen.

1. Osttimoresen als Rechtsträger

Voraussetzung der Inanspruchnahme des Notwehrrechts durch die Bevölkerung Osttimors ist zunächst, dass es sich bei dieser um eine qualifizierte Minderheit handelt. Als Träger des Selbstbestimmungsrechts kommen, wie ausgeführt wurde,[989] nur ethnische Minderheiten in Betracht, die in einem geschlossenen Siedlungsbereich leben und dort die deutliche Bevölkerungsmehrheit stellen. Für die Frage, ob sich die Bevölkerung Osttimors ethnisch vom übrigen Indonesien unterscheidet, sind zwei Gesichtspunkte von Bedeutung: Zum einen handelt es sich bei Indonesien um einen Vielvölkerstaat. Das bedeutet, dass es keine indonesische Ethnie gibt, von der sich die Bevölkerung Osttimors unterscheiden ließe. Zum anderen sind durch die Besiedelungsgeschichte Timors melanesische und malaiische Spuren nachzuweisen, so dass eine ethnische Verwandtschaft mit einer Vielzahl im südostasiatischen Raum lebender Volksgruppen besteht.[990] In den Beratungen der Generalversammlung und des Sicherheitsrates der Vereinten Nationen wurde die ethnische Zugehörigkeit der Bevölkerung Osttimors ohne konkretes Ergebnis erörtert. Der Vertreter Zaires trug in einer Sitzung vor, „*Timor was an integral part of the Indonesian entity on ethnic, cultural and linguistic grounds*“.[991] Indonesien behauptete, „*the people of East Timor considered themselves already Indonesians and their territory an integral part of Indonesia*“.[992] Der Vertreter der FRETILIN schien sich nicht ganz sicher zu sein. Im Jahr 1975 verneinte er die Existenz „*of a certain common cultural and ethnic origin of the people of East Timor and Indonesia*“ nicht.[993] Im Jahr darauf sagte er, „*the people of East Timor had more ethnic and cultural affinity with the people of Papua New Guinea than with Indonesia*“.[994] Angesichts der spezifischen ethnischen Wurzeln der Timoresen sind diese in der Tat von anderen Ethnien Indonesiens zu unterscheiden. Man kann sie deshalb als selbstständige ethnische Gruppe identifizieren. Es fragt sich aber, ob sich die Timoresen im Ost- und Westteil der Insel so deutlich unterscheiden, dass von einem osttimoresischen Volk im ethnischen Sinne die Rede sein kann. In Ost- und Westtimor dominieren zwar zwei verschiedene Stämme, die aber keine grundlegenden ethnischen

---

989 Siehe 2. Teil C. III. 3., 3. Teil C. I. 4. a).
990 Siehe 1. Teil A. II.
991 YBUN Vol. 31 (1977), S. 868.
992 YBUN Vol. 30 (1976), S. 730.
993 YBUN Vol. 29 (1975), S. 861.
994 YBUN Vol. 30 (1976), S. 729.

Unterschiede aufweisen. Allerdings unterscheiden sie sich durch Sprache und Religion. Die Bevölkerung Westtimors ist ebenfalls überwiegend christlichen Glaubens, gehört jedoch der evangelischen Konfession an.[995] Das allein dürfte als Unterscheidungskriterium nicht ausreichen. In Rechnung zu stellen ist aber auch die über Jahrhunderte andauernde unterschiedliche Entwicklungsgeschichte der Timoresen in Portugiesisch- und Niederländisch-Timor. Beide Kolonialmächte haben prägende Spuren hinterlassen, die gemeinsame Wurzeln der Bevölkerung in Ost und West in den Hintergrund treten ließen. Zwar lebte ein großer Teil der Menschen in Osttimor lange Zeit nicht unter direkter Kontrolle der Kolonialmacht, seit Anfang des 20. Jahrhunderts hatten die Portugiesen aber auch das Landesinnere unter ihre effektive Kontrolle gebracht.[996] Dieser Prozess dürfte im Westen der Insel seine Entsprechung gefunden haben. Man wird sagen können, dass Ost- und Westtimoresen bis zum Ende der Kolonialzeit ein jeweils eigenes Bewusstsein ihrer ethnischen Identität entwickelt hatten. Das zeigte sich zum Beispiel darin, dass die Westtimoresen ihre Zugehörigkeit zu Indonesien als Nachfolgestaat Niederländisch-Indiens zu keinem Zeitpunkt in Frage stellten. Hingegen fand die für den Anschluss Osttimors an Indonesien eintretende Partei, die APODETI, in Osttimor keine nennenswerte Unterstützung. Die weit überwiegende Mehrheit der Osttimoresen befürwortete die Gründung eines eigenen unabhängigen Staates oder die Bildung einer Föderation mit Portugal. Die Menschen in Osttimor haben sich offensichtlich auf der Grundlage der Jahrhunderte währenden portugiesischen Kolonialgeschichte als eigenes Volk identifiziert. Das Bewusstsein der Zusammengehörigkeit ist in der Zeit der indonesischen Herrschaft weiter erstarkt. In der Literatur findet sich die Formulierung, in diesen zweieinhalb Jahrzehnten sei durch die kollektive Erfahrung existenzieller Bedrohung der entscheidende „nation-building"-Prozess abgelaufen.[997] Dieser subjektive Prozess der Selbstidentifikation vermag zwar die objektiv nachweisbaren ethnischen Determinanten nicht zu beeinflussen, im Zweifel ist ein Volk im ethnischen Sinne jedoch nicht durch objektive, sondern durch subjektive Kriterien zu bestimmen. Darauf wurde bereits hingewiesen.[998] Es ist deshalb gerechtfertigt, die Bevölkerung Osttimors als ein selbstständiges Volk im ethnischen Sinne anzusehen. Da die Osttimoresen auf einem abgeschlossenen Sied-

---

995 Siehe 1. Teil A. V.

996 Siehe 1. Teil B. I.

997 Hilpold, Osttimor-Fall, S. 93.

998 Siehe 2. Teil C. II. 3.

lungsgebiet lebten, nämlich dem Gebiet der ehemaligen Kolonie Portugiesisch-Timor, dem die indonesische Provinz Osttimor entsprach, waren sie auch eine qualifizierte Minderheit im Sinne des Selbstbestimmungsrechts.

2. *Notwehrlage*

Die Osttimoresen hätten sich zudem in einer Notwehrlage befunden haben müssen. Es ist bereits berichtet worden, dass Indonesien erhebliche Menschenrechtsverletzungen vorgeworfen wurden.[999] Derartige Vorwürfe sind insbesondere von Nicht-Regierungs-Organisationen, Vereinen und Einzelpersonen aber auch durch verschiedene Gremien der Vereinten Nationen erhoben worden. Einen umfassenden Bericht über die Menschenrechtslage in Indonesien und Osttimor legte 1995 auch das US State Department vor.[1000] Indonesien hat solche Vorwürfe stets bestritten. Es versteht sich von selbst, dass es nicht möglich ist, derartige Vorwürfe im Rahmen der vorliegenden Untersuchung zu verifizieren. Angesichts der Übereinstimmung der Berichte und der Glaubwürdigkeit der Quellen spricht einiges dafür, von der Berechtigung der menschenrechtlichen Kritik auszugehen. Im Folgenden werden die erhobenen Vorwürfe als wahr unterstellt. Sollten die behaupteten Menschenrechtsverstöße eine Notwehrlage nicht begründen können, stünde fest, dass die Voraussetzungen eines Notwehrrechts nicht gegeben waren.

a) Völkermord an den Osttimoresen

Der indonesischen Regierung ist von nichtregierungsamtlichen Organisationen und Stimmen in der Literatur offen Völkermord vorgeworfen worden.[1001] Unbeschadet der Frage, ob damit Völkermord im Sinne der Konvention über die Bestrafung des Völkermordes[1002] gemeint war, hätte die Begehung des Völkermordes im Sinne dieser Konvention nicht automatisch eine Notwehrlage herbeigeführt. Ein solcher Völkermord hätte zudem die Existenz der Osttimoresen gefährden müssen. Für die Entstehung einer Notwehrlage ist dagegen die nach Artikel II der Konvention erforderliche Absicht, eine nationale, ethnische, rassische oder religiöse Gruppe als solche ganz oder teilweise zu zerstören, nicht er-

---

[999] Siehe 1. Teil C. IV.

[1000] Country Reports on Human Rights; Practice for 1994; wiedergegeben bei Krieger, Basic Documents, Doc. No. 70, S. 242-255.

[1001] Kritisch Saul, MJIL 2 (2001), S. 497 ff., 521 f.

[1002] BGBl. 1954 II, S. 730-739; Internationale Quelle: UNTS Vol. 78 (1951), S. 277-299.

forderlich.[1003] Die Untersuchung beschränkt sich daher auf die Feststellung des objektiven Tatbestandes der Konvention sowie eine hierdurch verursachte Existenzgefährdung.

Nach übereinstimmenden Berichten sollen in den ersten Jahren nach der indonesischen Invasion rund 80.000 bis 100.000 Osttimoresen getötet worden oder verhungert sein.[1004] Dass es zur Tötung (Artikel II lit. (a) der Konvention) von Osttimoresen in dieser Größenordnung gekommen ist, wird auch von der indonesischen Regierung nicht bestritten.[1005] Die Anzahl der durch Kriegseinwirkungen Getöteten dürfte aber noch darüber liegen. Unter Bezugnahme auf eine entsprechende Äußerung des früheren Apostolischen Administrators in Dili, Monsignore Costa Lopes, ist von 150.000 bis 200.000 Menschen die Rede.[1006] Diese Größenordnung wird durch einen Vergleich der in Volkszählungen 1974 und 1980 ermittelten Einwohnerzahlen bestätigt. Die letzte offizielle portugiesische Volkszählung aus dem Jahre 1974 hatte 670.000 Einwohner ermittelt. Da nicht davon auszugehen ist, dass alle in zum Teil entlegenen Winkeln des Landes lebenden Einwohner der Aufforderung nachgekommen sind, sich bei den Zählstellen zu melden, lag die Zahl der Einwohner vermutlich noch über dem ermittelten Wert. Die sechs Jahre später durchgeführte indonesische Volkszählung registrierte zunächst 514.000 Einwohner, wurde später aber auf 540.000 berichtigt. Da die Zählung durch Aufsuchen der Wohnstätten stattfand, ist zu vermuten, dass der ermittelte Wert jedenfalls nicht zu niedrig war. Unter Berücksichtigung der seinerzeit mit zwei Prozent enorm hohen Geburtenrate fehlen ausweislich des Vergleichs der Bevölkerungszahlen bis zu 200.000 Menschen in Osttimor. Eine Volkszählung der katholischen Kirche aus dem Jahr 1980 ergab sogar nur 425.000 Einwohner.[1007] Es dürfte als gesichert gelten, dass es auch in

---

1003 Siehe 3. Teil C. I. 4. c) aa).

1004 Clark, ONULR 8 (1981), S. 321 ff.; epd-Dokumentation, Völkermord in Südostasien, S. 37; Ludwig, Ein planmäßiger Völkermord, in: Ludwig (Hrsg.), Osttimor – Der zwanzigjährige Krieg, S. 42; Ptak, Osttimor, in: Dahm/Ptak (Hrsg.), Südostasien-Handbuch, S. 289.

1005 Vgl. Äußerung des damaligen indonesischen Außenministers Adam Malik in den australischen Tageszeitungen Canberra Times und The Age vom 01.04.1977 (zit. nach Ludwig/Horta, Osttimor – Das vergessene Sterben, S. 46).

1006 epd-Dokumentation, Völkermord in Südostasien, S. 36 ff.; Ludwig, Ein planmäßiger Völkermord, in: Ludwig (Hrsg.), Osttimor – Der zwanzigjährige Krieg, S. 57; ders., Das Schweigen brechen, S. 68; Ludwig/Horta, Osttimor –Das vergessene Sterben, S. 44, 46.

1007 epd-Dokumentation, Völkermord in Südostasien, S. 38 f.; Ludwig, Ein planmäßiger Völkermord, in: Ludwig (Hrsg.), Osttimor – Der zwanzigjährige Krieg, S. 58; ders., Das Schweigen brechen, S. 69; Hilpold, Osttimor-Fall, S. 89 f.

der Folgezeit zur Tötung von Osttimoresen gekommen ist. Amnesty International berichtete über extralegale Hinrichtungen als Bestandteil des indonesischen Repressionsapparates.[1008] Zu einem Fanal wurde das Massaker auf dem Santa-Cruz-Friedhof in Dili am 12. November 1991, bei dem mehrere hundert Teilnehmer eines Trauerzuges ohne Anlass von indonesischen Streitkräfteangehörigen erschossen oder Opfer des „Verschwinden lassen" wurden.[1009] Eine unabhängige portugiesische Untersuchungskommission ermittelte 273 Tote, 255 Verschwundene und 376 Verletzte.[1010] Den traurigen Schlussakkord der indonesischen Besetzung bildeten die von den indonesischen Sicherheitskräften zumindest geduldeten Ausschreitungen im Zusammenhang mit der Durchführung des Unabhängigkeitsreferendums 1999, in deren Verlauf es zur willkürlichen Tötung mehrerer hundert Osttimoresen kam. Eine genaue Zahl der Opfer gibt es nicht, Schätzungen schwanken zwischen 600 und 8.000 Menschen.[1011] Menschenrechtsorganisationen gehen davon aus, dass in der Zeit der indonesischen Besetzung rund ein Viertel der Bevölkerung Osttimors Opfer von Hunger und Gewalt wurden.

Neben der Tötung von Gruppenmitgliedern wird gegenüber Indonesien auch der Vorwurf der Verursachung von schwerem körperlichem oder seelischem Schaden an Mitgliedern der Gruppe (Artikel II lit. (b) der Konvention) berechtigt sein. Obwohl nach den maßgeblichen gesetzlichen Vorschriften in Indonesien Folterungen und Misshandlungen verboten waren, gab es immer wieder Berichte über derartige Praktiken in Indonesien und Osttimor. Von Folter bedroht waren neben Strafgefangenen vor allem Widerstandskämpfer und (vermeintlich) Oppositionelle sowie deren Familien. Amnesty International berichtete von Schlägen, Verbrennungen, Verstümmelungen, Vergewaltigungen, Schlaf- und Nahrungsentzug und anderen Formen von Misshandlungen.[1012] Zu nennen sind in diesem Zusammenhang auch die den Angehörigen der indonesischen Streitkräfte vorgeworfenen systematischen sexuellen Übergriffe und Vergewaltigungen osttimoresischer Frauen. Die zum Teil in aller Öffentlichkeit erfolgten Verge-

---

1008 Amnesty International, Indonesien und Osttimor: Kein Paradies für Menschenrechte, S. 80 ff.

1009 Siehe auch 1. Teil C. IV.

1010 Ludwig, SOAI 10 (1994), 4, S. 51.

1011 Siehe 1. Teil D. IV.

1012 Amnesty International, Indonesien und Osttimor: Kein Paradies für Menschenrechte, S. 110, 112 f.

waltigungen sollen von der indonesischen Justiz nicht sanktioniert und von militärischen Vorgesetzten gebilligt worden sein.[1013]

Der indonesischen Regierung ist ferner auch die Verhängung von Maßnahmen, die auf die Geburtenverhinderung innerhalb der osttimoresischen Bevölkerung gerichtet waren (Artikel II lit. (d) der Völkermordkonvention), vorzuwerfen. Mit internationaler Unterstützung hat die indonesische Regierung in Osttimor ein Programm zur Geburtenkontrolle und Familienplanung eingerichtet. Soweit derartige Maßnahmen von den Betroffenen nach vorheriger und umfassender Aufklärung gewünscht worden sein sollten, wären Geburtenkontrolle und Familienplanung nicht zu beanstanden. Es gab aber Berichte, Frauen seien in den Kliniken des Landes ungefragt sterilisiert worden oder hätten langzeitverhütende Empfängnismitteldepots implantiert bekommen. 1987 und 1988 sollen in fast allen Schulen Osttimors Mädchen über 13 Jahren Langzeitverhütungsmitteln gespritzt bekommen haben.[1014]

Angesichts des Ausmaßes der geschilderten Völkermordhandlungen kann von einer eine Notwehrlage auslösenden Existenzgefährdung der Osttimoresen ausgegangen werden.

b) Verletzung sonstiger Menschenrechte

Die staatliche Repression in Indonesien fand ihren Ausdruck unter anderem in einer massiven Beschneidung einer Vielzahl international anerkannter bürgerlicher und politischer Rechte. So waren Meinungsäußerungsfreiheit, Versammlungsfreiheit und Freizügigkeit nur eingeschränkt gewährleistet. Besonders krass waren diese Rechte in Landesteilen eingeschränkt, in denen sich die Armee, wie in Osttimor, durch Widerstand oder Aufstände herausgefordert sah.[1015] Amnesty International berichtete auch von zum Teil langjährigen Freiheitsentziehungen ohne gerichtliche Verfahren, der Einschränkung von Freiheitsrechten nach Haftentlassung und relativ häufig vorkommende vorläufige Festnahmen von bis zu

---

1013 So Schlicher, SOAI 11 (1995), 3, S. 57 ff.

1014 Schlicher, „Die Soldaten nehmen ihnen jegliche Würde", in: Ludwig (Hrsg.), Osttimor – Der zwanzigjährige Krieg, S. 64 f.; dies., SOAI 11 (1995), 3, S. 59 f.

1015 Vgl. Amnesty International, Indonesien und Osttimor: Kein Paradies für Menschenrechte, S. 40 ff.; US Department of State, Country Reports on Human Rights; Practice for 1994 – Indonesia, Washington DC, Febr. 1995, in: Krieger, Basic Documents, Doc. No. 70, S. 246 ff.

24 Stunden. Rechtsstaatliche Gerichtsverfahren waren nicht gewährleistet.[1016] Auch die Freiheit des Bekenntnisses war nicht vollständig gewährleistet. Die indonesische Verfassung schreibt einen Glauben an eine monotheistische Religion vor. Staatlich respektiert werden die fünf Weltreligionen. Die traditionellen Naturreligionen der nicht-malaiischen Völker auf Sumatra, Kalimantan, Sulawesi, Papua und auch Timor werden von der Regierung bekämpft. In Osttimor hat das unter anderem dazu geführt, dass viele bisher animistische Osttimoresen zum Katholizismus konvertierten.[1017] Auch wenn die Lage in Osttimor hinsichtlich dieser Menschenrechte besonders desaströs gewesen sein sollte, dürften derartige Verstöße gegen internationale Menschenrechtsstandards nicht als ausreichend für die Entstehung einer Notwehrlage angesehen werden.

c) Demographische Veränderungen

Seit Beginn der 90er Jahre verstärkte die indonesische Regierung die Umsiedlung von Indonesiern insbesondere aus Java und Bali nach Osttimor. Nach der amtlichen Lesart soll die „Transmigrasi" genannte Umsiedlung die Überbevölkerung auf den zentralen Inseln bekämpfen und zugleich die Entwicklung der Randprovinzen vorantreiben. Insgesamt wurden rund 180.000 Indonesier in Osttimor angesiedelt.[1018] Die Umsiedlungspolitik diente der Assimilierung der einheimischen Bevölkerung und wurde durch Geburtenkontrolle und Familienplanung der einheimischen Bevölkerung ergänzt.[1019] Sie bedrohte die Eigenschaft der Osttimoresen als Träger des Selbstbestimmungsrechts, so dass auch hierdurch eine Notwehrlage verursacht wurde.

[1016] Vgl. Amnesty International, Indonesien und Osttimor: Kein Paradies für Menschenrechte, S. 127 ff., 130, 137; US Department of State, Country Reports on Human Rights; Practice for 1994 – Indonesia, Washington DC, Febr. 1995, in: Krieger, Basic Documents, Doc. No. 70, S. 245 f.

[1017] Vgl. Amnesty International, Indonesien und Osttimor: Kein Paradies für Menschenrechte, S. 42; Ludwig, Das Schweigen brechen, S. 65 f.; US Department of State, Country Reports on Human Rights; Practice for 1994 – Indonesia, Washington DC, Febr. 1995, in: Krieger, Basic Documents, Doc. No. 70, S. 248 f.

[1018] Siehe 1. Teil A. II.

[1019] Vgl. Ludwig, Ein planmäßiger Völkermord, in: Ludwig (Hrsg.), Osttimor – Der zwanzigjährige Krieg, S. 54 f.; ders., Das Schweigen brechen, S. 66; Ludwig/Horta, Osttimor – Das vergessene Sterben, S. 58 f.; Schlicher, „Die Soldaten nehmen ihnen jegliche Würde", in: Ludwig (Hrsg.), Osttimor – Der zwanzigjährige Krieg, S. 65.

d) *Sprache*

Die Osttimoresen verfügen mit Tetum über eine eigene Sprache, die der austronesischen Sprachfamilie zuzurechnen ist. Nach der Integration in Indonesien wurde Portugiesisch als Amtssprache durch Bahasa Indonesia abgelöst. Da in den Schulen nur indonesisch unterrichtet wurde, sprechen heute viele jüngere Osttimoresen ihre eigene Sprache nicht mehr.[1020] Allerdings dürfte die Förderung der indonesischen Einheitssprache nicht die Beseitigung des Tetum bezweckt haben. Das verständliche Ziel bestand offensichtlich darin, im multiethnischen Indonesien über eine von allen Staatsbürgern gesprochene Sprache zu verfügen. Dies wird dadurch bestätigt, dass Tetum von den indonesischen Behörden nicht verboten worden war.

e) *Zwischenergebnis*

Angesichts der Summe der Menschenrechtsverletzungen, denen die Osttimoresen ausgesetzt waren, ist eine Notwehrlage festzustellen. Sowohl die kulturelle als auch die physische Zukunft des osttimoresischen Volkes waren gefährdet. Da diese Gefährdung bis zum Ende der indonesischen Präsenz in Osttimor andauerte, wie die nicht unterbundenen Ausschreitungen pro-indonesischer Milizen vor und nach dem Unabhängigkeitsreferendum beweisen, war die Notwehrlage auch zum Zeitpunkt der Loslösung noch gegenwärtig. Da die indonesische Regierung offensichtlich von sich aus nicht zu einer substanziellen Änderung ihrer Osttimor-Politik bereit war – so wurde ein autonomer Status erst erwogen, als ein Unabhängigkeitsreferendum angesichts internationalen Drucks unvermeidbar schien – kann man annehmen, dass die Sezession der einzig sichere Weg zu Beendigung der Notwehrlage war. Hilpold meinte 1996, Osttimor sei angesichts der Verwirklichung sämtlicher Diskriminierungstatbestände, die in der Literatur genannt würden, „einer der ersten Kandidaten“, die für einen Sezessionsanspruch in Frage kämen.[1021]

3. ***Indonesischer Staat als Angreifer***

Für die dargestellte Notwehrlage war der indonesische Staat auch verantwortlich. Umsiedlungs- und Familienplanungsprogramm sind unmittelbar von der indonesischen Regierung zu verantworten. Hinsichtlich der zumeist von Solda-

---

1020 Siehe 1. Teil A. III.
1021 Hilpold, Osttimor-Fall, S. 92, zurückhaltender in ZÖR 53 (1998), S. 289.

ten begangenen Menschenrechtsverletzungen kommt es nicht darauf an, ob sie planmäßig im Auftrag der Regierung oder der Militärführung begangen wurden. Der Regierung ist der Vorwurf zu machen, dass sie die international erhobenen Vorwürfe gekannt und gleichwohl keine effektiven Maßnahmen zu ihrer Vermeidung ergriffen hat. Sie muss sich deshalb begangene Menschenrechtsverletzungen quasi als Organisationsverschulden zurechnen lassen. Das gleiche gilt, soweit die Notwehrlage durch pro-indonesische Milizen verursacht worden ist.

4. Indonesien als Verpflichteter

Indonesien war an das völkergewohnheitsrechtlich entstandene Notwehrrecht auch gebunden. Die Voraussetzungen, unter denen ein Staat wegen beharrlichen Widerspruchs nicht von einer Norm des Gewohnheitsrechts gebunden wird, lagen nicht vor.[1022] Im Gegenteil: Indonesien hat Bangladesh bereits am 25. Februar 1972 und damit vorzeitig als unabhängigen Staat anerkannt.[1023] Damit hat Indonesien konkludent das Recht der Ostbengalen auf Sezession anerkannt. Indonesien hat sich folglich an der relevanten völkerrechtlichen Übung beteiligt.

III. Ergebnis zum Notwehrrecht der Osttimoresen

Das vom völkerrechtlichen Schrifttum aus dem Selbstbestimmungsrecht abgeleitete Recht auf Sezession in Extremsituationen ist durch das von einer entsprechenden Rechtsüberzeugung getragene Verhalten der Staatengemeinschaft bei den Sezessionen Bangladeshs und Kroatiens gewohnheitsrechtlich anerkannt worden. Vor dem Hintergrund massiver Verletzungen grundlegender Menschenrechte und einer Gefährdung der Existenz der Osttimoresen waren die Voraussetzungen dieses Notwehrrechts im Falle Osttimors gegeben. Das Unabhängigkeitsverlangen war mithin durch das koloniale Selbstbestimmungsrecht und das selbstbestimmungsrechtliche Notwehrrecht legitimiert.

1022 Siehe zur Rechtsfigur des „*persistent objector*" 3. Teil A. II. 2. a).

1023 AdG vom 14.03.1972, S. 16962.

D. Ausübung des Selbstbestimmungsrechts durch das Referendum 1999

Am 30. August 1999 konnten die Osttimoresen von ihrem Selbstbestimmungsrecht in einem von den Vereinten Nationen vorbereiteten und durchgeführten Referendum Gebrauch machen.[1024] Dies war möglich geworden, weil sich Portugal und Indonesien unter Zuhilfenahme der Guten Dienste des Generalsekretärs der Vereinten Nationen nach seit 1983 andauernden Verhandlungen hierüber hatten verständigen können. Am 5. Mai 1999 war es in New York in Gegenwart des Generalsekretärs zur Unterzeichnung dreier Abkommen durch die Außenminister beider Länder gekommen, die eine endgültige Lösung der Timor-Frage herbeiführen sollten.[1025] In diesem Kapitel soll überprüft werden, ob die Modalitäten der Abstimmung den völkerrechtlichen Vorgaben entsprachen und inwieweit eine Abweichung hiervon feststellbar ist. Nachgewiesene Abweichungen sollen aus völkerrechtlicher Sicht bewertet werden.

I. Rechtliche Grundlagen

Zunächst ist zu klären, auf welcher Rechtsgrundlage die Durchführung des Referendums beruhte. Als Rechtsgrundlage kommt ein Rechtssatz des allgemeinen Völkerrechts, Bestimmungen in den Verfassungen Indonesiens und Portugals und der bilaterale völkerrechtliche Vertrag zwischen Indonesien und Portugal vom 5. Mai 1999 in Betracht. Vorab sei noch darauf hingewiesen, dass die Begriffe Plebiszit, Referendum und Volksabstimmung synonym für eine organisierte, direkte oder indirekte Befragung der wahlberechtigten Einwohner eines bestimmten Gebietes über dessen territoriale Zukunft verstanden werden.[1026]

1024 Siehe hierzu 1. Teil D. II.

1025 Agreement between the Republic of Indonesia and the Portuguese Republic on the question of East Timor, Agreement regarding the modalities for the popular consultation of the East Timorese through a direct ballot sowie East Timor popular consultation, Agreement zwischen den Regierung der beiden Staaten und den Vereinten Nationen, Bericht des Generalsekretärs der Vereinten Nationen vom 05.05.1999, A/53/951, S/1999/ 513 Annex I-III, in: Martin, Self-Determination in East Timor, S. 141-148.

1026 Vgl. Kunz, Plebiszit, WVR Bd. II, S. 770; Uibopuu, Plebiscite, EPIL Vol. III, S. 1049.

1. Völkergewohnheitsrechtliche Rechtsgrundlage

Das Unabhängigkeitsreferendum in Osttimor diente der Ausübung des Selbstbestimmungsrechts der Osttimoresen. Eine völkergewohnheitsrechtliche Rechtsgrundlage des Plebiszites könnte sich daher entweder aus dem Konzept des Selbstbestimmungsrechts oder aus einem eigenen, selbstständigen Rechtssatz ergeben. Das Plebiszit ist nämlich nicht lediglich Instrument zur Verwirklichung des Selbstbestimmungsrechts. Die Plebiszittheorie geht ideengeschichtlich auf die Lehre vom *contrat social* zurück und wurde erst später auf Ideen der Demokratie, der Volkssouveränität, des Nationalitätenprinzips, auf pazifistische Ideen und eben auch auf das Selbstbestimmungsrecht gestützt.[1027]

a) Selbstbestimmungsrecht als Rechtsgrundlage

Es wurde bereits angesprochen, dass das Völkerrecht kein formales Verfahren für die Ausübung des Selbstbestimmungsrechts vorschreibt.[1028] Es reicht aus, dass die Willensbildung frei von äußerer Einmischung ist.[1029] Die Konsultation des Selbstbestimmungsträgers kann auch auf andere Weise als durch Plebiszit erfolgen. So hat die Staatenpraxis unter bestimmten Bedingungen auch Wahlen zu einer repräsentativen Körperschaft ausreichen lassen. Eine völkergewohnheitsrechtliche Pflicht zur Abhaltung eines Referendums ergibt sich also nicht aus dem Selbstbestimmungsrecht.

b) Plebiszit als selbstständiger Rechtssatz

Als Rechtsgrundlage könnte auch ein selbstständiger Rechtssatz in Frage kommen. Wäre eine Norm des Inhalts nachweisbar, dass für Veränderungen der territorialen Souveränität stets eine Volksbefragung zu erfolgen hätte, könnte ein solcher Rechtssatz unabhängig vom Selbstbestimmungsrecht Geltung beanspruchen. Voraussetzung wäre der Nachweis einer von einer entsprechenden Rechtsauffassung getragenen Staatenpraxis. Referenden haben in der Staatenpraxis bei Zessionen, der Erlangung der Unabhängigkeit im Rahmen der Dekolonisierung und bei Sezessionen eine Rolle gespielt. Fraglich ist, ob sich insgesamt oder für einen der drei Bereiche eine entsprechende Rechtsnorm herausgebildet hat.

1027 Kunz, Plebiszit, WVR Bd. II, S. 771; Uibopuu, Plebiscite, EPIL Vol. III, S. 1049.

1028 Siehe 2. Teil E. I.

1029 Heintze, in: Ipsen, Völkerrecht, § 27 Rn. 18 (S. 350 f.); Seiffert, Selbstbestimmung und deutsche Vereinigung, S. 72.

aa) Plebiszit bei Gebietswechseln

Historisch entwickelte sich das Plebiszit im Zusammenhang mit Eroberungen und Zessionen. Es gab ab dem 18. Jahrhundert eine Vielzahl von gebietsbezogenen Referenden.[1030] Die Mehrzahl der territorialen Veränderungen erfolgte aber ohne Befragung der Bevölkerung, so dass eine allgemeine völkerrechtliche Regel, wonach ein Plebiszit Voraussetzung eines Gebietswechsel ist, nicht entstand. Wenn Referenden durchgeführt wurden, beruhten sie auf rein vertraglichen Normen des partikulären Völkerrechts. Es wundert daher nicht, dass es nach dem Ersten Weltkrieg nur bei einigen Gebietsveränderungen Referenden durch die betroffene Bevölkerung gab, viele Gebiete aber verschoben wurden, ohne dass die Bevölkerung gefragt worden wäre.[1031] Referenden fanden nur dort statt, wo es zwischen den kriegführenden Parteien vertraglich vereinbart worden war. Nach dem Ende des Zweiten Weltkrieges fanden fast alle Grenzveränderungen ohne Plebiszit statt. Volksabstimmungen wurden nur in wenigen Ausnahmefällen veranstaltet. So stand aufgrund des deutsch-französischen Vertrages vom 23. Oktober 1954[1032] das europäische Statut des Saargebietes über die übergangsweise Europäisierung des Saargebietes bis zum Abschluss eines endgültigen Vertrages zwischen Deutschland und Frankreich zur Abstimmung, allerdings handelte es sich dabei nicht um ein völkerrechtliches Plebiszit. Es ist vor dem Hintergrund dieser uneinheitlichen Staatenpraxis bei Gebietswechseln wohl bis heute nicht von einer völkergewohnheitsrechtlichen Pflicht zur Abhaltung eines Referendums auszugehen.

bb) Plebiszit bei der Dekolonisierung

Größere Bedeutung erlangte die Volksabstimmung erst wieder im Rahmen der Dekolonisierung. Erstmals wurde das Plebiszit im Zusammenhang mit der Gründung neuer, unabhängiger Staaten veranstaltet.[1033] Referenden wurden insbesondere in französischen, britischen und Kolonien der Vereinigten Staaten

[1030] Vgl. die Nachweise bei Wambaugh, A Monograph on Plebiscites, S. 33 ff.; siehe auch 2. Teil A. II. 4.

[1031] Vgl. Beigbeder, International Monitoring of Plebiscites, S.79 ff.; Kunz, a. a. O., S.772 f.; Uibopuu, a. a. O., S. 1050 f.; siehe auch 2. Teil A. III. 2.

[1032] BGBl. 1955 II, S. 295-298.

[1033] Übersicht bei Uibopuu, a. a. O., S. 1051 f.; ausführlich zu den sonstigen Verfahren der Vereinten Nationen zur Ermittlung des Willens der betroffenen Bevölkerungen Rigo Sureda, The Evolution of the Right of Self-Determination, S. 294 ff.

veranstaltet.[1034] Allerdings wurde die Bevölkerung auch bei der Dekolonisierung keineswegs immer befragt. In vielen Fällen wurden die Kolonien ersichtlich problemlos ohne Konsultation der Bevölkerung in die Unabhängigkeit entlassen. So verzichtete die Generalversammlung der Vereinten Nationen für die Beendigung der Treuhandschaft über Französisch-Kamerun nach ausführlichen politischen Erwägungen auf die Abhaltung eines Plebiszites.[1035] Für die Erlangung der Unabhängigkeit war die Veranstaltung eines Referendums also nicht konstitutiv.

cc) Sezessionsreferenden

Das Phänomen des Sezessionsreferendums trat praktisch erst nach 1989 auf. Bis dahin hatte es mit der Sezession Bangladeshs von Pakistan nur einen einzigen Fall einer erfolgreichen Losreißung gegen den Willen der Zentrale gegeben.[1036] Die Sezessionen Singapurs von Malaysia und Syriens von der VAR fanden dagegen einvernehmlich beziehungsweise stillschweigend geduldet statt, weshalb sie Entlassungen und keine Losreißungen darstellten. In keinem der Fälle fanden Referenden statt. Die Staatengemeinschaft hat sich im Falle Bangladeshs mit der Repräsentation des Volkswillens durch die Awami-Liga aufgrund der durchgeführten Wahlen zufrieden gegeben. Zur Frage einer Sezession fanden erstmals 1990 in Jugoslawien in allen Teilrepubliken außer Serbien Referenden statt, die weder im jugoslawischen Bundesrecht, noch im Verfassungsrecht der Republiken eine unumstrittene Rechtsgrundlage hatten.[1037] Wenn auch die Durchführung der Referenden von den beteiligten Parteien und der Staatengemeinschaft in Zusammenhang mit dem Selbstbestimmungsrecht gesetzt wurde, ist die rechtliche Überzeugung, dass sie völkerrechtlich geboten waren, nicht mit der nötigen Sicherheit nachzuweisen.[1038] In den drei baltischen Sowjetrepubliken wurden im Frühjahr 1991 nichtbindende Volksabstimmungen über die Unabhängigkeit abgehalten. Sie beruhten erkennbar nicht auf der Grundlage des sowjetischen Sezessionsgesetzes vom 3. April 1990[1039] oder auf Artikel 5 der sowjetischen Verfassung vom 7. Oktober 1977, wonach die *„wichtigsten Fragen des*

[1034] Vgl. Nachweise bei Beigbeder, International Monitoring of Plebiscites, S. 129 ff.; Peters, Gebietsreferendum im Völkerrecht, S. 60 ff.

[1035] GV-Res. 1349 (XIII) vom 13.03.1959 (YBUN Vol. 13 (1959), S. 376 f.).

[1036] Siehe 3. Teil C. I. 3. a) bb) (3).

[1037] Siehe 3. Teil C. I. 3. a) bb) (6).

[1038] So Peters, a. a. O., S. 125 ff., auf der Untersuchung von Staatenäußerungen beruhend.

[1039] Ved. SSSR 1990, Nr. 15, Pos. 252; vgl. Schweisfurth, ZaöRV 52 (1992), S. 598 ff.

staatlichen Lebens ... zur Volksaussprache unterbreitet sowie zur Volksabstimmung (Referendum) gestellt" werden sollten.[1040] Im Hinblick auf die völkerrechtswidrige Annexion der baltischen Staaten durch die Sowjetunion ist für die Rechtslage der Referenden aus dem Verhalten der Staaten jedoch nur der begrenzte Schluss zu ziehen, dass für die Rückgängigmachung anerkannt völkerrechtswidrigen und rechtlich nicht konsolidierten Gebietserwerbs ein bindendes Referendum völkerrechtlich nicht erforderlich erscheint.[1041] Das Referendum in neun Teilrepubliken über den Fortbestand einer erneuerten Union vom Frühjahr 1991 fand auf der Grundlage der vorstehend genannten verfassungsrechtlichen Bestimmung und auf dem ausführenden Referendumsgesetz vom 27. Dezember 1990[1042] statt.[1043] Für die völkerrechtliche Rechtslage ist es daher wenig aussagekräftig. Das in Eritrea im Einvernehmen mit der neuen äthiopischen Regierung durchgeführte Unabhängigkeitsreferendum wurde dagegen von beiden Seiten auch ohne entsprechende verfassungsrechtliche Grundlage als entscheidende Bedingung für die Unabhängigkeit betrachtet. Obgleich die eritreische Befreiungsfront die faktische Kontrolle über Eritrea seit 1991 ungestört durch die äthiopische Staatsgewalt ausübte, fand die internationale Anerkennung erst nach Durchführung des Referendums statt.[1044] Auch die Staatengemeinschaft scheint also der Durchführung des Referendums konstitutive Bedeutung beigemessen zu haben. Im Gegensatz dazu wurde die Tschechische und Slowakische Föderative Republik zum 1. Januar 1993 aufgelöst, ohne dass hierzu eine Volksbefragung erfolgt wäre, obwohl für den Austritt einer Teilrepublik durch verfassungsänderndes Gesetz vom 18. Juni 1991[1045] eine solche zwingend vorgeschrieben war. Die Auflösung musste daher ebenfalls durch verfassungsänderndes Gesetz vom 25. November 1992[1046] mit der nach Artikel 41 der tschechoslowakischen Verfassung[1047] vorgeschriebenen Dreifünftelmehrheit beschlossen werden. Die Staatengemeinschaft hat sich an diesem Procedere nicht gestört.[1048] Vor dem Hinter-

---

1040 Zitiert nach Brunner/Meissner (Hrsg.), Verfassungen der kommunistischen Staaten, S. 387.

1041 Ebenso Peters, Gebietsreferendum im Völkerrecht, S. 166.

1042 Ved. SSSR 1991, Nr. 1, Pos. 10.

1043 Schweisfurth, ZaöRV 52 (1992), S. 611 f.

1044 Siehe 3. Teil C. I. 3. a) bb) (7).

1045 SbCSFR 327/1991.

1046 SbCSFR 542/1992.

1047 Verfassungsgesetz über die tschechoslowakische Föderation vom 27.10.1960, wiedergegeben in Brunner/Meissner (Hrsg.), Verfassungen der kommunistischen Staaten, S. 434 ff.

1048 Siehe auch 3. Teil C. I. 3. a) bb) (5).

grund dieser nicht vollständig einheitlichen Staatenpraxis ist trotz der Renaissance des gebietsbezogenen Referendums seit 1990 fraglich, ob eine völkerrechtlich bindende Norm entstanden ist, die die Durchführung eines Referendums gebietet. Peters nimmt in ihrer umfassenden Studie auf der Grundlage einer induktiven Prüfung von dreißig Fällen im Zeitraum von 1990 bis 1994 eine einheitliche und ausreichend verbreitete Übung an. Die Fälle, in denen eine Gebietszuordnung ohne legitimierendes Referendum erfolgt sei (die endgültige Zuordnung der deutschen Ostgebiete, die Aufspaltung der TSFR, die Auflösung der südafrikanischen Homelands und der Übergang der Walfischbucht von Südafrika an Namibia), seien durch spezifische Besonderheiten gekennzeichnet. Es mangele allerdings noch an der Dauerhaftigkeit der Übung, so dass nur von einer in Entwicklung befindlichen Übung gesprochen werden könne.[1049] Zudem zeigt Peters Schwierigkeiten bei dem Nachweis einer entsprechenden Rechtsüberzeugung auf. Wenn auch das Verhalten der Staaten eine entsprechende Rechtsauffassung vermuten lasse, sei ein solcher Befund nicht zweifelsfrei, weil die Referenden in einer Grauzone zwischen Völker- und Verfassungsrecht angesiedelt seien.[1050]

c) Ergebnis

Die Durchführung einer Volksbefragung zur Verwirklichung der Selbstbestimmung ist demnach weder durch das Selbstbestimmungsrecht noch durch einen entsprechenden selbstständigen völkergewohnheitsrechtlichen Rechtssatz geboten. Ein solcher Rechtssatz befindet sich allenfalls im Werden. Mit diesem Ergebnis ist allerdings nichts über völkerrechtliche Vorgaben gesagt, die zu beachten sind, wenn ein Staat sich zur Abhaltung eines Plebiszites entschließt.

2. Innerstaatliche Grundlage

Die Durchführung des Unabhängigkeitsreferendums in Osttimor fand weder im innerstaatlichen Recht Indonesiens noch Portugals eine rechtliche Grundlage. Im Unterschied zur Verfassung der Sowjetunion, nach deren Artikel 72 jeder Unionsrepublik das Recht auf freien Austritt gewahrt blieb,[1051] enthielt die Verfassung der Republik Indonesien keine Bestimmung über die Loslösung eines Teils

---

1049 Peters, das Gebietsreferendum im Völkerrecht, S. 310 ff.

1050 Peters, a. a. O., S. 312 ff., 522.

1051 Wiedergegeben in Brunner/Meissner (Hrsg.), Verfassungen der kommunistischen Staaten, S. 398.

des Staatsgebietes und folglich auch nicht über ein entsprechendes Referendum. Schon im Hinblick auf den unitarischen Charakter des Staates war eine solche Bestimmung auch nicht zu erwarten. Anders als die französische Verfassung, die in Artikel 53 die Befragung der Bevölkerung bei einer Zession eines Teils des Staatsgebietes vorschreibt[1052] und auch im Rahmen der Dekolonisierung angewendet wurde, existierte eine entsprechende Regelung in der portugiesischen Verfassung nicht. Die Osttimor betreffenden Verfassungsbestimmungen enthielten zwar ein Bekenntnis zum Selbstbestimmungsrecht und zur Unabhängigkeit Osttimors, aber keine Vorgaben bezüglich des zur Verwirklichung dieses Rechts zu beschreitenden Verfahrens.[1053] Mit Verfassungsgesetz Nr. 7/75 des Revolutionsrates vom 17. Juli 1975[1054] wurde für die Dekolonisierung Portugiesisch-Timors ein Verfahren vorgesehen, das eine Repräsentation des Volkswillens durch eine Volksversammlung vorsah. Nach Artikel 2 des Gesetzes sollte die Volksversammlung *„to be constituted through direct, secret and universal election fully consistent with the principles set forth in the Universal Declaration of Human Rights."* In Artikel 4 des Gesetzes heißt es: *„After the election, it shall be incumbent upon the Popular Assembly to decide, by simple majority in a direct and secret ballot, upon the political and administrative status of the Territory of Timor, ..."* Die abschließende Entscheidung über den künftigen Status Portugiesisch-Timors sollte also die Volksversammlung treffen, ein Referendum war nicht vorgesehen. Das innerstaatliche Recht der beiden beteiligten Staaten enthielt mithin keine Rechtsgrundlage für das Unabhängigkeitsreferendum in Osttimor.

3. Bilaterale völkerrechtliche Verträge vom 5. Mai 1999

Die Durchführung des Referendums in Osttimor beruhte demnach ausschließlich auf dem zwischen Portugal und Indonesien geschlossenen Agreement on the Question of East Timor vom 5. Mai 1999, in dessen Artikel 1 die vertragsschließenden Parteien vereinbarten, die Lösung der Timor-Frage solle *„... through a popular consultation on the basis of a direct, secret an universal ballot"* erfolgen. Die Vereinbarungen vom gleichen Tage zwischen den vertragsschließenden

---

[1052] Art. 53 Abs. IV der Verfassung vom 4.10.1958 lautet: *„Nulle cession, nul échange, nulle adjonction de territoire n'est valable sans le consentement des populations intéressées."*

[1053] Artikel 307 der Verfassung vom 02.04.1976 sowie Artikel 293 der Verfassung vom 07.07.1989; abgedruckt bei Krieger, Basic Documents, Doc. No. 15a, 15b, S. 36.

[1054] Abgedruckt bei Krieger, Basic Documents, Doc. No. 14, S. 34-36.

Parteien und den Vereinten Nationen enthielten die für die Übertragung der Verantwortung an die Vereinten Nationen erforderlichen Ausführungsbestimmungen. Rechtsgrundlage des Referendums war also bilaterales Vertragsrecht.

II. Durchführung des Referendums

Für die Durchführung des Referendums waren zunächst die geschlossenen vertraglichen Vereinbarungen maßgeblich. Wenn auch heute keine völkergewohnheitsrechtliche Pflicht zur Durchführung eines Plebiszites nachgewiesen werden kann, so ist doch anerkannt, dass bestimmte völkergewohnheitsrechtliche Regeln über die Modalitäten der Abstimmung einzuhalten sind. Obwohl verschiedene Arten von Referenden existieren und in den konkreten Fällen die jeweils spezifischen Besonderheiten des Einzelfalles zu berücksichtigen waren, lassen sich doch gemeinsame Grundprinzipien benennen.[1055] Kunz forderte für ein wirkliches Plebiszit schon 1961 die Einhaltung folgender Bedingungen: Erstens müsse es vertraglich vereinbart sein, zweitens dürfe es sich nicht nur um die Bestätigung eines fait accompli handeln, drittens müsse der Termin festgelegt sein, viertens müsse das Plebiszitgebiet neutralisiert sowie einer am besten aus Neutralen bestehenden Plebiszitkommission unterstellt werden und solle lediglich über eine internationale und neutrale Besatzung verfügen. Fünftens forderte Kunz die Festlegung des Stimmrechts und sechstens die des Abstimmungsgebietes sowie siebtens die Gewährleistung der Geheimheit der Abstimmung.[1056]

1. Verfahrensstandards

Für einen geordneten Ablauf des Referendums sind bestimmte innere und bestimmte äußere Bedingungen einzuhalten. Mit inneren Bedingungen sind solche des eigentlichen Wahlverfahrens und mit äußeren dessen Rahmenbedingungen gemeint.

1055 Vgl. Amiel, RGDIP 80 (1976), S. 426; Farley, Plebiscites and Sovereignty, S. 46 f.; Fastenrath, FAZ vom 22.01.1994, S. 2; Johnson, Self-Determination, S. 197.

1056 Kunz, Plebiszit, WVR, Bd. II, S. 773; Wambaugh, Plebiscites since the World War, Vol. I, S. 506, benennt 18 Faktoren, die eine freie Abstimmung garantieren sollen.

a) *Innere Bedingungen*

Es ist heute anerkannt, dass die Abstimmung allgemein, geheim, gleich und frei zu sein hat.[1057] Das setzt voraus, dass in jedem Falle die Freiheit der Meinungsäußerung und Wahlwerbung gewährleistet sein muss.[1058] Die Ermittlung des freien und wirklichen Willens des Subjekts des Selbstbestimmungsrechts ist ferner abhängig von der freien Entscheidung jedes einzelnen Abstimmungsberechtigten. Damit einher geht die Anerkennung des Mehrheitsprinzips, das schon wegen der ihm eigenen Rationalität von den Vereinten Nationen nie in Frage gestellt worden ist.[1059] Unabhängig hiervon wäre das Erfordernis größerer Mehrheiten nicht mit dem Selbstbestimmungsrecht vereinbar, weil dann von einer Minderheit jegliche Statusveränderung blockiert werden könnte. Es stellt sich allerdings die Frage, ob neben der Mehrheit der abgegebenen Stimmen auch eine Mehrheit der Stimmberechtigten für eine eindeutige Willensäußerung des Subjekts des Selbstbestimmungsrechts erforderlich sein soll.[1060] Lässt man die Mehrheit der abgegebenen Stimmen ausreichen, nimmt man in Kauf, dass bei knappen Mehrheiten die Statusentscheidung von weniger als der Hälfte der Stimmberechtigten getroffen wird. Blittersdorff schlägt daher eine Mindestwahlbeteiligung vor, die in Kombination mit dem festzulegenden Mehrheitsquorum gewährleisten soll, dass immer die absolute Mehrheit der Stimmberechtigten für eine gültige Statusentscheidung erreicht wird.[1061] Diese Überlegungen sind jedoch de lege ferenda angestellt. Die Staatenpraxis hat sich bisher mit der einfachen Mehrheit unabhängig von der Wahlbeteiligung begnügt. Der zur Mehrheitsbildung erforderliche Einzelwille muss des Weiteren einwandfrei zu ermitteln sein. Das war in West-Neu-Guinea nicht der Fall, was angesichts des gewählten Verfahrens auch von vornherein nicht zu erwarten war.[1062]

b) *Äußere Bedingungen*

Entscheidende Voraussetzung für die Unbeeinflusstheit der Stimmabgabe ist zudem die Befriedung des Abstimmungsgebietes. Nur bei Abwesenheit militärischer und paramilitärischer Auseinandersetzungen ist ein störungsfreier Ablauf

---

1057 Ermacora, Die Selbstbestimmungsidee, S. 34.

1058 Ermacora, a. a. O., S. 32; Wambaugh, Plebiscites since the World War, Vol. I, S. 500.

1059 Klein, Selbstbestimmungsrecht und deutsche Frage, S. 53.

1060 Vgl. zum Problem der Wahlbeteiligung Blittersdorff, Das internationale Plebiszit, S. 260 f.; Farley, Plebiscites and Sovereignty, S. 82 f.

1061 Blittersdorff, a. a. O., S. 261.

1062 Vgl. Leyser, ArchVR 10 (1962/63), S. 271; Mangoldt, ZaöRV 31 (1971), S. 201 ff.

des Referendums überhaupt möglich. Das Erfordernis der „Neutralisierung“ wurde anhand der Zessionsplebiszite aufgestellt, bei denen es um die Zuordnung eines Gebietes zwischen Nachbarstaaten ging.[1063] Der zugrunde liegende Gedanke gilt aber gleichermaßen für Sezessionsfälle, denn in der Regel stehen sich auch in diesen Fällen bewaffnete Konfliktparteien gegenüber. Bewaffnete Einheiten dürfen den Interessengruppen nicht gestattet werden, um Bedrohungen der und Abstimmungsdruck auf die Stimmberechtigten auszuschließen. Nur in einer friedlichen und offenen Atmosphäre kann sich der wahre und wirkliche Wille des Selbstbestimmungssubjekts artikulieren. Bei Farley heißt es hierzu: *„It is an atmosphere that encourages reflection, discussion, and open campaigning conducted without fear of intimidation or reprisal. ... Yet it is this atmosphere as much as the actual vote itself that makes an election valid. If an election is conceived in an atmosphere of violence and coercion, it will not be viewed as valid. Those on the losing side will repudiate it.“*[1064]

c) Situation in Osttimor

Die genannten Verfahrensbedingungen waren in Osttimor theoretisch alle erfüllt. In der Praxis sah die Situation jedoch anders aus. Meinungsäußerungsfreiheit und Freiheit der Wahlwerbung waren nur eingeschränkt gewährleistet. Proindonesische Milizen versuchten im Vorfeld der Abstimmung durch massive Einschüchterung der Bevölkerung den Ausgang des Referendums in ihrem Sinne zu beeinflussen.[1065] Dies war möglich, weil Indonesien seinen Vertragspflichten nach Artikel 3 des Agreement on the Question of East Timor gegenüber Portugal und nach Buchstabe G. des Agreement regarding the modalities for the popular consultation auch gegenüber den Vereinten Nationen zur Gewährleistung der Sicherheit und Entwaffnung der Milizen nicht nachgekommen war.[1066] Die Sicherheitslage innerhalb Osttimors hatte sich sogar soweit zugespitzt, dass der Abstimmungstag vom 8. auf den 30. August verschoben werden musste.[1067] Die übrigen angesprochenen Verfahrensvoraussetzungen waren dagegen gegeben. Die Abstimmung fand direkt, geheim und allgemein nach dem Prinzip „one man one vote“ statt. Trotz der pro-indonesischen Wahlbeeinflussung ist das Ple-

---

1063 Blittersdorff, a. a. O., S. 106; Wambaugh, a. a. O., S. 442 ff.

1064 Farley, Plebiscites and Sovereignty, S. 83.

1065 Siehe hierzu 1. Teil D. IV.

1066 Sehr kritisch hierzu Toole, AUILR 16 (2000/2001), S. 241 ff.; vgl. zu den Hintergründen Martin, Self-Determination in East Timor, S. 29 ff.

1067 Vgl. Martin, a. a. O., S. 44 ff.

biszit mit großer Mehrheit zugunsten der Unabhängigkeit des Landes ausgefallen. Bei einer Wahlbeteiligung von 98,6 Prozent votierten 78,5 Prozent und damit auch die eindeutige Mehrheit der Stimmberechtigten gegen den angebotenen Autonomiestatus.[1068] Das Ergebnis des Referendums wurde international nicht in Frage gestellt. Die Staatengemeinschaft hat das Referendum vermutlich vor dem Hintergrund seines Ausgangs trotz der angesprochenen Störungen ohne Einschränkung als Ausdruck des authentischen Willens der Osttimoresen anerkannt. Es ist zu vermuten, dass ihm bei gegenteiligem Ausgang angesichts der pro-indonesisch motivierten Beeinträchtigung seines Ablaufes die Anerkennung versagt geblieben wäre. Für die völkerrechtliche Anerkennung eines Plebiszites scheinen daher nur solche Verletzungen völkerrechtlicher Vorgaben relevant zu sein, die sich auch im Referendumsergebnis niederschlagen, also solche, die von den Referendumsgewinnern ausgegangen sind. Haben sich die Verletzungen dagegen nicht auf das Abstimmungsverhalten der Mehrheit ausgewirkt, bleiben sie außer Betracht. Ähnlich wie im innerstaatlichen Recht der Wahlanfechtung ist deshalb wohl eine Erheblichkeitsprüfung anzustellen.

2. *Entscheidungsinhalt*

Es ist bereits angesprochen worden, dass die Ermittlung des freien und wirklichen Willens hinsichtlich der Abstimmungsfrage inhaltlich verschiedene und formal gleichgewichtige Alternativen enthalten muss.[1069] Die zur Abstimmung gestellten Fragen müssen so klar und allgemein verständlich formuliert sein, dass sie jedermann ohne irgendwelche Erläuterungen verstehen kann. Schwierigkeiten entstehen dann, wenn über Gesetzeswerke oder Statute abzustimmen ist, weil deren Inhalt in ihrer gesamten Tragweite von der Mehrheit der Bevölkerung in der Regel nicht überblickt werden kann. Das Bekannt- und Verständlichmachen eines solchen Statuts darf dann nicht geschickten Propagandisten überlassen bleiben, ohne dass der Wähler sich selbst aus unabhängiger Quelle unterrichten kann.[1070] In Osttimor hatten die Abstimmungsberechtigten zwischen einer besonderen Autonomie innerhalb Indonesiens und der staatlichen Unabhängigkeit zu wählen. Nach Buchstabe B. des Agreement regarding the modalities for the popular consultation lautete die Fragestellung wie folgt: „...*'Do you accept the proposed special autonomy for East Timor within the Unitary State of*

1068 YBUN Vol. 53 (1999), S. 288.

1069 Siehe 2. Teil E. II.

1070 Blittersdorff, Das internationale Plebiszit, S. 199.

the Republic of Indonesia?' OR 'Do you reject the proposed special autonomy for East Timor, leading to East Timor's separation from Indonesia?'..." Die Fragestellung war also ausreichend klar und verständlich. Es fragt sich jedoch, ob die Stimmberechtigten eine präzise Vorstellung des offerierten Autonomiestatus hatten. Indonesien hatte ein „*constitutional framework for a special autonomy*" ausgearbeitet, das in insgesamt 59 Artikeln Regelungen über alle relevanten verfassungsrechtlichen Fragen enthielt.[1071] Es kann wohl als ausgeschlossen gelten, dass die Mehrheit der Stimmberechtigten in der Lage war, den Autonomiestatus im Einzelnen zu überblicken. Dessen scheinen sich auch die vertragsschließenden Parteien bewusst gewesen zu sein. In Buchstabe E. lit. a) des Agreement regarding the modalities for the popular consultation haben sie eine von den Vereinten Nationen zu verantwortende Informationskampagne vereinbart, die unter anderem die Verteilung und Erläuterung der Abkommen vom Mai 1999 einschließlich des Entwurfs des Autonomiestatuts in Tetum, Indonesisch, Portugiesisch und Englisch „*in an impartial and factual manner*" vorsah.[1072] Die Wähler konnten sich daher aus einer neutralen Quelle über den Inhalt des Statuts Klarheit verschaffen. Im Hinblick auf die Abstimmungsalternativen und die Formulierung der Abstimmungsfragen bestehen daher im Ergebnis keine Bedenken.

3. *Internationale Beobachtung*

In den im Rahmen der Dekolonisierung durchgeführten Referenden, dem Hauptanwendungsgebiet von Referenden in der Zeit von 1945 bis 1990, hat sich die Überwachung durch die Vereinten Nationen als Prinzip herausgebildet.[1073] Nach Uibopuu soll die internationale Kontrolle eine Vermutung für die Ordnungsmäßigkeit des Verfahrens begründen.[1074] Die Vorbereitung und Durchführung der Befragung durch eine internationale Organisation ist allerdings nicht erforderlich. Es reicht aus, wenn die Korrektheit der Abstimmung durch internationale und unparteiische Beobachter gewährleistet wird. So wurde zum Beispiel das von der Staatengemeinschaft anerkannte Referendum in Eritrea von den

---

1071 Appendix zu dem Agreement on the Question of East Timor, UN Doc. A/53/951, S/1999/513, S. 9-23.

1072 Vgl. zur Informationskampagne Martin, Self-Determination in East Timor, S. 55.

1073 Vgl. zu den Modalitäten der Dekolonisierungsplebiszite insbesondere Johnson, Self-Determination, S. 135-158; kritisch Pomerance, Self-Determination, S. 35; vgl. auch Amiel, RGDIP 80 (1976), S. 484; Merle, AFDI 7 (1961), S. 34 ff.

1074 Uibopuu, Plebiscite, EPIL Vol. III, S. 1053.

Vereinten Nationen und der Organisation Afrikanischer Einheit lediglich beobachtet. Unbeobachteten Referenden, wie dem in der bosnischen Krajina,[1075] bliebt die internationale Anerkennung dagegen versagt. In Osttimor wurde das Referendum vollständig von einer Mission der Vereinten Nationen vorbereitet und durchgeführt, so dass es der bisherigen Praxis entsprach. Die weitreichende Einbeziehung der Vereinten Nationen hatten Portugal und Indonesien vertraglich vereinbart. Es ist allerdings schwer zu sagen, ob sie sich hierzu aus völkerrechtlichen Gründen gehalten sahen. Es ist gut vorstellbar, dass sich Portugal angesichts der indonesischen „Volksbefragung“ in West-Neu-Guinea nur zur Anerkennung eines unter Aufsicht der Vereinten Nationen durchgeführten Referendums bereit fand. Auch für Indonesien versprach nur eine international überwachte Volksabstimmung eine endgültige Lösung der Osttimorfrage.

4. Abstimmungsberechtigung

Die Festlegung des Kreises der Abstimmungsberechtigten ist tatsächlich und rechtlich besonders problematisch.[1076] Sofern das Plebiszit der Ausübung des Selbstbestimmungsrechts dient, ergibt die positive Feststellung, wer Subjekt des Selbstbestimmungsrechts ist, zugleich die Antwort auf die Frage, wem die Abstimmungsberechtigung zu gewähren und wem zu versagen ist. Mit dieser theoretischen Erkenntnis sind freilich die im Einzelfall schwierigen praktischen Fragen im Zusammenhang mit der Zuerkennung des Stimmrechts nicht gelöst.

a) Staatenpraxis

In der Staatenpraxis ist die Festlegung des Kreises der Stimmberechtigten nicht immer einheitlich gehandhabt worden. Ausgehend von der persönlichen Betroffenheit ist meist an die Kriterien des Wohnsitzes oder der Abstammung angeknüpft worden. Ob eine völkergewohnheitsrechtliche Regel für die Festlegung der Abstimmungsberechtigten entstanden ist, bleibt fraglich.

aa) Zessionsreferenden

Bei den Plebisziten im Anschluss an den Ersten Weltkrieg folgte das Stimmrecht in der Regel dem Wohnsitz, in einigen Fällen ergänzt durch das Abstam-

---

1075 Vgl. hierzu Peters, Gebietsreferendum im Völkerrecht, S. 96 ff.

1076 Vgl. hierzu Blittersdorff, Das internationale Plebiszit, S. 201 ff.; Heger, Die Regelung des Stimmrechts bei Volksabstimmungen, S. 40 ff.

mungsprinzip.[1077] Der schlichte Wohnsitz reichte allerdings nicht immer aus, so musste beispielsweise das Domizil nicht im Abstimmungsgebiet Geborener im Falle des Plebiszites in Schleswig vor dem 1. Januar 1900 begründet worden sein, für Allenstein war der Stichtag der 1. Januar 1905, für Marienwerder der 1. Januar 1914 und für das fünfzehn Jahre nach Friedensschluss durchzuführende Saar-Plebiszit wurde der Wohnsitz zur Zeit der Unterzeichnung des Friedensvertrages verlangt.[1078] Daneben waren in manchen Plebisziten auch so genannte „outvoters" stimmberechtigt. Dabei handelte es sich um nicht im Abstimmungsgebiet wohnhafte Personen, die entweder von dort vertrieben oder dort geboren waren. Ihre Zahl war zum Teil beachtlich und wirkte sich insgesamt zugunsten Deutschlands aus.[1079] Für die Volksabstimmung in Ostpreußen reisten 157.000 Personen aus dem Reichsgebiet ein, weitere 25.000 wurden von den polnischen Behörden am Grenzübertritt gehindert.[1080] Für die Abstimmung in Oberschlesien begaben sich 170.000 „outvoters" in ihre Heimat.[1081] Im Saargebiet blieb es nach Kapitel 3 des Annexes zu Artikel 50 des Versailler Vertrages beim Domizilprinzip: Stimmberechtigt waren alle Personen, die zum Zeitpunkt der Abstimmung älter als 20 Jahre waren und am 28. Juni 1919, dem Tag der Unterzeichnung des Versailler Vertrages, ihren Wohnsitz im Abstimmungsgebiet hatten.[1082] Eine allgemein anerkannte Regel, wonach bestimmte Gruppen von Einwohnern des Abstimmungsgebietes vom Plebiszit auszuschließen, bestimmte Gruppen von Nicht-Einwohnern aber zuzulassen wären, hat sich seinerzeit nicht entwickelt. Derartige Abweichungen vom Domizilprinzip waren nicht immer vorgesehen und im Einzelfall sehr unterschiedlich geregelt.[1083]

1077 Klein, Selbstbestimmungsrecht und deutsche Frage, S. 24, meint, auf die Geburt sei dort zurückgegriffen worden, wo den Deutschen eine starke Verdrängungspolitik unterstellt worden sei; vgl. auch Heger, a. a. O., S. 118.

1078 Blittersdorff, a. a. O., S. 207, meint, die Festlegung des Stichtages in Allenstein habe dem Zweck gedient, möglichst viele Deutsche von der Teilnahme an der Abstimmung auszuschließen; vgl. auch Heger, a. a. O., S. 67 ff.; Wambaugh, Plebiscites since the World War, Vol. I, S. 75, 121.

1079 Klein, a. a. O.; Thürer, Selbstbestimmungsrecht, S. 225; Wambaugh, a. a. O., S. 248 f.

1080 Rautenberg, Probleme der Volksabstimmung vom 11. Juli 1920 im südlichen Ermland und Masuren, in: Breyer (Hrsg.), Deutschland und das Recht auf Selbstbestimmung, S. 83 f.

1081 Neubach, Die Abstimmung in Oberschlesien am 20. März 1921, in: Breyer (Hrsg.), Deutschland und das Recht auf Selbstbestimmung, S. 122.

1082 Blittersdorff, Das internationale Plebiszit, S. 209; Heger, Regelung des Stimmrechts bei Volksabstimmungen, S. 80.

1083 Thürer, Selbstbestimmungsrecht, S. 225.

bb) Dekolonisationsreferenden

In den im Rahmen der Dekolonisierung durchgeführten Referenden bestand die deutliche Tendenz, nur den im Abstimmungsgebiet wohnhaften Personen das Stimmrecht zuzuerkennen. So wurden insbesondere in den in Treuhandgebieten durchgeführten Referenden und Wahlen nur „bona-fide"-Bewohner zugelassen. Dabei handelte es sich um solche Personen, die bereits im Abstimmungsgebiet ansässig waren, bevor sich die Bevölkerung allgemein der Möglichkeit bewusst wurde, dass die Zukunft des Gebietes durch Volksbefragung entschieden werden könnte.[1084] Im Einzelnen war die Ausgestaltung des Wohnsitzkriteriums aber unterschiedlich. Gelegentlich waren auch „outvoters" zugelassen, so durften zum Beispiel bei der Abstimmung in Südkamerun auch außerhalb des Gebietes ansässige Personen mitstimmen, wenn eines ihrer Elternteile im Abstimmungsgebiet geboren war.[1085] Dabei handelte es sich aber um durch die konkreten Verhältnisse bestimmte Sonderfälle, in der Regel blieb es bei dem Domizilprinzip. Colorandi causa sei darauf hingewiesen, dass auch bei der Saarabstimmung im Jahre 1955, bei der es sich nicht um ein internationales Plebiszit handelte, das Domizilprinzip befolgt wurde.[1086]

cc) Sezessionsreferenden

In den seit 1990 durchgeführten Referenden verstärkte sich das Domizilprinzip. So war in den Abstimmungen in Jugoslawien und der Sowjetunion jeweils die ansässige Wahlbevölkerung zur Abstimmung berufen. Insbesondere in Jugoslawien kam es allerdings zum Boykott der Referenden durch ethnische Minderheiten.[1087] Vom Domizilprinzip wich die Regelung im Falle Eritreas deutlich ab. In Eritrea waren alle Inhaber der eritreischen Bürgerschaft und die eritreischen

---

1084 Thürer, a. a. O., S. 226 f.

1085 Blittersdorff, a. a. O., S. 206.

1086 Gemäß Art. 5 Ziff. 1 der Entschließung des Rates der Westeuropäischen Union vom 11.05.1955 waren stimmberechtigt alle über zwanzig Jahre alten Personen, die das saarländische Staatsbürgerrecht besaßen, die im Saarland geboren waren und dort am 23.10.1954 – dem Tag, an dem das deutsch-französische Saarabkommen abgeschlossen wurde, in welchem die Durchführung eines Referendums vereinbart wurde – ihren Wohnsitz oder dauernden Aufenthalt hatten, die zu diesem Zeitpunkt wenigstens seit fünf Jahren im Saarland ihren Wohnsitz oder dauernden Aufenthalt hatten, ohne dort geboren zu sein, oder die aus politischen Gründen nach dem 08.11.1945 aus dem Saarland ausgewiesen worden waren; vgl. EA 10 (1955), S. 7924-7926, 7925.

1087 So bei den Abstimmungen in Kroatien und Bosnien-Herzegowina durch die jeweiligen serbischen Minderheiten und in Mazedonien durch die albanische Minderheit.

Flüchtlinge im Ausland stimmberechtigt. Diese „outvoters", deren größter Teil sich im Sudan aufhielt, stellten fast 300.000 der insgesamt 1,12 Millionen Stimmberechtigten. Zugleich waren mit der Regelung alle Nicht-Eritreer, also insbesondere Äthiopier, vom Stimmrecht ausgeschlossen, so dass nur ein geringer Teil der rund 3,5 Millionen Einwohner Eritreas zur Abstimmung berufen war.[1088]

b) Völkerrechtliche Vorgaben

Die geschilderte Staatenpraxis zeigt, dass die Regelung des Stimmrechts sich zumeist am Domizilprinzip orientierte und gelegentlich vom Abstammungsprinzip ergänzt wurde. Es fragt sich, ob angesichts der divergierenden Regelungen des Stimmrechts eine völkergewohnheitsrechtlich bindende Vorgabe entstanden ist. Man wird dies wohl grundsätzlich zu verneinen haben. Trotzdem dürften aus der Staatenpraxis und rechtsdogmatischen Überlegungen der willkürlichen Festlegung des Stimmrechts Grenzen gezogen sein: Aus dem Umstand, dass mit der Abstimmung über das Schicksal des Abstimmungsgebietes entschieden wird, ist zu folgern, dass nur Personen an der Entscheidung zu beteiligen sind, die mit dem Gebiet noch verbunden sind. Diese Verbundenheit besteht in der Regel dann, wenn die Person ihren Wohnsitz im Abstimmungsgebiet unterhält. Es ist deshalb sachgerecht, Personen, die nur vorübergehend keinen Wohnsitz innerhalb des Gebietes haben oder es unfreiwillig verlassen mussten, Stimmrecht zuzuerkennen. Umgekehrt sollten diejenigen Personen, die sich nur vorübergehend in dem Gebiet aufhalten, nicht stimmberechtigt sein.[1089] Eine schematische Entscheidung über das Stimmrecht verbietet sich allerdings, die Besonderheiten des Einzelfalles sind vorrangig zu berücksichtigen. Das gilt zum Beispiel dann, wenn die Zusammensetzung der Bevölkerung durch Umsiedlungen und Vertreibungen erheblich verändert worden ist. Vor dem Hintergrund möglicher Manipulationen stellt sich die Frage, ob das Domizilprinzip nicht grundsätzlich durch Legitimitätserwägungen ergänzt werden muss. Zwei Gedanken sind insoweit zu berücksichtigen: Zum einen liegt auf der Hand, dass gezielte Manipulationen durch Bevölkerungstransfers durch die beteiligten Staaten ausgeschlossen sein müssen. Derartige Manipulationen sind völkerrechtswidrig.[1090] Zum anderen ist es schwer zu entscheiden, welche Personen zu recht im Abstimmungsgebiet

---

1088 Vgl. Peters, Gebietsreferendum im Völkerrecht, S. 230.
1089 So auch Blittersdorff, Das internationale Plebiszit, S. 203.
1090 Fastenrath, FAZ vom 22.01.1994, S. 2; Thürer, Selbstbestimmungsrecht, S. 144.

leben und welche nicht. Man muss nur in der Historie weit genug zurückgehen, um die gegenwärtige Besiedelung auf Eroberung, Vertreibung und dergleichen zurückführen zu können.[1091] Es versteht sich also von selbst, dass für die Frage legitimer Besiedelung nicht in unvordenkliche Zeiten zurückgegangen werden kann. Man wird also ab einem bestimmten Zeitpunkt die Geschichte ruhen lassen müssen.[1092] Diese Überlegungen führen zu folgenden Schlussfolgerungen: In Entsprechung der Praxis der Vereinten Nationen bei der Auflösung der Treuhandverhältnisse wird man nur Bewohner zulassen dürfen, die „bona-fide" im Abstimmungsgebiet leben.[1093] In der Staatenpraxis hat man sich einer zeitlichen Einschränkung der Wohnsitzbegründung bedient, um gezielt Zugezogene von der Abstimmung auszuschließen. Zudem wird man auch Geflohenen und Vertriebenen Stimmrecht gewähren müssen. Dafür spricht schon, dass anderenfalls Diskriminierung und Vertreibung Vorschub geleistet würde.[1094] Heger vertritt ausgehend von dem Recht der Angehörigen eines Volkes, sich auch künftig in ihrem Gebiet aufzuhalten, die Auffassung, Vertriebenen stehe sogar ein Recht auf Rückkehr und Teilnahme an der Abstimmung zu.[1095] Wambaugh meinte, es verlange die Gerechtigkeit, „outvoters" dann zuzulassen, wenn sie das Gebiet zwangsweise verlassen mussten.[1096] Zusammenfassend wird man also frühere Bewohner jedenfalls dann mitstimmen lassen, wenn sie das Gebiet aufgrund völkerrechtswidriger Vorgänge verlassen haben.[1097]

Abschließend sei noch auf folgende Überlegung hingewiesen: Das durch die genannten Legalitätsaspekte determinierte Domizilprinzip entspricht zwar dem Demokratieprinzip, nicht aber uneingeschränkt dem Selbstbestimmungsrecht. Unproblematisch ist das Wohnsitzkriterium noch mit dem kolonialen Selbstbestimmungsrecht zu vereinbaren, das ohnehin der gesamten, innerhalb der kolonialen Grenzen lebenden Bevölkerung zusteht. Auch bei Referenden über die Zugehörigkeit zu dem einen oder dem anderen Staat, zu deren Nationalitäten die Bevölkerung des fraglichen Gebietes jeweils gehört, ist nachvollziehbar, dass

---

1091 So Peters, Gebietsreferendum im Völkerrecht, S. 508.

1092 Reiner, ARSP 47 (1961), S. 500, schlägt die Verjährung historischer Ansprüche vor, deren Frist sich nach den Umständen des Einzelfalles bemessen soll.

1093 So auch Blittersdorff, a. a. O., S. 209; Farley, Plebiscites and Sovereignty, S. 91; Peters, a. a. O., S. 509 f.

1094 Vgl. hierzu Pomerance, Self-Determination, S. 21 ff., 29.

1095 Heger, Die Regelung des Stimmrechts bei Volksabstimmungen, S. 55.

1096 Wambaugh, Plebiscites since the World War, Vol. I, S. 501 f.

1097 Murswiek, Der Staat 23 (1984), S. 547; ähnlich Blittersdorff, a. a. O., S. 203 f.; vgl. zu den Problemen bei der Zulassung von „outvoters" Farley, a. a. O., S. 96 ff.

eine demokratische Entscheidung zwischen zwei kollidierenden Selbstbestimmungsansprüchen nur auf der Grundlage des Mehrheitswillens der Gesamtbevölkerung herbeigeführt werden kann. Dagegen erscheint fraglich, ob die Anwendung des Domizilprinzips zum Beispiel bei der Geltendmachung des Notwehrrechts angebracht ist. Zwar kann das Recht zur Sezession grundsätzlich nur von ethnischen Minderheiten in Anspruch genommen werden, die in einem bestimmten Gebiet die Bevölkerungsmehrheit stellen, so dass man auf den ersten Blick meinen könnte, die Frage sei nur akademischer Natur. Wie steht es aber, wenn die Minderheit auch in ihrem eigenen Gebiet durch kolonistische Maßnahmen zur Minderheit wird? Die Zubilligung des Stimmrechts an die Zuwanderer und Kolonisten würde die Verwirklichung des Selbstbestimmungsrechts möglicherweise vereiteln. Solche Gefahren sind durchaus real, wie der Blick auf die baltischen Staaten oder auch auf Tibet zeigt. Eine Begrenzung des Stimmrechts muss sich dann auch aus dem Selbstbestimmungsrecht ergeben. Zu Recht hat Klein darauf hingewiesen, dass das Selbstbestimmungsrecht der Völker außerhalb der Dekolonisierung Völkern und nicht Bevölkerungen zusteht.[1098]

c) Regelung beim Referendum in Osttimor

Gemäß Buchstabe C. des Agreement regarding the modalities for the popular consultation wurde von dem ansonsten üblichen Wohnsitzkriterium abgewichen. Die Bestimmung lautete: *„The following persons, aged 17 years or above, shall be eligible in the popular Consultation: (a) persons born in East Timor, (b) persons born outside Timor but with least one parent having been born in East Timor, and (c) persons whose spouses fall under either of the two categories above."* Das bedeutete, dass alle Zuwanderer von der Teilnahme an der Abstimmung ausgeschlossen waren. Zugleich konnten im Ausland lebende Osttimoresen an der Abstimmung teilnehmen. Die Auslandswähler konnten gemäß Buchstabe E. lit. e) in Verbindung mit lit. b) Absatz 3 der genannten Bestimmung ihre Stimme in einem von dreizehn Auslandswahlzentren abgeben.[1099] Dies entsprach dem Verfahren in Eritrea. Geht man wie Portugal und die Vereinten Nationen von der Ausübung eines kolonialen Selbstbestimmungsrechts aus, hätte für die Festlegung der Stimmberechtigung der „bona-fide" innegehabte Wohnsitz zum Zeitpunkt der Vereinbarung des Plebiszites ausschlaggebend

---

1098 Klein, Selbstbestimmungsrecht und deutsche Frage, S. 46.

1099 Solche Zentren wurden in Jakarta, Jogjakarta, Surabaya, Denpasar, Udjung Pandang, Sydney, Darwin, Perth, Melbourne, Lissabon, Maputo, Macao und New York eingerichtet.

sein müssen. Dann wären auch Personen zuzulassen gewesen, deren Geburtsort nicht in Osttimor lag. Denn der für die Beurteilung des geltend gemachten Anspruchs maßgebliche Zeitpunkt ist auch für die Bestimmung des Subjekts des Selbstbestimmungsrechts entscheidend. Schon Pomerance hat darauf hingewiesen, dass das Subjekt des Selbstbestimmungsrechts nicht nur raum- und gruppenspezifisch, sondern auch zeitspezifisch konkretisiert werden muss.[1100] Wenn man von der indonesischen Position einer selbstbestimmungsgemäßen Integration Osttimors ausgeht, hätte ebenfalls nahe gelegen, als maßgebliches Kriterium an den Wohnsitz anzuknüpfen. Wäre dagegen durch das Plebiszit das selbstbestimmungsrechtliche Notwehrrecht ausgeübt worden, hätten die angesprochenen dogmatischen Erwägungen zur Folge haben müssen, dass nur ethnisch als Osttimoresen zu identifizierende Personen Stimmrecht erhalten hätten. Die getroffene Regelung entsprach keiner der Positionen. Die Regelung bedeutete aber praktisch, dass fast ausschließlich Osttimoresen im ethnischen Sinne zur Abstimmung berufen waren. Durch die Kombination von Lebensalter und Abstammungsprinzip kamen lediglich vor 1982 geborene Kinder indonesischer Immigranten in den Genuss des Stimmrechts. Damit war der weitaus größte Teil von Zuwanderern von der Teilnahme an dem Referendum ausgeschlossen.[1101] Da das Stimmrecht in Osttimor nur an den Geburtsort anknüpfte, konnten auch Personen über das Schicksal Osttimors entscheiden, die ihren Wohnsitz in Osttimor für immer aufgegeben haben und nicht dorthin zurückkehren wollen. Die sachliche Berechtigung einer solchen Regelung ist fragwürdig und kann wohl lediglich mit der spezifischen völkerrechtlichen Situation in Osttimor erklärt werden. Die Stimmrechtsregelung führte zwar zum weitgehenden Ausschluss indonesischer Kolonisten, dürfte mit der Gesichtswahrung Indonesiens aber eher zu vereinbaren gewesen sein, als eine zeitlich befristete Wohnsitzklausel, die zu einem ähnlichen Ergebnis geführt, das Verdikt der Völkerrechtswidrigkeit der indonesischen Präsenz in Osttimor aber offen bekundet hätte. Man wird daher in der Gestaltung der Stimmrechtsfrage im Falle Osttimors lediglich eine Bestätigung der oben angestellten Legitimitätserwägungen sehen können. Eine Aussage darüber, welche Form des Selbstbestimmungsrechts ausgeübt werden sollte, lässt sich ihr nicht entnehmen. Dafür ist die bisherige Praxis der Stimmberechtigung nicht einheitlich genug und die Regelung im Falle Osttimors zu spezifisch.

1100 Pomerance, Self-Determination, S. 2, 4, 21.

1101 Marquardt, SOAI 15 (1994), 4, S. 53, schätzt diesen Anteil auf 15 bis 20 Prozent der erwachsenen Bevölkerung; ähnlich Martin, Self-Determination in East Timor, S. 54.

Der Ausschluss der indonesischen Einwanderer ist jedenfalls völkerrechtlich nicht zu beanstanden. Wie zuvor ausgeführt wurde, gibt es keine zwingende völkerrechtliche Vorschrift bezüglich der Stimmberechtigung. Einen Anspruch dieser Menschen auf Teilnahme an der Abstimmung wird man konsequenterweise nicht aus dem Selbstbestimmungsrecht herleiten dürfen, denn die angestellten Legitimitätserwägungen gelten auch insoweit. Mangels geschlossenen Siedlungsgebietes innerhalb Osttimors können sie sich als Minderheit ohnehin nicht auf das Selbstbestimmungsrecht berufen. Abgesehen davon hätte auch die Stimmberechtigung von großzügig geschätzt rund 180.000 Indonesiern zu keinem anderen Ergebnis des Referendums geführt. Wenn sich die genannte Personenzahl ausnahmslos am Referendum beteiligt hätte und für die Sache Indonesiens votiert hätte, wäre das Referendum noch immer mit 344.580 zu 274.388 Stimmen zugunsten der Unabhängigkeit ausgegangen.[1102] Die Verschleppung tausender Osttimoresen in den Westteil der Insel durch pro-indonesische Milizen hat die Vereinten Nationen und die Staatengemeinschaft nicht an der Anerkennung des Referendumsergebnisses gehindert. Dies bestätigt die bereits angesprochene Erheblichkeitstheorie.

5. *Festlegung des Abstimmungsgebietes*

Unverzichtbare Voraussetzung der Durchführung eines Referendums sind die Festlegung des Gebietes, innerhalb dessen abgestimmt werden soll, und die Klärung der Frage, ob es innerhalb des Abstimmungsgebietes separat auszuwertende Gebietsteile geben soll.

a) Äußere Grenzen des Abstimmungsgebietes

Für die Durchführung eines Referendums ist zunächst die Frage von Bedeutung, wie das Abstimmungsgebiet abgegrenzt wird. Es liegt auf der Hand, dass das Ergebnis eines Referendums maßgeblich vom Zuschnitt des Abstimmungsgebietes abhängt. Die ethnische Zusammensetzung des Abstimmungsgebietes dürfte für das zu erwartende Abstimmungsverhalten in der Regel maßgeblich sein. Der theoretisch nicht zu beanstandende Weg bestünde darin, dass die Festlegung der Abstimmungsgrenzen durch die Gebietsbewohner selbst erfolgte. So wurde bei der Bildung des schweizerischen Kantons Jura ein dreistufiges Verfahren festgelegt, bei dem die Einwohner einer Gemeinde in ihrem Bezirk durch Volksinitia-

1102 Siehe zum Ergebnis des Referendums 1. Teil D. III.

tive Abstimmungen auf allen drei Stufen herbeiführen konnten.[1103] Freilich wurde auch hier auf die vorhandenen kommunalen Grenzen zurückgegriffen. Für die Festlegung des Abstimmungsgebietes kann praktisch auf vorhandene Grenzen nicht verzichtet werden, wenn man nicht einen endlosen Abstimmungsmarathon in Kauf nehmen will. Anstelle unendlich fortsetzbarer Abstimmungen ist es daher nur praktikabel, auf vorhandene Gebietsgrenzen zurückzugreifen oder diese durch eine neutrale Instanz festsetzen zu lassen.[1104] In der Staatenpraxis ist offensichtlich angesichts dieser Problematik stets auf bestehende innerstaatliche Grenzen zurückgegriffen worden. So wurden in Jugoslawien und der Sowjetunion die Grenzen der Teilrepubliken zugrunde gelegt. Die von ethnischen Minderheiten innerhalb dieser Grenzen erhobenen Selbstbestimmungsforderungen, wie der Serben in Kroatien und Bosnien-Herzegowina, wurden von der internationalen Gemeinschaft nicht anerkannt. Diese Minderheiten wurden auf Minderheitenrechte verwiesen. In Eritrea blieb es bei der kolonialen Grenzziehung.

b) Innere Aufteilung des Abstimmungsgebietes

Daneben stellt sich die Frage nach der inneren Aufteilung des Abstimmungsgebietes in getrennt auszuwertende Stimmbezirke. So sollten bei den Abstimmungen nach dem Ersten Weltkrieg in Südschleswig, Oberschlesien und Ostpreußen jeweils die Mehrheiten in den innerhalb der Abstimmungsgebiete liegenden Gemeinden einzeln maßgeblich sein.[1105] Wenn auch in diesen Fällen einheitlich zugunsten Deutschlands abgestimmt wurde und es deshalb nicht zum Problem der Enklavenbildung kam, macht der Blick auf Bosnien-Herzegowina doch deutlich, dass eine getrennte Abstimmung in Kleinsteinheiten praktisch undurchführbar ist. Ein solches Verfahren hätte in Bosnien-Herzegowina einen staatlichen Flickenteppich produziert, der es mit der territorialen Zersplitterung Deutschlands zur Zeit des Partikularismus hätte aufnehmen können. Es bleibt also nichts anderes übrig, als die festgelegte Selbstbestimmungseinheit als Ganze zu behandeln. Dies wurde in den übrigen angesprochenen Fällen tatsächlich auch getan.

1103 Vgl. hierzu Thürer, Selbstbestimmungsrecht, S. 213 ff.
1104 Blittersdorff, Das internationale Plebiszit, S. 160 f.
1105 Klein, Selbstbestimmungsrecht und deutsche Frage, S. 24.

c) *Abstimmungsgebiet beim Referendum in Osttimor*

Im Hinblick auf Osttimor ergeben sich insoweit keine Probleme. Das Abstimmungsgebiet entsprach den Grenzen Portugiesisch-Timors, die mit den Grenzen der indonesischen Provinz Osttimor übereinstimmten. Offensichtlich wurde die Festlegung des Abstimmungsgebietes überhaupt nicht problematisiert. Die genannten Verträge vom 5. Mai 1999 treffen hierüber keine ausdrückliche Regelung. Es ist lediglich an verschiedenen Stellen der Vertragswerke die Rede von der Abstimmung in Osttimor, ohne dass über den Umfang dieses Gebietes auch nur ein Satz verloren worden wäre. Eine separate Auswertung von Stimmbezirken fand nicht statt. Die Parteien beschränkten sich bei der Regelung der Stimmbezirke auf folgende Vereinbarung: *„Voting in East Timor will take place in approximately 700 registration/polling stations located in 200 polling centers.“*[1106] Aus dem Zusammenhang ergibt sich, dass die Mehrheit im ganzen Abstimmungsgebiet maßgeblich sein sollte. Eine andere Lösung wäre auch mit dem Selbstbestimmungsrecht der Osttimoresen, dessen Verwirklichung das Referendum bezweckte, nicht zu vereinbaren gewesen. Die Feststellung des Willens des Selbstbestimmungsträgers ließ nur die Abstimmung en bloc zu. Zudem hätte eine andernfalls denkbare Zerstörung der territorialen Integrität Osttimors die uti-possidetis-Doktrin verletzt.

III. Ausführung des Abstimmungsergebnisses

Das Ergebnis eines Plebiszites, das aufgrund eines internationalen Vertrages durchgeführt worden ist, ist für die Vertragsparteien nach dem Grundsatz Pacta sunt servanda bindend. Auch wenn es nur auf der Grundlage innerstaatlichen Rechts durchgeführt wurde, kann sich eine völkerrechtliche Verpflichtung des veranstaltenden Staates zur Beachtung des Referendumsergebnisses aus dem Estoppel-Prinzip[1107] ergeben, wenn eine internationale Wirkung und nicht lediglich eine unverbindliche Volksbefragung beabsichtigt war.[1108] Die bindende Wirkung des Referendums in Osttimor war vertraglich vereinbart worden. In Artikel 6 des Agreement on the Question of East Timor hatte sich Indonesien für

---

1106 Buchstabe E lit. d) des Agreement regarding the modalities for the popular consultation of the East Timorese through a direct ballot, Bericht des Generalsekretärs der Vereinten Nationen vom 05.05.1999, A/53/951, S/1999/513, Annex II, S. 27, in: Martin, Self-Determination in East Timor, S. 146.

1107 Vgl. hierzu Müller/Cottier, Estoppel, EPIL Vol. II, S. 116 ff.

1108 Uibopuu, Plebiscite, EPIL Vol. III, S. 1052.

den Fall der Ablehnung des Autonomiestatus verpflichtet, alle verfassungsrechtlich erforderlichen Schritte zur Aufhebung seiner Verbindung mit Osttimor einzuleiten und den Zustand wieder herzustellen, der bis zum 17. Juli 1976 bestanden hatte. Ferner hatte sich Indonesien verpflichtet, die in diesem Falle erforderlichen Vereinbarungen für einen friedlichen und ordnungsgemäßen Übergang der Souveränität auf die Vereinten Nationen zu treffen. Nach dem Referendum unternahm das indonesische Parlament am 19. Oktober die nötigen Schritte. Am 28. Oktober 1999 verzichtete der indonesische Präsident namens seines Landes auf sämtliche Ansprüche bezüglich Osttimor. Mit der Erlangung der Unabhängigkeit am 20. Mai 2002 endete der Status Osttimors als Gebiet ohne Selbstregierung.[1109]

E. Schlussfolgerungen und Bewertungen

Zum Abschluss des 3. Teils sind die erarbeiteten Ergebnisse noch zu bewerten. Vorab soll der Gang der Untersuchung noch einmal kurz in Erinnerung gerufen werden: In Kapitel A] wurde untersucht, ob ein Anspruch der Osttimoresen auf Selbstbestimmung aus dem Selbstbestimmungsrecht als Abwehrrecht hergeleitet werden konnte. Der Anspruch kann nur von Staatsvölkern und ehemaligen Staatsvölkern in Anspruch genommen werden. Da die Osttimoresen zu keinem Zeitpunkt einen eigenen Staat besaßen, kamen sie als Inhaber dieses Anspruches nicht in Betracht. In Kapitel B] wurde der Frage nachgegangen, ob sich die Osttimoresen auf das koloniale Selbstbestimmungsrecht berufen konnten. Diese Frage wurde bejaht, weil die Inkorporation Osttimors in den indonesischen Staat unter Verstoß gegen das Gewaltverbot und das Selbstbestimmungsrecht der kolonialen Bevölkerung erfolgte. Daneben war die Selbstbestimmungsforderung der Osttimoresen auch durch den Notwehraspekt des Selbstbestimmungsrechts legitimiert; dies wurde in Kapitel C] nachgewiesen. Kapitel D] hat gezeigt, dass das Selbstbestimmungsrecht durch Plebiszit verwirklicht wurde. Die Regelung des Stimmrechts wich von dem in der bisherigen Staatenpraxis dominierenden Wohnsitzprinzip ab und trug damit Legitimitätserwägungen Rechnung.

1109 Siehe 1. Teil D. VII.

I. Selbstbestimmungsrecht als Anspruchsgrundlage

Das Selbstbestimmungsrecht der Völker ist heute als Norm des zwingenden Völkerrechts gewohnheitsrechtlich anerkannt. Es steht neben Staatsvölkern auch Kolonialvölkern und unter bestimmten Bedingungen ethnischen Minderheiten zu. Das Selbstbestimmungsrecht als Abwehrrecht schützt Staatsvölker vor unzulässigen Einmischungen. Es besteht auch nach Untergang des Staates fort und wandelt sich in einen Restitutionsanspruch des früheren Staatsvolkes. Der Anspruch ist dann auf Wiederherstellung staatlicher Unabhängigkeit gerichtet. Kolonialvölker können den Anspruch auf staatliche Unabhängigkeit aus dem kolonialen Selbstbestimmungsrecht herleiten. Für Minderheiten kommt der Anspruch auf Unabhängigkeit, der stets eine Sezession beinhaltet, nur ausnahmsweise in Betracht. Zwar verhält sich das Völkerrecht neutral zur Sezession, durch das Selbstbestimmungsrecht legitimiert werden kann sie aber nur, wenn sich die Minderheit in einer Notwehrlage befindet. Die Selbstbestimmungsforderung der Osttimoresen war sowohl durch das koloniale Selbstbestimmungsrecht als auch durch das Notwehrrecht legitimiert. Für diejenigen Staaten, die die Annexion und Eingliederung Osttimors in Indonesien de iure anerkannt haben,[1110] ist die Situation allerdings anders. Die rechtmäßige Integration setzt voraus, dass sie in Übereinstimmung mit dem Selbstbestimmungsrecht erfolgte. Die Anerkennung des Anschlusses Osttimors an Indonesien als rechtmäßig beinhaltet daher zugleich die Unterstellung ordnungsgemäßer Dekolonisierung. Für Staaten, die die Integration anerkannt haben, konnte sich die Selbstbestimmungsforderung der Osttimoresen folglich nicht aus dem kolonialen Selbstbestimmungsrecht ergeben. Dies wäre durch einen selbstbestimmungsgemäßen Anschluss an Indonesien verbraucht worden.[1111] Eine Legitimation der Selbstbestimmungsforderung konnte sich aus der Sicht dieser Staaten konsequenterweise nur aus dem Notwehraspekt ergeben. Insbesondere Australien hat sich aufgrund innenpolitischer Strömungen seit Mitte der 90er Jahre verstärkt für die osttimoresische Unabhängigkeitsforderung aufgeschlossen gezeigt.[1112] Am 5. Januar 1999 erklärte der australische Premierminister Howard ausdrücklich, Australien

---

[1110] Siehe 1. Teil C. II. 3. a), b).

[1111] Siehe 2. Teil D. VI. 2.

[1112] Nach dem Regierungswechsel in Australien im Jahre 1996 hatten sich die Beziehungen mit Indonesien wegen der Osttimorpolitik der konservativen Regierung zunehmend verschlechtert; vgl. hierzu Dieter, IntPol 55 (2000), S. 31, 36.

erkenne das Selbstbestimmungsrecht der Osttimoresen an.[1113] Damit hat sich Australien entweder in Widerspruch zu seiner Anerkennung gesetzt oder die Existenz und Voraussetzungen eines Notwehrrechts als gegeben angesehen. Die Anerkennung eines Zustandes als völkerrechtsgemäß ist grundsätzlich unwiderruflich; sie entfällt nur dann, wenn sie gegenstandslos wird, zum Beispiel weil die Staatsgewalt des anerkannten Staates weggefallen ist. Ist die Anerkennung nicht gegenstandslos geworden, ist der anerkennende Staat dem von der Anerkennung begünstigten Staat gegenüber verpflichtet, sich der Anerkennung entsprechend zu verhalten.[1114] Aus dem Verhalten der überwiegenden Mehrzahl der Staaten kann dagegen die Anerkennung eines Notwehrrechts nicht gefolgert werden. Die weitaus meisten Staaten haben die Integration Osttimors in Indonesien nicht anerkannt, so dass sich für sie die Erlangung der Unabhängigkeit der Inselhälfte als verspätete Dekolonisierung darstellte.

II. Durchsetzung des Selbstbestimmungsrechts

Für die Durchsetzung des Selbstbestimmungsrechts bietet sich das Plebiszit als unvermittelte Sachentscheidung seines Rechtssubjekts an. Es ist zwar einer durch allgemeine Wahlen vermittelten Entscheidung nicht grundsätzlich vorzuziehen, eine Entscheidung über das Selbstbestimmungsrecht durch repräsentative Organe ist aber nur in funktionierenden Demokratien wirklich vorstellbar. Allerdings gebieten weder das Selbstbestimmungsrecht noch das Demokratieprinzip eine unmittelbare Beteiligung der Bevölkerung an der Entscheidung über eine Gebietsveränderung. Das Referendum bietet aber den Vorteil der größeren Legitimationswirkung und der damit verbundenen Erhöhung der Akzeptanz. So scheint die Staatenpraxis dem Referendum eine höhere Dignität zuzumessen als einer repräsentativen Entscheidung. Wambaugh stellte dem entsprechend fest: *„There can be no denial, however, that a plebiscite, properly held, will greatly strengthen the title and, conversely, that if there is reason to think the change of sovereignty, if submitted to a plebiscite, would not be approved by the inhabitants of the area, the title will be considered by the outside world as suspect and*

1113 Aubrey, Canberra: Jakarta's Trojan Horse in East Timor, in: Hainsworth/Mc Closkey (Hrsg.), The East Timor Question, S. 146; vgl. zum Wandel der australischen Politik Martin, Self-Determination in East Timor, S. 20 f.

1114 Doehring, Völkerrecht, Rn. 940 (S. 413); Frowein, Recognition, EPIL Vol. IV, S. 35 f., 39 f., 39; Gloria, in: Ipsen, Völkerrecht, § 22 Rn. 6 (S. 225).

subject to review."[1115] Bei Richardson heißt es dem entsprechend zur Ausübung des Selbstbestimmungsrechts in Osttimor: „... *the people of East Timor have invoked this right ..., and they have done so in the most authoritative way possible: by an internationally recognized, United Nations-supervised, internationally observed referendum of its people, which is made even more legitimate by the hostile circumstances under which they voted.*"[1116]

Allerdings begegnet die Veranstaltung eines Plebiszites zahlreichen Schwierigkeiten. So wird durch die Auswahl der vorgelegten Alternativen und die Formulierung der zur Abstimmung gestellten Fragen das Abstimmungsergebnis wesentlich mitbeeinflusst.[1117] Auch die Festlegung des Abstimmungstages kann Auswirkungen auf den Ausgang des Referendums haben.[1118] Besondere Schwierigkeiten sind bei der Festlegung des Kreises der Stimmberechtigten zu erwarten. Als Anknüpfungspunkte kommen neben dem Wohnsitzkriterium (Domizilprinzip) auch der Geburtsort (Abstammungsprinzip) in Betracht. Die Staatenpraxis ist hier nicht vollständig einheitlich. Während sich in den Plebisziten bis 1993 das Domizilprinzip verstärkt hatte, ist es neben Eritrea in Osttimor zum zweiten Mal zu einer deutlichen Abweichung von diesem Prinzip gekommen. Es kann noch nicht beurteilt werden, ob es sich hierbei um eine die Entstehung einer neuen gewohnheitsrechtlichen Norm vereitelnde gegenläufige Übung handelt. Wahrscheinlicher scheint, dass mit diesen Regelungen den jeweiligen Umständen Rechnung getragen wurde. Es ist deshalb auch denkbar, dass eine spezielle Übung für Fälle langjähriger unrechtmäßiger Souveränitätsausübung im Entstehen begriffen ist. Der Nachweis einer entsprechenden Rechtsüberzeugung ist allerdings derzeit noch nicht möglich. Dies liegt schon darin begründet, dass die Festlegung des Stimmrechts mangels einer klaren völkerrechtlichen Regel innerhalb von Domizil- und Abstammungsprinzip der Vereinbarung zugänglich ist. Eine völkergewohnheitsrechtliche Pflicht zur Abhaltung von Referenden setzt voraus, dass insoweit eine einheitliche Handhabung erzielt wird. Noch ist die Veranstaltung eines Plebiszites für die Entscheidung des Schicksals einer Gebietseinheit nicht Bestandteil des positiven Völkerrechts. Die Entwicklung seit 1990 einschließlich Osttimor spricht aber dafür, dass eine Konsultationspflicht im Werden begriffen ist. Ein Konsultationsgebot läge auch im langfristi-

---

1115 Wambaugh, Plebiscites since the World War, Vol. I, S. 491.

1116 Richardson, TICLJ 14 (2000), S. 101.

1117 Vgl. Johnson, Self-Determination, S. 205; Pomerance, Self-Determination, S. 4.

1118 Eingehend Blittersdorff, Das internationale Plebiszit, S. 186 ff.

gen völkerrechtlichen Trend der Stärkung der Position des Individuums, der Relativierung des Souveränitätsprinzips und der Herausbildung einer wertgebundenen Völkerrechtsordnung.[1119] Störungen im Ablauf des Referendums sind nur erheblich, wenn sie sich auf das Referendumsergebnis ausgewirkt haben. Im Falle Osttimors haben die massiven Beeinträchtigungen des Referendums durch pro-indonesische Milizen die Staatengemeinschaft nicht von der Anerkennung des Ergebnisses abgehalten.

1119 Ausführlich Peters, Gebietsreferendum im Völkerrecht, S. 513 ff.

Zusammenfassung

- Die Insel Timor ist mit 33.600 Quadratkilometern die größte der kleinen Sundainseln. Sie wurde in mehreren Einwanderungswellen besiedelt. Größten Anteil daran hatten melanesische und malaiische Siedler. Keine Wanderungsbewegung konnte sich ausschließlich durchsetzen, so dass auf Timor noch heute Volksgruppen unterschiedlicher ethnischer Herkunft leben. Im östlichen Teil der Insel dominiert der Volksstamm der Belu, im westlichen Teil der der Atoni. Unter der Vielzahl der auf Timor gesprochenen Sprachen setzten sich Tetum im Osten und Davan im Westen durch. Beide Sprachen sind der austronesischen Sprachfamilie zuzurechnen. Durch Missionierung der ursprünglich animistischen Bevölkerung ist heute eine überwiegend christliche Bevölkerung entstanden, im Westen evangelischer und im Osten katholischer Konfession. (1. Teil A. I.-V.)

- Im 16. Jahrhundert entdeckten Portugiesen die Insel und ließen sich bald auf ihr nieder. Zu Beginn des 17. Jahrhunderts kamen auch Holländer nach Timor, die die Portugiesen aus dem Westen der Insel verdrängten. Mit Vertrag vom 20. April 1859 wurde Timor zwischen den beiden Kolonialmächten aufgeteilt. Eine endgültige Grenzregelung wurde jedoch erst nach weiteren vertraglichen Regelungen und einer Entscheidung des Ständigen Schiedshofes im Jahre 1914 erzielt. Der Souveränität Portugals unterstand der Ostteil der Insel, die Enklave Oecussi im Westteil und die Inseln Atauro und Jaco mit einer Fläche von insgesamt 18.889 Quadratkilometern. Unterbrochen wurde die portugiesische Kolonialherrschaft in der Zeit japanischer Besetzung von 1941 bis 1945. Nach dem Ende des Zweiten Weltkrieges konnte Portugal seine Souveränität über das Gebiet unangefochten wieder herstellen. Seit dieser Zeit befand sich die portugiesische Kolonialpolitik, die die Kolonien als überseeische Bestandteile des Mutterlandes verstand, in zunehmendem Maße im Gegensatz zu internationalen Dekolonisierungsbemühungen. (1. Teil B. I.-IV.)

- Nach dem Beitritt Portugals zu den Vereinten Nationen verweigerte sich das Land der Berichterstattung über Gebiete ohne Selbstregierung nach Artikel 73 der Charta der Organisation. Mit Resolution 1542 (XV) vom 15. Dezember 1960 wurde Portugiesisch-Timor mit dem Rest des portugiesischen Kolonialreiches auf die Liste der Gebiete ohne Selbstregierung gesetzt. Erst 1974 wurde durch die Revolution in Portugal der Weg zu einer Änderung der portugiesischen Kolonialpolitik eröffnet. In Osttimor entstanden auf Betreiben der Kolonialverwaltung entsprechend der drei Optionen für die Zukunft des Landes politische Parteien. Die FRETILIN strebte die baldmöglichste Unabhängigkeit, die UDT eine Föderation mit Portugal und die APODETI eine Integration in Indonesien an. Ein von Portugal moderierter Prozess friedlicher Dekolonisierung scheiterte, als es ab August 1975 zu gewaltsamen Auseinandersetzungen zwischen den Parteien kam. In den Auseinandersetzungen setzte sich die FRETILIN nach nur wenigen Wochen durch. Ende August 1975 verlegte die portugiesische Kolonialverwaltung ihren Sitz auf die der osttimoresischen Hauptstadt Dili vorgelagerte Insel Atauro. Im September hatte die FRETILIN die Inselhälfte weitgehend unter ihre Kontrolle gebracht. Am 28. November 1975 rief sie die Demokratische Republik Osttimor aus, die nur von wenigen Staaten anerkannt wurde. Zwei Tage später reagierten die übrigen Parteien mit der Proklamation des Anschlusses an Indonesien, zu dem der Westteil der Insel bereits seit der Dekolonisierung des niederländischen Kolonialreiches gehörte. (1. Teil B. VI.-XI.)

- Nachdem die Portugiesen am 6. Dezember 1975 mit der Insel Atauro den letzten Landstützpunkt aufgegeben hatten, marschierten nur einen Tag später indonesische Streitkräfte in Osttimor ein. Bereits am 17. Juli 1976 wurde Osttimor offiziell zur 27. Provinz Indonesiens erklärt, wenngleich dessen Streitkräfte zu dieser Zeit noch in Kämpfe mit der FRETILIN verstrickt waren. Mit mehreren Resolutionen des Sicherheitsrates und der Generalversammlung der Vereinten Nationen wurde bis 1982 das Vorgehen Indonesiens kritisiert und zu einer Lösung des Osttimor-Problems aufgerufen, allerdings wurden die Mehrheiten für diese Resolutionen immer geringer, so dass nach 1982 keine Beschlussfassung mehr beantragt wurde. Zu einer internationalen Anerkennung der indonesischen Souveränität kam es gleichwohl nicht. Nur wenige Staaten, unter anderem Australien, waren hierzu bereit. (1.Teil C. I., II.)

- Die inneren Verhältnisse waren in der Folgezeit von fortgesetzten Auseinandersetzungen zunächst mit der FRETILIN und ab den späten 1980er Jahren mit einer neuen, friedlichen Protestbewegung gekennzeichnet. Nachdem zunächst überwiegend Menschenrechtsgruppen über nachhaltige Verletzungen grundlegender Menschenrechte in Osttimor berichtet hatten, führte ein Massaker indonesischer Militärs am Santa-Cruz-Friedhof in Dili am

12. November 1991 zu einer Wende in der internationalen Osttimor-Politik. Seither war der indonesische Inselstaat ständiger internationaler Kritik ausgesetzt, die zudem einen weltweiten Medienwiderhall erfuhr. (1.Teil C. III., IV.)

- Ein großer Erfolg der indonesischen Osttimor-Politik bestand in der Anerkennung der Souveränität durch Australien im Jahre 1978 sowie der anschließenden Aufnahme von Verhandlungen zur Vereinbarung einer Seegrenze. Trotz zahlreicher Proteste Portugals schlossen die beiden Staaten am 11. Dezember 1989 einen Vertrag über die gemeinsame Ausbeutung der Bodenschätze in der Timorsee in einem Gebiet, über dessen endgültige Aufteilung sie sich nicht hatten einigen können. Eine hiergegen von Portugal vor dem Internationalen Gerichtshof mit der Begründung erhobene Klage, durch den Vertrag werde das Selbstbestimmungsrecht der Osttimoresen, deren Recht auf ständige Souveränität über die Ressourcen, die Rechte Portugals als administrative Gewalt und Resolutionen des Sicherheitsrates verletzt, scheiterte. Die Klage wurde mit Urteil vom 30. Juni 1995 abgewiesen, weil Kern des Rechtstreits die Frage der Rechtmäßigkeit indonesischer Souveränität in Osttimor sei, das Land sich aber der Jurisdiktion des Gerichts nicht unterworfen hatte. Ebenso scheiterte eine Klage vor dem Obersten Gerichtshof Australiens gegen die nach australischem Verfassungsrecht erforderlichen Transformationsgesetze. (1. Teil C. V.)

- Ein grundlegender Wandel in der indonesischen Osttimor-Politik wurde erst durch den erzwungenen Rücktritt des indonesischen Machthabers Suharto im Mai 1998 ermöglicht. Der neue Präsident Habibie bot am 27. Januar 1999 ein Referendum über den zukünftigen Status Osttimors an. Am 5. Mai 1999 kam es in New York unter der Ägide der Vereinten Nationen zur Unterzeichnung eines Abkommens zwischen Indonesien und Portugal. Es sah den 8. August 1999 als Tag für eine Volksbefragung vor, bei dem ein besonderer Autonomiestatus zur Abstimmung gestellt werden sollte. Für den Fall, dass der Autonomiestatus abgelehnt werden würde, sah Artikel 6 des Vertrages vor, alle verfassungsmäßigen Schritte zur Lösung aller Bindungen Indonesiens mit Osttimor einzuleiten und den Status des Gebietes wieder herzustellen, der bis zum 16. Juli 1976 bestanden hatte. Sollte die Bevölkerung für die gewährte Autonomie votieren, verpflichtete sich Portugal, die Souveränität Indonesiens anzuerkennen und die Streichung Osttimors von der Liste der Gebiete ohne Selbstregierung bei den Vereinten Nationen zu beantragen. In zwei Abkommen der beiden Staaten mit den Vereinten Nationen vom 5. Mai 1999 wurden diese mit Organisation und Durchführung des Referendums betraut. (1. Teil D. I., II.)

- Am 30. August 1999 fand das Unabhängigkeitsreferendum mit einer Wahlbeteiligung von 98,6 Prozent statt. 78,5 Prozent lehnten den angebotenen besonderen Autonomiestatus ab und stimmten damit für die Unabhängigkeit. Schon vor dem Tag des Referendums war die Sicherheitslage kritischer geworden. Pro-indonesische Milizen tyrannisierten, von den Sicherheitskräften ungehindert, die Bevölkerung. Nach der Bekanntgabe des Referendumsergebnisses eskalierte die Situation. Es kam zu Vertreibungen, Verschleppungen, Tötungen, Misshandlungen und Zerstörungen. Erst die internationale Friedenstruppe INTERFET unter Führung Australiens konnte die marodierenden Milizen ab dem 20. September 1999 unter Kontrolle bringen. (1. Teil D. III.-V.)

- Nach einer Beschlussfassung des Parlamentes teilte der neue indonesische Präsident Wahid dem Generalsekretär der Vereinten Nationen in einem Schreiben vom 28. Oktober 1999 mit, dass Indonesien auf alle Ansprüche bezüglich Osttimor verzichte. Die Staatsgewalt wurde der Übergangsverwaltung UNTAET übertragen, die Osttimor in die Unabhängigkeit führen sollte. Zum ersten Mal in der Geschichte der Vereinten Nationen entstand unter ihrer Verantwortung ein neuer Staat. Am 30. August 2001 fanden die Wahlen zur verfassungsgebenden Versammlung statt. Im Wege der Verhältniswahl waren 75 der 88 Parlamentssitze zu besetzen, um die sich zahlreiche Parteien bemühten. Zudem waren Vertreter im Wege der Mehrheitswahl in den 13 Distrikten Osttimors zu wählen. Aus den Wahlen ging die FRETILIN als Gewinnerin hervor. Die Partei erzielte 57,37 Prozent und damit 43 der 85 Parlamentssitze. In den Distriktswahlen konnte sich FRETILIN in zwölf Distrikten durchsetzen, so dass die Partei über insgesamt 55 Mandate verfügte, womit sie nur knapp die für die Verabschiedung eines Verfassungsentwurfes erforderlichen 60 Mandate verfehlte. (1. Teil D. VI., VII.)

- Bei den Präsidentschaftswahlen am 14. April 2002 gaben 82,7 Prozent der 439.000 Wahlberechtigten Unabhängigkeitsführer Xanana Gusmao ihre Stimme. Mit dem Inkrafttreten der Verfassung am 20. Mai 2002 wurde Osttimor unabhängig. Das kleine Land ist damit der erste neue Staat im dritten Jahrtausend. Am 27. September 2002 wurde Osttimor Mitglied der Vereinten Nationen. Gegenwart und nahe Zukunft des jungen Staates sind von der

Aufarbeitung der Vergangenheit geprägt. Im Inneren geht es neben der strafrechtlichen Verfolgung der für Verbrechen im Zusammenhang mit der Referendumsgewalt Verantwortlichen um Menschenrechtsverletzungen in der Zeit indonesischer Besetzung, wobei zugleich Versöhnung und Wiedereingliederung angestrebt werden. Im Äußeren geht es um die Entwicklung guter Beziehungen zu Indonesien, Anlehnung an Australien und Hilfe der Vereinten Nationen. Voraussetzung für eine erfolgreiche Zukunft des Landes ist vor allem eine positive Entwicklung der wirtschaftlichen Lage. Osttimor benötigt dabei mehr als ein Wirtschaftswunder. (1. Teil E. I.-III.)

- Das Selbstbestimmungsrecht ist ideengeschichtlich in der Aufklärung verwurzelt. Im 18. und 19. Jahrhundert erfuhr die Selbstbestimmungsidee erste bereichsspezifische Ausprägungen, ohne dass es zur Entwicklung eines geschlossenen Konzepts oder einer grundsätzlichen rechtlichen Verankerung kam. Marksteine waren die amerikanische Unabhängigkeitserklärung und die Französische Revolution. (2. Teil A. I.-II.)

- Als geistiger Vater des Selbstbestimmungsrechts wird der amerikanische Präsident und Idealist Woodrow Wilson bezeichnet. In seiner 14-Punkte-Erklärung entwickelte er die Vorstellung von einem gerechten Frieden (Frieden ohne Sieg). Territoriale Veränderungen sollten auf der Grundlage des Willens der betroffenen Menschen erfolgen. Wilson scheiterte aber an den europäischen Siegermächten des Ersten Weltkrieges. Die Pariser Vorortverträge nahmen auf das Selbstbestimmungsprinzip keine Rücksicht. (2. Teil A. III.)

- Auch die Satzung des Völkerbundes erkannte das Selbstbestimmungsprinzip nicht als Rechtsgrundsatz an. Das System des Minderheitenschutzes war einseitig und unzureichend. Bis zum Ende des Zweiten Weltkrieges blieb Selbstbestimmung ein Schlagwort der politischen Agitation. Staaten und Ideologien bedienten sich seiner, wo es ihnen opportun erschien. In der Atlantik-Charta von 1941 erklärten die Vereinigten Staaten und Großbritannien Selbstbestimmung zu einem Prinzip ihrer Politik. Obwohl sich ein Großteil der späteren Siegermächte der Erklärung anschloss, kam dem Prinzip bei der Gestaltung der Nachkriegsordnung keinerlei Bedeutung zu. (2. Teil A. IV.)

- Trotzdem fand das Selbstbestimmungsprinzip Eingang in die Charta der Vereinten Nationen. Wenn auch seine rechtliche Verpflichtungskraft zunächst unklar war, begannen die Organe der Vereinten Nationen im Bereich der Dekolonisierung mit der Ausgestaltung des Prinzips zur Rechtsnorm. Mit der Unterzeichnung der Internationalen Pakte über bürgerliche und politische sowie über wirtschaftliche, soziale und kulturelle Rechte im Jahre 1966 und der Deklaration über die Prinzipien des Völkerrechts betreffend die freundschaftlichen Beziehungen und die Zusammenarbeit zwischen den Staaten aus dem Jahre 1970 wurde die Rechtsqualität über den kolonialen Bereich hinaus ausgedehnt. (2. Teil A. V.)

- Rechtsquellen des Völkerrechts sind internationale Übereinkünfte allgemeiner und besonderer Natur, das internationale Gewohnheitsrecht als Ausdruck einer allgemeinen, als Recht anerkannten Übung und die anerkannten Rechtsgrundsätze. Daneben können die Staaten weitere Rechtserzeugungsprozesse kreieren. Entschließungen internationaler Organisationen, insbesondere Resolutionen der Generalversammlung der Vereinten Nationen, scheiden aber als Rechtsquelle universalen Völkerrechts aus. (2. Teil B. I.)

- Die Rechtsnormqualität des Selbstbestimmungsrechts ergibt sich nicht aus der Charta der Vereinten Nationen und aus den vorstehend genannten Gründen ebenso wenig aus Resolutionen der Generalversammlung der Vereinten Nationen. Vertragsstaaten der beiden Menschenrechtspakte von 1966 sind aufgrund dieses internationalen Vertragswerks zur Achtung des Selbstbestimmungsrechts verpflichtet. Nichtvertragsstaaten sind heute an das Selbstbestimmungsrecht als Norm des Völkergewohnheitsrechts gebunden. Bestandteil allgemeiner Rechtsgrundsätze ist das Selbstbestimmungsrecht dagegen nicht. (2. Teil B. II.-IV.)

- Das Selbstbestimmungsrecht ist heute als ein Rechtssatz des zwingenden Völkerrechts (ius cogens) anerkannt. Damit ist es der Dispositionsbefugnis der Völkerrechtssubjekte entzogen. Jede Völkerrechtsnorm, gleich welcher Rechtsquelle, ist unwirksam, wenn sie mit dem Selbstbestimmungsrecht inhaltlich unvereinbar ist. Die Verletzung des Selbstbestimmungsrechts begründet eine völkerrechtliche Verantwortlichkeit gegenüber allen Völkerrechtssubjekten (Wirkung erga omnes). (2. Teil B. V.)

- Inhaber des Selbstbestimmungsrechts sind alle Staatsvölker, Völker und Minderheiten im ethnischen Sinne, die in einem abgeschlossenen Gebiet die Bevölkerungsmehrheit stellen, und Kolonialvölker. Die Staatsvölker bestehen aus der Summe der Staatsangehörigen, ethnische Völker und Minderheiten aus Gruppenangehörigen, die in einem bestimmten Gebiet leben, sich durch besondere Merkmale wie gemeinsame Sprache, Religion, kulturelle

Charakteristika, Mentalität sowie ein gemeinsames geschichtliches Schicksal auszeichnen und über ein Zusammengehörigkeitsgefühl verfügen. Im Zweifel ist die Selbst- und Fremdidentifikation gegenüber objektiven ethnischen Kriterien ausschlaggebend. Kolonialvölker bestehen aus den Bevölkerungen der Gebiete ohne Selbstregierung im Sinne von Kapitel XI der Charta der Vereinten Nationen. Individuen sind nicht Träger des Selbstbestimmungsrechts. Mit der Eigenschaft als Rechtssubjekt ist noch nichts über die Voraussetzungen der Inanspruchnahme des Selbstbestimmungsrechts gesagt. (2. Teil C. I.-V.)

- Das Selbstbestimmungsrecht ist auf die autonome Bestimmung des eigenen politischen Status gerichtet. Die Bildung eines unabhängigen Staates ist die kompromissloseste Konsequenz der Wahrnehmung des Rechts. Hat der Träger des Selbstbestimmungsrechts sein Recht in dieser Form verwirklicht, ist das Selbstbestimmungsrecht auf die Abwehr äußerer Einwirkungen und die freie Bestimmung der Staatsform gerichtet. Das Recht auf Abwehr bleibt auch bei Untergang des Staates erhalten und zielt dann auf die Wiederherstellung staatlicher Unabhängigkeit ab. Soweit ein Recht zu eigener Staatlichkeit besteht, ist die Möglichkeit des Anschlusses an einen anderen Staat selbstverständlich. Macht der Träger des Selbstbestimmungsrechts nicht durch Gründung eines eigenen, unabhängigen Staates von seinem Recht Gebrauch, gewährleistet das Recht als Minimum den Schutz seiner Existenz. Ein Recht auf Autonomie oder auf Gründung eines Bundesstaates kennt das Völkerrecht derzeit noch nicht. Der Minderheitenschutz ist individualrechtlich ausgestaltet und vom Konzept des Selbstbestimmungsrechts zu trennen. Je nach dem, ob das Selbstbestimmungsrecht auf die Verwirklichung eines selbstbestimmungsgemäßen Zustandes gerichtet ist oder für die Verteidigung eines solchen Zustandes in Anspruch genommen wird, wird zwischen offensivem und defensivem Selbstbestimmungsrecht unterschieden. Daneben findet sich die Unterscheidung von äußerem und innerem Selbstbestimmungsrecht. Sie betrifft die Frage, ob von dem Recht innerhalb oder außerhalb eines bestehenden Staates Gebrauch gemacht wird. (2. Teil D. I. 1., 3., II.- III.)

- Die Träger des Selbstbestimmungsrechts können demnach folgende Rechte in Anspruch nehmen: Staatsvölker können ihren Status gegenüber Interventionen dritter Staaten verteidigen. Geht der Staat unter, kann das gegebenenfalls fortbestehende Staatsvolk die Wiederherstellung eines eigenen Staates verlangen. Es steht den Staatsvölkern frei, den eigenen Staat aufzugeben und sich einem anderen Staat in welcher Form auch immer anzuschließen. Kolonialvölker haben einen Anspruch auf Unabhängigkeit von der jeweiligen Kolonialmacht, so dass sie im Grunde gleiche Rechte wie Staatsvölker haben. Völker im ethnischen Sinne, die nicht zugleich Staatsvolk sind, sind heute zumeist Minderheiten in bestehenden Staaten. Nur wenn der Staat, dem sie angehören, untergeht, können sie von ihrem Selbstbestimmungsrecht unbeschränkt durch dessen aus dem Souveränitätsprinzip abgeleiteten Anspruch auf Schutz seiner territorialen Integrität Gebrauch machen. Anderenfalls kommt es zu einem Konflikt dieser beiden Rechtsgüter. Ein Recht auf Sezession (Losreißung gegen den Willen des betroffenen Staates) besteht in Fällen extremer Diskriminierung und Bedrohung der Existenz des Volkes, wenn diese nicht anders als durch Ausscheiden aus dem Staat beseitigt werden können (Notwehrrecht). Über die exakten Tatbestandsvoraussetzungen besteht in der Lehre keine Übereinstimmung. Soweit ein Recht zur Sezession besteht, sind die Gründung eines eigenen Staates oder der Anschluss an einen anderen Staat denkbar. (2. Teil D. I. 2., IV.-V.)

- Das Rechtssubjekt des Selbstbestimmungsrechts kann auf sein Recht mit Bindungswirkung für die Zukunft verzichten. Da das Selbstbestimmungsrecht um seines Trägers willen besteht, ist es auch als Norm des zwingenden Rechts der Verfügungsbefugnis durch seinen Inhaber nicht entzogen. Schließt sich der Träger des Selbstbestimmungsrechts in Ausübung seines Rechts an einen anderen Staat an, wird das Recht auf Gründung eines eigenen Staates zugleich verbraucht. Die Losreißung von dem neuen Staat ist nur unter den Voraussetzungen einer Notwehrlage möglich: Der Anspruch auf Eigenstaatlichkeit lebt quasi wieder auf. Soweit das Selbstbestimmungsrecht nicht verbraucht ist, kann es von seinem Träger jederzeit ausgeübt werden. (2. Teil D. VI.)

- Dritte Staaten dürfen die rechtmäßige Inanspruchnahme des Selbstbestimmungsrechts nicht vereiteln. Das Recht der Intervention auf Einladung ist insoweit eingeschränkt. Die Unterstützung des Trägers des Selbstbestimmungsrechts muss auch gegen den Willen des betroffenen Staates zulässig sein, wenn die Selbstbestimmungsforderung rechtmäßig ist. Die Rechtmäßigkeit der Losreißung setzt eine Notwehrlage voraus, weshalb nicht einzusehen ist, warum Nothilfe verboten sein sollte. Ist die Inanspruchnahme des Selbstbestimmungsrechts völkerrechtswidrig, weil die Anspruchsteller nicht

Inhaber des Rechts sind oder die Voraussetzungen der Inanspruchnahme fehlen, ist die Unterstützung der Selbstbestimmungsbestrebung eine völkerrechtswidrige Intervention in die inneren Angelegenheiten eines anderen Staates, eine Intervention auf Einladung des betroffenen Staates dagegen rechtmäßig. (2. Teil D. VII.)

- Für die Ausübung des Selbstbestimmungsrechts ist kein spezielles Verfahren vorgeschrieben. Maßgeblich ist die Verwirklichung des freien und wirklichen Willens der Angehörigen des Selbstbestimmungsträgers. Im Rahmen der Dekolonisierung haben die Vereinten Nationen ein Verfahren entwickelt, das eine Befragung durch „*informed and democratic processes*" vorsah. Als Instrument hat sich das Plebiszit unter internationaler Beobachtung bewährt, aber nicht als verbindlich durchgesetzt. Schwierigkeiten bestehen regelmäßig insbesondere bei der Festlegung des Kreises der Stimmberechtigten. Das Plebiszit setzt außer bestimmten Verfahrensbedingungen voraus, dass echte Alternativen zur Wahl stehen. (2. Teil E. I.-II.)

- Die Unabhängigkeitsforderung der Osttimoresen konnte sich nicht auf den Abwehraspekt des Selbstbestimmungsrechts stützen. Zwar war das Abwehrrecht von Staatsvölkern zu dem nach dem Grundsatz intertemporalen Völkerrechts maßgeblichen Zeitpunkt völkergewohnheitsrechtlich anerkannt, als Inhaber des Recht kommen aber nur (ehemalige) Staatsvölker in Betracht. Die Osttimoresen verfügten zu keinem Zeitpunkt über einen eigenen Staat, so dass sie weder Staatsvolk noch ehemaliges Staatsvolk waren. Die am 28. November 1975 proklamierte Demokratische Republik Osttimor war kein Staat im Sinne des Völkerrechts. Es mangelte an einer mit Aussicht auf Dauer ausgeübten effektiven Staatsgewalt. (3. Teil A. I.-III.)

- Der Anspruch der Osttimoresen auf den eigenen Staat war durch das koloniale Selbstbestimmungsrecht gerechtfertigt. Osttimor gehörte zu den Gebieten ohne Selbstregierung im Sinne des Kapitel XI der Charta der Vereinten Nationen. Seine Bevölkerung besaß aufgrund dessen einen subjektiven Anspruch auf staatliche Unabhängigkeit. Der Anspruch war zunächst gegen Portugal als zuständige Verwaltungsmacht gerichtet. Zwar kann die Dekolonisierung auch durch einen Anschluss an einen anderen unabhängigen Staat erfolgen, die Voraussetzungen eines wirksamen Anschlusses an Indonesien lagen aber nicht vor. Die Integration war weder das Ergebnis des frei geäußerten Willens der Bevölkerung noch eines informierten und demokratischen Prozesses. Eine Einschränkung des Selbstbestimmungsrechts bei

Vorliegen historischer Verbindungen oder Enklaven ist rechtlich fragwürdig und für Osttimor auszuschließen. Andere Erwerbstatbestände kommen nicht in Betracht. Die Annexion vermochte aufgrund der ihr immanenten Verletzung des Gewaltverbotes keinen völkerrechtsgemäßen Titel zu begründen. Die Voraussetzungen von Okkupation, Ersitzung und historischer Konsolidierung lagen nicht vor. Unbeschadet ihrer Voraussetzungen können diese Erwerbstatbestände ohnehin den Erwerb eines Territoriums unter Verletzung des Selbstbestimmungsrechts nicht legitimieren. (3. Teil B. II. 1.-7.)

- Osttimor blieb daher bis zur Verwirklichung der Unabhängigkeit Gebiet ohne Selbstregierung im Sinne des Kapitel XI der Charta der Vereinten Nationen. Seine Bevölkerung behielt folglich das Recht auf autonome Bestimmung des eigenen Status. Dieser Anspruch bestand primär gegenüber der zuständigen Verwaltungsmacht, die Portugal de iure blieb. Er konnte aber auch Indonesien entgegengehalten werden. Dies folgt aus der Eigenschaft des Selbstbestimmungsrechts als Norm des zwingenden Völkerrechts. Indonesien war aufgrund seines Verhaltens dem völkergewohnheitsrechtlichen Selbstbestimmungsrecht auch verpflichtet. (3. Teil B. III.-V.)

- Dem osttimoresischen Volk stand zudem das Recht auf Unabhängigkeit auf der Grundlage des Notwehraspektes zu. Ein Recht auf Sezession befindet sich dato jedenfalls in statu nascendi. Dies ergibt eine Analyse der Staatenpraxis bei einer Reihe von Sezessionen. In der Staatenpraxis sind Sezessionen sowohl anerkannt als auch nicht anerkannt worden. In den meisten Fällen war eine Notwehrlage nicht ersichtlich. Bei den Sezessionen Biafras und Bangladeshs sowie bei der Auflösung Jugoslawiens kann dagegen vom Bestehen von Notwehrlagen ausgegangen werden. Der Biafra von der internationalen Gemeinschaft verweigerten Anerkennung kann nicht entnommen werden, dass ein Recht zur Sezession nicht bestand oder dessen Voraussetzungen nicht vorlagen. Biafra war zu keinem Zeitpunkt ein Staat im Sinne des Völkerrechts, so dass das Verhalten der Staaten der Berücksichtigung dieses Umstandes geschuldet sein könnte. Demgegenüber sind aus dem Anerkennungsverhalten der Staaten hinsichtlich Bangladeshs und Kroatiens eindeutige Schlussfolgerungen möglich. In beiden Fällen erfolgte die Anerkennung zu einem Zeitpunkt, in dem sich das neue Staatswesen noch nicht endgültig etabliert hatte und die alte Staatsgewalt die Sezession noch bekämpfte. Die Anerkennungen erfolgten daher vorzeitig. Vorzeitige Anerkennungen stellen eine völkerrechtswidrige Einmischung in die inneren Angelegenheiten eines anderen Staates dar, wenn sie nicht durch das Selbstbestimmungsrecht der sezedierenden Volksgruppe legitimiert sind. Da nicht unterstellt werden kann, die Staaten wollten sich bewusst ins Unrecht setzen, kann den vorzeitigen Anerkennungen entnommen werden, dass die anerkennenden Staaten von einer rechtmäßigen Inanspruchnahme des Selbstbestimmungsrechts ausgingen. Da die Sezession aus einem bestehenden Staat durch das Selbstbestimmungsrecht nur bei Bestehen einer Notwehrlage gerechtfertigt sein kann, hat die Staatengemeinschaft mit der Anerkennung Bangladeshs und Kroatiens konkludent Existenz und Voraussetzungen eines Rechts auf Sezession als gegeben angesehen. Derart eindeutige Schlussfolgerungen sind der Anerkennung der anderen neuen Staaten im ehemaligen Jugoslawien und der ehemaligen Sowjetunion nicht zu entnehmen, weil die völkerrechtliche Anerkennung in diesen Fällen durch dritte Staaten erst zu einem Zeitpunkt ausgesprochen wurde, als die neuen Staaten sich entweder im klassischen Sinne effektiv etabliert hatten oder der bisherige Staat durch Dismembration bereits untergegangen war. Im Falle der baltischen Staaten bedurfte es angesichts der völkerrechtswidrigen Annexion dieser Staaten durch die Sowjetunion nicht der Inanspruchnahme des Selbstbestimmungsrechts für die Rechtfertigung der Unabhängigkeit, so dass dem Verhalten der Staaten keine zwingenden Schlüsse entnommen werden können. (3. Teil C. I. 3. a) aa)-bb))

- Als relevante völkergewohnheitsrechtliche Übung kommt demnach nur das Verhalten der Staaten im Falle der Sezessionen Bangladeshs und Kroatiens in Betracht. Angesichts des absoluten Ausnahmecharakters des Notwehrrechts und der intensiven Beteiligung der internationalen Staatengemeinschaft reicht die Staatenpraxis in den beiden Fällen für die Entstehung einer völkergewohnheitsrechtlichen Norm aus. Die entsprechende Rechtsüberzeugung ist nicht nur durch das Verhalten der Staaten in beiden Fällen nachweisbar. Es ist bereits in der Prinzipiendeklaration von 1970 zum Ausdruck gebracht und im Schlussdokument der Wiener Weltmenschenrechtskonferenz wiederholt worden. Die gewohnheitsrechtliche Anerkennung des Notwehrrechtes kann deshalb angenommen werden. Jedenfalls hat man von einem solchen Recht in statu nascendi auszugehen. (3. Teil C. I. 3. a) cc), b)-c))

- Auf der Grundlage der nachgewiesenen Übung lassen sich in Verbindung mit Überlegungen in der völkerrechtlichen Lehre Voraussetzungen eines Sezessionsrechtes herausarbeiten. Als Anspruchsinhaber kommen nur Minderheiten im ethnischen Sinne in Betracht, die in einem abgegrenzten Gebiet die Bevölkerungsmehrheit stellen. Die Minderheit muss sich in einer Notwehrlage befinden, die durch das Verhalten der Organe des Staates, der die Staatsgewalt über die anspruchstellende Minderheit ausübt, oder das zurechenbare Verhalten Privater herbeigeführt worden ist. Es darf zudem keine andere Möglichkeit zur Abwendung der Notwehrlage bestehen. Eine Notwehrlage kann nicht abschließend beschrieben werden. Sie liegt jedenfalls dann vor, wenn die Existenz der Minderheit gefährdet ist oder eine unzumutbare Diskriminierung schwersten Ausmaßes besteht. (3. Teil C. I. 4.)

- Die Osttimoresen können vor dem Hintergrund der prägenden portugiesischen Kolonialgeschichte und der Selbstidentifikation als Schicksalsgemeinschaft als Inhaber des Notwehrrechts angesehen werden, obwohl eindeutige ethnische Unterschiede insbesondere zu der westtimoresischen Bevölkerung nicht nachweisbar sind. (3. Teil C. II. 1.)

- Eine durch den indonesischen Staat herbeigeführte Notwehrlage der Osttimoresen kann insbesondere im Hinblick auf das indonesische Assimilationsprogramm und die desaströse Menschenrechtslage als gegeben angenommen werden. Indonesien war an das völkergewohnheitsrechtliche Sezessionsrecht mangels beharrlichen Widerspruches gebunden. (3. Teil C. II. 2.-4., III.)

- Die Durchführung von Referenden ist völkerrechtlich nicht geboten. Eine Pflicht zur Befragung der Bevölkerung ergibt sich weder aus dem Selbstbestimmungsrecht noch aus einem entsprechenden selbständigen Rechtssatz. Referenden beruhen entweder auf internationaler Vereinbarung oder auf innerstaatlichem Recht. Aufgrund der Staatenpraxis seit 1990 befindet sich jedoch eine entsprechende völkerrechtliche Regel im Werden. (3. Teil D. I. 1.)

- Das Unabhängigkeitsreferendum in Osttimor vom August 1999 beruhte auf internationalen Vereinbarungen zwischen Indonesien, Portugal und den Vereinten Nationen. Im innerstaatlichen Recht Indonesiens und Portugals findet sich für das Plebiszit keine Rechtsgrundlage. (3. Teil D. I. 2.-3.)

- In Lehre und Staatenpraxis sind völkerrechtliche Regeln für die Durchführung gebietsbezogener Referenden anerkannt. Die Abstimmung muss allgemein, frei, gleich und geheim sein. Das Abstimmungsgebiet muss in einer Weise neutralisiert sein, dass eine freie Entscheidung des Selbstbestimmungsträgers möglich ist. Die Abstimmungsfrage muss allgemein verständlich sein und inhaltliche Alternativen enthalten. Das Referendum wird mit einfacher Mehrheit der abgegebenen Stimmen entschieden. Ein Quorum für die Wahlbeteiligung gibt es nicht. Verletzungen dieser Regeln stehen der Anerkennung des Referendums nur dann entgegen, wenn sie sich auf das Referendumsergebnis ausgewirkt haben (Erheblichkeit). (3. Teil D. II. 1. a), b), 2.)

- In Osttimor war von den vertragsschließenden Parteien eine Entwaffnung pro-indonesischer Milizen und eine neutrale Position der indonesischen Verwaltung und Streitkräfte vereinbart worden. Massive Störungen des Ablaufs des Referendums durch die Milizen haben das Ergebnis des Plebiszits nicht beeinflusst. Trotz der Verletzung völkerrechtlicher Regeln für die Durchführung von Plebisziten wurde das Unabhängigkeitsreferendum in Osttimor von keiner Seite in Frage gestellt. (3. Teil D. II. 1. c), 2.)

- Die internationale Kontrolle von Referenden hat sich als Prinzip herausgebildet. Sie begründet eine Vermutung für die Ordnungsmäßigkeit des Verfahrens. Referenden ohne internationale Beobachtung werden von der Staatengemeinschaft nicht anerkannt. In Osttimor wurde das Referendum vollständig von den Vereinten Nationen vorbereitet und durchgeführt. (3. Teil D. II. 3.)

- Die Stimmberechtigung orientiert sich am Wohnsitzkriterium, das durch Legitimitätsaspekte ergänzt wird. Die gezielte Veränderung der Zusammensetzung der Bevölkerung durch Vertreibungen und die Ansiedlung von Kolonisten ist völkerrechtswidrig. Vertriebenen ist Stimmrecht zu gewähren, gezielt Angesiedelten zu verweigern. Im Einzelfall bieten sich zeitliche Vorgaben für Dauer und Begründung des Wohnsitzes an. Das Abstammungsprinzip als ausschließlicher Anknüpfungsgesichtspunkt ist fragwürdig, weil auch Personen abstimmen dürfen, die unter Umständen keine Bindung mehr zu dem Abstimmungsgebiet haben. Dient das Referendum der Verwirklichung des Selbstbestimmungsrechts ist für das Stimmrecht die personale Zusammensetzung des Selbstbestimmungsträgers maßgeblich. (3. Teil D. II. 4. a)-b))

- Bei dem Referendum in Osttimor knüpfte die Regelung des Stimmrechts ausschließlich an die Geburt im Abstimmungsgebiet an. Der Wohnsitz spielte keine Rolle. Damit wich die Stimmrechtsregelung deutlich von der bisherigen Praxis ab. Eine vergleichbare Regelung gab es jüngster Zeit auch in

Eritrea. In beiden Fällen wurde die Staatsgewalt ohne oder aufgrund eines fragwürdigen Titels ausgeübt. In beiden Fällen führte die Stimmrechtsregelung zum Ausschluss zugewanderter Siedler. Damit bestätigt die Staatenpraxis zwar nicht das Domizilprinzip aber die genannten Legitimitätserwägungen. (3. Teil D. II. 4. c))

- Bei der Festlegung des Abstimmungsgebietes kann aus praktischen Gründen nur auf vorhandene Grenzen zurückgegriffen werden. Eine innere Aufteilung des Abstimmungsgebietes in getrennt auszuwertende Stimmbezirke ist nur bei der Festlegung von Grenzen zwischen Staaten praktikabel. Das Unabhängigkeitsreferendum in Osttimor fand in den überkommenen kolonialen Grenzen statt. Für den Ausgang des Referendums war die Mehrheit im gesamten Abstimmungsgebiet maßgeblich. (3. Teil D. II. 5.)

- Das Ergebnis eines internationalen Plebiszites ist für die beteiligten Staaten bindend. Im Falle Osttimors hatten die vertragsschließenden Parteien dies ausdrücklich vereinbart. (3. Teil D. III.)

- Für diejenigen Staaten, die die Inkorporation Osttimors in den indonesischen Staatsverband als völkerrechtsgemäß anerkannt haben, konnte die Selbstbestimmungsforderung der Osttimoresen nur durch das Notwehrrecht legitimiert sein. Die Unterstellung völkerrechtsgemäßer Dekolonisierung bedeutete zugleich den Verbrauch des kolonialen Selbstbestimmungsrechts. Sofern diese Staaten in der Folgezeit das Selbstbestimmungsrecht der Osttimoresen anerkannt haben, haben sie sich entweder widersprüchlich verhalten oder sie haben ein Recht der Osttimoresen auf Sezession anerkannt. Dies trifft insbesondere auf Australien zu. (3. Teil E. I.)

- Das Plebiszit hat sich als Instrument zur Verwirklichung des Selbstbestimmungsrechts bewährt. Insbesondere hinsichtlich der Festlegung der Stimmberechtigung ist es bisher noch nicht zu einer gewohnheitsrechtlichen Verfestigung gekommen. Die Regelung des Stimmrechts bei dem Referendum in Osttimor hat das bisherige dominierende Domizilprinzip nicht bestätigt. Eine völkerrechtliche Pflicht zur Befragung der Bevölkerung bei der Entscheidung über das künftige Schicksal einer Gebietseinheit befindet sich derzeit im Werden. (3. Teil E. II.)

Zeittafel

Ca. 10.000 v. Chr.	Erste Einwanderer, vermutlich Negritos und Melanesier, lassen sich auf Timor nieder.
Ca. 6.000 v. Chr.	Älteste Siedlungsspuren können im Westen von Timor nachgewiesen werden.
bis zur Zeitwende	Weitere Einwanderungswellen finden statt (neben Negritos und Melanesiern auch Protomalaien).
Ca. 1000 n. Chr.	Regionale Reiche bilden sich heraus (Atoni im Westen, Belu im Osten).
1520	Timor wird von Portugiesen entdeckt.
1533	Eine erste portugiesische Siedlung wird gegründet.
1586	Eine portugiesische Kolonialverwaltung wird eingerichtet.
1602	Niederländische Handelsschiffe laufen Timor an.
1613	Die niederländische Kolonisation Timors beginnt.
1642	Die Portugiesen stoßen bis ins Landesinnere vor, die regionalen timoresischen Reiche brechen zusammen.
1653	Die Niederländer verdrängen die Portugiesen aus Kupang (Westtimor).
1769	Die portugiesische Kolonialverwaltung verlegt ihren Sitz von Lifau nach Dili.
20.04.1859	Ein erster Grenzvertrag zwischen Portugal und den Niederlanden regelt die Aufteilung der Insel.
10.06.1893	Ein zweiter Grenzvertrag zwischen Portugal und den Niederlanden konkretisiert die Aufteilung der Insel, den Austausch von Enklaven und gewährt den Vertragsparteien ein Vorkaufsrecht für das Territorium des anderen.
1895-1912	Eine letzte Erhebung Eingeborener gegen die portugiesische Kolonialherrschaft bleibt ohne Erfolg.
01.10.1904	Das Haager Übereinkommen zwischen Portugal und den Niederlanden über die exakte Grenzziehung führt nicht zu einer endgültigen Klärung.
1912	Die portugiesischen Kolonialherren haben Osttimor endgültig unter ihre effektive Kontrolle gebracht.

03.04.1913	Mit der Haager Schiedsvereinbarung zwischen Portugal und den Niederlanden wird zur Streitbeilegung ein Schiedsverfahren vereinbart.
25.06.1914	Schiedsspruch des Ständigen Schiedsgerichtshofes zugunsten der Niederlande und damit endgültige Aufteilung der Insel in einen niederländischen Westteil und einen portugiesischen Ostteil.
08.01.1918	US-Präsident Wilson gibt seine Vierzehnpunkte-Erklärung ab.
14.08.1941	In der Atlantik Charta vereinbaren der amerikanische Präsident Roosevelt und der britische Premierminister Churchill gemeinsame Grundprinzipien ihrer Politik.
Dezember 1941	Alliierte Truppen werden auf Timor stationiert.
1942-1945	Japanische Besetzung und Guerillakämpfe mit den von der Bevölkerung unterstützten Australiern führen zu mehreren zehntausend Toten.
16.06.1945	Die Vereinten Nationen werden in San Francisco gegründet.
17.08.1945	Indonesien erklärt seine Unabhängigkeit von den Niederlanden, der Westen Timors wird Bestandteil Indonesiens.
27.09.1945	Die portugiesische Souveränität über Osttimor wird wieder hergestellt.
1951	Eine Änderung der portugiesischen Verfassung macht Osttimor zum Bestandteil des portugiesischen Mutterlandes.
1955	Portugal wird Mitglied der Vereinten Nationen.
1959	Eine Rebellion bei Viqueque im Süden Osttimors wird von portugiesischem Militär blutig niedergeschlagen.
14.12.1960	Die Generalversammlung der Vereinten Nationen beschließt einstimmig die Deklaration über die Gewährung der Unabhängigkeit an koloniale Länder und Völker (Res. 1514/XV), die das Recht auf Selbstbestimmung allen Kolonialvölkern zuerkennt und Kolonialismus als Verstoß gegen das Völkerrecht bezeichnet.
15.12.1960	Mit Resolution 1542 (XV) der Generalversammlung der Vereinten Nationen wird Osttimor auf die Liste der Gebiete ohne Selbstregierung im Sinne von Artikel 73 der Charta der Vereinten Nationen gesetzt.
1965	Der indonesische Armeechef Suharto kann Staatsgründer Sukarno aus dem Amt verdrängen.

16.12.1966	Unterzeichung der beiden Internationalen Konventionen über bürgerliche und politische sowie wirtschaftliche, soziale und kulturelle Rechte, in denen das Recht auf Selbstbestimmung allen Völkern zuerkannt wird und die Vertragsstaaten zur Achtung dieses Rechts verpflichtet werden.
24.10.1970	Die Generalversammlung der Vereinten Nationen verabschiedet im Konsensverfahren die Deklaration über die Prinzipien des Völkerrechts betreffend die freundschaftlichen Beziehungen und die Zusammenarbeit zwischen den Staaten in Übereinstimmung mit der Charta der Vereinten Nationen (Res. 2625/XXV), die das Recht auf Selbstbestimmung allen Völkern zuerkennt.
25.04.1974	Die Revolution in Portugal beendet die Diktatur, eine Kehrtwende in der portugiesischen Kolonialpolitik wird eingeleitet.
Mai 1974	In Osttimor formieren sich politische Parteien: Es entstehen die proportugiesische UDT, die antikoloniale ASDT (später FRETILIN) und die pro-indonesische APODETI.
27.07.1974	Mit Verfassungsgesetz Nr. 7/74 anerkennt der portugiesische Revolutionsrat das Selbstbestimmungsrecht der Kolonialbevölkerungen in den portugiesischen Kolonien.
14.12.1974	Mit der Aggressionsdefinition (Res. 3314/XXIV) legitimiert die Generalversammlung den bewaffneten Kampf für die Selbstbestimmung.
20.01.1975	FRETILIN und UDT bilden eine Koalition mit dem Ziel, die Unabhängigkeit nach einer vorübergehenden Assoziation mit Portugal zu verwirklichen.
27.05.1975	Die Koalition wird von der UDT aus bis heute unklaren Motiven wieder aufgelöst.
Juli 1975	Kommunalwahlen unter portugiesischer Verwaltung, aus denen die FRETILIN als Siegerin hervorgeht, finden statt.
11.08.1975	Die UDT versucht gewaltsam, die Macht an sich zu reißen.
13.08.1975	Ein Bürgerkrieg zwischen Anhängern von UDT und FRETILIN beginnt.
27.08.1975	Die portugiesische Kolonialverwaltung verlegt ihren Sitz auf die Insel Atauro.
September 1975	Es kommt zu ersten Gefechten an der Grenze zu Indonesien.
Oktober 1975	APODETI, UDT, KOTA und Trabalhista schließen sich zur antikommunistischen Bewegung (MAC) zusammen.

03.11.1975	Indonesien erklärt nach einer gemeinsamen Konferenz mit Portugal, dass es dessen fortbestehende Souveränität in Osttimor respektiere.
28.11.1975	Die *Demokratische Republik Osttimor* wird ausgerufen und die portugiesische Fahne eingeholt, 15 Staaten erklären in den folgenden Tagen die Anerkennung.
30.11.1975	UDT und APODETI proklamieren den Anschluss Osttimors an Indonesien.
06.12.1975	Portugal gibt mit der Insel Atauro den letzten Landstützpunkt auf.
07.12.1975	Indonesische Truppen landen in Osttimor und besetzen die Hauptstadt Dili, Portugal bricht die diplomatischen Beziehungen zu Indonesien ab.
12.12.1975	Mit Resolution 3485 (XXX) verurteilt die Generalversammlung der Vereinten Nationen die militärische Intervention Indonesiens und fordert den Abzug aller Truppen.
14.12.1975	Die osttimoresische Enklave Oecussi wird Indonesien einverleibt.
17.12.1975	Auf indonesische Initiative wird in Osttimor eine provisorische Regierung gebildet.
22.12.1975	Mit Resolution 384 schließt sich der Sicherheitsrat der Vereinten Nationen den Forderungen der Generalversammlung an.
28.12.1975	Pro-indonesische Truppen besetzen Atauro und hissen die indonesische Fahne.
22.04.1976	Mit Resolution 389 bekräftigt der Sicherheitsrat die Forderungen der Resolution 384, allerdings wird die Aufforderung zur Kooperation nicht mehr ausdrücklich an Portugal gerichtet.
17.07.1976	Präsident Suharto unterschreibt ein vom Parlament verabschiedetes Gesetz, das Osttimor zur 27. Provinz Indonesiens erklärt.
01.12.1976	Mit Resolution 31/53 weist die Generalversammlung der Vereinten Nationen die indonesische Behauptung zurück, die Bevölkerung Osttimors habe sich Indonesien aus freien Stücken angeschlossen.
28.11.1977	Mit Resolution 32/34 greift die Generalversammlung der Vereinten Nationen die Osttimor-Problematik erneut auf.
20.01.1978	Der australische Außenminister erklärt, Australien erkenne die Souveränität Indonesiens in Osttimer de facto an.
13.12.1978	Resolution 33/39 der Generalversammlung der Vereinten Nationen befasst sich erneut mit der Osttimorproblematik.

15.12.1978	Der australische Außenminister erklärt, die australische Anerkennung der indonesischen Souveränität über Osttimor vom 20.01.1978 sei als Anerkennung de iure zu verstehen.
01.11.1980	Resolution 35/27 der Generalversammlung der Vereinten Nationen und
24.11.1981	Resolution 36/50 der Generalversammlung der Vereinten Nationen werden mit knappen Mehrheiten beschlossen.
09.12.1982	Mit Resolution 37/30 der Generalversammlung der Vereinten Nationen wird der Generalsekretär beauftragt, „Gute Dienste" zur Vermittlung zwischen Indonesien und Portugal zu leisten.
Anschließend	nehmen Portugal und Indonesien Verhandlungen zur Lösung der Osttimorfrage unter der Schirmherrschaft des Generalsekretärs der Vereinten Nationen auf.
1988	Gründung des CNRM als Vereinigung aller gegen die Annexion arbeitenden Parteien und Gruppierungen unter Führung Gusmaos.
Oktober 1989	Papst Johannes Paul II. besucht Osttimor, es kommt zu Massendemonstrationen gegen die indonesische Besatzung.
11.12.1989	Australien und Indonesien schließen den Timor Gap Treaty (Timorgrabenvertrag).
22.02.1991	Portugal erhebt deswegen Klage gegen Australien vor dem Internationalen Gerichtshof in Den Haag.
12.11.1991	Bei einem Massaker auf dem Santa-Cruz-Friedhof in Dili töten indonesische Soldaten mehrere hundert unbewaffnete Zivilisten.
20.11.1992	Widerstandsführer Gusmao wird von indonesischen Sicherheitskräften gefangen genommen.
06.04.1993	Mit der Gefangennahme seines Nachfolgers Gomes da Costa endet der militärische Widerstand gegen die indonesische Besatzung.
21.05.1993	Gusmao wird von einem indonesischen Gericht in Jakarta wegen Waffenbesitzes zu lebenslanger Haft verurteilt, Präsident Suharto wandelt die Strafe in eine zwanzigjährige Freiheitsstrafe um.
25.06.1993	Die Wiener Erklärung und das Aktionsprogramm der Wiener Weltmenschenrechtskonferenz bekräftigen das Selbstbestimmungsrecht der Völker.
18.08.1994	Der oberste Gerichtshof Australiens weist eine Klage gegen die australischen Transformationsgesetze für den Timorgrabenvertrag ab.

30.06.1995	Der Internationale Gerichtshof in Den Haag erklärt die Klage Portugals gegen Australien für unzulässig.
12.12.1996	Der Apostolische Administrator in Dili, Bischof Belo, und der osttimoresische Politiker und Diplomat Ramos-Horta erhalten den Friedensnobelpreis.
1998	General Suharto muss nach 33 Jahren als indonesischer Präsident zurücktreten.
27.01.1999	Der neue indonesische Präsident Habibie bietet ein Referendum über die Unabhängigkeit Osttimors an.
05.05.1999	Übereinkommen zwischen Indonesien, Portugal und den Vereinten Nationen über die Durchführung eines Referendums über einen besonderen Autonomiestatus für Osttimor.
07.05.1999	Mit Resolution 1236 (1999) begrüßt der Sicherheitsrat der Vereinten Nationen die Vereinbarung.
11.06.1999	Mit Resolution 1246 (1999) richtet der Sicherheitsrat UNAMET ein, deren Aufgabe in der Durchführung einer Volksabstimmung besteht.
ab Juli 1999	Die Sicherheitslage in Osttimor wird zunehmend kritischer.
30.08.1999	Das Referendum findet unter Aufsicht von Wahlbeobachtern der Vereinten Nationen statt.
03.09.1999	UNAMET gibt das Ergebnis des Referendums bekannt: Bei einer Wahlbeteiligung von 98,6 Prozent (446.953 Wähler) haben 344.580 Wähler (78,5 Prozent) gegen den zur Abstimmung gestellten Autonomiestatus und damit für die Loslösung von Indonesien gestimmt. Unmittelbar nach der Bekanntgabe des Ergebnisses kommt es zu heftigen Ausschreitungen pro-indonesischer Milizen.
12.09.1999	Indonesien erklärt sein Einverständnis zum Einsatz einer internationalen Friedenstruppe.
15.09.1999	Mit Resolution 1264 (1999) erteilt der Sicherheitsrat der Vereinten Nationen INTERFET ein Mandat und beauftragt Australien mit der Führung der Truppe.
19.10.1999	Das indonesische Parlament nimmt das Ergebnis des Referendums an.
25.10.1999	Mit Resolution 1272 (1999) des Sicherheitsrates wird die Übergangsverwaltung der Vereinten Nationen UNTAET eingerichtet.
28.10.1999	In einem Schreiben an den Generalsekretär der Vereinten Nationen erklärt der indonesische Präsident Wahid den Verzicht Indonesiens auf alle Ansprüche in Bezug auf Osttimor.

30.10.1999	Die letzten indonesischen Soldaten verlassen Osttimor.
15.11.1999	ECOSOC fordert wegen indonesischer Menschenrechtsverletzungen die Einsetzung einer internationalen Untersuchungskommission.
10.02.2000	Australien und UNTAET verständigen sich vorläufig, den Timorgrabenvertrag weiter anzuwenden.
06.09.2000	Drei Mitarbeiter des UNHCR werden in Westtimor von Milizen getötet.
08.09.2000	Mit Resolution 1319 (2000) fordert der Sicherheitsrat Indonesien zur Entwaffnung der Milizen auf.
15.11.2000	In Dili wird eine Universität eröffnet.
17.03.2001	UNTAET beginnt mit einer Volkszählung.
23.06.2001	Osttimor hat ausweislich der Volkszählung 778.989 Einwohner.
05.07.2001	Australien und UNTAET kommen überein, den Timorgrabenvertrag endgültig weiter anzuwenden.
13.07.2001	Eine Kommission für Aufnahme, Wahrheit und Versöhnung nach dem Beispiel Südafrikas wird eingesetzt.
14.07.2001	Ein aus 33 Mitgliedern bestehender Nationalrat wird einberufen.
30.08.2001	Wahlen zur verfassungsgebenden Versammlung werden durchgeführt, aus denen die FRETILIN mit 57,3 Prozent als Siegerin hervorgeht.
14.04.2002	Die Präsidentschaftswahl gewinnt Unabhängigkeitsführer Gusmao mit 82,7 Prozent.
17.05.2002	Mit Resolution 1410 (2002) des Sicherheitsrates wird UNMISET eingerichtet, deren Aufgabe in der stufenweisen Rückführung der Übergangsverwaltung besteht.
20.05.2002	Mit dem Inkrafttreten der Verfassung entsteht die Demokratische Republik Osttimor.
27.09.2002	Osttimor wird als jüngster Staat der Erde Mitglied der Vereinten Nationen.

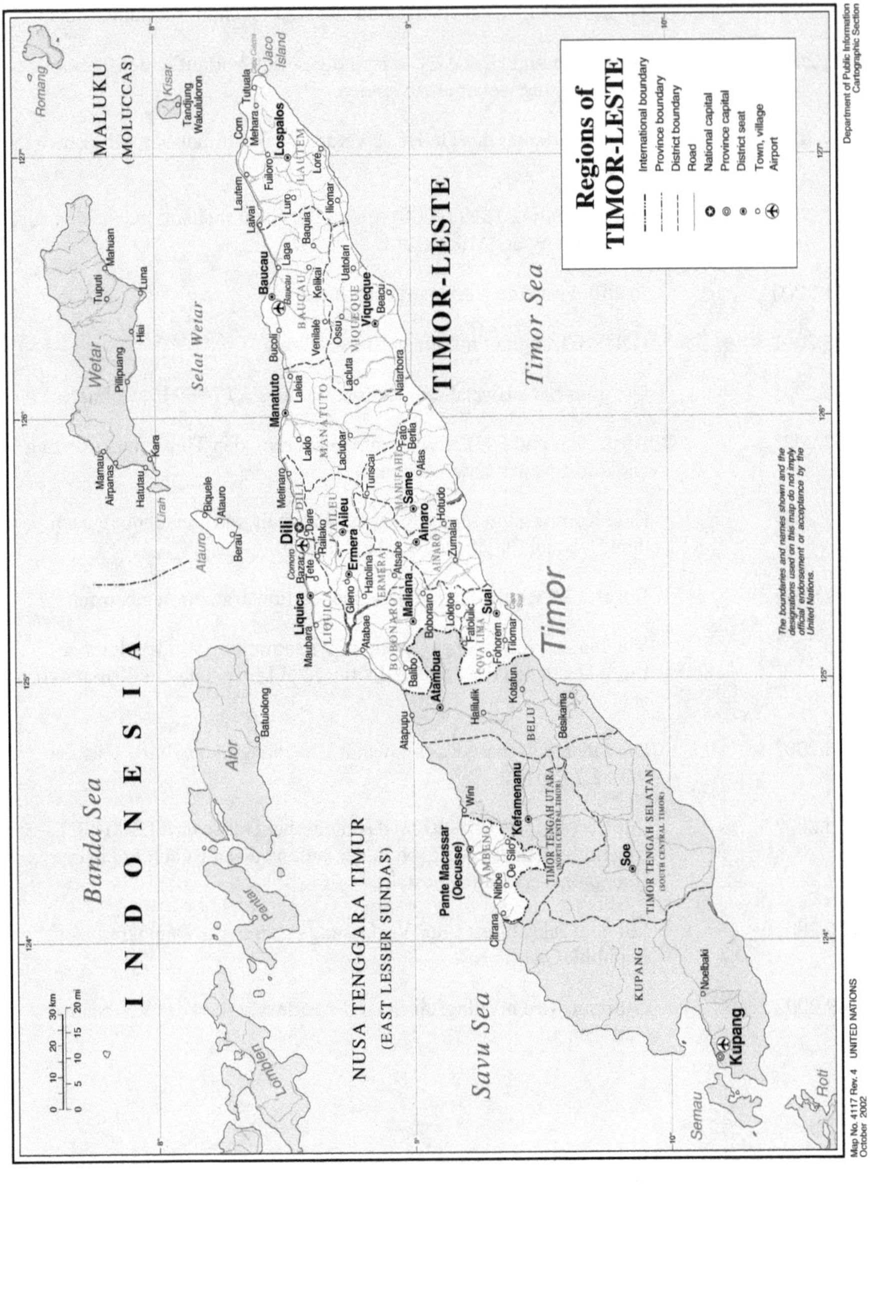
Regions of TIMOR-LESTE
International boundary
Province boundary
District boundary
Road
National capital
Province capital
District seat
Town, village
Airport
TIMOR-LESTE
I N D O N E S I A
NUSA TENGGARA TIMUR
(EAST LESSER SUNDAS)
MALUKU
(MOLUCCAS)
Banda Sea
Savu Sea
Timor Sea
Selat Wetar
Timor
Wetar
Alor
Pantar
Lomblen
Atauro
Kisar
Romang
Jaco Island
Semau
Roti
Dili
Baucau
Lospalos
Manatuto
Viqueque
Same
Ainaro
Aileu
Ermera
Maliana
Liquica
Suai
Atambua
Kefamenanu
Soe
Kupang
Pante Macassar
(Oecusse)
KUPANG
BELU
AMBENO
TIMOR TENGAH UTARA
(NORTH CENTRAL TIMOR)
TIMOR TENGAH SELATAN
(SOUTH CENTRAL TIMOR)
LAUTEM
BAUCAU
VIQUEQUE
MANATUTO
MANUFAHI
AILEU
DILI
LIQUICA
ERMERA
BOBONARO
AINARO
COVA LIMA
The boundaries and names shown and the designations used on this map do not imply official endorsement or acceptance by the United Nations.
Map No. 4117 Rev. 4 UNITED NATIONS
October 2002
Department of Public Information
Cartographic Section

Literaturverzeichnis

Amnesty International:
Indonesien und Osttimor: Kein Paradies für Menschenrechte, Bonn 1994.

Amiel, Hubert:
La pratique française des plébiscites internationaux, in: Revue Général de Droit International Public, 80 (1976), S. 425-501.

Anonym Note:
The Logic of Secession, in: The Yale Law Journal, 89 (1979-1980), S. 802-824.

Ansprenger, Franz:
Osttimor: Zwei Jahre danach, in: Blätter für deutsche und internationale Politik, 46 (2001), S. 1049-1053.

Ansprenger, Franz:
Osttimor, die Vereinten Nationen und die Internationale Staatengemeinschaft – Im „Schutz" der UNO, in: Blätter für deutsche und internationale Politik, 44 (1999), S. 1188-1192.

Arangio-Ruiz, Gaetano:
The United Nations Declaration on Friendly Relations and the System of the Sources of International Law, Alphen 1979.

Armbruster, Hubert:
Selbstbestimmungsrecht, in: Strupp, Karl / Schlochauer, Hans-Jürgen (Hrsg.), Wörterbuch des Völkerrechts, Bd. 3, Rapallo-Vertrag bis Zypern, 2. Aufl., Berlin 1962, S. 250-255.
(zit.: Armbruster, Selbstbestimmungsrecht, WVR, Bd. 3)

Arzinger, Rudolf:
Das Selbstbestimmungsrecht im allgemeinen Völkerrecht der Gegenwart, Berlin (Ost) 1966.

Assmann, Kersti:
Die Transmigration in Indonesien unter besonderer Berücksichtigung des ethnisch-nationalen Aspekts, in: Studien über Asien, Afrika und Lateinamerika, 18 (1990), 6, S. 998-1010.

Aubrey, Jim:
Canberra: Jakarta's Trojan Horse in East Timor, in: Hainsworth, Paul / Mc Closkey, Stephen (Hrsg.), The East Timor Question – The Struggle for Independence, London 2001, S. 133-149.

Auburn, Francis M. / Forbes, Vivian L.:
The Timor Gap Treaty and the Law of the Sea Convention, in: Ocean Yearbook, 10 (1993), S. 40-53.

Baade, Hans W.:
Intertemporales Völkerrecht, in: Jahrbuch für Internationales Recht 7 (1957), S. 229-256.

Baer, Stephanie:
Der Zerfall Jugoslawiens im Lichte des Völkerrechts, Frankfurt 1995 (Zugl. Diss. Univ. Würzburg).

Beigbeder, Yves:
International Monitoring of Plebiscites, Referenda and National Elections, Dordrecht 1994.

Bernhard, Rudolf:
Ungeschriebenes Völkerrecht, in: Zeitschrift für ausländisches öffentliches Recht und Völkerrecht, 36 (1976), S. 50-76.

Beyerlin, Ulrich:
Humanitarian Intervention, in: Bernhard, Rudolf (Hrsg.), Encyclopedia of Public International Law, Vol. II, East African Community to Italy-United States Air Transport Arbitration (1965), Amsterdam 1995, S. 926-933.

Bleckmann, Albert:
Völkerrecht, Baden-Baden 2001.

Blittersdorf, Winrich Freiherr von:
Das internationale Plebiszit. Praktische Fragen und Technik der Verwirklichung des Selbstbestimmungsrechts, Hamburg 1965.

Blum, Yehuda Z.:
Russia takes over the Soviet Union's Seat at the United Nations, in: European Journal of International Law, 3 (1992), S. 354-361.

Blum, Yehuda Z.:
UN Membership of the „New" Yugoslavia: Continuity or Break?, in: American Journal of International Law, 86 (1992), S. 830-833.

Blumenwitz, Dieter:
Deutschlandfrage und Selbstbestimmungsrecht, in: Blumenwitz, Dieter, Meissner, Boris (Hrsg.), Das Selbstbestimmungsrecht der Völker und die deutsche Frage, Köln 1984, S. 139-149.

Blumenwitz, Dieter:
Die Menschenrechtspakte der Vereinten Nationen und das Selbstbestimmungsrecht, in: Kulturstiftung der deutschen Vertriebenen (Hrsg.), Menschenrechte und Selbstbestimmung unter Berücksichtigung der Ostdeutschen, Bonn 1981, S. 21-36.

Blumenwitz, Dieter:
Das Sezessionsrecht innerstaatlicher Rechtsgemeinschaften, in: Verfassung und Recht in Übersee, 3 (1970), S. 429-442.

Bluntschli, Johann Caspar:
Lehre vom modernen Staat: Erster Teil. Allgemeine Staatslehre, 6. Aufl., Stuttgart 1886.

Bowring, Bill:
Self-Determination and the Jurisprudence of the ICJ, in: Catholic Institute for International Relations / International Platform of Jurists for East Timor (Hrsg.), International Law and the Question of East Timor, London 1995, S. 151-165.

Bredow, Wilfried von:
Osttimor, die Vereinten Nationen und die Internationale Staatengemeinschaft – Wen interessiert schon Osttimor, in: Blätter für deutsche und internationale Politik, 44 (1999), S. 1192-1195.

Brockhaus:
Enzyklopädie in 24 Bänden, 20. Aufl., Leipzig, Mannheim 1996 - 1999, Band 3, BED-BROM, 1996, Band 6, DUD-EV, 1997, Band 10, HERR-ISS, 1997, Band 11, IST-KIP, 1997, Band 12, KIR-LAGH, 1997, Band 16, NORE-PERT, 1998, Band 20, SEIF-STAL, 1998, Band 21, STAM-THEL, 1998, Band 22, THEM-VALK, 1999, Band 24, WELI-ZZ, 1999.

Broms, Bengt:
Autonomous Territories, in: Bernhard, Rudolf (Hrsg.), Encyclopedia of Public International Law, Vol. I, Aaland Islands to Dumbarton Oaks Conference (1944), Amsterdam 1992, S. 308-311.
(zit.: Broms, Autonomous Territories, EPIL Vol. I)

Brownlie, Ian:
Principles of Public International Law, 5. Aufl., Oxford 1998.

Brunner, Georg / Meissner, Boris (Hrsg.):
Verfassungen der kommunistischen Staaten, Paderborn 1980.

Buchheit, Lee C.:
Secession. The Legitimacy of Self-Determination, New Haven 1978.

Bünger, Karl:
Dokumente zur Entstehung der Vereinigten Staaten von Indonesien, in: Zeitschrift für ausländisches öffentliches Recht und Völkerrecht, 13 (1950/51), S. 431-473.

Capotorti, Francesco:
Study on the Rights of Persons belonging to Ethnic, Religious and Linguistic Minorities, UN Doc. E/CN.4/Sub.2/384/Rev.1, New York 1979.

Capotorti, Francesco / Hofmann, Rainer:
Minorities, in: Bernhard, Rudolf (Hrsg.), Encyclopedia of Public International Law, Vol. III, Jan Mayen to Pueblo Incident, Amsterdam 1997, S. 410-424.
(zit.: Capotorti/Hoffmann, Minorities, EPIL Vol. III)

Cassese, Antonio:
The International Court of Justice and the Right of Peoples to Self-Determination, in: Lowe, Vaughan / Fitzmaurice, Malgosia (Hrsg.), Fifty Years of the International Court of Justice, Essays in Honour of Sir Robert Jennings, New York 1996, S. 351-363.

Charlesworth, Hillary:
The Constitution of East Timor, May 20, 2002, in: International Journal of Constitutional Law, 1 (2003), S. 325-334.

Chinkin, Christine M.:
East Timor: A Failure of Decolonisation, in: Australian Yearbook of International Law, 20 (1999), S. 35-54.

Chinkin, Christine M.:
Australia and East Timor in International Law, in: Catholic Institute for International Relations / International Platform of Jurists for East Timor (Hrsg.), International Law and the Question of East Timor, London 1995, S. 269-289.

Chinkin, Christine M.:
The East Timor Case before the International Court of Justice: East Timor Moves into the World Court, in: European Journal of International Law, 4 (1993), S. 206-222.

Chinkin, Christine M.:
The Merits of Portugal's Claim against Australia, in: University of New South Wales Law Journal, 15 (1992), S. 423-438.

Chomsky, Noam:
People without Rights: Kosovo, Ost-Timor und der Westen, Hamburg 2002.

Chomsky, Noam:
The Plight of East Timor, in: The Australian Quarterly, 5 (1979), S. 47-61.

Clark, Roger S.:
East Timor, Indonesia and the International Community, in: Temple International and Comparative Law Journal, 14 (2000), S. 75-87.

Clark, Roger S.:
The 'Decolonisation' of East Timor and the United Nations Norms on Self-Determination and Aggression, in: Catholic Institute for International Relations / International Platform of Jurists for East Timor (Hrsg.), International Law and the Question of East Timor, London 1995, S. 65-102.

Clark, Roger S.:
Timor Gap: The Legality of the "Treaty on the Zone of Cooperation in an Area between the Indonesian Province of East Timor and Northern Australia", in: Pace Yearbook of International Law, 4 (1992), S. 69-95.

Clark, Roger S.:
Some International Law Aspects of the East Timor Affair, in: Leiden Journal of International Law, 5 (1992), S. 265-271.

Clark, Roger S.:
Does the Genocide Convention Go Far Enough? Some Thoughts on the Nature of Criminal Genocide in the Context of Indonesia's Invasion of East Timor, in: Ohio Northern University Law Review, 8 (1981), S. 321-328.

Clark, Roger S.:
The 'Decolonisation' of East Timor and the United Nations Norms on Self-Determination and Aggression, in: The Yale Journal of World Public Order, 7 (1980), S. 2-44.

Cobban, Alfred:
The Nation State and National Self-Determination, 2. Aufl., London 1969.

Commager, Henry Steele / Cantor, Milton (Hrsg.):
Documents of American History, Vol. I, to 1898, Vol. II, Since 1898, 10. Aufl., Englewood, New Jersey 1988.

Crawford, James:
The Creation of States in International Law, Oxford 1979.

Cristescu, Aureliu:
The Right to Self-Determination. The Historical and Current Development on the Basis of United Nations Instruments, UN Doc. E/CN.4/Sub.2/404/Rev.1, New York 1981.

Cviic, Christopher:
Das Ende Jugoslawiens, in: Europa Archiv, 46 (1991), S. 409-415.

Dahm, Georg:
Völkerrecht, Bd. 1, Stuttgart 1958.

Dahm, Georg / Delbrück, Jost / Wolfrum, Rüdiger:
Völkerrecht, Band I/1: Die Grundlagen. Die Völkerrechtssubjekte, 2. Aufl., Berlin 1989.

De Quadros, Fausto:
Decolonisation: Portuguese Territories, in: Bernhard, Rudolf (Hrsg.), Encyclopedia of Public International Law, Vol. I, Aaland Islands to Dumbarton Oaks Conference (1944), Amsterdam 1992, S. 990-993.
(zit.: De Quadros, Decolonisation: Portuguese Territories, EPIL Vol. I)

De Zayas, Alfred-Maurice:
Territory, Abandonment, in: Bernhard, Rudolf (Hrsg.), Encyclopedia of Public International Law, Vol. IV, Quirin, Ex Parte to Zones of Peace, Amsterdam 2000, S. 830-831.
(zit.: De Zayas, Territory, Abandonment, EPIL Vol. IV)

De Zayas, Alfred-Maurice:
Selbstbestimmungsrecht und Vereinte Nationen, in: Heintze, Hans-Joachim (Hrsg.), Selbstbestimmungsrecht der Völker – Herausforderung der Staatenwelt: Zerfällt die internationale Gemeinschaft in Hunderte von Einzelstaaten?, Bonn 1997, S. 144-176.

Decker, Günter:
Das Selbstbestimmungsrecht der Nationen, Göttingen 1955.

Deeley, Neil:
The International Boundaries of East Timor, in: Furness, Shelagh / Schofield, Clive (Hrsg.), Boundary and Territory Briefing, Vol. 3, No. 5, Durham 2001.

Delbrück, Jost:
Selbstbestimmung und Völkerrecht, in: Jahrbuch für Internationales Recht, 13 (1967), S. 180-209.

Dieter, Heribert:
Australien und Asien – Bündnispartner auf die Probe gestellt, in: Internationale Politik, 55 (2000), S. 31-37.

Doehring, Karl:
Völkerrecht – Ein Lehrbuch, 2. Aufl., Heidelberg 2004.

Doehring, Karl:
Selbstbestimmungsrecht und Intervention dritter Staaten, in: Politische Studien, 44 (1993), Sonderheft 6, S. 43-51.

Doehring, Karl:
Formen und Methoden der Anwendung des Selbstbestimmungsrechts, in: Blumenwitz, Dieter / Meissner, Boris (Hrsg.), Das Selbstbestimmungsrecht der Völker und die deutsche Frage, Köln 1984, S. 61-71.

Doehring, Karl:
Das Selbstbestimmungsrecht der deutschen Nation, in: Achterberg, Norbert / Krawietz, Werner / Wyduckel, Dieter (Hrsg.), Recht und Staat im sozialen Wandel: Festschrift für Hans Ulrich Scupin zum 80. Geburtstag, Berlin 1983, S. 555-571.

Doehring, Karl:
Das Selbstbestimmungsrecht der Völker als Grundsatz des Völkerrechts, in: Berichte der Deutschen Gesellschaft für Völkerrecht, 14 (1973), S. 7-56.

Dunn, James:
Timor. A People betrayed, Milton 1983.

Ehrhart, Hans-Georg:
Wachablösung in Ost-Timor, in: Blätter für deutsche und internationale Politik, 45 (2000), S. 408-411.

Elliott, Paul D.:
The East Timor Dispute, in: International and Comparative Law Quarterly, 27 (1978), S. 238-249.

Emerson, Rupert:
Self-Determination, in: American Journal of International Law, 65 (1971), S. 459-475.

Engers, J. F.:
From Sacred Trust to Self-Determination, in: Netherlands International Law Review, 24 (1977), S. 85-91.

Erhart, Hans-Georg:
Wachablösung in Osttimor, in: Blätter für deutsche und internationale Politik, 45 (2000), S. 408-411.

Ermacora, Felix:
Colonies and Colonial Regime, in: Bernhard, Rudolf (Hrsg.), Encyclopedia of Public International Law, Vol. I, Aaland Islands to Dumbarton Oaks Conference (1944), Amsterdam 1992, S. 662-666.
(zit.: Ermacora, Colonies and Colonial Regime, EPIL Vol. I)

Ermacora, Felix:
Die Selbstbestimmungsidee. Ihre Entwicklung von 1918-1974, Wien 1974.

Ermacora, Felix:
Aspekte des Selbstbestimmungsrechts der Völker in westlicher Sicht, in: Meissner, Boris / Veiter, Theodor (Hrsg.), Das Selbstbestimmungsrecht nach sowjetischer und westlicher Lehre, Völkerrechtliche Abhandlungen, Bd. 1, Wien 1964, S. 24-43.

Escarameia, Paula:
The Meaning of Self-Determination and the Case of East Timor, in: Catholic Institute for International Relations / International Platform of Jurists for East Timor (Hrsg.), International Law and the Question of East Timor, London 1995, S. 119-150.

Evangelischer Pressedienst:
Dokumentation Nr. 3/86: Völkermord in Südostasien 1974-1984, Frankfurt 1986. (zit.: epd-Dokumentation)

Farley, Lawrence T.:
Plebiscites and Sovereignty. The Crisis of Political Illegitimacy, Boulder 1986.

Fastenrath, Ulrich:
Ist eine Volksabstimmung völkerrechtswidrig?, in: Frankfurter Allgemeine Zeitung, Nr. 18 vom 22. Januar 1994, S. 2.

Fitzgerald, Brian F.:
Horta v. Commonwealth: The Validity of the Timor Gap Treaty, in: International and Comparative Law Quarterly, 44 (1995), S. 643-649.

Fitzpatrick, Daniel:
Developing a Legal System in East Timor: Some Issues of the UN Mandate and Capacity, in: Austrian Review of International and European Law, 5 (2000), S. 5-29.

Fleschenberg, Andrea:
Osttimors langer Prozess der Aufarbeitung – Zwischen indonesischen Ad-hoc-Tribunalen, Wahrheitskommission und Amnestiegesetz, in: Südostasien Informationen, 18 (2002), 4, S. 57-60.

Flor, Alex:
Krieg und Frieden – Ein Abkommen schürt neue Hoffnung, in: Südostasien Informationen, 15 (1999), 1-2, S. 76-78.

Fonteyne, Jean-Pierre L.:
The Portuguese Timor Gap Litigation before the International Court of Justice: A brief Appraisal of Australia's Position, in: Australian Journal of International Affairs, 45 (1991), S. 170-181.

Forbes, Henry O.:
Wanderungen eines Naturforschers im Malayischen Archipel von 1878 bis 1883, Bd. 2, Jena 1886.

Fox, James J.:
The UN Popular Consultation and its Aftermath in East Timor: An Account by one International Observer, in: Manning, Chris / van Diermen, Peter (Hrsg.), Indonesia in Transition: Social Aspects of Reformasi an Crisis, Singapur 2000, S. 109-118.

Franck, Thomas M.:
Postmodern Tribalism and the Right to Secession, in: Brölmann, Catherine / Lefeber, René / Zieck, Marjoleine (Hrsg.), Peoples an Minorities in International Law, Dordrecht 1993, S. 3-27.

Franck, Thomas M.:
The Stealing of the Sahara, in: American Journal of International Law, 70 (1976), S. 694-721.

Franck, Thomas M. / Hoffman, Paul:
The Right to Self-Determination in Very Small Places, in: New York University Journal of International Law and Politics, 8 (1976), S. 331-386.

Franke, Dietrich / Hofmann, Rainer:
Nationale Minderheiten – ein Thema für das Grundgesetz? Verfassungs- und völkerrechtliche Aspekte des Schutzes nationaler Minderheiten, in: Europäische Grundrechte-Zeitschrift, 19 (1992), S. 401-409.

Franke, Richard W.:
East Timor: The Responsibility of the United States, in: Bulletin of Concerned Asian Scholars, 15 (1983), S. 42-58.

Frowein, Jochen Abr.:
Recognition, in: Bernhard, Rudolf (Hrsg.), Encyclopedia of Public International Law, Vol. IV, Quirin, Ex Parte to Zones of Peace, Amsterdam 2000, S. 33-41.
(zit.: Frowein, Recognition, EPIL Vol. IV)

Frowein, Jochen Abr.:
Non-Recognition, in: Bernhard, Rudolf (Hrsg.), Encyclopedia of Public International Law, Vol. III, Jan Mayen To Pueblo Incident, Amsterdam 1997, S. 627-629.
(zit.: Frowein, Non-Recognition, EPIL Vol. III)

Frowein, Jochen Abr.:
Jus Cogens, in: Bernhard, Rudolf (Hrsg.), Encyclopedia of Public International Law, Vol. III, Jan Mayen To Pueblo Incident, Amsterdam 1997, S. 65-69.
(zit.: Frowein, Jus Cogens, EPIL Vol. III)

Frowein, Jochen Abr.:
Der Beitrag der internationalen Organisationen zur Entwicklung des Völkerrechts, in: Zeitschrift für ausländisches öffentliches Recht und Völkerrecht, 36 (1976), S. 147-167.

Gault-Williams, Malcolm:
Funu – Liberation War – Continues in East Timor, in: Bulletin of Concerned Asian Scholars, 22 (1990), S. 21-31.

Golsong, Heribert:
Das Problem der Rechtssetzung durch Internationale Organisationen (insbesondere im Rahmen der UN), in: Berichte der Deutschen Gesellschaft für Völkerrecht, 10 (1971), S. 1-50.

Gornig, Gilbert:
Die Definition des Minderheitenbegriffs aus historisch-völkerrechtlicher Sicht, in: Blumenwitz, Dieter / Gornig, Gilbert H. / Murswiek, Dietrich (Hrsg.), Ein Jahrhundert Minderheiten- und Volksgruppenschutz, Köln 2001, S. 19-46.

Gornig, Gilbert:
Der Begriff der Minderheit im Völkerrecht, in: Informationsdienst für Lastenausgleich, 49 (2000), S. 61-68.

Gornig, Gilbert:
Der Inhalt des Selbstbestimmungsrechts, in: Politische Studien, 44 (1993), Sonderheft 6, S. 11-29.

Gros Espiell, Héctor:
Der Begriff des Selbstbestimmungsrechts der Völker in heutiger Sicht, in: Vereinte Nationen, 30 (1982), S. 54-58.

Gros Espiell, Héctor:
The Right to Self-Determination. Implementation of United Nations Resolutions, UN Doc. E/CN.4/Sub.2/405/Rev.1, New York 1980.

Gusy, Christoph:
Das Selbstbestimmungsrecht im Wandel. Von der Selbstbestimmung durch den Staat zur Selbstbestimmung im Staat, in: Archiv des Völkerrechts, 30 (1992), S. 385-410.

Hannemann, Andrea J.:
Independence and Group Rights in the Baltic's: A Double Minority Problem, in: Virginia Journal of International Law, 35 (1995), S. 485-527.

Hannikainen, Lauri:
The Case of East Timor from the Perspective of Jus Cogens, in: Catholic Institute for International Relations / International Platform of Jurists for East Timor (Hrsg.), International Law and the Question of East Timor, London 1995, S. 103-117.

Hannikainen, Lauri:
Peremptory Norms (Jus Cogens) in International Law. Historical Development, Criteria, Present Status, Helsinki 1988.

Haseman, John B.:
Catalyst for Change in Indonesia – The Dili Incident, in: Asian Survey, 35 (1995), S. 757-767.

Haverland, Christine:
Secession, in: Bernhard, Rudolf (Hrsg.), Encyclopedia of Public International Law, Vol. IV, Quirin, Ex Parte to Zones of Peace, Amsterdam 2000, S. 354-359.
(zit.: Haverland, Secession, EPIL Vol. IV)

Heger, Henner:
Die Regelung des Stimmrechts bei Volksabstimmungen über Gebietsveränderungen unter besonderer Berücksichtigung der Pariser Friedensverträge 1919/1920, Würzburg 1970 (Diss. Univ. Würzburg).

Heidelmeyer, Wolfgang:
Das Selbstbestimmungsrecht der Völker. Zur Geschichte und Bedeutung eines internationalen Prinzips in Praxis und Lehre von den Anfängen bis zu den Menschenrechtspakten der Vereinten Nationen, Paderborn 1973.

Heintze, Hans-Joachim:
Wege zur Verwirklichung des Selbstbestimmungsrechts der Völker innerhalb bestehender Staaten, in: Heintze, Hans-Joachim (Hrsg.), Selbstbestimmungsrecht der Völker – Herausforderung der Staatenwelt: Zerfällt die internationale Gemeinschaft in Hunderte von Einzelstaaten?, Bonn 1997, S. 16-59.

Heintze, Hans-Joachim:
Selbstbestimmungsrecht und Minderheitenrechte im Völkerrecht. Herausforderungen an den globalen und regionalen Menschenrechtsschutz, Baden-Baden 1994.*Hill, Hal / Saldanha, Joao M. (Hrsg.):*
East Timor – Development Challenges for the World's Newest Nation, Singapur, 2001.

Hilpold, Peter:
Das Selbstbestimmungsrechts der Völker vor dem IGH – der Osttimor-Fall, in: Zeitschrift für öffentliches Recht, 53 (1998), S. 263-292.

Hilpold, Peter:
Der Osttimor-Fall: Eine Standortbestimmung zum Selbstbestimmungsrecht der Völker, Frankfurt am Main 1996.

Hiorth, Finngeir:
Timor, Past and Present, Townsville 1985.

Hobe, Stephan / Kimminich, Otto:
Einführung in das Völkerrecht, 8. Aufl., Tübingen 2004.

Hoogh, A. J. J. de:
The Relationship between Jus Cogens, Obligations Erga Omnes and International Crimes: Peremptory Norms in Perspective, in: Austrian Journal of Public International Law, 42 (1991), S. 183-214.

Hu, Chou-Young:
Das Selbstbestimmungsrecht als eine Vorbedingung des völligen Genusses aller Menschenrechte. Eine Studie zu Art. I der beiden Menschenrechtskonventionen vom 16. Dezember 1966, Zürich 1973 (Diss. Univ. Zürich).

Hübner, Carsten:
Osttimor vor dem Referendum, in: Blätter für deutsche und internationale Politik, 44 (1999), S. 923-926.

Hummer, Waldemar:
Probleme der Staatennachfolge am Beispiel Jugoslawien, in: Schweizerische Zeitschrift für internationales und europäischen Recht, 3 (1993), S. 425-459.

Ijalaye, David A.:
Was „Biafra" at Any Time a State in International Law?, in: American Journal of International Law, 65 (1971), S. 551-559.

Ipsen, Knut:
Völkerrecht, 4. Aufl., München 1999.
(zit.: Autor, in Ipsen, Völkerrecht)

Jellinek, Georg:
Allgemeine Staatslehre, 3. Aufl., Berlin 1914.

Jennings, Robert Yewdall:
The Acquisition of Territory in International Law, Manchester 1963.

Jescheck, Hans-Heinrich:
Genocide, in: Bernhard, Rudolf (Hrsg.), Encyclopedia of Public International Law, Vol. II, East African Community to Italy-United States Air Transport Arbitration (1965), Amsterdam 1995, S. 541-544.

Jetschke, Anja:
Der Anfang vom Ende. Indonesien nach Ost-Timor, in: Internationale Politik, 55 (2000), S. 38-40.

Johnson, Harold S.:
Self-Determination within the Community of Nations, Leyden 1967.

Jolliffe, Jill:
East Timor. Nationalism and Colonialism, Queensland 1978.

Kaiser, Joseph H.:
Timor Island Arbitration, in: Bernhard, Rudolf (Hrsg.), Encyclopedia of Public International Law, Vol. IV, Quirin, Ex Parte to Zones of Peace, Amsterdam 2000, S. 861-862.
(zit.: Kaiser, Timor Island Arbitration, EPIL Vol. IV)

Kaiser, Joseph H.:
Timor-Fall, in: Strupp, Karl / Schlochauer, Hans-Jürgen (Hrsg.), Wörterbuch des Völkerrechts, Bd. 3, Rapallo-Vertrag bis Zypern, 2. Aufl., Berlin 1962, S. 444-445.
(zit.: Kaiser, Timor-Fall, WVR Bd. 3)

Kaye, Stuart:
The Timor Gap Treaty: Creative Solutions and International Conflict, in: Sydney Law Review, 16 (1994), S. 72-96.

Kimminich, Otto:
A „Federal" Right to Self-Determination?, in: Tomuschat, Christian (Hrsg.), Modern Law of Self-Determination, Dordrecht 1993, S. 83-100.

Kimminich, Otto:
Minderheiten und Selbstbestimmung, in: Ermacora, Felix / Trettel, Hannes / Pelzl, Alexander (Hrsg.), Volksgruppen im Spannungsfeld von Recht und Souveränität in Mittel- und Osteuropa, Wien 1993, S. 188-203.

Kimminich, Otto:
Die Renaissance des Selbstbestimmungsrechts nach dem Ende des Kolonialismus, in: Brunner, Georg / Schweisfurth, Theodor / Uschakow, Alexander / Westen, Klaus (Hrsg.), Sowjetsystem und Ostrecht: Festschrift für Boris Meissner zum 70. Geburtstag, Berlin 1985, S. 601-615.

Kimminich, Otto:
Der Selbstbestimmungsgedanke am Ende des Ersten Weltkrieges – Theorie und Verwirklichung, in: Breyer, Richard (Hrsg.), Deutschland und das Recht auf Selbstbestimmung nach dem Ersten Weltkrieg. Probleme der Volksabstimmungen im Osten (1918-1922), Bonn 1985, S. 11-39.

Kimminich, Otto:
Rechtscharakter und Inhalt des Selbstbestimmungsrechts, in: Blumenwitz, Dieter / Meissner, Boris (Hrsg.), Das Selbstbestimmungsrecht der Völker und die deutsche Frage, Köln 1984, S. 37-46.

Klein, Eckart:
Das Selbstbestimmungsrecht der Völker und die deutsche Frage, Berlin 1990.

Klein, Eckart:
Vereinte Nationen und Selbstbestimmungsrecht, in: Blumenwitz, Dieter / Meissner, Boris (Hrsg.), Das Selbstbestimmungsrecht der Völker und die deutsche Frage, Köln 1984, S. 107-122.

Klein, Eckart:
Selbstbestimmungsrecht – Idee und Aufgabe, in: Politische Studien, 34 (1983), S. 635-647.

Klein, Eckart:
Die Nichtanerkennungspolitik der Vereinten Nationen gegenüber den in die Unabhängigkeit entlassenen südafrikanischen *homelands*, in: Zeitschrift für ausländisches öffentliches Recht und Völkerrecht, 39 (1979), S. 469-495.

Klein, Friedrich:
Der Rechtscharakter des Selbstbestimmungsrechts nach westlicher Auffassung, in: Kloss, Heinz (Bearb.), Beiträge zu einem System des Selbstbestimmungsrechts. Völkerrechtliche Abhandlungen, Band 2, Wien 1970, S. 6-28.

Klute, Marianne / Schlicher, Monika:
Heilungsprozess. In Osttimor nimmt eine nationale Wahrheitskommission die Arbeit auf, in: Südostasien Informationen, 18 (2002), 1, S. 60.

Krieger, Heike (Hrsg.):
East Timor and the International Community: Basic Documents, Cambridge International Documents Series Vol. 10, Cambridge 1997.
(zit.: Krieger, Basic Documents)

Krieger, Heike:
Fehlgeschlagene Dekolonialisierung. Grenzen von Anwendbarkeit und Durchsetzbarkeit des Selbstbestimmungsrechtes der Völker am Beispiel Ost-Timors, in: Kritische Justiz, 30 (1997), S. 292-309.

Kristan, Ivan:
Verfassungsentwicklung und Verfassungsordnung Sloweniens, in: Zeitschrift für ausländisches öffentliches Recht und Völkerrecht, 53 (1993), S. 322-359.

Kristiadi:
The Decolonisation of East Timor: A Historical Review, in: The Indonesian Quarterly, 14 (1986), S. 546-577.

Kroef, Justus van der:
East Timor: The Problem and the Human Rights Polemic II, in: Asian Thought & Society, 8 (1983), S. 72-93.

Kroef, Justus van der:
East Timor: The Problem and the Human Rights Polemic I, in: Asian Thought & Society, 7 (1982), S. 240-263.

Kunz, Josef L.:
Plebiszit, in: Strupp, Karl / Schlochauer, Hans-Jürgen (Hrsg.), Wörterbuch des Völkerrechts, Bd. 2, Ibero-Amerikanismus bis Qurin-Fall, 2. Aufl., Berlin 1961, S. 770-774.
(zit.: Kunz, Plebiszit, WVR Bd. 2)

Laß, Hans-Detlef:
Die Vereinten Nationen und die Dekolonisation der portugiesischen Überseegebiete, in: Aus Politik und Zeitgeschichte, 1975, B. 40, S. 3-28.

Lawless, Robert:
The Indonesian Takeover of East Timor, in: Asian Survey, 16 (1975), S. 948-964.

Lawrence, Peter:
East Timor, in: Bernhard, Rudolf (Hrsg.), Encyclopedia of Public International Law, Vol. II, East African Community to Italy-United States Air Transport Arbitration (1965), Amsterdam 1995, S. 3-4.
(zit.: Lawrence, East Timor, EPIL Vol. II)

Leisch, Harald:
Ost-Timor auf dem Weg in die Unabhängigkeit, in: Geographische Rundschau, 52 (2000), S. 32-34.

Leyser, Johannes:
Dispute and Agreement on West New Papua, in: Archiv des Völkerrechts, 10 (1962/63), S. 257-272.

Linton, Suzannah:
Prosecuting Atrocities at the District Court of Dili, in: Melbourne Journal of International Law, 2 (2001), S. 414-458.

Lowry, Bob:
East Timor: An Overview of Political Developments, in: Manning, Chris / van Diermen, Peter (Hrsg.), Indonesia in Transition: Social Aspects of Reformasi and Crisis, Singapur 2000, S. 91-108.

Ludwig, Klemens:
Zwei ungleiche Weggefährten: Porträt der Nobelpreisträger Bischof Carlos Felipe Ximenes Belo und José Ramos Horta, in: Ludwig, Klemens (Hrsg.), Osttimor – der zwanzigjährige Krieg, Hamburg 1996, S. 17-31.

Ludwig, Klemens:
Ein planmäßiger Völkermord. Das Schicksal Osttimors nach dem Ende der Kolonialzeit, in: Ludwig, Klemens (Hrsg.), Osttimor – der zwanzigjährige Krieg, Hamburg 1996, S. 33-59.

Ludwig, Klemens:
Das Land des schlafenden Krokodils, in: Ludwig, Klemens (Hrsg.), Osttimor – der zwanzigjährige Krieg, Hamburg 1996, S. 68-81.

Ludwig, Klemens:
Osttimor. Geschichte und Perspektiven, in: Südostasien Informationen, 10 (1994), 4, S. 50-51.

Ludwig, Klemens:
Das Schweigen brechen: Osttimor. Kultur und Widerstand, Neuendettelsau 1991.

Ludwig, Klemens:
Völkermord in Osttimor, in: Blätter für deutsche und internationale Politik, 30 (1985), S. 1417-1420.

Ludwig, Klemens / Horta, Korinna:
Osttimor – Das vergessene Sterben: Indonesischer Völkermord unter Ausschluß der Weltöffentlichkeit, Göttingen 1985.

Lumb, R. D.:
The Delimination of Maritime Boundaries in the Timor Sea, in: Australian Yearbook of International Law, 7 (1981), S. 72-86.

Machetzki, Rüdiger:
Indonesiens Außenpolitik: Auf der Suche nach einem neuen „Profil", in: Südostasien Aktuell, 12 (1993), S. 262-265.

Machetzki, Rüdiger:
Osttimor: Eine Nachbetrachtung, in: Südostasien Aktuell 11 (1992), S. 284-292.

Maffei, Maria Clara:
The Case of East Timor before the International Court of Justice – Some Tentative Comments, in: European Journal of International Law, 4 (1993), S. 223-238.

Malenovsky, Jíri:
Problèmes Juridiques liés á la Tchécoslovaquie, in: Annuaire Français de Droit International, 39 (1993), S. 305-336.

Mangoldt, Hans von:
Die West-Irian-Frage und das Selbstbestimmungsrecht der Völker, in: Zeitschrift für ausländisches öffentliches Recht und Völkerrecht, 31 (1971), S. 197-245.

Marauhn, Thilo:
Anspruch auf Sezession?, in: Heintze, Hans-Joachim (Hrsg.), Selbstbestimmungsrecht der Völker – Herausforderung der Staatenwelt: Zerfällt die internationale Gemeinschaft in Hunderte von Einzelstaaten?, Bonn 1997, S. 105-121.

Marauhn, Thilo:
Der aktuelle Fall: Die Auseinandersetzungen um die Unabhängigkeitsbestrebungen der jugoslawischen Teilrepublik Slowenien – Das Selbstbestimmungsrecht der Völker im Wandel, in: Humanitäres Völkerrecht, 4 (1991), S. 107-112.

Marquardt, Klaus:
In die Falle getappt – Zwei Möglichkeiten und keine ist die Richtige, in: Südostasien Informationen, 15 (1999), 4, S. 59.

Martens, Georg Friedrich de:
Nouveau Recueil Général de Traités, Conventions et Autres Transactions Remarquables, Servant à la Connaissance de Relations Etrangères des Puissances et Etats dans leurs Rapports Mutuels. Continuation du Grand Recueil de G. Fr. de Martens par Charles Samwer et Jules Hopf, Tome XVIII, Göttingen 1873.

Martens, Georg Friedrich de:
Nouveau Recueil Général de Traités, Conventions et Autres Actes Relatifs aux Rapports de Droit International. Continuation du Grand Recueil de G. Fr. de Martens par Charles Samwer et Jules Hopf, Deuxième Série, Tome III, Göttingen 1878.

Martin, Ian:
Self-Determination in East Timor: The United Nations, the Ballot, and International Intervention, London 2001.

Martin, William / Pickersgill, Dianne:
The Timor Gap Treaty, in: Harvard International Law Journal, 32 (1991), S. 566-581.

Meier, Jörg:
Osttimor – Nepotismus, Korruption und das Erbe der UN, in: Südostasien Informationen, 18 (2002), 2, S. 62-64.

Meissner, Boris:
Baltic States, in: Bernhard, Rudolf (Hrsg.), Encyclopedia of Public International Law, Vol. I, Aaland Islands to Dumbarton Oaks Conference (1944), Amsterdam 1992, S. 328-337.
(zit.: Meissner, Baltic States, EPIL Vol. I)

Meissner, Boris:
Die staatliche Kontinuität, völkerrechtliche Stellung und außenpolitische Lage der baltischen Länder, in: Meissner, Boris (Hrsg.), Die baltischen Nationen Estland, Lettland, Litauen, 2. Aufl., Köln 1991, S. 270-335.

Meissner, Boris:
Die marxistisch-leninistische Auffassung vom Selbstbestimmungsrecht, in: Blumenwitz, Dieter / Meissner, Boris (Hrsg.), Das Selbstbestimmungsrecht der Völker und die deutsche Frage, Köln 1984, S. 89-106.

Meng, Werner:
Stimson-Doctrine, in: Bernhard, Rudolf (Hrsg.), Encyclopedia of Public International Law, Vol. IV, Quirin, Ex Parte to Zones of Peace, Amsterdam 2000, S. 690-693.
(zit.: Meng, Stimson-Doctrine, EPIL Vol. IV)

Mengel, Hans-Joachim:
Der entscheidungsrelevante Zeitpunkt für die völkerrechtliche Beurteilung von Streitigkeiten territorialer Souveränität, in: German Yearbook of International Law, 24 (1981), S. 92-113.

Menzel, Eberhard:
Aaland-Inseln, in: Strupp, Karl / Schlochauer, Hans-Jürgen (Hrsg.), Wörterbuch des Völkerrechts, Bd. 1, Aachener Kongreß bis Hussar Fall, 2. Aufl., Berlin 1960, S. 21-24.

Merle, Marcel:
Les plébiscites organisés pas les Nations Unies, in: Annuaire Français de Droit International, 7 (1961), S. 425-445.

Mett, Frauke:
Das Konzept des Selbstbestimmungsrechts. Eine Arbeit unter besonderer Berücksichtigung der Auflösung der Sowjetunion und des Zerfalls Jugoslawiens, Frankfurt 2004 (Zugl. Diss., Univ. Bielefeld 2003).

Metzner, Joachim K.:
Mensch und Umwelt im östlichen Timor, in: Geographische Rundschau, 27 (1975), S. 244-250.

Miller, Lynn H.:
East Timor, Collective Action, and Global Order, in: Temple International and Comparative Law Journal, 14 (2000), S. 89-99.

Modeen, Tore:
Aaland Islands, in: Bernhard, Rudolf (Hrsg.), Encyclopedia of Public International Law, Vol. I, Aaland Islands to Dumbarton Oaks Conference (1944), Amsterdam 1992, S. 1-3.
(zit.: Modeen, Aaland Islands, EPIL Vol. I)

Mohr, Manfred:
Abgrenzung von Selbstbestimmungsrecht und Minderheitenrechten, in: Heintze, Hans-Joachim (Hrsg.), Selbstbestimmungsrecht der Völker – Herausforderung der Staatenwelt: Zerfällt die internationale Gemeinschaft in Hunderte von Einzelstaaten?, Bonn 1997, S. 122-143.

Mosler, Hermann:
The International Society as a Legal Community, Alphen 1980.

Müller, Jörg Paul / Cottier, Thomas:
Estoppel, in: Bernhard, Rudolf (Hrsg.), Encyclopedia of Public International Law, Vol. II, East African Community to Italy-United States Air Transport Arbitration (1965), Amsterdam 1995, S. 116-119.
(zit.: Müller/Cottier, Estoppel, EPIL Vol. II)

Müller, Jörg Paul / Cottier, Thomas:
Acquiescence, in: Bernhard, Rudolf (Hrsg.), Encyclopedia of Public International Law, Vol. I, Aaland Islands to Dumbarton Oaks Conference (1944), Amsterdam 1992, S. 14-16.
(zit.: Müller/Cottier, Acquiescence, EPIL Vol. I)

Müller, Michaela:
Quo vadis? Was kommt nach Suharto?, in: Südostasien Informationen, 14 (1998), 3, S. 59-62.

Müller, Michaela / Schlicher, Monika:
Politische Parteien und Gruppierungen in Ost-Timor, in: Indonesien Information, 11 (2001), 1, S. 22-32.

Mullerson, Rein:
The Continuity and Succession of States, by Reference to the Former USSR and Yugoslavia, in: International and Comparative Law Quarterly, 42 (1993), S. 473-493.

Münch-Heubner, Peter L.:
Osttimor und die Krise des indonesischen Vielvölkerstaates in der Weltpolitik, München, 2000.

Murswiek, Dietrich:
The Issue of a Right of Secession – Reconsidered, in: Tomuschat, Christian (Hrsg.), Modern Law of Self-Determination, Dordrecht 1993, S. 21-39.

Murswiek, Dietrich:
Die Problematik eines Rechts auf Sezession – neu betrachtet, in: Archiv des Völkerrechts, 31 (1993), S. 307-332.

Murswiek, Dietrich:
Offensives und defensives Selbstbestimmungsrecht – zum Subjekt des Selbstbestimmungsrechts der Völker, in: Der Staat, 23 (1984), S. 523-548.

Murswiek, Dietrich:
Systematische Überlegungen zum Selbstbestimmungsrecht des deutschen Volkes, in: Zieger, Gottfried / Meissner, Boris / Blumenwitz, Dieter (Hrsg.), Deutschland als Ganzes. Rechtliche und historische Überlegungen. Festschrift zum 70. Geburtstag von Herbert Czaja am 5. November 1984, Köln 1985, S. 233-260.

Nanda, Ved P.:
Self-Determination outside the Colonial Context: The Birth of Bangladesh in Retrospect, in: Alexander, Yonah / Friedlander, Robert A. (Hrsg.), Self-Determination: National, Regional and Global Dimensions, Boulder 1980, S. 193-220.

Nanda, Ved P.:
Self-Determination in International Law: The Tragic Tale of Two Cities – Islamabad (West Pakistan) and Dacca (East Pakistan), in: American Journal of International Law, 66 (1972), S. 321-336.

Nass, Klaus Otto:
Grenzen und Gefahren humanitärer Interventionen, in: Europa Archiv, 48 (1993), S. 279-288.

Neubach, Helmut:
Die Abstimmung in Oberschlesien am 20. März 1921, in: Breyer, Richard (Hrsg.), Deutschland und das Recht auf Selbstbestimmung nach dem Ersten Weltkrieg. Probleme der Volksabstimmungen im Osten (1918-1922), Bonn 1985, S. 92-120.

Nicol, Bill:
Timor. The Stillborn Nation, Melbourne 1978.

Nothofer, Bernd:
Die Sprachen Südostasiens, in: Dahm, Bernhard / Ptak, Roderich (Hrsg.), Südostasien-Handbuch - Geschichte, Gesellschaft, Politik, Wirtschaft, Kultur, München 1999, S. 66-76.

Nowak, Manfred:
UNO-Pakt über bürgerliche und politische Rechte und Fakultativprotokoll - CCPR-Kommentar, Kehl 1989.

Oeter, Stefan:
Selbstbestimmungsrecht und Bundesstaat, in: Heintze, Hans-Joachim (Hrsg.), Selbstbestimmungsrecht der Völker – Herausforderung der Staatenwelt: Zerfällt die internationale Staatengemeinschaft in Hunderte von Einzelstaaten?, Bonn 1997, S. 73-104.

Oeter, Stefan:
Selbstbestimmungsrecht im Wandel. Überlegungen zur Debatte um Selbstbestimmung, Sezessionsrecht und „vorzeitige" Anerkennung, in: Zeitschrift für ausländisches öffentliches Recht und Völkerrecht, 52 (1992), S. 741-780.

Ofuatey-Kodjoe, Wentworth:
The Principle of Self-Determination in International Law, New York 1977.

Ong, David M.:
The Legal Status of the 1989 Australia-Indonesia Timor Gap Treaty Following the End of Indonesian Rule in East Timor, in: Netherlands Yearbook of International Law, 31 (2000), S. 67-129.

Partsch, Karl Josef:
Belgrads leerer Stuhl im Glaspalast, in: Vereinte Nationen, 40 (1992), S. 181-188.

Partsch, Karl Josef:
Selbstbestimmung, in: Wolfrum, Rüdiger (Hrsg.), Handbuch Vereinte Nationen, 2. Aufl., München 1991, Ziff. 101, S. 745-752.

Peters, Anne:
Das Gebietsreferendum im Völkerrecht – Seine Bedeutung im Licht der Staatenpraxis nach 1989, Baden-Baden 1995. (Zugl. Diss., Univ. Freiburg).

Pomerance, Michla:
Self-Determination in Law and Practice: The New Doctrine in the United Nations, Den Haag 1982.

Ptak, Roderich:
Osttimor, in: Dahm, Bernhard / Ptak, Roderich (Hrsg.), Südostasien-Handbuch – Geschichte, Gesellschaft, Politik, Wirtschaft, Kultur, München 1999, S. 285-293.

Purnawanty, Jani:
Various Perspectives in Understanding the East Timor Crisis, in: Temple International and Comparative Law Journal, 14 (2000), S. 61-73.

Puttkamer, Ellinor von:
Versailles Peace Treaty (1919), in: Bernhard, Rudolf (Hrsg.), Encyclopedia of Public International Law, Vol. IV, Quirin, Ex Parte to Zones of Peace, Amsterdam 2000, S. 1277-1283.
(zit.: Puttkamer, Versailles Peace Treaty, EPIL Vol. IV)

Quaye, Christopher O.:
Liberation Struggles in International Law, Philadelphia 1991.

Rabl, Kurt:
Das Selbstbestimmungsrecht der Völker in neuester Praxis, in: Blumenwitz, Dieter / Meissner, Boris (Hrsg.), Das Selbstbestimmungsrecht der Völker und die deutsche Frage, Köln 1984, S. 123-137.

Rabl, Kurt:
Das Selbstbestimmungsrecht der Völker: Geschichtliche Grundlagen, Umriss der gegenwärtigen Bedeutung. Ein Versuch, 2. Aufl., München 1973.
(zit.: Rabl, Selbstbestimmungsrecht. Ein Versuch)

Ramos-Horta, José:
Funu: The Unfinished Saga of East Timor, Trenton 1987.

Raschhofer, Hermann:
Selbstbestimmungsrecht und Völkerbund. Das Juristengutachten im Aalandstreit vom 5. September 1920, Köln 1969.
(zit.: Raschhofer, Selbstbestimmungsrecht und Völkerbund)

Raschhofer, Hermann:
Das Selbstbestimmungsrecht. Sein Ursprung und seine Bedeutung, 2. Aufl., Bonn 1960.
(zit.: Raschhofer, Selbstbestimmungsrecht. Ursprung und Bedeutung)

Rautenberg, Hans-Werner:
Probleme der Volksabstimmung vom 11. Juli 1920 im südlichen Ermland und in Masuren, in: Breyer, Richard (Hrsg.), Deutschland und das Selbstbestimmungsrecht der Völker nach dem Ersten Weltkrieg. Probleme der Volksabstimmungen im Osten (1918-1922), Bonn 1985, S. 75-91.

Reichelt, Ernst:
Portugiesisch-Timor, in: Ostasiatische Rundschau, 17 (1936), S. 287-288.

Reiner, Hans:
Selbstbestimmungsrecht und Demokratie, in: Archiv für Rechts- und Sozialphilosophie, 47 (1961), S. 477-502.

Retboll, Torben:
The East Timor Conflict and Western Response, in: Bulletin of Concerned Asian Scholars, 19 (1987), S. 24-40.

Retboll, Torben:
East Timor and Indonesia, in: Bulletin of Concerned Asian Scholars, 15 (1983), S. 59-61.

Rich, Roland:
Recognition of States: The Collapse of Yugoslavia and the Soviet Union, in: European Journal of International Law, 4 (1993), S. 36-65.

Richardson, Henry J.:
A Critical Though on Self-Determination for East Timor and Kosovo, in: Temple International and Comparative Law Journal, 14 (2000), S. 101-107.

Roff, Sue Rabbitt:
Timor's Anschluss: Indonesian and Australian policy in East Timor, 1974-1976, Lewiston 1992.

Rowland, Ian:
Timor, Including the Islands of Roti and Ndao, in: Neville, Robert G. (Hrsg.), World Biographical Series, Vol. 142, Oxford 1992.

Rozakis, Christos L.:
Territorial Integrity and Political Independence, in: Bernhard, Rudolf (Hrsg.), Encyclopedia of Public International Law, Vol. IV, Quirin, Ex Parte to Zones of Peace, Amsterdam 2000, S. 812-818.
(zit.: Rozakis, Territorial Integrity and Political Independence, EPIL Vol. IV)

Rustemeyer, Ann:
Wilson's Fourteen Points, in: Bernhard, Rudolf (Hrsg.), Encyclopedia of Public International Law, Vol. IV, Quirin, Ex Parte to Zones of Peace, Amsterdam 2000, S. 1479-1481.
(zit.: Rustemeyer, Wilson's Fourteen Points, EPIL Vol. IV)

Saul, Ben:
Was the Conflict in East Timor 'Genocide' and why does it matter?, in: Melbourne Journal of International Law, 2 (2001), S. 477-522.

Saura, Jaume:
Free Determination and Genocide in East Timor, in Human Rights Review, 3 (2002), 4, S. 34-52.

Schlicher, Monika:
Portugal in Ost-Timor. Eine kritische Untersuchung zur portugiesischen Kolonialgeschichte in Ost-Timor 1850-1912, Hamburg 1996 (Zugl. Diss., Univ. Heidelberg 1994).

Schlicher, Monika:
„Die Soldaten nehmen ihnen jegliche Würde". Gewalt gegen Frauen als Mittel der Kriegsführung, in: Ludwig, Klemens (Hrsg.), Osttimor – der zwanzigjährige Krieg, Hamburg 1996, S. 60-67.

Schlicher, Monika:
Von der Schwierigkeit, Verantwortung einzuklagen – Die internationale Wahrnehmung des Konflikts, in: Ludwig, Klemens (Hrsg.), Osttimor – der zwanzigjährige Krieg, Hamburg 1996, S. 82-107.

Schlicher, Monika:
Flüchtlinge in deutscher Botschaft in Jakarta, in: Südostasien Informationen, 12 (1996), 2, S. 55.

Schlicher, Monika:
Neue Phase in indonesisch-osttimoresischer NRO-Zusammenarbeit, in: Südostasien Informationen, 12 (1996), 1, S. 56-58.

Schlicher, Monika:
Frauenrechte sind Menschenrechte: Frauen in Osttimor – Feto Rai Timor, in: Südostasien Informationen, 11 (1995), 3, S. 57-60.

Schlicher, Monika:
Portugiesisch-Timor im Zweiten Weltkrieg, in: Südostasien Informationen, 11 (1995), 2, S. 54-56.

Schlicher, Monika:
Osttimor und APEC, in: Südostasien Informationen, 10 (1994), 4, S. 46-49.

Schlicher, Monika:
Spitzer Stein im großen Schuh, in: Südostasien Informationen, 10 (1994), 2, S. 49-50.

Schlicher, Monika:
Transmigrasi, in: Südostasien Informationen, 9 (1993), 4, S. 59.

Schlochauer, Hans-Jürgen:
Atlantic Charter (1941), in: Bernhard, Rudolf (Hrsg.), Encyclopedia of Public International Law, Vol. I, Aaland Islands to Dumbarton Oaks Conference (1944), Amsterdam 1992, S. 288-289.
(zit.: Schlochauer, Atlantic Charter, EPIL Vol. I)

Schlochauer, Hans-Jürgen:
Atlantik-Charter, in: Strupp, Karl / Schlochauer, Hans-Jürgen (Hrsg.), Wörterbuch des Völkerrechts, Bd. 1, Aachener Kongreß bis Hussar Fall, 2.Aufl., Berlin 1960, S. 95-97.
(zit.: Schlochauer, Atlantik-Charter, WVR Bd. 1)

Schmitz, Gerald:
Tibet und das Selbstbestimmungsrecht der Völker, Berlin 1998.

Schönfeld, Roland:
Die Auflösung der Tschechoslowakei – Glück und Ende eines Bundesstaates, in: Europa Archiv, 48 (1993), S. 228-238.

Schorlemmer, Sabine von:
Menschenrechte und „humanitäre Interventionen“, in: Internationale Politik, 55 (2000), S. 41-48.

Schreiner, Klaus H.:
Der Raub der Stimme – oder: Wie in Osttimor die Demokratie eingeführt wird, in: Südostasien Informationen, 17 (2001), 4, S. 60.

Schulz, Joachim / Mann, Klaus (Hrsg.):
Resolutionen zum Selbstbestimmungsrecht der Völker – Die Vereinten Nationen und ihre Spezialorganisationen – Dokumente 3/Teil II, Berlin 1990.

Schwarzenberger, Georg:
Title to Territory: Response to a Challenge, in: American Journal of International Law, 51 (1957), S. 308-324.

Schweisfurth, Theodor:
Ausgewählte Fragen der Staatensukzession im Kontext der Auflösung der UdSSR, in: Archiv des Völkerrechts, 32 (1994), S. 99-129.

Schweisfurth, Theodor:
Vom Einheitsstaat (UdSSR) zum Staatenbund (GUS). Juristische Stationen eines Staatszerfalls und einer Staatenbundsentstehung, in: Zeitschrift für ausländisches öffentliches Recht und Völkerrecht, 52 (1992), S. 541-702.

Schwelb, Egon:
Neue Etappen der Fortentwicklung des Völkerrechts durch die Vereinten Nationen, in: Archiv des Völkerrechts, 13 (1966/67), S. 1-52.

Seidl-Hohenveldern, Ignatz / Stein, Torsten:
Völkerrecht, 10. Aufl., Köln 2000.

Seiffert, Wolfgang:
Selbstbestimmungsrecht und deutsche Vereinigung – das Selbstbestimmungsrecht einer geteilten Nation, Baden-Baden 1992.

Shaw, Malcolm:
Title to Territory in Africa: International Legal Issues, Oxford 1986.

Shearer, I. A.:
The Decision in the East Timor Case, in: Australian Law Journal, 69 (1995), S. 949-954.

Siebeck, Christian A.:
Die Annexion Portugiesisch-Timors durch Indonesien, in: Internationales Asienforum, 9 (1978), S. 165-181.

Simma, Bruno (Hrsg.):
The Charter of the United Nations – A Commentary, 2 Bände, 2. Aufl., München 2002.
(zit.: Bearb., in Simma (Hrsg.), Charter of the United Nations, Vol.)

Simma, Bruno (Hrsg.):
The Charter of the United Nations – A Commentary, 1. Aufl., München 1994.
(zit.: Bearb., in Simma (Hrsg.), Charter of the United Nations, 1. Aufl.)

Simon, Stefan:
Autonomie im Völkerrecht. Ein Versuch zum Selbstbestimmungsrecht der Völker, Baden-Baden 2000. (Zugl. Diss., Univ. Köln 1998).

Simpson, Gerry J.:
The Politics of Self-Determination in the Case concerning East Timor, in: Catholic Institute for International Relations / International Platform of Jurists for East Timor (Hrsg.), International Law and the Question of East Timor, London 1995, S. 251-267.

Simpson, Gerry J.:
Judging the East Timor Dispute: Self-Determination at the International Court of Justice, in: Hastings International and Comparative Law Review, 17 (1994), S. 323-347.

Steinberger, Helmut:
Bemühungen zur Kodifizierung und Weiterbildung des Völkerrechts im Rahmen der Organisation der Vereinten Nationen, in: Zeitschrift für ausländisches öffentliches Recht und Völkerrecht, 28 (1968), S. 617-645.

Studer, Theodor:
Ein Besuch auf Timor, in: Deutsche Geographische Blätter, 2 (1878), S. 230-250.

Sureda, A. Rigo:
The Evolution of the Right to Self-Determination – A Study of United Nations Practice, Leiden 1973.

Taylor, John G.:
Indonesia's forgotten War, the hidden History of East Timor, London 1991.

Teles, Miguel Galvao / de Castro, Paulo Canelas:
Portugal and the Right of Peoples to Self-Determination, in: Archiv des Völkerrechts, 34 (1996), S. 2-46.

Thürer, Daniel:
Self-Determination, in: Bernhard, Rudolf (Hrsg.), Encyclopedia of Public International Law, Vol. IV, Quirin, Ex Parte to Zones of Peace, Amsterdam 2000, S. 364-374.
(zit.: Thürer, Self-Determination, EPIL Vol. IV)

Thürer, Daniel:
Entwicklung, Inhalt und Träger des Selbstbestimmungsrechts, in: Reiter, Erich (Hrsg.), Grenzen des Selbstbestimmungsrechts. Die Neuordnung Europas und das Selbstbestimmungsrecht der Völker, Graz 1996, S. 34-60.

Thürer, Daniel:
Das Subjekt des Selbstbestimmungsrechts, in: Politische Studien, 44 (1993), Sonderheft 6, S. 30-39.

Thürer, Daniel:
Das Selbstbestimmungsrecht der Völker – Ein Überblick, in: Archiv des Völkerrechts, 22 (1984), S. 113-137.

Thürer, Daniel:
Das Selbstbestimmungsrecht der Völker mit einem Exkurs zur Jurafrage, Bern 1976.
(Zugl. Diss., Univ. Zürich 1975).
(zit.: Thürer, Selbstbestimmungsrecht)

Tomuschat, Christian:
Self-Determination in a Post-Colonial World, in: Tomuschat, Christian (Hrsg.), Modern Law of Self-Determination, Dordrecht 1993, S. 1-20.

Tomuschat, Christian:
Das Recht auf die Heimat. Neue rechtliche Aspekte, in: Jekewitz, Jürgen / Klein, Karl Heinz / Kühne, Jörg Detlef / Petersmann, Hans / Wolfrum, Rüdiger (Hrsg.), Des Menschen Recht zwischen Freiheit und Verantwortung, Festschrift für Karl Josef Partsch zum 75. Geburtstag, Berlin 1989, S. 183-212.

Tomuschat, Christian:
Protection of Minorities under Article 27 of the International Convenant on Civil and Political Rights, in: Bernhard, Rudolf / Geck, Wilhelm Karl / Jaenicke, Günther / Steinberger, Helmut (Hrsg.), Völkerrecht als Rechtsordnung. Internationale Gerichtsbarkeit. Menschenrechte. Festschrift für Hermann Mosler, Berlin 1983, S. 949-979.

Tomuschat, Christian:
Die Charta der wirtschaftlichen Rechte und Pflichten der Staaten. Zur Geltungskraft von Deklarationen der UN-Generalversammlung, in: Zeitschrift für ausländisches öffentliches Recht und Völkerrecht, 36 (1976), S. 444-491.

Toole, Jennifer:
A False Sense of Security: Lessons learned from the United Nations Organization and conduct Mission in East Timor, in: American University International Law Review, 16 (2000/2001), S. 199-267.

Traube, Elisabeth:
Cosmology and Social Life – Ritual Exchange among the Mambai of East Timor, Chicago 1986.

Ufen, Andreas:
Der lange Weg Osttimors zur Unabhängigkeit (1974-2002), in: Südostasien Aktuell, 21 (2002), S. 262-280.

Uibopuu, Henn-Jüri:
Wars of National Liberation, in: Bernhard, Rudolf (Hrsg.), Encyclopedia of Public International Law, Vol. IV, Quirin, Ex Parte to Zones of Peace, Amsterdam 2000, S. 1405-1409.
(zit.: Uibopuu, Wars of National Liberation, EPIL Vol. IV)

Uibopuu, Henn-Jüri:
Plebiscite, in: Bernhard, Rudolf (Hrsg.), Encyclopedia of Public International Law, Vol. III, Jan Mayen To Pueblo Incident, Amsterdam 1997, S. 1049-1054.
(zit.: Uibopuu, Plebiscite, EPIL Vol. III)

Umozurike, Umozurike Oji:
Self-Determination in International Law, Hamden (Connecticut) 1972.

Veiter, Theodor:
Die Entwicklung des Selbstbestimmungsrechts, in: Blumenwitz, Dieter / Meissner, Boris (Hrsg.), Das Selbstbestimmungsrecht der Völker und die deutsche Frage, Köln 1984, S. 9-36.

Veiter, Theodor:
Die Entwicklung des Selbstbestimmungsrechts im Völkerrecht, in: Kulturstiftung der deutschen Vertriebenen (Hrsg.), Menschenrechte und Selbstbestimmung unter Berücksichtigung der Ostdeutschen, Bonn 1980, S. 9-20.

Veiter, Theodor:
Die Träger des Selbstbestimmungsrechts nach westlicher Auffassung, in: Kloss, Heinz (Bearb.), Beiträge zu einem System des Selbstbestimmungsrechts, Völkerrechtliche Abhandlungen, Bd. 2, Wien 1970, S. 132-149.

Verdross, Alfred:
Kann die Generalversammlung der Vereinten Nationen das Völkerrecht weiterbilden?, in: Zeitschrift für ausländisches öffentliches Recht und Völkerrecht, 26 (1966), S. 690-697.

Verdross, Alfred:
Völkerrecht, 5. Aufl., Wien 1964.

Verdross, Alfred / Simma, Bruno:
Universelles Völkerrecht – Theorie und Praxis, 3. Aufl., Berlin 1984.

Vitzthum, Wolfgang Graf (Hrsg.):
Völkerrecht, Berlin 1997.
(zit.: Bearb., in Vitzthum (Hrsg.), Völkerrecht)

Wambaugh, Sarah:
A Monograph on Plebiscites. With a Collection of official Documents, New York 1920.

Wambaugh, Sarah:
Plebiscites since the World War. With a Collection of official Documents, 2 Bände, Washington 1933.

Wandelt, Ingo:
Osttimors Streitkräfte suchen ihre Identität, in: Südostasien Informationen, 18 (2002), 4, S. 56.

Weatherbee, Donald E.:
Portuguese Timor: An Indonesian Dilemma, in: Asian Survey, 6 (1966), S. 683-695.

Weber, Berthold:
Die Unabhängigkeitsbewegung ist ungeschlagen, in: Südostasien Informationen, 9 (1993), 1, S. 55.

Weiß, Rolf:
„Der spitze Stein im Schuh“ – Der Osttimorkonflikt und die wachsende Demokratiebewegung in Indonesien, in: Ludwig, Klemens (Hrsg.), Osttimor – der zwanzigjährige Krieg, Hamburg 1996, S. 108-127.

Wengler, Wilhelm:
Das Selbstbestimmungsrecht der Völker als Menschenrecht, in: Ress, Georg / Will, Michael (Hrsg.), Vorträge, Reden und Berichte aus dem Europa-Institut Nr.76, Saarbrücken 1986.

Werning, Rainer:
Bescheidene Menschenrechts(ver)suche – Die nächsten Wochen entscheiden über Erfolg oder Scheitern der Widerstandsbewegung, in: Südostasien Informationen, 15 (1999), 3, S. 40-43.

Weyer, Markus:
Die Mitgliedschaftsrechte der ehemaligen Sowjetunion in den Vereinten Nationen, in: Recht in Ost und West, 36 (1992), S. 166-176.

Willershausen, Claudia:
Zerfall der Sowjetunion – Staatennachfolge oder Identität der Russländischen Föderation. Auch ein Beitrag zu Staatsuntergang und Staatennachfolge, Hamburg 2002. (Zugl. Diss., Univ. Marburg).

Wooldridge, Frank:
Uti Possidetis Doctrine, in: Bernhard, Rudolf (Hrsg.), Encyclopedia of Public International Law, Vol. IV, Quirin, Ex Parte to Zones of Peace, Amsterdam 2000, S. 1259-1262.
(zit.: Wooldridge, Uti Possidetis Doctrine, EPIL Vol. IV)

Wühler, Norbert:
Monetary Gold Case, in: Bernhard, Rudolf (Hrsg.), Encyclopedia of Public International Law, Vol. III, Jan Mayen To Pueblo Incident, Amsterdam 1997, S. 445-447.
(zit.: Wühler, Monetary Gold Case, EPIL Vol. III)

Young, Richard:
The State of Syria: Old or New?, in: American Journal of International Law, 56 (1962), S. 482-488.

Zieger, Gottfried:
Gebietsveränderungen und Selbstbestimmungsrecht, in: Blumenwitz, Dieter / Meissner, Boris (Hrsg.), Das Selbstbestimmungsrecht der Völker und die deutsche Frage, S. 73-88.

Zimmermann, Andreas:
Die Zuständigkeit des Internationalen Gerichtshofes zur Entscheidung über Ansprüche gegen am Verfahren nicht beteiligte Staaten. Anmerkungen aus Anlass der Entscheidung des IGH im Streitfall zwischen Portugal und Australien betreffend Ost-Timor, in: Zeitschrift für ausländisches öffentliches Recht und Völkerrecht, 55 (1995), S. 1051-1074.

Schriften zum internationalen und zum öffentlichen Recht

Herausgegeben von Gilbert Gornig

Band 1 Michael Waldstein: Das Asylgrundrecht im europäischen Kontext. Wege einer europäischen Harmonisierung des Asyl- und Flüchtlingsrechts. 1993.

Band 2 Axel Linneweber: Einführung in das US-amerikanische Verwaltungsrecht. Kompetenzen, Funktionen und Strukturen der "Agencies" im US-amerikanischen Verwaltungsrecht. 1994.

Band 3 Tai-Nam Chi: Das Herrschaftssystem Nordkoreas unter besonderer Berücksichtigung der Wiedervereinigungsproblematik. 1994.

Band 4 Jörg Rösing: Beamtenstatut und Europäische Gemeinschaften. Eine Untersuchung zu den gemeinschaftsrechtlichen Anforderungen an die Freizügigkeit der Arbeitnehmer im Bereich des öffentlichen Dienstes. 1994.

Band 5 Wolfgang Wegel: Presse und Rundfunk im Datenschutzrecht. Zur Regelung des journalistischen Umgangs mit personenbezogenen Daten. 1994.

Band 6 Sven Brandt: Eigentumsschutz in europäischen Völkerrechtsvereinbarungen. EMRK, Europäisches Gemeinschaftsrecht, KSZE – unter Berücksichtigung der historischen Entwicklung. 1995.

Band 7 Alejandro Alvarez: Die verfassunggebende Gewalt des Volkes unter besonderer Berücksichtigung des deutschen und chilenischen Grundgesetzes. 1995.

Band 8 Martin Thies: Zur Situation der gemeindlichen Selbstverwaltung im europäischen Einigungsprozeß. Unter besonderer Berücksichtigung der Vorschriften des EG-Vertrages über staatliche Beihilfen und der EG-Umweltpolitik. 1995.

Band 9 Rolf-Oliver Schwemer: Die Bindung des Gemeinschaftsgesetzgebers an die Grundfreiheiten. 1995.

Band 10 Holger Kremser: "Soft Law" der UNESCO und Grundgesetz. Dargestellt am Beispiel der Mediendeklaration. 1996.

Band 11 Michael Silagi: Staatsuntergang und Staatennachfolge: mit besonderer Berücksichtigung des Endes der DDR. 1996.

Band 12 Reinhard Franke: Der gerichtliche Vergleich im Verwaltungsprozeß. Auch ein Beitrag zum verwaltungsrechtlichen Vertrag. 1996.

Band 13 Christoph Eichhorn: Altlasten im Konkurs. 1996.

Band 14 Dietrich Ostertun: Gewohnheitsrecht in der Europäischen Union. Eine Untersuchung der normativen Geltung und der Funktion von Gewohnheitsrecht im Recht der Europäischen Union. 1996.

Band 15 Ulrike Pieper: Neutralität von Staaten. 1997.

Band 16 Harald Endemann: Kollektive Zwangsmaßnahmen zur Durchsetzung humanitärer Normen. Ein Beitrag zum Recht der humanitären Intervention. 1997.

Band 17 Jochen Anweiler: Die Auslegungsmethoden des Gerichtshofs der Europäischen Gemeinschaften. 1997.

Band 18 Henrik Ahlers: Grenzbereich zwischen Gefahrenabwehr und Strafverfolgung. 1998.

Band 19 Heinrich Hahn: Der italienische Verwaltungsakt im Lichte des Verwaltungsverfahrensgesetzes vom 7. August 1990 (Nr. 241/90). Eine rechtsvergleichende Darstellung. 1998.

Band 20 Christoph Deutsch: Elektromagnetische Strahlung und Öffentliches Recht. 1998.

Band 21 Cordula Fitzpatrick: Künstliche Inseln und Anlagen auf See. Der völkerrechtliche Rahmen für die Errichtung und den Betrieb künstlicher Inseln und Anlagen. 1998.

Band 22 Hans-Tjabert Conring: Korporative Religionsfreiheit in Europa. Eine rechtsvergleichende Betrachtung. Zugleich ein Beitrag zu Art. 9 EMRK. 1998.

Band 23 Jörg Karenfort: Die Hilfsorganisation im bewaffneten Konflikt. Rolle und Status unparteiischer humanitärer Organisationen im humanitären Völkerrecht. 1999.

Band 24 Matthias Schote: Die Rundfunkkompetenz des Bundes als Beispiel bundesstaatlicher Kulturkompetenz in der Bundesrepublik Deutschland. Eine Untersuchung unter besonderer Berücksichtigung natürlicher Kompetenzen und der neueren Entwicklung im Recht der Europäischen Union. 1999.

Band 25 Hermann Rothfuchs: Die traditionellen Personenverkehrsfreiheiten des EG-Vertrages und das Aufenthaltsrecht der Unionsbürger. Eine Gegenüberstellung der vertraglichen Gewährleistungen. 1999.

Band 26 Frank Alpert: Zur Beteiligung am Verwaltungsverfahren nach dem Verwaltungsverfahrensgesetz des Bundes. Die Beteiligtenstellung des § 13 Abs. 1 VwVfG. 1999.

Band 27 Matthias Reichart: Umweltschutz durch völkerrechtliches Strafrecht. 1999.

Band 28 Nikolas von Wrangell: Globalisierungstendenzen im internationalen Luftverkehr. Entwicklung der Regulierung und Liberalisierung unter Berücksichtigung strategischer Allianzen und des Code-Sharing. 1999.

Band 29 Marietta Hovehne: Ein demokratisches Verfahren für die Wahlen zum Europäischen Parlament. Legitimation gemeinschaftlicher Entscheidungsstrukturen im europäischen Integrationsprozeß. 1999.

Band 30 Nina Kaden: Der amerikanische Clean Air Act und das deutsche Luftreinhalterecht. Eine rechtsvergleichende Untersuchung. 1999.

Band 31 Brigitte Daum: Grenzverletzungen und Völkerrecht. Eine Untersuchung der Rechtsfolgen von Grenzverletzungen in der Staatenpraxis und Folgerungen für das Projekt der International Law Commission zur Kodifizierung des Rechts der Staatenverantwortlichkeit. 1999.

Band 32 Andreas Fürst: Die bildungspolitischen Kompetenzen der Europäischen Gemeinschaft. Umfang und Entwicklungsmöglichkeiten. 1999.

Band 33 Gilles Despeux: Die Anwendung des völkerrechtlichen Minderheitenrechts in Frankreich. 1999.

Band 34 Michael Reckhard: Die rechtlichen Rahmenbedingungen der Sanktionierung von Beitragsverweigerung im System der Vereinten Nationen. 1999.

Band 35 Carsten Pagels: Schutz- und förderpflichtrechtliche Aspekte der Religionsfreiheit. Zugleich ein Beitrag zur Auslegung eines speziellen Freiheitsrechts. 1999.

Band 36 Bernhard Mehner: Die grenzüberschreitende Wirkung direktempfangbaren Satellitenfernsehens aus völkerrechtlicher Sicht. 2000.

Band 37 Karl-Josef Ulmen: Pharmakologische Manipulationen (Doping) im Leistungssport der DDR. Eine juristische Untersuchung. 2000.

Band 38 Jochen Starke: Die verfassungsgerichtliche Normenkontrolle durch den Conseil constitutionnel. Zum Kompetenztitel des Art. 61 der französischen Verfassung. 2000.

Band 39 Marco Herzog: Rechtliche Probleme einer Inhaltsbeschränkung im Internet. 2000.

Band 40 Gilles Despeux: Droit de la délimitation maritime. Commentaire de quelques décisions plutoniennes. 2000.

Band 41 Christina Hackel: Der Untergang des Landes Braunschweig und der Anspruch auf Restitution nach der Wiedervereinigung Deutschlands. 2000.

Band 42 Peter Aertker: Europäisches Zulassungsrecht für Industrieanlagen. Die Richtlinie über die integrierte Vermeidung und Verminderung der Umweltverschmutzung und ihre Auswirkungen auf das Anlagenzulassungsrecht der Bundesrepublik Deutschland. 2000.

Band 43 Karsten Bertram: Die Gesetzgebung zur Neuregelung des Grundeigentums in der ersten Phase der Französischen Revolution (bis 1793) und deren Bedeutung für die deutsche Eigentumsdogmatik der Gegenwart. 2000.

Band 44 Ulrike Hartmann: Die Entwicklung im internationalen Umwelthaftungsrecht unter besonderer Berücksichtigung von *erga omnes*-Normen. 2000.

Band 45 Thomas Jesch: Die Wirtschaftsverfassung der Sonderverwaltungsregion Hongkong. Eine Darstellung vor dem Hintergrund der Wiedereingliederung in die Souveränität der Volksrepublik China. 2001.

Band 46 Sven Gottschalkson: Der Ausschluß des Zivilrechtsweges bei Eigentumsverlusten an Immobilien in der ehemaligen DDR. 2002.

Band 47 Gilbert Hanno Gornig/Gilles Despeux: Seeabgrenzungsrecht in der Ostsee. Eine Darstellung des völkerrechtlichen Seeabgrenzungsrechts unter besonderer Berücksichtigung der Praxis der Ostseestaaten. 2002.

Band 48 Andreas Zühlsdorff: Rechtsverordnungsersetzende Verträge unter besonderer Berücksichtigung des Umweltrechts. 2003.

Band 49 Katja Schmitz: Durchgriffswirkung von Maßnahmen der UN und ihrer Sonderorganisationen unter besonderer Berücksichtigung von Resolutionen des UN-Sicherheitsrates - Die Entwicklung supranationaler Strukturen. 2003.

Band 50 Stefanie Rothenberger: Die angemessene Nutzung gemeinschaftlicher Ressourcen am Beispiel von Flüssen und speziellen Ökosystemen. Eine vergleichende Betrachtung zum modernen Verständnis eines klassischen völkerrechtlichen Nutzungsprinzips. 2003.

Band 51 Christoph von Burgsdorff: Die Umsetzung der EG-Datenschutzrichtlinie im nicht-öffentlichen Bereich. Möglichkeit einer zukunftsorientierten Konzeption des Datenschutzes in der Privatwirtschaft unter besonderer Berücksichtigung des BDSG. 2003.

Band 52 Frank Reinhardt: Powerline. Verfassungs-, verwaltungs- und telekommunikationsrechtliche Probleme. 2003.

Band 53 Chie Sato: Immunität Internationaler Organisationen. 2004.

Band 54 Johannes Thoma: EU-Recht und Schranken hoheitlicher Staatstätigkeit. 2004.

Band 55 Wolf Peterhoff: Rechtsansprüche enteigneter Volksgruppen und ihre Durchsetzbarkeit. 2004.

Band 56 Do-Hyub Kim: Das deutsche parlamentarische Regierungssystem als mögliches Modell für Korea. 2004.

Band 57 Alexander Koberg: Die Exilregierung im Völkerrecht. Eine Untersuchung ihrer rechtlichen Klassifikation. 2005.

Band 58 Nils Christian Carstensen: Das Verhältnis des Seerechtsübereinkommens der Vereinten Nationen von 1982 zu fischereirechtlichen Übereinkommen und deren Streitbeilegungsvorschriften. 2005.

Band 59 Oliver Franz: Osttimor und das Recht auf Selbstbestimmung. Eine Untersuchung zur Anwendung des Selbstbestimmungsrechts der Völker am Beispiel Osttimors. 2005.

www.peterlang.de

Peter Lang · Europäischer Verlag der Wissenschaften

Gunther Hauser

Sicherheitspolitik und Völkerrecht

Frankfurt am Main, Berlin, Bern, Bruxelles, New York, Oxford, Wien, 2004. 376 S.
ISBN 3-631-52480-3 · br. € 74.50*

Sicherheitspolitik und Völkerrecht sind – im Sinne des umfassenden sicherheitspolitischen Ansatzes – interdependent. Das Völkerrecht legt den rechtlichen Rahmen zur Vermeidung und Regelung von Konflikten fest. Umfassende Sicherheitspolitik zielt ebenso auf die Vermeidung struktureller Ursachen von Konflikten, so u.a. durch Gewaltvermeidung in der Einräumung von Menschen- und Minderheitenrechten, durch die Herstellung und Erhaltung stabiler wirtschaftlicher Verhältnisse und durch die Vermeidung ökologischer Katastrophen. Dennoch liegen Spannungen vor – verursacht durch Interessen staatlicher Akteure. Dieses Buch – es richtet sich an Studierende und Praktiker – erläutert und analysiert das Wesen und Wirken des Völkerrechts im Hinblick auf sicherheitspolitische Entscheidungsprozesse.

Aus dem Inhalt: Sicherheitspolitik · Völkerrecht – Einführung · Internationales Wirtschaftsrecht · Umweltrecht · Internationales Seerecht · Internationales Luftfahrtrecht · Internationale Rüstungskontrolle · Internationale Streitbeilegung · Humanitäres Völkerrecht/Kriegsvölkerrecht/Internationales Strafrecht · Nationale Sicherheitsstrategie der USA · Europäische Sicherheitsstrategie · Wesen und Wirken internationaler Organisationen wie UNO, NATO, WEU, OSZE und EU

Frankfurt am Main · Berlin · Bern · Bruxelles · New York · Oxford · Wien
Auslieferung: Verlag Peter Lang AG
Moosstr. 1, CH-2542 Pieterlen
Telefax 00 41 (0) 32 / 376 17 27

*inklusive der in Deutschland gültigen Mehrwertsteuer
Preisänderungen vorbehalten

Homepage http://www.peterlang.de

FSC
www.fsc.org
MIX
Papier | Fördert
gute Waldnutzung
FSC® C083411

Kolibri 360 GmbH
Ferdinand-Jühlke-Straße 7
99095 Erfurt, Deutschland
produktsicherheit@kolibri360.de

Druck:
CPI Druckdienstleistungen GmbH
im Auftrag der
Kolibri 360 GmbH
Ferdinand-Jühlke-Str. 7
99095 Erfurt